투자론

투자론

초판 발행 2025년 2월 28일

지은이 최운열, 박영석, 김도성, 이진호, 백강
펴낸이 류원식
펴낸곳 교문사

편집팀장 성혜진 │ **책임진행** 전보배 │ **디자인·본문편집** 신나리

주소 10881, 경기도 파주시 문발로 116
대표전화 031-955-6111 │ **팩스** 031-955-0955
홈페이지 www.gyomoon.com │ **이메일** genie@gyomoon.com
등록번호 1968.10.28. 제406-2006-000035호

ISBN 978-89-363-2649-4 (93320)
정가 32,000원

투자론

최운열·박영석·김도성·이진호·백 강

INVESTMENTS

교문사

머리말

사회과학의 다른 분야 못지않게 투자론에서 다루는 국내외 금융환경도 최근 급격한 변화를 겪고 있다. 금융시장의 변화를 이끄는 시장 참여자의 욕구가 더욱 다변화되면서 이를 반영하려는 시장의 발 빠른 움직임이 최근의 변화상을 만들어내는 듯하다.

특히, 최근 ICT의 발전은 이러한 변화를 더욱 가속화하고 있다. 금융공학 분야의 발전에 힘입어 새로운 금융상품이 등장하는 것은 물론, 핀테크와 같은 신조어의 출현 또한 불과 몇 년 전까지만 해도 예상하지 못한 변화라고 할 수 있다. 이러한 환경 변화는 투자자에게 새로운 도전이 될 수밖에 없지만, 한편으로는 투자론을 공부하는 학생들이나 이제 막 실무에 뛰어든 사회 초년생에게 충분한 기회를 제공하기도 한다.

투자에 대한 유명한 격언처럼, 위험을 감수하는 데에는 그에 상응하는 보상이 주어져야 하듯, 환경 변화에 적응하는 데에도 그만큼의 보상이 따르는 것은 당연한 이치다. 금융환경의 변화를 활용하여 누군가는 이익을 얻고, 누군가는 손해를 보기도 한다. 우리는 가능한 한 손해를 줄이기 위해 노력한다. 교과서에서 배우는 전통적인 투자 이론과 더불어, 실재하는 금융환경에 대한 이해와 이의 실무 적용을 유기적으로 접한다면, 보다 나은 위치에서 손해를 줄일 수 있지 않을까. 학부에서 처음 투자론을 접하는 학생들에게 투자론 교과서가 이러한 역할을 할 수 있다면 더할 나위 없이 좋을 것이다.

매 학기 초, 투자론을 수강하는 학생들의 초롱초롱한 눈망울을 볼 때마다 열정적으로 강의하겠다고 다짐한다. 하지만 시간이 지날수록 교과서에서 소개하는 전통적인 투자 이론과 실제 투자활동 간의 괴리를 깨닫고 학습 의욕이 떨어지는 학생들을 보며 힘이 빠지는 것도 사실이다. 학생들이 투자론을 다른 교과목보다 어렵게 느끼는 데에는 교수자의 역량 부족도 한몫했겠지만, 무엇보다도 실제 투자활동이나 실무와 유기적으로 연계되지 못한 채 전통적인 투자 이론을 기계적으로 나열하거나 소개하는 데 그친 교과서의 한계도 있을 것이다.

재무 · 금융 분야의 모든 대학 교수가 고민하듯, 투자론 교과서를 집필하면서 어떻게 하면 학생들이 보다 쉽고 재미있게 투자론을 경험할 수 있을지 고민하지 않을 수 없었다. 비록 쉽고 재미있지는 않더라도, 학생들에게 살아가는 데 조금이라도 도움이 되는 지혜를 전하고 싶다는 마음을 담아 투자론 교과서를 준비하였다.

그동안 저자들이 이러한 고민을 하지 않은 것은 아니다. 《투자론 − 이론과 실무》(최운열 · 박영석 저)가 그러한 시도의 한 예이며, 이번에 새로운 저자들이 합류하여 이를 수정 · 보완해 새롭게 선보이고자 한다.

본서는 전통적인 투자론 교과서의 관점에서 벗어나 자산운용의 시각에서 투자론을 조망하고자 하였다. 고령화가 진전됨에 따라 자산운용에 대한 관심은 개인투자자뿐만 아니라 기관투자자에게도 더욱 커지고 있다. 개인투자자는 미래를 대비하기 위해, 기관투자자는 고객의 니즈를 충족하기 위해 자산운용에 대한 중요성이 한층 확대되고 있기 때문이다.

이러한 관점에서 저자들은 국민연금에 주목하고, 국민연금의 기금운용정책에 기반한 투자의사결정과정에 충실하게 본서의 내용을 구성하였다. 예를 들어, 투자의사결정과정의 첫 번째 단계인 '투자안의 모색'을 위해서는 1, 2, 7, 8, 9, 10, 11, 12장을 학습해야 하며, 두 번째 단계인 '장기 목표수익률과 위험한도의 설정'을 위해서는 3, 4, 5, 6장에서 포트폴리오 이론에 대한 기초를 학습해야 한다. 세 번째 단계인 '전략적 자산배분'을 위해 '자산군별 목표 비중'을 결정하는 과정에서도 4, 5, 6장의 포트폴리오 이론에 대한 이해가 필요하다. 네 번째 단계인 '연간 기금운용계획'을 설정하는 과정에서는 4장 '포트폴리오 분산투자'에 대한 이해가 필수적이다. 다섯 번째 단계인 '목표 초과수익률'을 결정하는 과정은 5장에서, 여섯 번째 단계인 '전술적 자산배분'을 통한 기금운용은 개별자산에 대한 평가를 다루는 7, 8, 9, 10, 13장이 도움이 될 수 있다. 일곱 번째 단계인 '위험관리'의 기초는 14장에서, 투자의사결정의 마지막 단계인 '성과평가'는 13장에서 자세히 살펴본다. 국민연금의 자산운용절차와 본서의 구성에 대해서는 1장에서 보다 상세히 설명하고 있다.

본서는 총 4편 14장으로 구성되어 있다.
1편 '투자의 기초'는 1장 '투자의 목적과 투자철학'과 2장 '금융시장과 투자'로 구성되며,

투자에 대한 큰 그림을 그리는 동시에 금융시장과 금융회사 등 제반 투자환경과 제도뿐만 아니라 금융상품에 대해 학습한다.

2편 '자산배분과 운용: 포트폴리오 이론'은 3장 '위험과 수익', 4장 '포트폴리오 분산투자', 5장 '자산가격결정모형', 6장 '효율적 자본시장과 행동재무학'으로 구성되며, 전통적인 투자이론뿐만 아니라 최근 활발하게 논의되고 있는 행동재무학에 대해서도 살펴보는 기회를 가진다.

3편 '투자자산의 평가'는 7장 '주식의 평가', 8장 '채권의 평가', 9장 '파생상품의 평가', 10장 '대체투자자산의 이해'로 구성되며, 대표적인 금융상품에 대한 가치평가방법을 학습함으로써 실무와의 유기적인 관계를 이해할 수 있다.

마지막 4편 '투자과정과 투자성과관리'는 11장 '경제분석과 산업분석', 12장 '재무제표 분석', 13장 '투자관리와 성과평가', 14장 '투자위험관리'로 구성된다. 이 편에서는 투자자산이 포함된 경제 및 산업분석, 개별자산의 재무제표 분석 방법, 포트폴리오 관리에 필요한 투자관리절차 및 투자성과평가 그리고 그 과정에서 수반되는 위험관리의 개념을 소개한다.

본서는 투자론에서 다루는 다양한 모형을 엑셀 프로그램 기반의 응용 사례로 구성하여 별도로 제공함으로써 실무에 충실하게 적용할 수 있도록 하였다. 또한 각 장의 연습문제에는 최근 공인회계사 시험에서 출제된 투자론 관련 기출문제를 포함하였으며, 일부 연습문제의 해답을 함께 제공하여 학생들이 학습하는 데 어려움이 없도록 배려하였다. 별도로 제공하는 전체 연습문제 풀이도 추가적인 학습에 충분히 도움이 될 것이다.

본서가 투자론을 학습하는 학생과 실무자에게 유용한 길잡이가 되어, 이론과 실무를 효과적으로 접목하는 데 도움이 되기를 기대한다.

2025년 2월
저자 일동

PART 1
투자의 기초

PART 2
자산배분과 운용: 포트폴리오 이론

PART 4
투자과정과 투자성과관리

투자의 기초

어디 좋은 투자 대상 없나?
투자를 잘하는 방법은 무엇일까?

투자에 관심 있는 사람이라면 누구나 항상 이러한 질문을 한다. 사람들은 흔히 현대
금융시장에는 투자 대상이 매우 많고 이들의 특성도 다양하기 때문에 투자가 복잡하
고 어렵다고 생각한다. 하지만 다양한 투자 대상과 복잡한 금융시장도 자세히 살펴
보면 규칙이 있다. 금융상품과 금융시장은 그 시대 투자자들의 수요와 필요에 의해
생겨나고 인프라와 규제 등의 환경에 따라 발전한다. 1편에서는 이러한 규칙과 전개
과정을 이해하기 위하여 투자에 대한 개괄적인 기초를 살펴본다.

CHAPTER 1

투자의 목적과
투자철학

학습목표

☑ 투자의 정의와 목표를 이해할 수 있다.

☑ 투자 대상으로서 실물자산과 금융자산의 차이를 구별할 수 있다.

☑ 투자수익률, 위험, 위험-수익률 상충관계를 이해할 수 있다.

☑ 최적 투자결정을 위한 투자관리과정을 이해할 수 있다.

☑ 투자철학의 중요성을 이해할 수 있다.

☑ 자산운용 프로세스를 이해할 수 있다.

1 투자의 정의와 목표

투자처가 많지 않고 신용사회가 정착되지 않았던 시절에는 돈을 항아리나 이부자리 깊숙이 보관했다고 한다. 그러나 오늘날 그러한 방법으로 돈을 보관하는 사람은 거의 없을 것이다. 과거에 비해 돈을 운용할 수 있는 수단이 다양하게 존재하기 때문이다.

현재 가지고 있는 돈을 운용하여 미래에 보다 많은 수익을 얻고자 하는 행위를 통틀어 투자(investment)라고 정의할 수 있다. 투자는 현재 가지고 있는 금액은 확실하지만 미래에 예상되는 수익이 불확실하여 미래의 불확실한 가치를 얻기 위해 현재의 확실한 가치를 희생하는 행위라고 할 수 있다. 투자행위에는 시간(time)과 불확실성(uncertainty) 또는 위험(risk)이라는 두 가지 특성이 개입된다. 희생은 현재 이루어지고 확실한 것인데 비해, 보상은 미래에 이루어지며 그 크기도 불확실하다. 그러므로 미래가치는 시간에 대한 보상(time premium)과 위험에 대한 보상(risk premium)으로 구성되어 있다고 할 수 있다.

투자에서 고려해야 하는 위험은 현재의 확실한 금액을 포기하는 대가로 기대하는 미래수익이 기대했던 수익과 일치하지 않고 상승하거나 하락할 수 있기 때문에 발생한다. 단순히 시간에 대한 보상만을 요구하는 행위를 저축(savings), 시간에 대한 보상뿐만 아니라 위험에 상응하는 적절한 기대수익까지 요구하는 행위를 투자(investment)라고 한다. 그리고 위험에 상응하는 적절한 수준 이상의 수익을 기대하고 취하는 행위를 투기(specula-tion)라고 한다. 이러한 용어들은 본래의 사전적 의미와는 약간 다른 의미로 이해할 수 있다. 따라서 이러한 차이를 그림 1.1 을 통해 살펴보자.

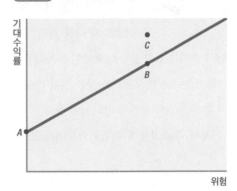

그림 1.1 위험과 기대수익률

위험이 전혀 없는 A에 자금을 운용하는 행위를 저축이라고 하며 그 예로 예금이나 적금을 들 수 있다. B에 자금을 운용하면 투자라고 할 수 있고 자본시장이 균형 상태라면 주식 등이 그 예가 된다. C는 그 자산이 가지는 위험에 상응하는 적절한 수준의 기대수익보다 더 큰 기대수익이 예상되기 때문에 투기로 분류되며 도박이나 로또 등이 해당한다. 도박(gambling)은 시간에 대한 보상이나 위험에 대한 보상 등의 합리적인 의사결정기준에 의존하지 않고 모든 결과를 운(luck)에 맡기고 자금을 운용하는 행위를 말하는데, 경마권을 사는 행위 등이 포함된다.

개념점검 1

어느 회사 사장이 직원 3명에게 각각 천만 원을 주면서 이를 잘 운용해보라고 하였다. 직원들은 이 돈을 다음과 같이 운용하였는데, 각각 어떤 행태라고 할 수 있는가?
- 직원 1 : 정부에서 발행한 채권을 매입하였다.
- 직원 2 : 삼성전자 주식을 매입하였다.
- 직원 3 : 강원도 산에 대규모 리조트가 들어선다는 소문을 듣고, 현재 개발제한구역 안의 토지를 매입하였다.

그렇다면, 왜 투자를 하는가? 일반적으로 사람들은 투자의 목표를 투자수익의 극대화로 설정한다. 그러나 불확실한 상황에서 이는 많은 문제점을 안고 있는데, 이에 대해서는 3장에서 살펴볼 것이다. 불확실한 상황에서는 투자자가 감수할 수 있는 특정 위험수준에서 최대의 기대수익률을 올리는 것을 목표로 삼아야 한다. 그리고 같은 결과라도 위험에 대한 선호도가 다른 각각의 투자자들이 느끼는 만족도는 다르게 나타난다. 따라서 우리는 불확실한 상황에서 투자의 목표를 투자수익의 극대화가 아닌 만족하는 정도의 극대화 또는 효용의 극대화로 삼는 것이 더욱 타당하다. 이러한 목표를 달성하기 위해서는 다음과 같은 조건이 함께 수반되어야 한다.

첫째, 투자자들의 위험회피도(degree of risk aversion)이다. 높은 기대수익률은 높은 위

모범답안 1   직원 1: 저축, 직원 2: 투자, 직원 3: 투기

험을 감수해야 하고, 낮은 기대수익률에는 낮은 위험이 수반된다는 것은 앞의 그림에서도 확인할 수 있다. 투자자들은 각자의 나이, 직업, 성별, 현재의 재산 상태에 따라 서로 다른 위험회피도를 가진다. 높은 위험을 감수하지 않고 높은 기대수익률을 달성할 수 없다. 합리적인 투자자들은 다른 조건이 같다면 위험을 회피하려고 한다. 그러므로 자기가 감당할 만한 위험수준에 적합한 목표수익률을 설정하는 것이 중요하다. 둘째, 시간(time)이다. 무언가를 투자하기 위해서는 정보를 수집하고 분석하는 데 많은 시간이 소요된다. 많은 투자자들은 투자를 전업으로 하지 않기 때문에 투자를 관리하는 데 많은 시간을 투입할 수 없다. 따라서 투자를 전업으로 하는 개인이나 기관, 즉 전문투자자 집단이 높은 수익률을 달성하는 것은 당연하다. 셋째, 투자기법(investment technique)이다. 전문적인 투자기법에 대한 지식을 습득한 투자자와 그렇지 못한 투자자의 투자 결과는 다를 수밖에 없다.

투자에 대한 시간을 많이 투입하지 않고 투자기법도 없으며 높은 투자위험도 감수할 만한 능력이 없는 투자자는 투자수익이 낮은 것을 당연하게 받아들여야 한다. 이를 무시하고 다른 투자자가 10%의 투자수익률을 달성했으니 나도 그 정도 수익률을 달성해야 한다고 생각하는 것은 무리이다.

개념점검 2

홍길동은 주식을 매입하여 11%의 수익률을 달성하였다. 반면 장길산은 은행의 정기예금에 저축하여 10%의 수익률을 달성하였다. 홍길동은 장길산보다 1%p 높은 수익률을 달성하였다고 기뻐해도 되는가?

투자의 목표를 달성하기 위해 투자 대상으로 삼을 수 있는 자산은 크게 귀금속, 부동산 등 실물자산(real asset)과 예금, 유가증권 등 금융자산(financial asset)으로 구분한다. 실물자산은 토지, 건물, 기계와 같은 유형자산과, 지식, 기술, 인적자원 같은 무형자산을 포함하는 개념으로 그 자체가 미래에 수익창출능력이 있는 자산을 말한다. 사회 전체의 물질적인 부(富,

---

모범답안 2　　주식은 정기예금보다 위험이 크다. 따라서 위험을 고려한 투자수익률로 비교하여 평가하는 것이 바람직하다.

wealth)는 궁극적으로 사회에 제공할 수 있는 재화와 용역의 생산능력, 즉 실물자산의 크기와 능률에 의해 결정된다. 이러한 실물자산은 아무런 대가를 치르지 않고 얻을 수 있는 것이 아니다. 이러한 실물자산을 얻기 위해서는 자본이 필요한데, 예를 들어 어떤 회사가 공장건설을 위해 주식과 회사채를 발행하였다면 이 주식과 회사채에 투자한 투자자들은 실물자산과 실물자산으로부터 발생할 것으로 예상되는 미래의 소득에 대한 청구권을 가지게 된다. 여기서 주식이나 회사채 등을 금융자산이라고 한다.

주식에 투자한 사람은 회사의 경영의사결정에 참여하고 배당받을 권리를 가지게 되며, 회사채에 투자한 사람은 약속한 날짜에 이자와 투자원금을 받을 권리를 가진다. 따라서 금융자산의 가치는 그 청구권의 근원이 되는 실물자산의 가치창출능력에 달려 있다. 금융자산은 경제의 생산능력에는 직접 기여하지는 않지만, 기업이나 정부와 같은 자금이 부족한 경제주체들이 자금의 여유가 있는 경제주체로부터 자금을 조달할 수 있는 수단으로, 경제의 생산능력에 간접적으로 공헌한다. 또 금융자산의 존재로 인하여 개인들은 현재의 부를 지금 소비할지 또는 미래에 소비할지 결정할 수 있다. 즉, 금융자산에 투자한다는 것은 현재의 소비를 포기하고 미래의 소비를 선택하는 것이다. 또한 금융자산은 사회 전체, 국가의 파이(national pie)가 투자자들 사이에 어떻게 배분되어야 할지 결정한다.

개념점검 3

다음을 실물자산과 금융자산으로 구분하시오.

점포권리금, 무기명채권, 특허권, 재취업교육, 현금

앞에서 이미 투자수익률과 위험에 대한 용어를 접했지만, 정확한 개념을 설명하지 않았다. 투자한 양과 회수된 양의 비율을 투자수익률(rate of return on investment)이라고 한다. 이는 투자기간이 종료된 후 역사적 사실로서 수익성 지표, 즉 보유기간수익률(holding period return)과 같은 개념이다.

모범답안 3

• 실물자산: 점포권리금, 특허권, 재취업교육
• 금융자산: 무기명채권, 현금

$$\text{투자수익률} = \frac{\text{기말의 투자가치} - \text{기초의 투자가치}}{\text{기초의 투자가치}}$$

여기서 기말의 투자가치는 투자기간 중 발생한 이자나 배당 등이 포함된 개념이다. 예를 들어, 2025년 1월 1일 김씨는 주당 30,000원에 서강산업 주식 100주를 매입하였다. 2025년 말에 서강산업은 주당 500원씩의 현금배당을 실시하였고 김씨는 2026년 1월 1일 주당 35,000원에 이를 매도하였다. 이 경우 김씨의 1년 동안 투자수익률은 다음과 같이 계산할 수 있다.

$$\text{투자수익률} = \frac{3,500,000 + 50,000 - 3,000,000}{3,000,000} = 0.183$$

투자한 시점(기초 시점)에서 보면 회수되는 시점(기말 시점)의 투자가치는 불확실하기 때문에 수익성의 지수로서 기대수익률(expected rate of return)을 이용해야 한다.

$$\text{기대수익률} = \frac{\text{기말의 기대투자가치} - \text{기초의 투자가치}}{\text{기초의 투자가치}}$$

여기서 기말의 기대투자가치는 불확실한 상황에서는 정확히 알 수 없어 기대수익률도 정확하게 알기 어렵다. 이러한 상황에서 우리는 확률분포(probability distribution)를 이용하여 기대수익률을 추정할 수 있다. 확률분포란 미래에 발생 가능한 예상수익률을 확률적으로 표현한 것으로, 기대수익률은 상황별로 발생 가능한 수익률에 그 상황이 발생할 확률을 곱한 후 이들의 합을 구하여 추정된다. 즉, 기대수익률은 미래에 평균적으로 예상되는 수익률이라고 할 수 있다.

$$E(R_j) = \sum_{i=1}^{n} p_i R_{ij}$$

여기서, $E(R_j)$: j자산의 기대수익률
n : 기말의 상태 수
p_i : i상태가 발생할 확률
R_{ij} : i상태에서 j자산의 수익률

투자의 기대수익률에 대한 불확실성을 위험(risk)이라고 한다. 위험이란 투자의 가치가 일정하지 않아 변할 가능성을 의미하는데, 국립국어원 표준국어대사전에서는 위험을 "해로움이나 손실이 생길 우려가 있는 것 또는 그런 상태"로 정의하고 있어 다소 부정적인 의미를 나타낸다. 그러나 투자에서 위험이란 나쁘거나 부정적인 의미만 있는 것은 아니다. 언론에서 일부 투자자들이 특정 주식에 투자하여 단기간에 높은 수익을 올렸다거나 속칭 '대박'이라는 표현이 종종 등장하는데 이러한 현상 또한 위험을 부담하여 얻은 긍정적인 결과라고 할 수 있다.

예를 들어, A, B 두 투자안이 있는데, A는 10% 금리의 정기예금이고, B는 미래의 수익률이 20%와 15%가 될 확률이 각각 50%인 주식이다. 사전적 의미로 보면 상황이 아무리 나쁘더라도 정기예금 금리 이상의 수익률이 예상되기 때문에 B는 전혀 위험하지 않은 것처럼 보인다. 그러나 투자의 위험 측면에서 보면 B는 수익률이 일정하지 않기 때문에 A에 비해 위험한 투자안이다. 위험의 척도는 실제 수익률이 기대수익률로부터 어느 정도의 편차인지를 나타낸 분산(σ^2)이나 표준편차(σ)가 이용된다. 예를 들어, A증권에 투자하면 경기 상황에 따라 예상되는 수익률과 각 경기 상황이 발생할 확률이 **표 1.1**과 같을 때 기대수익률과 위험을 추정해보자.

표 1.1 예상되는 수익률과 경기 상황

상황	확률(P_i)	수익률(R_i)
호황	0.30	0.30
보통	0.40	0.20
불황	0.30	0.10

앞에서 살펴본 대로 기대수익률은 실제 수익률과 그 수익률이 발생할 확률을 가중치로 추정한 가중평균이므로 20%가 된다.

$$E(R_A) = \sum_{i=1}^{n} p_i R_i = 0.30 \times 0.30 + 0.40 \times 0.20 + 0.30 \times 0.10 = 0.20(20\%)$$

위험의 측정치인 분산은 실제 발생할 확률과 기대수익률의 편차 제곱의 기댓값으로 구한다.

$$\sigma_A^2 = E[R_i - E(R_A)]^2$$

기댓값을 구하는 원리에 의해 괄호 안을 풀어 정리하면, 분산은 다음과 같다.

$$\sigma_A^2 = E(R_i^2) - [E(R_A)]^2 = (0.3^2 \times 0.3 + 0.2^2 \times 0.4 + 0.1^2 \times 0.3) - 0.2^2 = 0.006$$

표준편차는 분산의 제곱근이므로 다음과 같이 계산된다.

$$\sigma_A = \sqrt{\sigma_A^2} = \sqrt{0.006} = 0.0775\,(7.75\%)$$

수익률의 분포가 정규분포(normal distribution)를 따른다면, 투자수익률이 12.25~27.75% 사이, 즉 $(E(R) \pm 1\sigma)$에 있을 확률은 약 98%이고, 4.5~35.5% 이내, 즉 $(E(R) \pm 2\sigma)$에 들어갈 확률은 약 95%임을 의미한다.

개념점검 4

다음과 같은 동전 던지기 게임이 있다. 모든 참가자들은 게임 1 또는 게임 2 중 하나를 선택해야 한다. 어느 게임을 선택하는 것이 합리적인가?

- 게임 1: 참가비 1,000,000원, 앞면이 나오면 1,500,000원, 뒷면이 나오면 500,000원을 받음
- 게임 2: 참가비 1,000,000원, 앞면이 나오면 800,000원, 뒷면이 나오면 1,200,000원을 받음

다른 조건이 같다면 투자자들은 일반적으로 위험을 회피하는 경향이 있으며, 이를 위험회피(risk aversion)라고 한다. 위험이 큰 투자안을 선택하는 투자자들이 상대적으로 높은 기대수익률을 원하는 것은 당연하다. 이러한 관계를 위험 - 수익률 상충관계(risk - return trade - off)라고 한다. 작은 위험을 감수하면서 높은 기대수익률을 얻는 것은 불가능하다. 이는 자본시장에 "공짜 점심(free lunch)은 없다"라는 속담이 있는 이유이기도 하다. 즉, 높은 기대수익률을 원한다면 반드시 큰 위험을 감수해야 한다. 위험－수익률 상충관계를 고려하면, 위험이 큰 투자안의 가격은 낮아야 하고, 기대수익률은 높아야 한다. 또한 투자자들은 기대수익률이

모범답안 4   기대수익은 1,000,000원으로 같지만, 위험(분산)은 게임 2가 작으므로 게임 2를 선택한다. 지배원리(dominance principle)에 따라, 같은 위험에서는 기대수익이 높은 게임, 같은 기대수익에서는 위험이 작은 것을 선택하는 것이 합리적이다.

그림 1.2 한국 시장에서 주요 투자자산의 수익률 추이

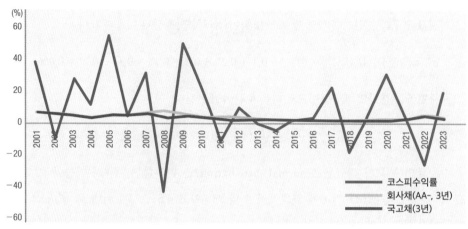

자료: 한국은행 경제통계시스템(ECOS)

같다면 위험이 작은 투자안을 선택하고, 위험이 같다면 기대수익률이 높은 투자안을 선택한다. 이를 지배원리(dominance principle)라고 한다.

이러한 위험−수익률 상충관계는 한국 시장에서 주요 투자자산들의 평균수익률과 표준편차를 살펴보면 쉽게 확인할 수 있다. 주식은 평균수익률이 가장 높고 위험도 가장 크며, 국채는 평균수익률이 가장 낮고 위험도 가장 작은 것을 확인할 수 있다.

표 1.2 한국 시장에서 주요 투자자산의 수익률과 위험

구분	코스피	회사채(AA−, 3년)	국고채(3년)
평균수익률	9.96	4.41	3.28
표준편차	23.12	1.77	1.48

자료: 한국은행 경제통계시스템(ECOS)

우리는 어떻게 투자해야 할까? 대부분의 투자 대상들은 위험을 내포하고 있어 투자자들이 투자할 때는 가능하면 위험을 감소시키는 방안을 강구하게 된다. 투자의사결정 시에는 우선적으로 투자의 목표를 설정해야 한다. 투자목표를 설정하려면 먼저 투자자의 제약조건과 투자자금의 용도를 고려할 필요가 있다. 이에 따라 목표수익률(target rate of return)을 결정하고, 투자자들이 허용할 수 있는 위험수준(tolerable risk level)을 정한 후, 여러 자산들의 수익성

과 위험 그리고 유동성을 파악하여 투자목표에 맞는 자산에 투자해야 한다.

일반적으로 투자자는 자신의 고유 상황, 유동성과 투자기간, 세금 등을 고려해야 한다. 투자자의 고유 상황은 말 그대로 투자자에 따라 다르다. 기관투자자는 각 펀드에 적용되는 각종 규정이 존재하고 펀드의 설정 목적이 있다. 예를 들어, 연기금은 일반적으로 자금 대부분을 안정적인 채권에 투자해야 한다. 개인투자자도 개인의 고유한 제약조건이 있다. 직장생활에서 은퇴한 투자자라면 위험이 작은 채권에 투자하는 것이 바람직하고, 미래에 근로소득을 꾸준히 기대할 수 있는 사회 초년 직장인이라면 다소 높은 수준의 위험을 부담함으로써 기대수익이 높은 주식에 투자할 수도 있다. 또한 투자자들의 위험에 대한 선호도도 투자자산 선정에 중요한 고려사항이 된다. 필요할 때 빨리 현금화할 수 있는 자산을 유동성이 높은 자산이라고 한다. 증권시장에서 거래되는 금융상품들은 상품별로 유동성이 다르며, 일부 상품은 일정 기간 환매할 수 없는 경우도 있다. 유동성이 낮은 상품에 투자했다가 급하게 환매해야 한다면 시장가격보다 낮은 가격으로 현금화해야 할 수도 있다. 따라서 유동성과 투자기간은 투자 시 중요하게 고려해야 한다.

한편, 투자자들이 실제로 받게 되는 수익은 세후수익률로 반영된 것이다. 따라서 투자 대상 선정 시 투자자들은 자신에게 적용되는 세율을 고려하여 세후수익률을 기준으로 투자 대상을 파악해야 한다. 예를 들어, 5%의 비과세상품과 7%의 과세상품 중 어느 것을 선택할지는 자신의 한계세율에 따라 달라질 수 있다. 투자자들은 위에서 언급한 제약조건을 종합적으로 고려하여 투자해야 한다. 만약 투자자금이 6개월 뒤 아파트 잔금에 필요한 돈이라면 수익성이 낮더라도 위험이 낮고 유동성이 높은 자산에 투자해야 한다. 반대로 순수한 여유자금으로 투자한다면 위험을 좀 더 부담하고 높은 수익성이 기대되는 자산에 투자할 수 있을 것이다.

여러 제약조건을 고려한 이후에는 일반적으로 다음과 같은 투자과정을 거쳐 투자가 이루어진다. 첫 번째는 포트폴리오에 포함할 개별자산을 평가하는 것이다. 개별자산을 평가하기 위해서는 개별자산의 미래가치에 영향을 미치는 각종 정보를 수집·평가하여 그 자산에서 기대되는 현금흐름을 추정해야 한다. 그다음 투자기간을 예측하고 그 자산의 위험을 산정하여 위험을 고려한 적절한 할인율을 계산한다. 적절

한 할인율이 추정되면 미래의 기대현금흐름을 할인율로 할인하여 자산의 현재가치인 내재가치(intrinsic value)를 산정한다. 최종적으로 내재가치를 그 자산의 시장가치와 비교하여 포트폴리오에 포함할지를 판단한다.

두 번째는 포트폴리오를 구성하는 것이다. 두 개 이상의 자산군을 포트폴리오(portfolio)라고 한다. 투자자들은 위험을 감소시키기 위해 포트폴리오를 구성하며, 이를 분산투자(diversification investment)라고도 한다. 투자자는 자신의 특성을 고려하여 투자목표를 달성할 수 있는 최적 포트폴리오를 구성해야 한다. 투자자들의 나이, 성별, 직업, 재산 상태 및 개성 등을 감안하여 최적 투자포트폴리오를 구성하는 것을 재무내부장식(financial interior decoration)이라고 한다.

세 번째는 포트폴리오를 수정하는 단계이다. 어느 한 시점에서 그때까지의 모든 정보를 분석하여 최적 포트폴리오를 구성하더라도 포트폴리오에 영향을 줄 수 있는 새로운 정보가 계속 발생하면, 최초의 포트폴리오가 항상 최적의 상태일 수는 없다. 새로운 정보가 등장하여 자산평가과정이 계속해서 이루어지게 되므로 일정 기간이 지난 후 포트폴리오를 재구성하여 새로운 최적 포트폴리오를 찾아야 하는 것이다. 이를 포트폴리오 수정이라고 한다. 포트폴리오 수정에는 업그레이딩과 리밸런싱 등이 있으며, 자세한 내용은 13장에서 다룰 것이다.

마지막으로 포트폴리오의 성과를 측정한다. 모든 투자자는 자신의 투자행위가 잘 이루어졌는지 평가해야 한다. 자신이 생각한 위험수준에서 적절한 투자수익률을 실현했는지 검토하고, 다른 투자자들의 성과와 비교하여 상대적 우위 여부를 판단해야 한다. 일반적으로 개별자산평가를 위한 뛰어난 분석능력, 시장 움직임을 예측할 수 있는 능력, 정보의 독점력, 행운과 같은 특성 중 어느 하나를 가지는 투자자의 투자성과가 더 우월하게 나타날 수 있다.

❷ 투자철학의 중요성

누구나 성공적인 투자를 꿈꾸며 투자활동을 시작한다. 성공적인 투자란 무엇일까? 남들보다 우수한 투자성과를 달성하는 것일 수도 있고, 자신이 목표로 한 투자성과를 달성하는 것일 수도 있다. 우수한 투자성과를 달성한 월스트리트의 구루(guru)를 찾아 이들의 비법을 전수 받으려고 하거나, 수익률이 탁월한 펀드매니저의 투자전략을 그대로 따라 하기도 한다. 하지만 많은 사람들이 기대와는 다른 초라한 성과에 낙담하기도 한다. 그렇다면 이들의 투자전략이나 투자비법은 일반적으로 통용될 수 없을까? 성공한 투자자들의 투자전략을 따라 했지만 실패하는 가장 큰 이유 중 하나는 사람들이 대부분 투자철학 없이 투자에 임하기 때문이다. 투자자에게 무엇보다 중요한 것은 자신만의 기준을 가지고 투자에 임하는 것이다. 경제시스템 내에서 남들과 부대끼며 살아갈 수밖에 없는 우리는 남들과 비교하면서 끊임없이 스스로를 채찍질한다. 투자에서도 마찬가지이다. 남들보다 우수한 투자성과를 달성하고 싶은 욕심은 끝이 없다. 상대적인 투자성과를 비교하는 것은 중요한 성과평가방법이지만, 투자성과가 상대적으로 우수하다고 해서 그 투자가 성공적이라고 할 수 없다. 자신만의 투자철학을 가지고 투자활동에 임하여 투자 목표를 달성하고자 노력하는 것이 성공적인 투자라고 할 수 있을 것이다. 이는 투자론을 공부하기에 앞서 투자에 대해 진지하게 고민하고, 실제 투자활동에 앞서 투자철학을 세우고자 노력해야 하는 이유이다. 이 책을 통해 투자론을 공부하면서 투자에 대한 기본적인 지식을 함양하는 것은 물론, 투자활동, 나아가 경제활동에 필요한 자신만의 투자철학을 세우도록 노력하는 자세가 중요하다.

그렇다면 투자철학(investment philosophy)이란 무엇인가? 가치평가의 대가 중 한 사람인 뉴욕대학교의 어스워스 다모다란(Aswath Damodaran) 교수는 투자철학을 시장의 작동원리와 투자자들의 실수를 바라보는 일관된 사고방식으로 정

의하였다.[1] 그가 주장하듯이, 시장에 넘쳐나는 갖가지 정보를 면밀히 분석하여 시장의 효율성을 점검하고 시장에서 투자자가 흔히 범하는 실수를 관찰한 후 적절한 투자전략을 수립하는 것은 당연한 것처럼 보인다. 여기서 중요한 것은 이러한 시장의 움직임과 시장 참여자의 행동에 대한 자신만의 일관된 원칙과 신념을 유지해야 한다는 것이다. 다모다란은 투자철학이 없으면 최근의 성과나 다른 사람들의 주장에 이끌려 투자전략을 수시로 바꾸기 쉽지만, 자신만의 확고한 투자철학이 있으면 자신의 운명을 스스로 결정할 수 있다고 주장하였다. 자신의 신념 체계와 맞지 않는 투자전략을 거부하거나 자신의 필요에 맞춰 투자전략을 수립할 수 있을 뿐만 아니라, 여러 전략 사이의 공통점과 차이점을 비판적으로 통찰할 수 있게 된다는 것이다. 자신만의 투자철학을 정립하기 위해서는 무엇보다도 위험과 평가의 기본을 이해하는 것이 중요하다. 바로 재무관리와 투자론의 기초 지식이 뒷받침되어야 하는 것이다. 투자의 위험을 측정하고, 이를 기대수익률과 연계하는 방법, 주식, 채권, 부동산, 대체투자자산 등 다양한 자산의 가치를 평가하는 방법, 거래비용의 구성요소를 파악하고, 매매속도와 거래비용 사이에서 균형을 유지하는 방법 등 재무 지식의 중요성은 아무리 강조해도 지나치지 않다. 이러한 지식을 바탕으로 자신의 위험수용도, 포트폴리오의 규모, 세금 등을 검토한 후에 자신에게 가장 잘 맞는 투자철학을 세울 수 있어야 한다.

실제 시장에서 치열하게 자신만의 투자철학을 확립한 투자자들의 성공 사례는 투자에 앞서 투자철학의 정립이 얼마나 중요한지를 더욱 강하게 시사한다. 펜실베이니아대학교의 제러미 시겔(Jeremy J. Siegel) 교수는 다양한 시장 정보를 활용하여 장기적인 주식투자수익률을 분석한 후, 주식에 장기 투자할 것을 주장하며 자신만의 투자철학을 강조하였다.[2] 세계적인 투자자 워렌 버핏(Warren Buffett) 또한 자신만의 뚜렷한 투자철학을 가진 것으로 유명하다. 사실 버핏의 투자방식은 단순하다고 할 수 있다. 현금을 확보한 뒤 장기적으로 지속가능한 경쟁 우위를 지닌 기업을 찾아 하락장에서 매수하여 장기간 보유하는 것이다. 다른 투자자들이 팔 때 사고, 다른 투자자들이 상승장에 도취되었을 때 현금을 확보하여 다가

---

1 어스워스 다모다란(2013), 어스워스의 투자철학, 제2판(이건 역), 리딩리더.

2 제러미 시겔(2015), 주식에 장기투자하라, 제5판(이건 역), 이레미디어.

올 하락장을 대비한다. 무엇보다 가장 중요한 것은 어떤 주식을 언제 사야 하는지 아는 것이다. 이를 가능하게 하는 것이 바로 자신만의 투자철학을 가지는 것이다.[3]

현대 증권 분석의 창시자이자 가치투자의 아버지로 불렸던 벤자민 그레이엄(Benjamin Graham)도 현금흐름이 우수하여 지속가능한 경쟁 우위를 가지지만 상대적으로 저평가된 대형주를 선택하여 분산투자해야 한다는 뚜렷한 투자철학을 가지고 성공적인 투자성과를 달성하였다.[4] 그레이엄과는 달리, 분산투자에 회의적이었던 필립 피셔(Philip A. Fisher)는 주가가 아닌 위대한 기업, 즉 성장기업에 장기간 투자하는 것이 성공적인 투자라고 주장하였다. 피셔는 다른 사람들의 의견이 중요한 것이 아니라, 자신의 기준에 맞게 철저히 조사한 후 투자하는 것이 중요하다고 강조하였다. 그는 매매 시점을, 투자한 회사가 자신의 기준에 맞지 않을 때, 또는 자신이 내렸던 최초의 판단이 틀렸다는 것을 발견했을 때 두 가지 경우뿐이라고 주장하였다.[5] 그 밖에도 글로벌 포트폴리오의 지평을 연 존 템플턴(Sir John Templeton), 인덱스펀드의 창시자 존 보글(John C. Bogle), 자신이 운용한 펀드를 세계 최대 뮤추얼펀드로 성장시킨 피터 린치(Peter Lynch), 헤지펀드의 영향력을 유감없이 발휘한 조지 소로스(George Soros) 등 성공적인 투자성과를 달성한 투자자들 역시 각기 다른 투자전략을 구사하면서도 자신만의 명확한 투자철학을 일관되게 관철했다는 공통점이 있다.[6]

특히, 자산배분의 중요성을 투자철학의 핵심으로 강조한 데이비드 스웬슨(David F. Swensen)의 사례는 수탁자로서 기금운용을 책임지는 펀드매니저뿐만 아니라 미래의 펀드매니저로서 투자론을 공부하는 학생들에게도 매우 중요한 교훈을 준다.[7] 스웬슨은 예일대학교의 기금 최고투자책임자(CIO)로서 1985년부터 2020년까지 약 35년 동안 연평균 약 13%의 수익률을 기록하며 예일대학교 기금을 약 30배 성장시킨 자산배분의 개척자로 유명하다. 그의 투자철학인 자산배분은 대부분의 투자론 교과서에서 다루고 있는 금융투자의 기본 원칙과 크게 다르지 않다. 전통적인 자산배분을 강조하면서도 주식 중심의 포트폴리오를 유지

3   메리 버핏·데이비드 클라크(2012), 워렌 버핏의 포트폴리오 투자전략(김기준 역), 비즈니스북스.

4   박정태(2008), 대가에게 배우는 투자의 지혜, 미래에셋투자교육연구소.

5   전게서 참고

6   전게서 참고

7   데이비드 스웬슨(2015), 포트폴리오 성공 운용(김경록·이기홍 역), 미래에셋은퇴연구소.

하되, 철저한 분산투자와 장기 전략적 자산배분을 통해 괄목할 만한 성과를 달성한 것은 스웬슨만의 뚜렷한 신념과 원칙이 있었기 때문이다. 그는 주식 중심의 포트폴리오를 구성함으로써 주식 자산군의 투자 비중을 높게 유지하면서도 국내 주식 외 선진국 주식, 신흥국 주식 등 다양한 주식으로 분산투자하였다. 주식이나 채권과 같은 전통적인 투자자산 외에도 사모펀드, 헤지펀드, 벤처캐피털 등 비전통적인 대체투자자산을 포트폴리오에 편입한 분산투자를 통해 초과수익을 달성하였다. 또 1987년 블랙먼데이, 2008년 글로벌 금융위기와 같이 주식시장이 대폭락하여 주식 자산군의 투자 비중이 축소되었을 때에도 장기 전략적 자산배분 원칙을 고수하여 주식 자산군의 투자 비중을 추가 확대하기도 하였다.

여러분은 앞으로 이 책을 통해 투자론에 대한 기본 지식을 쌓는 동시에, 수탁자나 투자자로서 갖추어야 할 투자철학의 중요성을 염두에 두고, 투자의 큰 그림을 그릴 기회를 가져야 할 것이다.

한편, 앞에서 투자론의 기초로서 투자의 정의와 목표, 바람직한 투자에 임하기 위한 투자철학의 중요성에 대해 간략히 살펴보았다. 이러한 투자의 기초를 이해하는 데 좋은 사례 중 하나가 우리나라 국민연금의 기금운용 원칙이다. 투자론을 처음 접하는 학생이나 투자에 대해 막연한 두려움을 느끼는 초보 투자자, 심지어 실무에서 직접 자산운용을 수행하는 펀드매니저도 투자에 임하기 전에 국민연금의 기금운용 원칙을 상기하는 것이 자신만의 투자철학을 정립하는 데 많은 도움이 될 것이다.

우리나라의 국민연금은 국민의 노후소득 보장을 위해 국가가 시행하는 사회보장제도로서, 1988년 도입된 이래 세계에서 가장 큰 공적연금 중 하나로 성장하였다. 국민연금은 기금의 운용 및 관리 사업이 목적에 따라 합리적이고 효과적으로 수행될 수 있도록 기금운용지침에 국민연금의 투자철학인 기금운용 원칙을 명시하고 있다.[8] 그 내용은 첫째, 수익성의 원칙이다. 가입자의 부담, 특히 미래세대의 부담 완화를 위해 가능한 한 많은 수익을 추구해야 한다. 둘째, 안정성의 원칙이다. 투자하는 자산의 전체 수익률 변동성과 손실위험이 허용되

---

8 국민연금기금운용지침은 국민연금기금의 투자정책서로서 국민연금법 제105조 제1항에 의해 기금운용위원회가 가입자의 권익을 극대화하기 위해 매년 발표하고 있다. 이 지침에는 ① 공공사업에 사용할 기금자산의 비율, ② 공공사업에 대한 기금배분의 우선순위, ③ 가입자, 가입자이었던 자 및 수급권자의 복지증진을 위한 사업비, ④ 기금증식을 위한 가입자 및 가입자이었던 자에 대한 대여사업비, ⑤ 기금의 관리 및 운용 현황에 관한 공시 대상 및 방법 등이 포함되어 있다. 보다 자세한 내용은 국민연금 기금운용본부 홈페이지에서 확인할 수 있다(https://fund.nps.or.kr).

그림 1.3 국민연금의 기금운용 원칙

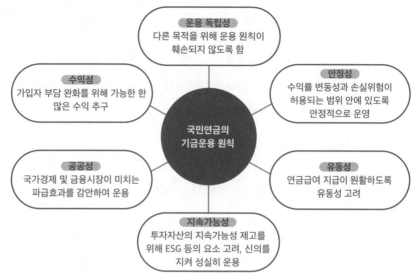

자료: 국민연금 기금운용본부

는 범위 안에 있도록 안정적으로 운용해야 한다. 셋째, 공공성의 원칙이다. 국민연금은 전 국민을 대상으로 하는 제도이고, 기금적립규모가 국가경제에서 차지하는 비중이 크므로 국가경제 및 국내 금융시장에 미치는 파급효과를 감안하여 운용해야 한다. 넷째, 유동성의 원칙이다. 연금급여의 지급이 원활하도록 유동성을 고려하여 운용해야 하며, 특히 투자한 자산의 처분 시 국내 금융시장 충격이 최소화되는 방안을 사전에 강구해야 한다. 다섯째, 지속가능성의 원칙이다. 투자자산의 지속가능성 제고를 위해 환경, 사회, 지배구조 등의 요소를 고려하여 신의를 지켜 성실하게 운용해야 한다. 여섯째, 운용 독립성의 원칙이다. 위의 원칙에 따라 기금을 운용해야 하며, 다른 목적을 위해 이러한 원칙이 훼손되어서는 안 된다.

이러한 기금운용 원칙하에 국민연금이 실제로 어떻게 투자정책을 수립하여 기금을 운용하는지 국민연금의 투자의사결정과정을 간략히 살펴보자.

❶ 투자안을 모색한다. 투자를 실행하기 위해서는 투자할 수 있는 자산, 즉 투자안에 어떤 것들이 있는지 살펴보아야 한다. 국민연금은 기금운용지침에 따라 국내주식, 해외

주식, 국내채권, 해외채권, 대체투자 및 기타 금융상품 등의 투자안에 기금을 운용할 수 있다.

❷ 장기 목표수익률과 위험한도를 설정한다. 국민연금은 향후 기금규모의 증가에 대비하여 수익성과 안정성을 제고하기 위해 실물경제와 금융시장 등에 대한 중기 전망을 고려한 5년 후의 목표수익률과 위험한도를 설정하고 있다. 각각의 산식은 다음과 같다.

- 국민연금의 목표수익률: 실질경제성장률 + 소비자물가 상승률 ± 조정치
- 국민연금의 위험한도[9]: $CVaR(\alpha = 0.05) \geq -15\%$

❸ 장기 목표수익률과 위험한도를 달성하기 위한 자산군별 목표 비중을 결정한다. 국민연금은 자산군별 기대수익률과 위험, 자산군 간 상관관계, 정책조건[10] 등을 기반으로 주어진 위험한도 내에서 최적 자산배분안인 기준 포트폴리오를 구성·관리하고 있다. 이를 전략적 자산배분이라고 한다. 전략적 자산배분은 객관적인 시장분석을 근거로 자산배분 목표를 설정하는 것으로, 기준 포트폴리오의 위험자산(해외주식) 비중을 반영하여 자산군의 상대적 비율을 결정하는 것을 말한다.

❹ 중기 자산배분정책을 바탕으로 연도별 기금운용계획을 설정한다. 국민연금은 중기 자산배분에 의한 자산군별 목표비중 등을 반영하여 이행계획상의 연도별 운용계획으로서 당해 연도의 목표 포트폴리오를 해당연도 기금운용계획으로 설정하고 있다. 예를 들어, 2024년도 목표 포트폴리오의 기금운용계획을 살펴보면 다음 표와 같다.

---

9 기준 포트폴리오 설정(안)의 위험한도는 95% 신뢰수준에서 발생 가능한 기대손실을 초과하는 손실 부분의 조건부 기댓값(CVaR, Conditional Value at Risk)을 -15% 이내로 해야 한다는 것을 의미한다(국민연금기금운용지침 제6조의2).

10 정책조건: 기금운용의 정책방향을 반영하고, 특정 자산에 편중 배분되는 문제를 해결하기 위해 일정한 조건을 설정하는 것을 말한다.

표 1.3 국민연금의 2024년도 목표 포트폴리오

구분		2023년 말(A)	2024년 말(B)	증감(B-A)
	국내주식	15.9	15.4	−0.5
	해외주식	30.3	33.0	2.7
	국내채권	32.0	29.4	−2.6
	해외채권	8.0	8.0	0
대체투자	사모투자	4.8	4.9	0.1
	부동산	4.9	4.9	0
	인프라	3.4	3.5	0.1
	헤지펀드	0.7	0.9	0.2
	계	13.8	14.2	0.4
금융부문 계		100.0	100.0	0

자료: 국민연금 기금운용본부

⑤ 목표 초과수익률을 결정한다. 국민연금은 액티브운용을 통해 전략적 자산배분에 의한 수익률(벤치마크수익률) 대비 초과수익률을 추구한다. 기금이 안정적인 초과수익을 달성할 수 있도록 장기적인 관점에서 전략적 자산배분에 의한 위험을 포함한 총위험을 고려하여 대체투자를 제외한 금융부문 전체의 목표 액티브위험(active risk)과 목표 IR(information ratio)을 정함으로써 목표 초과수익률을 결정한다. 국민연금 기금의 목표 초과수익률은 전략적 자산배분에 의한 수익률 대비 초과수익률의 목표치로서, 다음 산식과 같이 목표 액티브위험과 목표 IR의 곱으로 계산한다.

$$\text{국민연금의 목표 초과수익률: 목표 액티브위험} \times \text{목표 IR}$$

여기서, 목표 액티브위험: 초과수익률의 표준편차
목표 IR: 초과수익률/액티브위험

⑥ 전술적 자산배분을 통해 기금을 운용한다. 전술적 자산배분은 변화하는 시장 상황에 대응하고 이를 이용하기 위해 전략적 자산배분으로부터 주어진 범위 안에서 조정하여 자산을 배분하는 것을 말한다. 이는 전략적 자산배분에 기초한 각 자산군별 배분 비중을 기준으로 일정 범위의 변동폭 이내에서 기금이 운용되도록 하는 것이다. 여기에는 해외자산 투자 시 전략적 환헤지 비율을 설정하고 외환익스포저의 규모를 전술적으로 조정하는 것도 포함된다. 현재 국민연금의 자산군별 투자허용범위는 다음 표와 같다.

표 1.4 국민연금의 자산군별 투자허용범위

구분	국내주식	국내채권	해외주식	해외채권
전략적 자산배분 허용범위*	±3.0	±7.0	±4.0	±0.5
전술적 자산배분 허용범위	±2.0	±5.0	±3.0	+2.0/−4.0
총허용범위	±5.0	±12.0	±7.0	+2.5/−4.5

* SAA 비중이 SAA 허용범위 내에 있으면 목표비중으로 간주하고, SAA 비중이 SAA 허용범위를 벗어날 경우 허용범위 내에 있도록 조정(리밸런싱)

자료: 국민연금기금운용지침

❼ 각 단계별 철저한 위험관리를 수행한다. 국민연금은 국내외 경제·금융 여건의 불확실성 증가로 투자위험이 높아지고 있는 상황에서, 다양한 위험요인에 대한 관리체계를 강화함으로써 위험요소를 철저히 관리하고 있다. 리스크관리위원회를 통해 자산별 위험한도 배분 및 주요 위험관리 기준을 수립하여 위험예산을 통제하고, 위험관리를 전담하는 증권리스크관리실과 대체리스크관리실을 통해 투자위험을 관리하고 있다. 또 준법감시인을 별도로 두어 기금운용의 내부통제 업무를 독립적으로 수행하고 있다.

❽ 기금운용에 대한 성과평가를 수행한다. 국민연금의 기금운용에 대한 성과평가는 운용성과를 객관적이고 투명하게 국민에게 알림으로써 기금운용에 대한 신뢰도를 제고하고, 성과평가 결과를 활용하여 국민연금 기금운용의 개선 및 발전을 도모하는 것을 목적으로 한다. 이는 매년 실시하되, 3년 이상의 장기 평가를 원칙으로 하며, 벤치마크와의 정량적 비교평가뿐 아니라 운용체계와 위험관리의 개신 등 정성적인 평가를 포함하고 있다. 국민연금의 기금운용 성과를 나타내는 운용수익률은 모든 손익이 포함된 금액가중수익률을 사용하며, 벤치마크수익률과 비교 시에는 시간가중수익률을 기준으로 하고 있다.[11]

---

11 국민연금의 자산별 벤치마크는 다음과 같다.
- 국내주식: KOSPI(배당 포함)
- 해외주식: MSCI All Countries World Index(예: Korea, Unhedged-to-KRW, customized tax rate)
- 국내채권: Customized Index
- 해외채권: NPS Customized Index[예: KRW, Partial-hedged(기타통화–USD), Unhedged(USD–KRW)]

$$\text{금액가중수익률: (총수익 − 총비용)/운용평잔}$$

여기서, 총수익: 매매이익, 평가이익(외화환산이익 포함), 이자수익, 배당수익, 수수료수익, 외환차익 등
총비용: 매매손실, 평가손실(외화환산손실 포함), 외환차손, 거래비용, 운용보수, 수수료비용, 그
외 각종 운용관련 직접비용 및 간접비 해당액
운용평잔: (Σ일별 장부금액)/운용일수

$$\text{시간가중수익률: } [(1 + R_1) \times (1 + R_2) \times \cdots \times (1 + R_n)] - 1$$

위와 같은 국민연금의 투자의사결정 과정을 이 책의 구성과 비교하여 정리하면 **그림 1.4**
와 같다. 모든 내용이 정확히 일치하지는 않지만, 이 책의 내용을 국민연금과 같은 기금을 운
용하는 절차에 맞추어 구성한 것으로 볼 수 있다.

첫째, 투자안의 모색을 위해서는 1장, 2장, 7장, 8장, 9장, 10장, 11장, 12장의 내용을 살펴
볼 필요가 있다. 매우 방대한 양이지만, 해당 내용은 구체적인 투자대안을 찾아 투자를 수행
하기 위해 반드시 학습해야 하는 내용이다. 둘째, 장기 목표수익률과 위험한도를 설정하기
위해서는 3장, 4장, 5장, 6장 등 포트폴리오 이론에 대한 기초가 있어야 가능하다. 셋째, 전략
적 자산배분으로서 자산군별 목표 비중을 결정하는 데도 4장, 5장, 6장 등 포트폴리오 이론에
대한 이해가 필요하다. 넷째, 연간 기금운용계획을 설정하는 것은 포트폴리오 이론을 활용
하여 4장 포트폴리오 분산투자에 대한 이해가 필요하다. 다섯째, 목표 초과수익률을 결정하
는 것은 가장 기본적인 자산가격결정모형에 대한 이론에 바탕을 둔다. 이는 이 책의 5장에 해
당한다. 여섯째, 전술적 자산배분을 통한 기금 운용은 실제 투자를 수행하면서 리밸런싱하는
과정이 포함되므로, 개별자산에 대한 평가(7장, 8장, 9장, 10장)를 수반하는 동시에 13장의
내용이 도움이 될 수 있다. 일곱째, 투자성과평가는 13장에서 다루며, 여덟째, 위험관리의 기
초는 14장에서 자세히 살펴볼 것이다.

무엇보다도 이러한 투자의사결정을 위한 제반과정은 국민
연금과 같은 전문적인 대규모 기금을 운용하는 펀드매니저뿐
만 아니라 재무관리나 투자론을 접한 사람이라면 누구나 자연
스럽게 따르는 절차임을 염두에 두어야 한다. 이제 자산운용
의 큰 그림을 바탕으로 차근차근 한 걸음씩 투자론의 매력을
탐구해보자.

그림 1.4 국민연금 기금운용 과정과 책의 구성

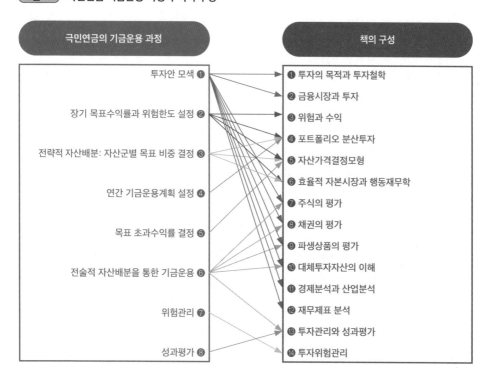

극민연금의 기금운용 과정

책의 구성

투자안 모색 ❶

장기 목표수익률과 위험한도 설정 ❷

전략적 자산배분: 자산군별 목표 비중 결정 ❸

연간 기금운용계획 설정 ❹

목표 초과수익률 결정 ❺

전술적 자산배분을 통한 기금운용 ❻

위험관리 ❼

성과평가 ❽

❶ 투자의 목적과 투자철학

❷ 금융시장과 투자

❸ 위험과 수익

❹ 포트폴리오 분산투자

❺ 자산가격결정모형

❻ 효율적 자본시장과 행동재무학

❼ 주식의 평가

❽ 채권의 평가

❾ 파생상품의 평가

❿ 대체투자자산의 이해

⓫ 경제분석과 산업분석

⓬ 재무제표 분석

⓭ 투자관리와 성과평가

⓮ 투자위험관리

투자론

1 대일 군이 설악산에 등산을 갔다가 1억 원이 들어 있는 현금상자를 발견하였다.

(1) 이것은 실물자산인가? 금융자산인가?

(2) 이 발견이 사회 전체의 부를 증가시키는가?

(3) 이 발견이 대일 군의 부를 증가시키는가?

2 투자(investment)와 투기(speculation)를 구분하여 설명하시오.

3 대일 군은 2024년 말 은행계좌에서 3백만 원을 인출하여 그중 1백만 원을 보통주 포트폴리오에 투자하고 나머지 2백만 원을 채권 포트폴리오에 투자하였다. 1년 뒤인 2025년 말에 보니, 보통주 포트폴리오 가치는 1,300,000원이 되었고, 채권 포트폴리오 가치는 1,600,000원이 되었다. 2025년 한 해 동안 보통주 포트폴리오에서 50,000원의 현금배당과 채권 포트폴리오에서 200,000원의 이자를 받았고, 이것들을 재투자하지 않았다.

(1) 2025년 보통주 포트폴리오의 수익률은 얼마인가?

(2) 2025년 채권 포트폴리오의 수익률은 얼마인가?

(3) 2025년 대일 군의 투자수익률은 얼마인가?

4 A증권 수익률의 분포는 다음과 같다.

상황	확률(P_i)	수익률(R_i)
호황	0.30	0.30
보통	0.40	0.20
불황	0.30	0.10

(1) A증권의 기대수익률을 구하시오.

(2) A증권 수익률의 표준편차를 구하시오.

5 높은 수익률을 실현시키는 주식이 왜 실제로 높은 위험을 수반하게 되는지 설명하시오.

6 '이익의 극대화'가 투자의 적절한 목표가 될 수 없음을 설명하시오.

7 투자자의 제약조건이 투자의사결정에서 어떻게 작용하는지 설명하시오.

8 우리나라 기업들이 직접금융 방법에 의해 자금을 조달하는 비중을 높여야 하는 이유를 설명하시오.

9 각자 자신만의 투자철학을 가지는 것이 왜 중요한지 설명하시오.

10 저명한 투자자들의 투자철학과 투자성과에 대해 설명하시오.

1　(1) 금융자산

　　(2) 사회 전체의 부는 증가하지 않는다.

　　(3) 대일 군 개인의 부는 증가한다.

3　(1) 주식 포트폴리오의 수익률 $= \dfrac{\text{기말 포트폴리오의 가치} + \text{배당가치} - \text{기초 투자가치}}{\text{기초 투자가치}}$

$$= \frac{1,300,000 + 50,000 - 1,000,000}{1,000,000} = 0.35\,(35\%)$$

　　(2) 채권 포트폴리오의 수익률 $= \dfrac{\text{기말 포트폴리오의 가치} + \text{이자수입} - \text{기초투자가치}}{\text{기초 투자가치}}$

$$= \frac{1,600,000 + 200,000 - 2,000,000}{2,000,000} = -0.10\,(-10\%)$$

　　(3) 전체 투자수익률

$$= \frac{(1,300,000 + 1,600,000) + (50,000 + 200,000) - (1,000,000 + 2,000,000)}{(1,000,000 + 2,000,000)} = 0.05\,(5\%)$$

　　또는 $\dfrac{1,000,000}{3,000,000} \times 0.35 + \dfrac{2,000,000}{3,000,000} \times (-0.10) = 0.05\,(5\%)$

5　위험 – 수익률 상충관계에 의해 높은 수익률을 실현시키는 주식은 그만큼 큰 위험을 부담하게 된다. 즉, 위험이 큰 투자안의 가격은 낮아야 하고, 기대수익률은 높아야 한다. 이를 'high risk, high return'이라고 표현할 수 있다.

7　투자의사결정 시에는 먼저 투자목표를 설정해야 한다. 이때 먼저 고려해야 할 사항은 투자자의 제약조건과 투자자금의 용도이다. 이에 따라 목표수익률을 결정하고 투자자들이 허용할 수 있는 위험수준을 정해야 한다. 다음으로, 여러 금융자산의 수익성과 위험 그리고 유동성을 파악하여 투자목표에 맞는 해당 자산에 투자해야 한다. 일반적으로 투자자의 제약조건으로는 투자자의 고유 상황, 유동성, 투자기간 그리고 세금이 고려된다.

CHAPTER 2

금융시장과 투자

학습목표

☑ 금융시장의 기능과 역할을 이해할 수 있다.

☑ 최근 금융환경의 변화를 이해할 수 있다.

☑ 증권거래의 구조와 방법을 이해할 수 있다.

☑ 금융상품의 종류와 특징을 이해할 수 있다.

1 금융시장과 금융환경 변화[1]

금융(finance)이란 경제주체 간 자금의 융통을 의미한다. 타인으로부터 자금을 빌리거나 타인에게 자금을 빌려주는 금융행위는 일시적인 자금 잉여 및 부족으로 지출변동을 줄임으로써 소비나 기업경영을 안정화하는 기능을 한다. 금융제도(financial system)는 이러한 금융거래에 관한 일체의 체계와 규범을 총칭하는 개념으로, 금융시장, 금융회사, 금융상품 등의 구조나 형태를 포괄하는 핵심적인 경제제도 중 하나이다. 예금자나 투자자의 입장에서 금융제도는 저축이나 투자자산을 안심하고 맡길 수 있도록 각종 장치를 갖춰 자산관리(거래상대방은 부채관리)를 제도화한 것이라고 할 수 있다.

금융시장(financial market)은 자금의 공급자와 수요자 간에 금융거래가 조직적으로 이루어지는 장소를 의미한다. 여기서 장소는 재화시장처럼 특정한 지역이나 건물 등의 구체적인 공간뿐 아니라 금융거래가 정보시스템 등에 의해 유기적으로 이루어지는 추상적인 공간을 포함한다. 금융시장은 국민경제 내 자금의 공급부문과 수요부문을 직간접적으로 연결함으로써 원활한 생산활동을 지원하는 동시에, 효율적인 자원 배분을 통해 경제주체들의 후생증진에 기여한다. 국민경제 전체로 보면 일반적으로 가계는 소득이 지출보다 많아 자금의 공급주체가 되며, 투자를 위해 많은 자금을 필요로 하는 기업은 자금의 수요주체가 된다.

한편, 정부는 재정의 흑자/적자 상황에 따라 자금의 공급/수요 주체가 된다. 즉, 금융시장은 자금의 공급주체에서 수요주체로 자금의 이전과 배분이 효율적으로 이루어지도록 자금 중개 기능을 수행한다. 또한 저축에 대한 대가로서 이자를 보장함으로써 일반 대중의 저축 의욕을 높여 자본형성을 촉진하며, 시장의 공급자로부터 수요자에게로 구매력 이전을 통해 재화의 유통을 원활하게 한다.

금융시장은 자금의 조달방법에 따라 기업과 같은 자금의 수요자가 가계와 같은 자금의 공

---

[1] 이 절의 내용은 한국의 금융제도(한국은행, 2018년), 한국의 금융시장(한국은행, 2021년), 증권투자권유대행인 1(금융투자전문인력 표준교재, 금융투자협회, 2024년) 등을 참고하여 재구성하였다.

그림 2.1 금융시장과 자금흐름

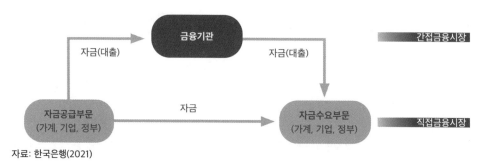

자료: 한국은행(2021)

급자로부터 자금을 직접 조달하는 직접금융시장과 금융회사와 같은 중개기관이 자금의 수요
와 공급을 중간에서 매개하는 간접금융시장으로 나눌 수 있다. 또 금융시장은 거래되는 상품
의 종류에 따라 단기금융시장 또는 화폐시장(money market), 장기금융시장 또는 자본시장(capital
market)으로 구분된다. 화폐시장은 만기가 1년 미만인 자금이 거래되는 금융시장을, 자본시
장은 만기가 1년 이상인 자금이 거래되는 금융시장을 말한다. 자본시장을 좁게 해석하면, 주
식시장(stock market)과 채권시장(bond market)을 포괄한 증권시장(securities market)을
의미한다. 한편, 파생금융상품시장은 금융상품의 가격변동위험과 신용위험 등 위험관리를
위해 고안된 파생금융상품이 거래되는 시장으로, 기초자산에 따라 주식, 금리, 통화, 신용 관
련 파생상품시장이 있고, 이들이 결합된 파생결합증권시장이 있다. 이 외에도 금융시장을 거
래규칙의 표준화 여부에 따라 장내시장과 장외시장, 금융상품의 신규발행 여부에 따라 발행
시장과 유동시장으로 구분한다.

금융시장과 금융자산은 투자자의 필요에 의해 발전하며, 투자자의 필요는 규제, 제도, 인
프라시스템 등 투자환경에 의해 변화한다. 1980년대 이전, 저축동원이나 금융안정을 위해
금융부문에 가해지던 폭넓은 규제가 경쟁제한을 초래하여 금융회사의 혁신 노력을 제약함
으로써 금융효율이 저하되었다는 인식이 확산되었다. 이에 따라 1980년대 이후에는 대다수
국가에서 규제완화, 금융자유화가 적극적으로 추진되었다. 이러한 금융자유화에 힘입어 신
종 금융상품이 등장하고, 새로운 금융시장이 형성되는 등 금융혁신이 활발하게 일어났다. 이
와 함께 금융회사의 업무영역 제한이 완화되면서 금융겸업화가 진전되었고, 금융시장 통합
화, 금융국제화, 금융기관 대형화 등이 나타났다. 각국의 정책당국도 증권화 또는 자산유동

화, 파생금융상품의 유용성을 강조하였다. 그러나 이와 같은 자유화, 규제완화 추세도 글로벌 금융위기 이후 상당한 수정과 변화를 겪었다. 2008년 글로벌 금융위기를 계기로 미국, 영국 등 주요 선진국을 중심으로 거시건전성 및 금융안정의 중요성이 재인식되었으며, 이에 따라 금융위기 억제 및 재발 방지를 위해 그동안의 금융규제 완화 기조를 점검하고 시스템 리스크를 예방하기 위한 규제 강화 등의 방안이 마련되었다.

특히, 최근의 금융환경 변화는 기술혁신에 기반한 핀테크(fintech)에 의해 급속하게 진행되고 있다. 핀테크는 금융(finance)과 기술(technology)의 합성어로, 금융과 정보통신기술(ICT)의 융합을 통해 새롭게 등장한 산업 및 서비스 분야를 통칭한다. 핀테크산업은 4차 산업혁명과 함께 최근 금융부문의 신성장 동력으로 주목받고 있다. ICT의 발전에 따라 정보처리비용과 거래비용 등 금융중개에 소요되는 비용이 크게 하락하였다. 이에 따라 수요자의 다양한 요구에 부응하는 양질의 새로운 금융상품의 개발이 가능하게 되었으며, 금융거래의 시공간적 제약이 사라지고 금융거래의 규모가 크게 확대되었다. 이러한 금융 관련 기술의 진

그림 2.2 **금융시장의 분류**

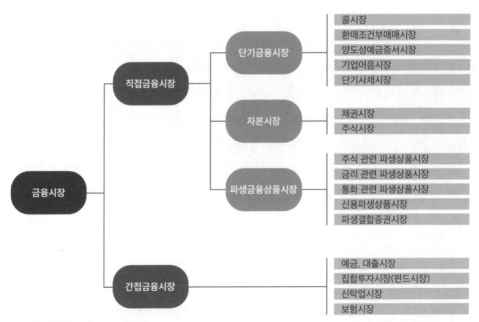

자료: 한국은행(2021)

보와 발전으로 정보의 디지털화, 금융거래의 전자화, 신상품 개발 등 금융혁신이 추진되고 있다.

공급 측면에서는 글로벌 금융위기 이후 기존 금융회사에 대한 규제가 강화되는 가운데, APIs[2], 클라우드 컴퓨팅(cloud computing)[3] 등 정보통신기술이 발전하면서 기존 금융서비스를 새로운 방식으로 제공하는 핀테크 및 빅테크(bigtech) 기업[4]이 등장하기 시작하였다. 또 수요 측 요인으로는 디지털 전환과 함께 금융서비스의 편의성 제고 및 비용 절감에 대한 소비자의 기대가 점차 높아지고 있는 점을 들 수 있다. 이러한 소비 성향의 변화는 디지털 기기에 익숙한 밀레니얼(millennials) 및 디지털 네이티브(digital natives) 세대의 증가에 기인한다. 핀테크는 지급결제·송금부문을 중심으로 그 영역이 점차 확대되고 있으며, 현재 핀테크의 주요 사업 분야로는 지급결제·송금 이외에도 크라우드펀딩, 암호자산, 온라인 자산관리, 인터넷전문은행 등이 있다. 핀테크 및 빅테크 기업들은 다양한 디지털 혁신기술을 바탕으로 소비자의 편의성을 증진하여 기존 금융회사의 금융서비스를 넘어, 금융의 지형을 변화시키고 있다.

또한 정보비용의 하락과 금융혁신에 따라 금융의 증권화(securitization) 및 탈은행화(disintermediation) 현상이 촉진되고 있다. 금융중개비용 절감을 위해 자금 조달 및 운용수단으로서 증권을 이용하는 직접금융의 중요성이 증대되고 있다. 이에 따라 간접금융을 담당하던 전통적인 상업은행의 기능이 위축되고 자금의 수요자와 공급자를 직접 연결하는 투자은행의 기능이 확대되고 있다. 그리고 탈은행화가 진행되면서 은행산업의 고객 기반이 변화하고 있으며, 은행은 증권화 상품을 개발하고 있다. 금융시장에서 신용도가 우수한 대기업은 자금조달 시 은행대출보다는 CP, 회사채, 전환사채 및 신주인수권부사채 등 직접금융 의존도를 높이고 있다. 이에 따라 은행여신은 중소기업 및 가계 등에 대한 고객 기반을 강화하는 한편, 대출채권의 증권화 등을 통해 유동성을 확보하고 새로운 금융상품의 개발을 촉진하고

---

2 APIs(Application Programming Interfaces): 개별 금융회사가 가지고 있는 고객의 금융정보(계좌정보 등)에 접근할 수 있는 통로로, API를 통해 핀테크 기업은 다양한 금융서비스를 개발할 수 있다.

3 클라우드 컴퓨팅(cloud computing): 전산설비를 직접 구축하지 않고 전문업체로부터 인터넷을 통해 IT 지원을 탄력적으로 제공받아 사용하는 컴퓨팅 환경을 말한다.

4 핀테크 기업은 ICT를 바탕으로 금융서비스를 보다 효율적으로 제공하는 신생기업을, 빅테크 기업은 기술, 자본, 신뢰도 우위를 가지고 금융서비스를 제공하는 거대 ICT 기업을 말한다.

있다. 또한 투자자문, 프로젝트 파이낸싱 등 고부가가치 금융서비스 및 수수료수입 비중을 증대하는 방안을 모색하고 있다.

금융거래와 관련된 정보통신기술의 혁신적 발전에 따라 국가 간 금융거래비용이 대폭 절감되었으며, 각국의 금융규제완화로 인해 금융개방화 및 국제 자본거래의 자유화가 크게 진척되었다. 이에 따라 금융시장의 통합과 함께 글로벌 금융서비스 공급자의 출현이 촉진되고 있다. 또 국내 금융시장과 국제 금융시장 간 연계성이 증가하면서 금융의 세계화(globalization) 현상이 가속화되고 있다. 위험감소와 새로운 수익원 개발을 위해 국제적 분산투자의 확대, 조세 목적의 차익거래 증가, 외환 및 파생금융상품 거래의 급격한 증가 등 국제금융시장에서 중요성이 확대되고 있다.

한편, 금융시장의 통합에 따라 각국 금융기관은 국제적 기준에 부합하는 제도와 관행을 갖추고 국제금융시장의 신뢰를 확보하기 위해 각국의 금융규제 및 감독체제를 수렴하고 있다. 이에 따라 새로운 패러다임으로서 국제적 기준에 기반한 시장규율이 정착되고 있다. 이는 국제적 기준과 어긋나는 불투명한 금융관행을 유지할 경우 신뢰를 상실하게 되고, 대규모 자금 이탈로 자국 경제가 위험에 처할 수 있기 때문이다.

또한 금융자율화 및 금융개방 추세에 따라 금융산업과 금융시스템의 안정성 제고를 위한 위험관리 강화가 요구되고 있다. 금융시장의 자율화 및 개방화로 금융시장의 효율성은 증대되고 있으나, 자금의 급속한 이동 등으로 인해 금융시스템과 금융시장의 불안정성도 함께 증가하는 부작용이 발생하고 있다. 이에 따라 각 금융회사도 영업에 수반된 시장위험, 신용위험, 영업위험 등 제반 위험을 효율적으로 관리하기 위한 위험관리시스템의 중요성을 인식하고 정교한 통합위험관리시스템을 구축하고 있다.

금융당국도 금융부문의 위기대처능력을 개선하기 위해 금융환경 변화에 상응하는 건전성 규제 및 감독체계의 정비를 강화하고 있다. 기존의 진입규제, 가격규제, 업무영역규제 등의 경쟁제한적 금융규제는 대폭 완화하는 한편, 거래자 보호 및 안정성 제고 등을 위한 건전성 규제는 강화하고 있다. 또한 금융산업이 부담하는 위험의 증가에 따라 금융시장의 체계적 위험(systemic risk)을 관리하기 위한 금융감독을 강화하고 있다. 특히, 핀테크 혁신에 따라 고객데이터가 광범위하게 공유되는 과정에서 발생할 수 있는 사이버리스크를 통제하기 위한 보안정책의 강화, 중요 데이터의 접근통제방법 개발, 빅테크 기업의 지배구조 및 운영 관련 위험관리 등 대비책 마련에 대한 논의도 활발히 진행 중이다.

한편, 금융회사(financial institutions) 또는 금융중개기관(financial intermediaries)은 자금의 공급자와 수요자 간에 거래를 체결해주는 것을 목적으로 하는 사업체를 말한다. 은행에서 자기 명의로 예금 등의 자금을 조달하고 대출과 같이 자기 판단에 따라 투자 대상을 결정하기도 하지만, 증권사와 같은 투자중개업자는 금융거래에 수반되는 위험을 부담하지 않고 자금의 공급자와 수요자를 단순히 연결하는 기능만 수행하기도 한다. 자금의 공급자와 수요자가 직접 거래할 경우 높은 탐색비용(search cost) 때문에 거래가 불가능할 수 있지만, 금융회사는 거래비용을 절감하여 소규모 금융거래도 가능하게 함으로써 금융거래를 활성화한다. 그리고 금융회사는 다수로부터 거액의 자금을 모아 다양한 자산을 운용함으로써 투자자가 간접적으로 분산투자하는 혜택을 누릴 수 있게 한다. 또한 차입자의 신용도 분석에 관한 전문적인 노하우를 축적하며, 지속적이고 반복적인 거래를 통해 획득한 차입자에 대한 정보를 활용하여 정보의 비대칭성 문제를 완화함으로써 자금배분의 효율성을 높이는 역할을 수행한다.

표 2.1 **우리나라의 금융회사**

대분류	중분류	세분류
은행	일반은행	시중은행, 지방은행, 외은지점
	특수은행	한국산업은행, 한국수출입은행, 중소기업은행, 농업협동조합중앙회, 수산업협동조합중앙회
비은행 예금취급기관	상호저축은행	
	신용협동기구	신용협동조합, 새마을금고, 상호금융
	우체국예금	–
금융투자업자	투자매매중개업자	증권회사, 선물회사
	집합투자업자	자산운용회사
	투자자문·일임업자	투자자문사
	신탁업자	은행/증권/보험/부동산 신탁회사
	종합금융회사	
보험회사	생명보험회사	–
	손해보험회사	손해보험회사, 재보험회사, 보증보험회사
	우체국보험	–
	공제기관	–

(계속)

투자론

대분류	중분류	세분류
기타 금융기관	금융지주회사	은행지주/비은행지주
	여신전문금융회사	리스회사/카드회사/할부금융회사
	벤처캐피털회사	신기술사업금융회사/중소기업창업투자회사
	증권금융회사	
	한국무역보험공사	
	한국주택금융공사	
	한국자산관리공사	
	한국투자공사	
	한국정책금융공사	
금융 보조기관	한국거래소	
	한국예탁결제원	
	한국증권금융	
	예금보험공사	
	금융결제원	
	신용보증기관	
	신용정보회사	
	자금중개회사	

자료: 한국은행(2018)

    금융회사는 은행, 비은행 예금취급기관, 금융투자업자, 보험회사, 기타 금융기관, 그 밖에 금융보조기관 등으로 구분한다. 은행은 일반적으로 여수신을 통해 신용을 창출하며, 이 과정에서 지급결제 서비스를 제공한다. 반면, 비은행은 은행과 유사한 여수신업무를 주요 업무로 취급하고 있지만, 보다 제한적인 목적으로 설립되어 자금조달 및 운용 등에서 은행과는 상이한 규제를 받는 금융회사이다. 금융투자회사는 금융투자상품의 거래와 관련된 업무를 주된 업무로 하는 금융회사이다. 2009년 2월 「자본시장과 금융투자업에 관한 법률」(이하 '자본시장법') 시행 이전에 금융투자회사는 증권사, 선물회사, 자산운용사 등으로 구분되었다. 자본시장법 시행 이후에도 대다수 금융투자회사가 증권사, 선물회사, 자산운용사 등 이전 명칭을 그대로 유지하고 있으나, 금융투자업이 금융기능에 따라 투자매매, 중개, 집합투자, 투자자문·일임, 신탁업으로 구분되고 각각을 겸영할 수 있도록 함에 따라 금융투자회사의 구분은

이전과 달리 명확하지 않다.[5]

한편, 보험회사는 사망 · 질병 · 노후 또는 화재나 각종 사고를 대비하는 보험을 인수 · 운영하는 금융회사이다. 보험회사는 업무 특성에 따라 생명보험회사, 손해보험회사, 우체국보험, 공제기관(농업협동조합공제, 수산업협동조합공제, 신용협동조합공제, 새마을금고공제) 등으로 구분하고, 손해보험회사에는 일반적인 손해보험회사, 재보험회사, 보증보험회사 등이 포함된다.

기타 금융기관은 금융지주회사, 여신전문금융회사(리스회사, 신용카드회사, 할부금융회사), 벤처캐피털회사(신기술사업금융회사, 중소기업창업투자회사), 증권금융회사 및 공적 금융회사 등이 있다. 최근에는 핀테크의 발전으로 전자금융업자(전자화폐업자, 전자이체업자, 직불전자지급수단발급관리업자, 선불전자지급수단발급관리업자, 전자지급결제대행업자)에 관심이 높아지고 있다.

금융보조기관은 금융제도의 원활한 작동에 필요한 여건을 제공하는 것을 주된 업무로 하는 기관이다. 한국거래소, 한국예탁결제원, 증권금융회사, 예금보험공사, 금융결제원, 신용보증기금 · 기술보증기금 등 신용보증기관, 신용정보회사, 자금중개회사 등이 이에 해당된다.

---

5 자본시장법은 각 금융기능별로 투자자가 부담하는 위험의 크기에 따라 인가제와 등록제로 구분하고 있다. 이에 따라 고객과 직접 채무관계를 가지거나 고객의 자산을 수탁하는 투자매매·투자중개·집합투자·신탁업은 인가대상으로 하며, 투자자의 재산을 수탁하지 않는 투자일임·투자자문업은 등록만으로 영위할 수 있도록 하고 있다.
한편, 자본시장법 시행령은 금융투자업의 위험과 투자자 보호 필요성 등에 따라 인가 및 등록 단위별 최저 자본요건을 다르게 설정하고, 취급하려는 인가업무가 늘어나면 그에 해당하는 자기자본 금액을 추가로 보유하도록 함으로써 금융투자업의 대형화, 겸업화, 전문화 및 진입완화를 유도하고 있다.

2 증권시장의 구성과 매매거래제도

앞에서 금융시장과 금융회사 및 금융환경 변화에 대해 간략히 살펴보았다. 재무관리의 세부 학문 분야 중 금융시장에 대해서는 금융시장론, 금융회사에 대해서는 금융기관론에서 자세히 다루고 있으며, 여기서는 투자론의 주요 관심 분야인 증권시장, 특히 주식시장을 중심으로 그 구성과 관련 제도 등을 살펴보자.

(1) 증권시장의 구성

증권시장(securities market)은 넓은 의미로 발행자와 증권회사 및 투자자 사이에서 유가증권과 자금의 수급관계가 이루어지는 시장을 말한다. 좁은 의미로는 다수의 매매 쌍방이 일정한 시간, 일정한 장소에 집결하여 일정한 조직과 거래 질서에 따라 증권을 매매 거래하는 조직적이고 구체적인 시장을 말한다. 그러나 일반적으로 증권시장이라고 하면 주식과 채권이 거래되는 시장인 자본시장(capital market)과 같은 의미로 사용된다. 기업들은 증권시장에서 증권을 발행하여 일반 대중을 모집하고 이들의 여유자금을 산업자본화함으로써 재무구조를 개선하여 설비투자 등 자금을 장기적이고 안정적으로 운용할 수 있다.

증권시장은 자금을 효율적으로 배분·이전하고 소득을 재분배하는 기능을 수행한다. 투자자에게는 좋은 저축 수단이 되고, 정부는 증권시장을 통한 재정증권의 발행과 상환으로 적자 또는 흑자재정을 운용하여 재정정책의 보완적인 수단으로 활용한다. 또한 중앙은행은 증권시장에서 공개시장조작을 통해 통화량 조절 및 경기 안정 등을 도모하는 금융정책을 실행한다. 증권시장은 발행시장과 유통시장으로 구성되는데, 이들 시장은 독립된 것이 아니라 상호보완적인 관계에 있다. 흔히 유통시장이라고 하면 거래소시장만을 의미하는 경우가 많았으나, 최근 정보통신기술의 발달로 장외시장도 거래소시장처럼 조직화됨에 따라

그 경계가 점차 모호해지고 있다.

발행시장 또는 1차 시장(primary market)은 자금을 조달하려는 기업 또는 정부 등이 발행하는 증권이 최초로 투자자에게 매도되는 시장을 말하는데, 발행주체가 증권을 발행하여 자금을 조달하는 시장을 의미한다. 이는 유통시장에서 증권의 거래가 활성화되어야 그 기능을 발휘할 수 있다. 유통시장은 이미 발행된 증권이 투자자들 사이에서 매매되는 시장을 의미하며, 이는 발행시장으로부터 증권의 공급이 원활하게 이루어질 때 가능하다.

발행시장의 가장 간단한 형태는 자금을 조달하는 발행주체와 자금을 공급하는 투자자로 구성된다. 그러나 대부분의 발행주체가 증권발행에 관한 지식이나 공모하려는 증권을 소화할 수 있는 능력을 모두 갖추기는 어렵기 때문에 발행주체와 투자자 사이에 증권발행의 사무절차와 발행위험을 담당하는 전문기관인 발행기관이 존재한다. 발행주체(발행인)란 발행시장에서 유가증권을 발행하는 자로, 증권의 공급자인 동시에 자금수요의 주체가 된다. 발행기관(인수기관)은 증권의 발행자와 투자자 사이에 개입하여 증권발행에 따른 사무처리 및 모집주선업무를 수행하며, 발행자를 대신하여 발행에 따르는 위험을 부담하는 기관을 말한다. 투자자는 발행시장에서 모집 또는 매출에 응하여 증권을 취득한 후 이를 다시 유통시장에서 매각하는 자를 말하는데, 개인자격으로 증권투자를 하는 개인투자자와 법인의 형태를 취하고 있는 기관투자자로 구분된다.[6]

한편, 발행기관은 주관회사, 인수단, 청약기관으로서 각기 다른 역할을 수행하고 있다. 주관회사는 증권의 발행주체와 투자자 사이에서 원활한 증권의 이전 및 배분이 이루어지도록 인수단을 구성하고, 증권발행에 따른 사무처리, 발행주체에 대한 조언 및 사무절차를 대행하는 기관을 말한다. 인수단(syndicate)은 발행기관의 가장 중요한 기능을 하는 발행기관의 집단으로, 제3자에게 증권을 취득시킬 목적으로 증권을 발행자로부터 직접 매입하는 인수기능을 수행한다. 청약기관(청약단)은 불특정다수를 대상으로 투자자를 모집하여 청약을 대행해주는 기관이다.

발행시장에서의 증권발행 형태는 투자자를 모집하는 방법에 따라 공모(모집 또는 매출,

---

6 자본시장법에서는 투자자를 전문투자자와 일반투자자로 구분한다. 전문투자자는 금융투자상품에 관한 전문성 구비 여부, 소유자산규모 등에 비추어 투자에 따른 위험 감수능력이 있는 투자자로서, 국가, 한국은행, 대통령령으로 정하는 금융기관, 주권상장법인 등이 해당된다. 일반투자자는 전문투자자가 아닌 투자자를 말한다.

그림 2.3 직접발행과 간접발행

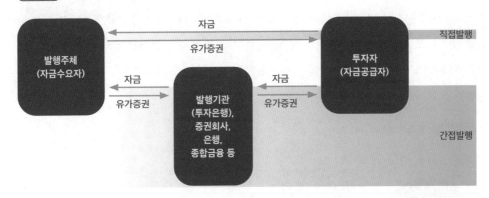

public placement)[7]와 사모(private offering)로, 발행에 따른 위험부담과 사무절차를 누가 담당하느냐에 따라 직접발행과 간접발행으로 구분된다. 보통 거래소시장에서 상장하기 위한 증권의 발행은 다수의 일반대중을 상대로 널리 투자자를 모집하는 공모와 발행사무 및 위험을 금융투자회사(증권회사)나 금융기관 등 전문적인 인수업자가 담당하게 하는 간접발행의 형태로 이루어진다. 직접발행의 경우 발행주체가 증권발행에 관한 모든 지식을 갖추어야 하고 매출하려는 유가증권을 충분히 소화할 능력이 있어야 하는데, 기업의 규모가 커지고 경제구조가 복잡해짐에 따라 직접발행으로 자금을 조달하는 경우는 많지 않다.

발행시장에서 주로 이용되는 간접발행은 발행위험의 부담 정도에 따라 모집주선, 잔액인수, 총액인수의 방법으로 구분할 수 있다. 모집주선(best - effort basis)은 발행기관이 수수료를 받고 발행인을 위해 해당 증권의 모집 또는 매출을 주선하거나, 기타 직접 또는 간접으로 증권의 모집 또는 매출을 분담하는 방법으로, 위탁모집이라고도 한다. 잔액인수(stand - by agreement)는 발행 및 모집사무와 인수위험을 분리하여 발행기관(인수기관)에 위임하는 방법이다. 이 방식은 발행기관에 발행 및 모집사무를 위탁하고 일정 기간 모집을 한 다음, 기간 경과 후 모집액이 부족할 경우 잔량에 대해서만 인수기관이 인수하는 방식이다. 인수수수료는 발행기관이 부담하는 위험의 정도가 클수록 높다. 총액인수(firm commitment)는 대표주관회사가 구성한 인수기관들의 집단인 인수단이 공모증권 발행총액을 자기의 책임과 계산하

---

7 자본시장법상 '모집'은 50인 이상의 투자자에게 새로 발행되는 증권 취득의 청약을 권유하는 것이다. '매출'은 50인 이상의 투자자에게 이미 발행된 증권 매도의 청약을 하거나 매수의 청약을 권유하는 것으로 정의된다.

에 인수하고, 이에 따른 발행위험(인수위험)과 발행 및 모집사무 모두를 담당하는 방식이다. 인수단은 인수하는 데 많은 자금이 필요할 뿐 아니라 매출하기까지의 기간 중 매출잔량을 보유해야 하므로 발행증권의 불리한 가격변동에 따른 손해 등 모든 위험을 부담하게 된다. 간접발행의 대부분은 총액인수방식을 활용하며, 인수기관의 부담이 큰 만큼 다른 방식에 비해

그림 2.4 한국거래소의 IPO 절차

1단계 사전준비
(D-6개월~1년)

발행사
- 기업공개 및 상장시기 결정
- 상장준비추진팀 구성
- 최대주주 등의 지분변동 사전점검
- 회계감사인의 선정 및 감리
- 대표주관회사의 선정
- 정관정비
- 명의개서대행계약 체결
- 우리사주조합 결정
- 상장을 위한 이사회 또는 주총 결의
- 최대주주 등의 소유주식 등 의무보유

2단계 상장예비심사
(D+1일~45일)

발행사 → 한국거래소
- 상장예비심사 청구
- 상장예비심사 규모 요건
- 상장예비심사 재무 요건
- 상장예비심사 안전성 및 건정성 요건
- 상장예비심사 질적 심사 기준
- 상장위원회 심의
- 상장예비심사 결과 통지

3단계 공모

발행사 → 금융위원회/금융감독원
- 증권신고서 제출
- 예비투자설명서 제출
- 정정신고서 제출 및 유가증권신고서 효력 발생
- 투자설명서 비치, 교부
- 수요예측 및 공모가격 결정
- 청약, 배정 및 납입

4단계 상장 및 매매

대표주관회사 → 한국거래소 → 발행사
- 상장신청서 제출 및 상장승인 통보
- 기준가격 결정 및 매매거래 개시

자료: 한국거래소

인수수수료율이 가장 높다.

주식(株式, stock, share)은 기업 설립 시 자본의 구성단위로서, 주식회사의 자본은 주식을 분할하여 균등한 단위로 표시한 증권이다. 주식을 발행하는 방법은 크게 ① 주식회사의 설립에 따른 주식발행, ② 이미 설립된 기업의 증자에 의한 주식발행, ③ 기타 주식배당, 전환사채권 및 신주인수권부사채권의 권리행사, 합병 또는 주식병합 등에 의한 주식발행 등으로 구분할 수 있다. 주식회사의 설립에 따라 주식을 발행한 기업이 거래소시장에 상장하기 위한 준비 단계를 기업공개(IPO, initial public offering)라고 하며, 이는 개인이나 소수의 주주로 구성되어 있는 기업이 주식의 분산요건 등 거래소시장에 신규 상장하기 위해 일정 요건을 충족시킬 목적으로 행하는 공모행위를 말한다. 기업은 기업공개 시 거래소의 다양한 상장요건을 충족시킬 수 있도록 일정한 절차를 거쳐야 한다. 기업공개와 유사한 의미로 상장(listing)이란 용어가 혼용되고 있으나, 상장 후 주식의 거래는 거래소시장에서 이루어지는 반면, 기업공개 후 주식의 거래는 거래소시장이 아닌 장외시장에서 이루어진다는 점에서 차이가 있다. 상장은 주식회사가 발행한 증권이 거래소가 정하는 일정한 요건을 충족하여 유가증권시장, 코스닥시장 또는 코넥스시장에서 거래될 수 있는 자격을 부여하는 것을 말한다.[8]

기업은 추가적인 자금이 필요할 때 증자(seasoned new stocks)를 통해 자금조달을 하게 된다. 증자는 유상증자와 무상증자로 구분할 수 있는데, 유상증자는 기업이 자금 등의 재산수요를 충족시키기 위해 주주에게 현금이나 현물로 출자하는 행위이다. 기업은 유상증자로 주식을 발행함으로써 자기자본을 확충하여 재무구조를 개선하고 타인자본 의존도를 줄일 수 있다. 유상증자는 다시 주주배정방식, 제3자배정방식, 일반공모방식 등으로 구분된다. 주주배정방식은 가장 일반적인 유상증자방식으로, 주주에게 그가 가진 주식 수에 따라서 신주인수의 청약기회를 부여한다. 즉, 신주의 인수권을 기존 주주(구주)에게 부여하고, 실권주는 이사회 결의로 처리한다. 제3자배정방식은 신기술의 도입, 재무구조의 개선 등 회사의 경영상 목적을 달성하기 위해 특정한 자에게 신주인수의 청약기회를 부여하는 방식으로, 연고자배정방식이라고도 한다. 이는 기존 주주의 이해관계 및 회사의 경영권 변동에 중대한 영향을 미치므로, 정관에 특별히 정하거나 주주총회 특별결의를 거치도록 하는 등 엄격한 규제가 적용

---

8 우리나라의 유가증권시장 등 거래소시장별 상장절차 및 신규상장요건 등에 대한 자세한 내용은 한국거래소 홈페이지 (https://listing.krx.co.kr/main/main.jsp)를 참고할 수 있다.

된다. 또 일반공모방식은 기존 주주의 신주인수원을 배제하고 불특정 다수에게 신주인수의 청약기회를 부여하는 방식으로 완전공모라고도 한다. 일반공모는 불특정 다수를 대상으로 신주를 모집하기 때문에 발행사무가 복잡해서 발행회사가 발행실무를 담당하기 어렵고, 발행된 주식을 모두 소화하지 못할 위험도 있다.

한편, 무상증자는 이사회 또는 주주총회의 결의로 자본잉여금 전부, 이익준비금, 기업합리화적립금, 재무구조개선적립금 등 법정준비금을 자본에 전입하고 증가된 자본금에 해당하는 만큼의 신주를 발행하여 구 주주에게 소유 주식 수에 비례하여 무상으로 배정·교부하는 방법이다. 따라서 무상증자는 자금조달을 목적으로 하지 않으며, 자본구성의 변화, 사내유보의 적정화 또는 주주에 대한 자본이득의 환원을 목적으로 총자산의 변화 없이 재무제표상의 항목 변경을 통해 신주를 발행하는 것이다.

유통시장 또는 제2차시장(secondary market)은 발행시장을 통해 발행된 증권이 투자자 사이에서 거래되는 시장이다. 유통시장에서 거래가 활발해지면 발행시장에서의 수요도 촉진되고, 발행시장에서 많은 증권이 발행되면 유통시장에서 투자자의 투자기회가 확대되는 등 발행시장과 유통시장은 상호보완 관계에 있다.

이러한 유통시장은 다음과 같은 몇 가지 기능을 가지고 있다. 첫째, 유통시장은 발행된 주식이나 채권의 시장성과 유동성을 높여 일반투자자의 투자를 촉진함으로써 발행시장에서의 장기 자본조달을 원활하게 해줄 뿐만 아니라, 유통시장에 의한 유가증권의 시장성과 유동성은 유가증권의 담보력을 높여 준다. 둘째, 유통시장에서는 다수의 투자자가 경쟁적으로 가격 형성에 참어하브로, 여기서 형성된 가격은 공정한 가격이라고 할 수 있으며, 이 가격은 앞으로 발행할 새로운 증권의 가격을 결정하는 데 활용된다. 이와 같은 기능을 수행하기 위해서는 ① 거래대상이 되는 증권의 양이 많아야 하고 ② 발행된 증권이 다수의 투자자에게 분산 소유되어야 하며 ③ 증권의 매매나 유통이 원활히 이루어지도록 제약이 없어야 한다.

유통시장은 일정한 요건을 구비한 상장주식의 매매가 이루어지는 거래소시장과 비상장주식의 개별적인 거래가 이루어지는 장외시장으로 구분된다. 거래소시장은 일정한 장소에서 정해진 시간에 계속적으로 상장증권의 주문이 집중되어 경쟁매매매원칙 등 일정한 매매거래제도에 따라 조직적이고 정형적으로 매매거래가 이루어지

는 시장으로, 우리나라의 경우 자본시장법에 의해 설립된 거래소가 개설하는 시장을 말한다. 2013년 5월 자본시장법이 거래소 허가주의 체계로 개정됨에 따라 법령에서 정한 일정한 요건을 갖추고 금융위원회의 허가를 받은 자는 누구나 거래소를 개설할 수 있게 되었다. 자본시장법상 거래소란 증권 및 장내파생상품의 공정한 가격형성과 그 매매, 그 밖에 거래의 안정성 및 효율성을 도모하기 위해 금융위원회의 허가를 받아 금융투자상품시장을 개설하는 자를 말하고, 거래소시장이란 이러한 거래소가 개설하는 금융투자상품시장을 말한다. 한편, 정보통신망이나 전자정보처리장치를 이용하여 거래소시장 외에서 상장주권 등의 매매체결 업무를 수행할 수 있는 대체거래시스템(ATS) 설립도 가능하게 되었다.

현재 우리나라의 정규시장은 한국거래소가 개설하고 있는 유가증권시장, 코스닥시장, 코넥스시장, 파생상품시장 등이 있다. 유가증권시장은 기업규모가 상대적으로 큰 기업들이 주로 상장되어 있는 우리나라 증권시장의 중심이 되는 시장이다. 현재 유가증권시장은 한국거래소가 특정 목적으로 가지고 운영하는 다른 증권시장(코스닥시장 및 코넥스시장)과는 달리 주권뿐만 아니라 지분증권, 채무증권, 수익증권, 파생결합증권 등이 상장되어 거래되고 있는 종합증권시장으로 운영되고 있다. 코스닥시장은 중소기업 및 기술 중심 기업의 자금조달을 지원하고 성장성이 큰 기업에 대한 투자자의 투자 기회를 제공하기 위해 운영하는 증권시장이다. 코넥스시장은 초기 중소기업에 대한 지원을 강화하기 위한 중소기업 전용 시장으로, 기술력을 갖춘 중소기업 지원을 위해 상장요건 및 공시의무 등을 최소화하여 유가증권시장 및 코스닥시장과는 별도로 운영하고 있다.

한편, 장외시장(OTC, over-the-counter market)은 거래소시장과 같이 조직화된 시장과 달리 장소나 시간의 제한 없이 증권매매가 이루어지는 비조직적이며 추상적인 시장을 말한다. 장외시장에서는 비상장 증권, 상장주식의 단주, 상장이 폐지되었거나 매매거래가 정지된 상장유가증권의 거래가 이루어지며, 일반적으로 매도자와 매수자가 개별적으로 가격, 수량, 결제시기 등을 결정하는 상대매매의 형태를 따른다.

(2) 증권시장의 매매거래제도

이제 증권시장에서 매매거래제도가 어떻게 이루어지는지 살펴보자. 투자자가 거래소시장에서 매매거래를 하기 위해서는 먼저 투자매매업 및 투자중개업 인가를 받은 금융투자회사(증권회사)에 매매거래계좌를 개설해야 하며, 계좌를 개설한 증권회사를 통해 주문을 제출해야한다. 거래소시장에서 유가증권을 매매할 수 있는 자는 한국거래소의 회원인 증권회사에 한정하므로 일반투자자는 회원을 통하지 않고 거래소시장에서 매매거래를 할 수 없다. 투자자로부터 주문을 위탁받은 거래소 회원은 해당 주문을 거래소에 제출(호가)해야 한다.

한편, 외국인 투자자의 주문은 금융감독원의 외국인투자관리시스템을 경유해야 하며, 거래소의 회원이 아닌 비회원 증권회사는 투자자로부터 위탁받은 주문을 거래소 회원을 통해 주문을 제출해야 한다. 회원으로부터 거래소에 제출된 주문은 거래소가 업무규정에서 정한 원칙에 따라 매매가 체결되며, 거래소는 체결 결과를 회원에게 통보하고, 회원은 이를 다시 고객에게 통지하게 된다. 투자자는 매매체결분에 대해 매매체결일로부터 기산하여 3일째 되는 날($T+2$) 회원이 정한 시간까지 매매거래를 위탁한 증권회사에게 매수대금 또는 매도증권을 납부해야 한다. 증권회사가 이를 거래소와 결제함으로써 매매거래가 완료된다.

주권의 경우 위와 같은 보통거래로 매매를 체결하고 있으나, 예외적으로 주권상장법인이 정부 등으로부터 시간 외 대량매매의 방법으로 자기주식을 취득하는 경우에 한하여 당일 결제거래를 허용하고 있다. 또 채무증권(채권)은 당일 결제거래만 가능하나, 국채전문유통시장에서는 익일 결제거래로 매매거래가 이루어진다. 한편, 일반적으로 투자자는 매매거래일(T)에 증거금을 우선 납입하고 결제일($T+2$)에 잔금을 결제하지만, 투자자가 결제일에 매수대금 또는 매도증권을 납입하지 않을 경우 미수(未收)가 발생된다. 이때 주문을 수탁한 회원사는 해당 투자자를 대신하여 거래소와의 결제를 완료함으로써 증권시장에서 결제불이행이 발생하지 않도록 조치한다. 회원은 투자자가 미수를 해소하지 않을 경우(예: 매수증권을 매도하지 않거나 결제잔금을 납입하지 않을 경우), 결제일 익일에 반대매매를 실시하여 대납금액에 대한 채권을 회수할 수 있다. 그리고 회원은 투자자로부터 주문을 수탁하여 매매거래가 성립되면 매매체결 서비스를 제공해준 대가로 결제 시점에 투자자로부터 일정 수준의 위탁수수료를 징수하는데, 그 징수기준은 회원이 자율적으로 정할 수 있다.

일반적으로 증권시장의 매매체결방법은 매도자와 매수자 간의 경쟁관계에 따라 경쟁매매, 상대매매, 경매매(입찰매매) 등으로 구분된다. 경쟁매매는 복수의 매도자와 매수자 간 가격경쟁에 의한 매매거래이고, 상대매매는 매도자와 매수자 간 가격협상에 의한 매매거래, 경매매(입찰매매)는 단일 매도자와 복수 매수자 또는 복수 매도자와 단일 매수자 간 경쟁입찰에 의한 매매거래이다. 국내 증권시장의 일반적인 매매체결은 매도·매수 수급에 의한 균형가격을 가장 효율적으로 반영하는 경쟁매매방법을 채용하고 있고, 세부적으로는 단일가격에 의한 개별 경쟁매매와 복수가격에 의한 개별 경쟁매매로 구분하고 있다. 또 일정 수량 이상의 대량주문 또는 비공개거래를 원하는 주문 등은 별도의 방식으로 체결될 수 있도록 특례제도를 운영하고 있다.

증권시장에서는 다수의 호가 간에 보다 빠르고, 보다 유리한 가격으로 매매거래를 성립시키기 위한 경쟁이 불가피하다. 따라서 거래소는 매매체결 우선순위와 관련하여 가격우선원칙과 시간우선원칙 등 일정한 원칙을 정하고 있다. 가격우선원칙은 매수호가는 가격이 높은 호가가 가격이 낮은 호가에 우선하고, 매도호가는 가격이 낮은 호가가 가격이 높은 호가에 우선한다는 것이다. 시간우선원칙은 가격이 동일한 호가(시장가호가 포함) 간에는 먼저 접수된 호가가 나중에 접수된 호가에 우선한다는 것이다. 거래소는 단일가매매 방식으로 시가(始價) 등을 결정하고 있다. 이 경우에도 일반적으로 가격우선원칙과 시간우선원칙이 적용된다.

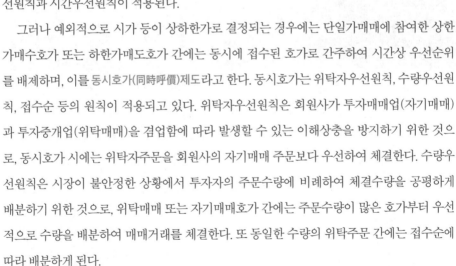

그러나 예외적으로 시가 등이 상하한가로 결정되는 경우에는 단일가매매에 참여한 상한가매수호가 또는 하한가매도호가 간에는 동시에 접수된 호가로 간주하여 시간상 우선순위를 배제하며, 이를 동시호가(同時呼價)제도라고 한다. 동시호가는 위탁자우선원칙, 수량우선원칙, 접수순 등의 원칙이 적용되고 있다. 위탁자우선원칙은 회원사가 투자매매업(자기매매)과 투자중개업(위탁매매)을 겸업함에 따라 발생할 수 있는 이해상충을 방지하기 위한 것으로, 동시호가 시에는 위탁자주문을 회원사의 자기매매 주문보다 우선하여 체결한다. 수량우선원칙은 시장이 불안정한 상황에서 투자자의 주문수량에 비례하여 체결수량을 공평하게 배분하기 위한 것으로, 위탁매매 또는 자기매매호가 간에는 주문수량이 많은 호가부터 우선적으로 수량을 배분하여 매매거래를 체결한다. 또 동일한 수량의 위탁주문 간에는 접수순에 따라 배분하게 된다.

증권을 매수하거나 보유하고 있는 증권을 매도하려고 할 때, 매수나 매도 주문을 내기 전에 주문과 관련된 몇 가지 사항에 대해 미리 결정해야 한다. 예를 들어, 주식을 매입한다면 다음을 미리 결정해야 한다. ① 어떤 종목을 살 것인가? ② 몇 주를 살 것인가? ③ 매수가격을 얼마로 할 것인가? ④ 어떤 주문 형태로 주문할 것인가? ⑤ 어떤 종목을 얼마나 매입할 것인가는 증권분석 단계에서 결정되므로, 여기서는 증권의 매매거래제도에 관련된 것으로서 주문가격과 주문방법에 대해 살펴보자.

투자자가 증권회사에 주문을 위탁하면 증권회사는 그 주문을 거래소에 호가(quote)해야 한다. 호가는 거래소의 회원인 증권회사가 자기명의로 시장에 매도 또는 매수의 의사표시를 하는 것을 말한다. 호가가격단위(tick size)는 가격대별로 호가할 수 있는 최소단위를 말하는데, 거래소는 거래를 표준화하고 매매체결을 원활히 하기 위해 적정 호가가격단위를 설정하고 있다.

표 2.2 가격대별 호가가격단위

구분	내용	
	단위	최소 스프레드 비율
2,000원 미만	1원	0.05% 이상
2,000원 이상 5,000원 미만	5원	0.1~0.25%
5,000원 이상 20,000원 미만	10원	0.05~0.2%
20,000원 이상 50,000원 미만	50원	0.1~0.25%
50,000원 이상 200,000원 미만	100원	0.05~0.2%
200,000원 이상 500,000원 미만	500원	0.1~0.25%
500,000원 이상	1,000원	0.2% 이하

자료: 한국거래소

한편, 매매수량단위는 투자자가 주문을 제출할 수 있는 최소단위의 수량으로, 원칙적으로 다음과 같이 정하고 있다. 다만, 시간외시장에서의 매매수량단위는 1주이며, 호가건수의 과다 등으로 전산시스템에 영향을 미칠 수 있다고 인정되는 종목은 매매수량단위를 상향 조정할 수 있다.

표 2.3 증권 종류별 매매수량단위

구분		매매수량단위	비고
주권		1주	2014년 6월 2일 개정
외국주식예탁증권(DR)		1증권	2014년 6월 2일 개정
상장지수집합투자기구 집합투자증권(ETF)		1주	2002년 9월 30일 도입
신주인수권증권		1증권	2009년 8월 3일 개정
신주인수권증서		1증서	2009년 8월 3일 개정
주식워런트증권(ELW)		10증권	2005년 8월 26일 도입
수익증권		1좌	2014년 6월 2일 개정
채권	일반채권	액면 10만 원	소액채권은 액면 1,000원
	외화표시채권	1만 포인트	-
	국채지표종목	액면 10억 원	국채 딜러 간 매매거래에 한함

자료: 한국거래소

　　투자자가 매매주문하는 방법은 가격지정방법에 따라 몇 가지로 구분된다. 지정가주문(limit order)은 종목, 수량, 가격을 투자자가 지정하는 가장 일반적인 주문 형태로, 투자자가 지정한 가격 또는 그 가격보다 유리한 가격으로 매매거래하려는 주문이다. 따라서 지정된 가격은 매매거래가 가능한 가격의 한도를 의미하므로, 매수주문은 지정된 가격이나 그보다 낮은 가격, 매도주문은 지정한 가격이나 그보다 높은 가격이면 체결이 가능하다. 역지정가주문(stop order)은 특정한 가격을 지정해주고 시가가 그 가격에 이르면 매수(stop buy order)하거나 매도(stop sell order)하라고 내는 주문이다. 일반적으로 지정된 가격은 매수주문은 현재 시가보다 높고, 매도주문은 현재 시가보다 낮다. 가격이 변동되어 지정된 가격에 이르는 경우에만 실제로 주문이 실행되므로 이를 조건부주문이라고도 한다. 시장가주문(market order)은 종목과 수량은 지정하되 가격은 지정하지 않는 주문유형으로, 현시점에서 가장 유리한 가격 조건 또는 시장에서 형성되는 가격으로 즉시 매매거래하려는 주문을 말한다. 일반적인 시장가주문은 지정가주문에 우선하여 매매체결되며, 주문수량 전량이 해소될 때까지 가장 우선하는 상대방 주문부터 순차적으로 체결이 이루어진다. 조건부지정가주문은 매매거래시간 중에는 지정가주문으로 매매거래에 참여하지만 매매체결이 이루어지지 않은 잔여수량은 종가결정(장 종료 전 10분간 단일가매매) 시에 시장가주문으로 자동 전환되는 주문이다. 최유리지정가주문은 상대방 최우선호가로 즉시 체결이 가능하도록 하기 위해 주문접수 시점의 상대방 최우선호가 가격으로 지정되는 주문 형태이다. 매도는 해당 주문의 접수 시점에 가장 높은 매수주문의 가격, 매수는 해당 주문의 접수 시점에 가장 낮은 매도주문의 가격으로 지정한 것으로 보아, 매매체결에 참여하는 주문이다. 최우선지정가주문은 주문의 접수 시점에 해당 주문의 방향에 따라 최우선호가 가격으로 지정되어 체결된다. 매도는 해당 주문의 접수 시점에 가장 낮은 매도주문의 가격, 매수는 해당 주문의 접수 시점에 가장 높은 매수주문의 가격으로 지정한 것으로 보아, 매매체결에 참여하는 주문이다. 목표가주문은 투자자가 특정 지정가격이 아닌 당일의 거래량가중평균가격(VWAP) 등 향후 결정될 가격 또는 그와 근접한 가격으로 매매체결을 원하는 경우, 회원이 재량으로 투자자가 목표로 하는 가격에 최대한 근접하여 체결될 수 있도록 하는 주문유형이다. 다만, 목표가주문과 관련된 호가유형은 별도로 존재하지 않기 때문에 회원사가 목표를 달성하기 위해 투자자 주문을 지정가호가 또는 시장가호가 등의 형태로 분할하여 제출해야 한다. 경쟁대량매매주문은 투자자가 종목 및 수량은 지정하되 당일의 거래량가중평균가격(VWAP)으로 매매거래를 하려는 주문유형이다. 이는 시장충격을 최소화하는 대량매매제도의 한 유형으로 최소수량요건 등이 적용되며, 정규시장과는 별도의 시장에서 매매체결이 비공개로 이루어진다. 지정폭주문은 가격을 두 가지로 지정해주는 주문이다. 즉, 매수주문일 경우 일정 가격에 매수하되, 반드시 얼마 이상에는 매수하지 말라는 조건이나, 매도주문일 경우 일정 가격에 매도하되 최소한 얼마 이상은 받아야 한다는 식의 주문을 말한다.

개념점검 1

현재 A주식의 매도호가는 10,000원에 200주, 10,100원에 500주, 10,200원에 700주가 있다. 홍길동이 매수주문을 시장가로 1,000주를 주문하였다. 각 체결가격을 구하시오.

모범답안 1   10,000원에 200주, 10,100원에 500주, 10,200에 300주가 체결된다.

　회원이 거래소에 제출한 호가는 호가접수시간 내에서 거래소가 접수한 때로부터 매매거래가 성립될 때까지 유효하다. 호가의 접수시간은 호가의 효력발생 시점으로, 동일한 가격의 호가 간 매매체결 우선순위를 결정하는 요소로서 중요하다. 정규시장의 호가접수시간에 접수된 호가는 시간외시장에서는 그 효력을 인정하지 않으므로, 시간외매매에 참여하기 위해서는 별도의 호가를 제출해야 한다. 또 거래소에 접수된 호가는 당일의 매매거래시간 내에서만 호가의 효력이 인정된다. 다만, 주문의 경우는 회원이 주문의 유효기간을 별도로 정할 수 있어 다음날 또는 수일 동안 유효한 조건의 주문을 활용할 수 있고, 주문을 집행할 시기를 별도로 정할 수도 있다. 또 회원은 이미 제출한 호가 중 매매거래가 성립되지 않은 수량(잔량)의 전부 또는 일부를 취소할 수도 있다. 수량의 일부를 취소하는 경우 시간상의 우선순위는 변화가 없다. 회원은 이미 제출한 호가의 가격 또는 호가의 종류를 정정할 수 있다. 이때 시간상 우선순위는 정정호가 접수 시점으로 변경된다. 다만, 수량을 증가하는 방식으로 호가를 정정할 수는 없고, 원하는 수량만큼 신규의 호가를 제출해야 한다.

　일반 투자자들이 개설하는 계좌는 현금거래계좌(cash account)로서, 이것은 은행에 예금된 금액만 인출이 가능한 보통예금계좌와 같다. 이에 반해 신용거래계좌(margin account)는 당좌차월이 인정되는 당좌예금계좌와 같이, 매수금액이 현재 고객의 계좌에 있는 예탁금을 초과할 경우 증권회사가 자동적으로 그 차액을 융자해준다. 신용거래는 주식의 매입자금을 증권회사로부터 일정한 조건에 차입하여 주식을 매입하거나 매도하려는 주식을 증권회사로부터 빌려 이를 매각하는 거래를 말한다. 전자의 신용거래 형태를 신용매수, 후자를 공매라고 한다.

　신용매수(margin purchase)란 투자자가 주식을 매입할 때 매입자금의 일정 부분만 투자자가 부담하고, 나머지 금액은 증권회사가 융자해주는

모범답안 2　지정가주문과 역지정가주문을 결합한 stop-limit order를 취하는 것이 좋다.

신용거래 형태이다. 신용매수는 투자자가 앞으로 주식가격이 오를 것이라고 예상하여 이루어진다. 신용매수를 이용하지 않고 현금거래계좌에서 주식을 매입하는 경우에는 매입자금 전액을 투자자가 현금으로 조달해야 한다. 하지만, 신용매수에서는 매입자금의 일부분만 투자자가 부담하고 나머지는 증권회사로부터 융자를 받을 수 있으므로 레버리지효과를 누릴 수 있다. 신용거래 융자금은 증권회사의 자체 자금이나 한국증권금융으로부터 차입한 자금으로 제공되는데, 융자받은 투자자는 일정한 이자를 지급해야 한다. 신용거래 융자금에 대한 이자율은 상환기간과 시장이자율에 따라 달라진다. 상환기간은 원칙적으로 150일 이내이나, 증권회사별로 다소 차이가 있으며, 보통 90일 정도이다. 신용거래를 통해 주식을 매입하는 경우, 투자자는 매입대금의 일정률을 현금이나 대용증권으로 신용거래계좌에 예치해야 하는데, 이를 신용거래 보증금(initial margin requirement)이라고 한다. 신용거래 보증금 비율은 최저한도가 40%이나, 증권회사가 달리 정할 수 있으며 종목별로 차등하여 정할 수도 있다. 현행 보증금 비율은 50%이다. 신용매수를 통해 매입한 증권은 융자금에 대한 담보물로 이용된다. 그리고 증권회사는 이 증권을 다시 한국증권금융으로의 차입금에 대한 담보물로 사용한다.

다음 예를 통해 이러한 신용매수에 대해 살펴보자. 만약 어떤 투자자가 삼성전자 주식가격이 오를 것이라고 예상하여 삼성전자 주식 100주를 신용거래계좌를 통해 주당 50만 원에 매입하기를 원한다고 가정해보자. 신용거래 보증금 비율을 50%라고 한다면, 이 투자자는 증권회사의 신용거래계좌에 2,500만 원(100주 × 50만 원 × 0.5)을 신용거래 보증금으로 예치해야 한다. 매입자금 5,000만 원 중 나머지 2,500만 원은 증권회사로부터 빌린다. 그리고 신용거래로 매입한 삼성전자 주식 100주는 증권회사로부터의 융자금 2,500만 원에 대한 담보로 증권회사에 예치된다. 만약 담보자산인 삼성전자의 주식가격이 현저하게 하락한다면, 증권회사 측에서는 담보가치가 하락되므로 매우 초조하게 될 것이다. 극단적으로 삼성전자의 가격이 20만 원으로 떨어진다면 담보로 가지고 있는 삼성전자의 주식을 처분해도 500만 원의 손해가 발생하기 때문이다. 이런 상황이 발생하지 않게 하기 위해 증권회사는 고객에게 신용거래 융자금에 대한 담보가치의 비율을 일정 수준 이상으로 유지하도록 요구한다. 이 비율을 신용거래 융자금 담보유지비율(maintenance margin)이라고 한다.

증권회사는 신용거래 고객의 담보비율을 매일 점검하며, 점검 결과 담보비율이 담보유지비율에 미달될 때에는 즉시 고객에게 통보하여 추가 담보를 요구한다. 이를 마진콜(margin call)이라고 한다. 마진콜을 당한 신용거래 고객은 4일 이내에 담보유지비율 수준으로 추가 납부를 해야 하며, 담보의 추가 납부를 이행하지 않으면 증권회사가 담보물인 보유주식을 처분하여 융자금을 회수한다. 특히, 신용거래 담보비율이 100% 이하에서 추가 담보의 요구에도 불구하고 담보의 추가 납부를 이행하지 않는 경우 이 신용거래계좌를 깡통계좌라고 한다.

개념점검 3

현재 홍길동은 삼성전자 주식을 30,000원에 100주를 신용매입을 한 상태이다. 증권사의 보증금 비율은 50%이고, 담보유지비율은 160%이다. 다음 물음에 답하시오.
(1) 홍길동이 이 거래를 하기 위한 개시증거금은 얼마인가?
(2) 이 주식의 가격이 40,000원까지 상승했다면 수익률은 얼마가 되는가?

어느 투자자가 A기업의 실적이 악화되어 주가가 하락할 것으로 예측했다고 가정해보자. 이 투자자가 이런 분석을 통해 돈을 벌 수 있는 방법이 없을까? 이것을 가능하게 하는 거래가 공매(short selling)이다. 공매는 투자자가 현재 보유하고 있지 않은 주식을 증권회사로부터 빌려서 매각하고, 일정 기간이 경과한 후에 동일 주식의 수량을 시장에서 다시 매입하여 증권회사에 상환해주는 거래를 말한다. 즉, 향후 주가가 하락할 것으로 예상되는 경우 이용되는 신용거래이다. 앞에서 설명한 신용매수는 증권회사로부터 자금을 빌려 주식을 매입한 후에 상환일에 대금을 상환하는 방식이다. 반면, 공매는 투자자가 특정 주식을 빌려서 팔고 나중에 똑같은 주식을 시장에서 재매입한 후 되돌려주는 거래이며, 신용매수와는 달리 빌린 주식에 대해 이자를 지급할 필요는 없다.

다음 예를 통해 이러한 공매에 대해 살펴보자. 투자자가 포스코의 주가가 머지않아 하락할 것이라고 예상한다. 이에 증권회사로부터 포스코 주식을 1,000주 빌려서 1주당 100,000원에 매각하였다. 포스코 주식을 매각한 후 매각대금인 1억 원은 투자자가 가지는 것이 아니

모범답안 3

(1) 개시증거금 : 30,000×100×0.5=1,500,000원
(2) 40,000×100=4,000,000원, 증권회사로부터 빌린 돈 1,500,000원 상환, 수익 1,000,000원
∴ 투자수익률=1,000,000/1,500,000=66.7%

라 빌린 주식을 상환할 때까지 증권회사에 담보금으로 예치된다. 포스코 주식을 빌린 이후부터 150일 이내에 투자자의 예상대로 주가가 80,000원으로 하락했다면, 투자자는 시장에서 포스코 주식 1,000주를 이 가격으로 매입하여 증권회사로부터 빌린 주식을 상환하게 된다. 이 과정에서 투자자는 포스코 주식 1,000주를 빌려서 주당 가격 100,000원에 팔고, 150일 후에 다시 시장에서 80,000원에 사서 상환하였다. 이에 따라 주당 20,000원씩 1,000주에 대해 총 2,000만 원의 매매이득을 얻게 된다. 그러나 투자자의 예상과는 달리 포스코의 주가가 오히려 이 기간 동안 120,000원으로 상승했다면 어쩔 수 없이 150일 후에 포스코 주식 1,000주를 주당 120,000원에 시장에서 매입한 후 증권회사에 상환해야 한다. 이 과정에서 투자자는 포스코 주가의 상승으로 2,000만 원의 손실을 보게 된다.

공매거래도 신용으로 이루어지므로 앞에서 설명한 신용거래와 같이 보증금 등을 일정 비율로 유지해야 한다. 주가 상승으로 인해 담보가 부족한 경우 마진콜을 당하며, 이때 일정 수준까지 담보비율을 높이지 않으면 반대매매가 이루어진다. 일반적으로 주식시장 참여자들은 주가의 상승을 원한다. 따라서 거래소는 공매도에 의해 주가 하락이 가속화되지 않도록 위탁매매와 자기매매 모두에 대해 직전가격보다 낮은 가격으로 공매도를 할 수 없도록 업틱룰(up-tick rule)을 실행하고 있다.

거래소는 공정거래질서를 확립하고 투자자를 보호하며 거래소시장의 효율성을 제고하기 위해 각종 제도적 장치를 두고 있다. 여기서는 시장안정을 위한 제도로서 매매거래와 직접적으로 관련된 여러 제도와 공정거래 확보를 위한 기업공시제도 그리고 내부자거래의 제한을 살펴보자.

시장안정화 장치

가격제한폭 제도는 상장증권의 가격이 하루에 변동할 수 있는 등락폭을 상하 일정한 한도로 제한하는 장치이다. 증권시장의 자유경쟁에 의한 가격형성이라는 기본원리를 감안하면 가격형성에 인위적 제한을 하는 것은 바람직하지 않은 측면이 있다. 그러나 주식시장에 외부충격에 의해 일시적인 수급의 편중이나 심리적인 요인 등으로 주가가 불안정해지고 단기간에 급등락할 경우 선의의 투자자가 예측하지 못한 손실을 입을 우려가 있어 가격제한폭제도를 운영하고 있다. 세계 주요 시장에서도 시장 급변 시 투자자 주의를 환기하기 위한 다양한 형태의 가격 안정화 장치를 두고 있다. 우리나라는 유가증권시장과 코스닥시장에서 주식, DR, ETF, ETN, 수익증권의 공정한 가격형성을 도모하고, 급격한 시세변동에 따른 투자자의 피해방지 등 공정한 거래질서를 확립하기 위해 하루 동안 가격이 변동할 수 있는 폭을 기준가격 대비 상하 30%로 제한하고 있다.

주가가 시장 정보에 과민하게 반응하여 급등락 현상을 보일 때, 쿠션 역할을 하여 시장과 투자자를 보호하기 위해 매매거래를 중단하는 장치로서 주식시장의 서킷 브레이커(circuit breakers, 매매거래중단), 매매거래정지, 단일가매매 임의연장(random end), 변동성 완화장치(VI, volatility interruption)등의 제도를 두고 있다. 주가과민반응에 대해 투자자가 올바른 판단을 할 수 있도록 시간을 주기 위해 거래를 일시적으로 중단하는 것이 서킷 브레이커이다.

또한 프로그램매매 관리제도로서 사이드카(sidecar, 프로그램매매호가 효력 일시정지제도)가 있다. 프로그램매매는 일반적으로 시장분석, 투자 시점 판단, 주문제출 등의 과정을 컴퓨터로 처리하는 거래기법을 통칭하는데, 특히 파생상품시장에서 선물가격이 급등락할 경우 프로그램매매가 주식시장에 미치는 충격을 완화하기 위해 주식시장 프로그램매매호가의 효력을 일시적으로 정지시키는 제도로서 사이드카를 운영하고 있다.

표 2.4 서킷 브레이커와 사이드카 비교

구분	서킷 브레이커	사이드카
요건	• 코스피(코스닥) 지수가 기준가격 대비 8%, 15%, 또는 20% 이상 하락하여 1분간 지속 • 동일 발동요건은 1일 1회에 한함(장 종료 40분 전 이후에는 발동하지 않음)	• 코스피200(코스닥150) 지수선물가격이 기준가격 대비 5%(6%) 이상 상승하거나 하락하여 1분간 지속(코스닥시장은 코스닥150 지수도 3% 이상 변동한 경우에 한함) • 1일 1회에 한함(장 개시 후 5분 전, 장 종료 40분 전 이후에는 발동하지 않음)
효력	• 주식시장 및 관련 파생상품시장 20분간 매매거래 정지(20% 요건 발동 시에는 장 종료) • 신규호가 접수 거부(취소호가 가능) • 매매거래 정지 해제 시 10분간 단일가매매	• 프로그램매매호가의 효력을 5분간 정지 • 신규 취소 및 정정호가의 효력도 정지

단기과열종목 지정제도는 미확인 정보 등의 시장 확산으로 인한 불특정 다수 투자자의 추종매매로 특정 종목의 주가가 단기간에 급등락을 반복하는 단기과열 현상을 예방하기 위한 제도이다. 단기과열종목으로 지정되면 3일간 30분 단위 단일가매매 방식을 적용하여 매매거

래를 체결하고, 시간 외 단일가매매도 체결주기가 10분에서 30분으로 변경된다. 또 거래소(시장감시위원회)는 투기적이거나 불공정거래의 개연성이 있는 종목 또는 주가가 단기간에 비정상적으로 급등하는 종목의 경우 투자자의 주의를 환기하기 위해 시장경보제도를 운영하고 있다. '투자주의종목 → 투자경고종목 → 투자위험종목'으로 연결되는 3단계 지정제도는 일반투자자의 추종매매를 억제하고 불공정거래의 확산을 사전에 차단하기 위한 경보조치이다.

그 밖에 배당락 조치와 권리락 조치가 있다. 배당락 조치는 투자자에게 이익배당을 받을 권리가 소멸되었음을 알려주기 위한 일련의 시장조치이다. 주식회사의 정기주주총회에서의 주주권 행사를 확정하기 위해 권리확정일을 매 사업연도 최종일로 정한다. 사업연도 종료 익일로부터 주식을 새로이 보유하는 자는 전 사업연도의 결산에 따른 이익배당을 받을 권리가 소멸되므로, 거래소는 이날부터 배당락 조치를 취함으로써 주가가 합리적으로 형성되도록 관리한다. 배당락 조치시기는 보통거래의 경우 매매체결일로부터 3일째 되는 날에 결제가 이루어지므로 명의개서 정지 개시일인 사업연도 종료 익일에 결제되는 매매분, 즉 사업연도 종료일 전일 매매분부터 배당락 조치를 한다.

권리락 조치는 주식회사가 증자를 하는 경우 신주인수권을 받을 권리가 소멸되는 것을 조건으로 하는 매매임을 알려주는 시장조치이다. 조치시기는 배당락 시와 마찬가지로 보통거래 결제시한을 감안하여 신주배정기준일 전일에 권리락 조치를 취함으로써 주가가 합리적으로 형성되도록 관리한다. 즉, 신수배정기준일 이틀 전(권리부)까지 해당 주식을 매수한 투자자는 신주인수권을 가진다.

기업내용 공시제도

기업내용 공시제도(corporate disclosure system)는 상장법인이 자사주식의 투자판단에 중대한 영향을 미칠 수 있는 중요한 기업내용의 정보를 공시하도록 함으로써 투자자가 기업의 실체를 파악하여 투자자 스스로 자유로운 판단과 책임으로 투자를 결정할 수 있도록 하는 제도이다. 이 제도는 증권시장 내 정보의 불균형을 해소하고 증권시장의 공정성을 확보하여 투자자를 보호하는 기능을 한다. 자본시장법에서는 상장법인이 증권의 내용이나 해당 법인의 재산 및 경영 상태 등에 관한 중요한 기업정보들을 신속·정확하게 공시하도록 하기 위해 공시의무를 규정하고 있으며, 일반적으로 발행시장 공시제도와 유통시장 공시제도로 구분된다.

발행시장 공시는 증권의 발행인이 해당 증권과 증권의 발행인에 관한 모든 정보를 투명하게 전달하도록 하는 공시로, 증권을 모집·매출하는 경우에 신고·공시하는 증권신고서, 투자설명서 증권발행실적보고서 등이 있다. 유통시장 공시는 증권시장에 공급된 증권이 투자자 간에 이루어지는 거래와 관련하여 기업의 경영내용을 알리도록 하는 공시로, 정기공시(사업보고서, 반기보고서, 분기보고서 등), 수시공시(유가증권시장 공시규정에서 정하는 주요 경영사항 등), 주요 사항 보고서[부도 발생, 은행거래 정지 등(단일 제출) 및 합병, 주식의 포괄적 교환·이전 등(별도 제출), 기타 공시(공개매수신고서, 시장조성·안정조작신고서 등]가 있다. 공시는 주로 금융감독원 및 한국거래소의 전자공시시스템, 증권정보단말기(거래소가 정한 요건을 갖춘 단말기), 증권시장지 등을 통해 이루어진다.

한편, 주권상장법인이 거래소 공시규정에 의한 신고의무를 성실히 이행하지 않거나 이미 신고한 내용을 번복 또는 변경하여 공시불이행, 공시번복 또는 공시변경의 유형에 해당된 경우, 해당 주권상장법인을 불성실공시법인으로 지정할 수 있다. 이에 따라 매매거래 정지, 벌점 부과, 공시위반제제금 부과, 개선계획서 제출 요구, 공시책임자 및 공시담당자 교육, 관리종목 지정 및 상장적격성 실질심사, 공시책임자 등 교체 요구 등의 제재를 가할 수 있다.

내부자거래의 제한

상장법인의 임직원이나 주요 주주 등을 내부자라고 한다. 이들이 그 직무나 직위에 의해 얻은 내부정보를 이용하여 자기 회사의 주식을 거래하는 것을 내부자거래(inside trading)라고 한다. 이들은 다른 일반투자자들보다 자기 회사의 주가에 영향을 미칠 만한 중요한

정보를 알게 될 기회가 많으므로 훨씬 유리한 입장에서 자기 회사의 주식을 매매하여 이익을 얻을 수 있다. 반면, 일반투자자는 손해를 보게 될 가능성이 많기 때문에 증권시장의 건전한 발전과 공정한 거래기반 조성을 위해 이러한 거래는 엄격히 법적으로 규제하고 있다.

여기서 내부자의 범위가 애매한데, 만약 어느 상장회사의 최대 납품처 사장이 상장회사로부터 대규모 주문을 받고 그 회사의 주식을 매입하여 이익을 냈다면, 그 납품처 사장이 얻은 정보가 합법적인 사적정보인지 아니면 불법적인 내부정보인지는 명확하지 않다. 그러나

내부자의 범위가 확대되어 단순히 회사 내부인뿐만 아니라 해당 법인에 대해 법령에 의한 승인, 허가, 지도 감독 기타의 권한을 가지는 자, 해당 법인과 계약을 체결하고 있는 자, 업무 등과 관련하여 일반인에게 공개되지 않은 중요한 정보(nonpublic information)를 직무와 관련하여 알게 된 자, 이들로부터 해당 정보를 받은 자도 내부자로 구분하여 그 정보를 이용하거나 다른 사람이 이를 이용하지 못하게 제한하고 있다.

개념점검 4

홍길동은 맥주를 마시다가 우연히 옆자리에 앉은 사람으로부터 삼송전자가 1주일 뒤에 대규모 계약을 체결할 것이라는 이야기를 듣게 되었다. 이 정보를 이용하여 홍길동은 삼송전자의 주식을 매입하였고, 일주일 뒤에 해당 사실이 공시되면서 주가가 두 배로 올랐다. 홍길동의 행위는 내부자거래에 해당하는가?

---

(3) 주요 증권시장지표

증권시장의 전반적인 동향을 파악하기 위해 증권시장지표에 대한 이해가 필요하다. 증권시장지표는 종류가 매우 다양한데, 광의로는 증권관계기관에서 발표하는 주요 통계지표를 의미하며, 협의로는 주가지수와 채권지수를 의미한다. 여기서는 협의의 증권시장지표에 국한하여 살펴보자.

주가는 현재의 경제 상황뿐만 아니라 미래의 성장잠재력까지 모두 반영하므로, 주가지수(stock price index)는 현시점에서 경제 상황을 대표하는 지표이면서 미래의 경제상황을 예측하는 경제선행지수로서의 의미를 가진다. 주가지수는 개인이나 기관투자자 투자성과의 평가기준으로 이용되며, 기술분석가들에게는 미래 주가예측의 유용한 도구로 널리 이용되고 있다. 또 기관투자자의 자산운용에서 채권 비중이 높아지면서 채권지수의 중요성도 증가하고 있지만, 아직까지는 주가지수가 대표적인 증권시장지표로 활용되고 있다.

주가지수는 어느 기준 시점에서 주식시장의 가격수준을 기준 포인트(통상 100포인트 또는 1,000포인트)로 하여 비교 시점에서 가격수준을 기준 포인트에 대한 상대치로 환산한 것

모범답안 4 비공개된 중요한 정보를 이용했지만, 이 상황만으로는 내부자거래에 해당하지 않는다.

　　　　　　　　　　　　　　　　　　　　　　　　　　　　　　　　　　　　　　투자론

이다. 이는 동일한 주식시장에 대한 주가지수라고 하더라도 주가지수에 포함될 주식의 범위, 기준 시점(base period), 계산방법에 따라 달라진다. 주가지수는 산출방식에 따라 크게 주가평균식과 시가총액식 주가지수로 구분되며, 이 외에도 등액가중지수가 있다.

주가평균식 주가지수는 가격가중평균지수(price - weighted average index)라고도 하며, 이는 지수에 포함된 주가의 합계를 지수에 포함된 주식의 수로 나누어 산출한 평균값이다. 즉, 지수에 포함된 주식 수가 3개이면 3개 주식의 가격을 더한 후 3으로 나누면 되는데 이것은 3개 주식 평균가격의 변화율이 된다. 이 방식은 지수에 포함된 3개 주식에 각각 1주씩 투자한 포트폴리오의 수익률(배당금은 제외)과 같음을 의미한다. 이를 다음 예제를 통해 계산해보자.

예제 1 지수에 편입된 종목과 가격

주식	기준일 가격	비교일 가격	주식 수
A	100,000	104,000	10
B	10,000	10,000	100
C	1,000	900	10,000

기준일의 지수를 100으로 가정하면 가격가중평균방식으로 구한 지수는 $\left\{\left(\frac{114,900}{3}\right)\div\left(\frac{111,000}{3}\right)\right\} \times 100 = 103.51$과 같다. 위의 예에서 지수는 기준일 대비 3.51% 상승하였다. 이 방식의 특징은 지수의 움직임이 고가주의 움직임에 영향을 많이 받는다는 것이다. 이에 따라 A주식의 가격은 기준일 대비 4%가 상승하였고, B주식은 변동이 없으며, C주식은 10%가 하락했지만 지수는 3.51%가 상승하였다.

가격가중평균방법으로 지수산정 시 주식배당, 주식분할이 일어나는 경우 유의해야 한다. 만약 A주식이 액면분할을 하여 50,000원으로 가격이 낮아졌다고 가정해보자. 이는 주가가 떨어진 것이 아니기 때문에 지수가 하락한 것으로 나타나서는 안 된다. 이 경우 제수(divisor)로 지수의 평균을 조정해주어야 한다. 즉, 액면분할 전 지수의 평균가격은 37,000원인 반면에 주식분할 후 주가의 평균가격은 20,333원이므로 $37,000/d = 20,333$을 만족시키는 d를 계산해야 한다. 이후 지수계산 시 제수를 3이 아닌 d로 사용하면 주식분할로 인한 지수의 왜곡을 방지할 수 있다. 가격가중평균방법은 지수의 산출이 간단하며, 주가의 순수한 움직임을 파악하는 데 용이하다. 그러나 주가변동이 심한 고가의 소수종목이 지수에 미치는 영향이 크고 구성종목이 인기업종에 편중되는 경향이 있으므로 전체 산업의 주가동향을 적절히 반영하지 못하는 단점이 있다. 가격가중평균방법을 사용하는 대표적인 예는 뉴욕증권거래소의 다우존스산업 평균지수(DJIA, Dow-Jones industrial average index), 도쿄증권거래소의 Nikkei225 지수 등이 있다.

시가총액가중지수(market-value-weighted index)는 지수 내 개별 주식의 주가에 상장주식 수를 가중한 주가지수로, 비교 시점의 시가총액을 기준 시점의 시가총액과 비교한 변동률로 나타낸다. 예제 1 에서 시가총액가중방법으로 비교일의 지수를 구하면 다음과 같다.

- 기준일의 시가총액: $100,000 \times 10 + 10,000 \times 100 + 1,000 \times 10,000 = 12,000,000$원
- 비교일의 시가총액: $104,000 \times 10 + 10,000 \times 100 + 900 \times 10,000 = 11,040,000$원
- 비교일의 주가지수: $(11,040,000/12,000,000) \times 100 = 92.00$

비교일의 지수는 92.00으로, 기준일 대비 8% 정도 하락한 것으로 나타난다. 시가총액가중지수는 시가총액이 큰 종목의 영향을 많이 받는다. A주식은 4% 상승하였고, B주식은 변동이 없으며, C주식은 10% 하락했지만 C주식의 시가총액이 가장 크기 때문에 지수 전체적으로는 8% 하락으로 나타난다. 이 결과에서 알 수 있듯이, 동일한 종목이 지수에 편입되더라도 지수산정방식에 따라 시장의 움직임을 나타내는 지수가 상승 또는 하락이라는 정반대의 결과로 나타난다.

시가총액가중지수는 상장주식 수를 가중치로 사용하여 시장 전체의 주가수준을 고르게 반영하며, 대부분의 상장종목을 산출대상으로 하므로 소수 고주가의 영향을 적게 받는 장점이 있다. 그러나 실제 시장의 움직임과 관련이 없을 수도 있는 시가총액이 높은 주식의 영향을 많이 받게 된다는 단점이 있다. 시가총액가중지수의 대표적인 예에는 미국의 NYSE Composite, S&P500, 일본의 TOPIX, 영국의 FTSE100, 프랑스의 CAC40, 독일의 DAX, 홍콩의 HangSeng 등이 있고, 우리나라의 KOSPI지수, KOSPI200 등이 있다. 세계의 주요 주가지수는 대부분 시가총액방식에 의해 산출되고 있다.

등액가중지수(equally - weighted average index)란 지수 내 주식들의 수익률의 단순평균으로 산출한 지수를 말한다. 예제 1 에서 등액가중지수로 비교일의 지수를 구하면 다음과 같다.

(A주식 수익률＋B주식 수익률＋C주식 수익률)의 평균＝(4%＋0%＋(−10%))/3＝(−2%)

따라서 비교일의 지수는 98이 된다. 이러한 평균산출기법은 각각의 수익률에 동일한 가중치를 부여하여 각 주식에 동일한 금액을 투자하는 포트폴리오의 전략에 대응되는 방법이다.

그림 2.5 는 증권시장지표로서 시가총액가중방법, 가격가중방법, 등액가중방법을 사용한 경우 지표가 어떻게 다른지 보여준다. 이는 예제 2 와 같이 3개의 종목으로 지수를 구성한다고 가정하고, 기준일 당시의 지표를 100으로 하여 150일 동안의 주가를 시뮬레이션한 후 지수의 움직임을 나타낸 것이다. 145일째의 경우 시가총액방법에서는 179.8, 가격가중방법에서는 126.32로 나타나 차이가 크게 발생한다.

예제 2 지수에 편입된 종목

구분	주식 A	주식 B	주식 C
현재 가격	5,000	10,000	100,000
발행 주식 수	5,000	1,000	100

그림 2.5   지표산정방법에 따른 증권시장지표

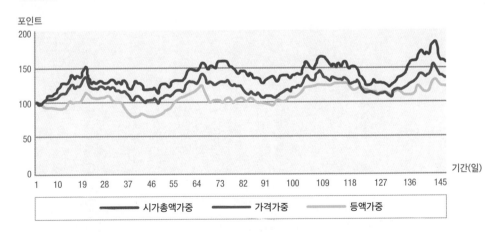

한편, 주식시장지수가 주식시장의 전반적인 성과에 대한 길잡이가 되는 것처럼 여러 가지 채권시장지표는 다양한 범주의 채권의 성과를 측정한다. 채권지수란 일정 기간에 걸친 채권시장의 투자수익률 변화를 지수화한 지표로서 채권수익률의 변화에 따라 변동한다. 한국채권지수는 모든 지수산출대상채권의 시가총액을 산출한 후 채권의 발행잔액에 따라 가중치를 두어 산술평균한 지수이다. 이는 기준 시점의 시장가치에 일정 기간 채권투자에서 발생한 표면이자수익, 표면이자의 재투자수익, 채권수익률 변동에 의한 자본손익 등을 각각 계산·가산하여 산출한 총투자수익을 지수화한 지표이다.

외국에서도 총수익지수방식으로 채권지수를 발표하므로 국제간 비교가 가능하다. 한국 채권지수는 대표지수로 잔존만기 6개월 이상~5년 이하인 국고채지수와 회사채지수가 있고, 보조지수로는 채권종류별, 신용평가등급별, 잔존기간별로 지수를 산정한다. 이들 채권지수는 주식과는 다르게 유동성이 떨어지는 채권거래에 의존하므로, 거래빈도가 낮아 신뢰할 수 있는 적정 가격을 구하기 힘들다는 단점이 있다.

3 금융상품의 이해[9]

금융상품은 금융소비자에게 계약상 채권 또는 채무를 일으키는 계약으로 정의할 수 있다. 또한 금융상품은 상품의 속성에 따라 예금성, 투자성, 보장성, 대출성 금융상품으로 구분된다. 금융소비자 입장에서 예금성, 투자성, 보장성 금융상품은 계약상 채권에 해당하며, 대출성 금융상품은 계약상 채무에 해당한다. 이러한 금융상품의 분류는 2020년 3월에 제정된 「금융소비자 보호에 관한 법률」에 따른다.

금융상품은 원금손실 가능 여부에 따라 금융투자상품과 비금융투자상품으로 구분한다. 예금성 및 보장성 금융상품은 비투자금융상품으로, 투자성 금융상품은 금융투자상품으로 분류할 수 있다. 금융투자상품은 다시 투자손실의 원금초과 여부에 따라 증권과 파생상품으로 나뉜다. 증권은 투자손실이 원금을 초과할 수 없지만, 파생상품은 초과할 수 있다.

우리나라는 금융업의 전업주의에도 불구하고 금융업권 간 겸영화가 심화되면서 은행, 증권, 보험에서 판매하는 금융상품에 차이가 크지 않다. 예를 들어, 증권사에서 가입할 수 있는 금융상품 대부분은 은행에서도 가입할 수 있다. 보험상품도 은행에서 가입할 수 있다. 다만,

그림 2.6 **금융상품의 구분**

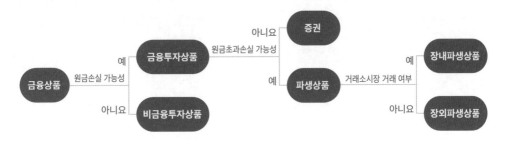

---

9 이 절의 내용은 증권투자권유대행인 1(금융투자전문인력 표준교재, 금융투자협회, 2024년), 투자자산운용사 2(금융투자전문인력 표준교재, 금융투자협회, 2024년)를 참고하여 재구성하였다.

PART 1 투자의 기초 | **CHAPTER 2** 금융시장과 투자   71

은행이 취급하는 금융상품을 증권사나 보험사가 모두 취급할 수 있는 것은 아니다.

표 2.5 금융업권별 금융상품 비교

구분	은행	증권	보험
주요 상품	요구불예금, 저축성예금, 신탁상품, CD·RP 등 시장성상품	주식, 채권, 펀드, 파생상품, ETF, CP, ABCP, 해외주식, 해외채권, ELS, DLS	보장성보험, 저축성보험, 변액보험, 연금보험, 재산보험, 배상책임보험
장점	• 다양한 부대서비스 • 광범위한 점포망과 이를 활용한 이용편의성 • 대출 가능 • 환전, 송금 가능	• 고수익 추구 가능 • 다양한 금융상품 • 해외분산투자 가능 • 해외자산 직접투자 • 다양한 구조화상품	• 저축성보험의 보장기능 포함 가능 • 장기저축 시 비과세혜택
단점	• 낮은 예금금리 • 중도해지 시 낮은 금리 적용 • 수익상품의 기회가 적음	• 주가하락 시 손실 위험이 큼 • 적은 점포 수 • 환전, 송금 등 부대서비스 부족	• 만기 전 해약 시 적은 환급액 • 장기상품, 높은 사업비
특징	안정적인 상품 위주의 포트폴리오	수익추구형 상품의 포트폴리오	장기 비과세상품 및 보장성보험으로 위험회피

자료: 금융투자협회

한편, 증권시장에서는 증권을 매개로 매매거래가 이루어진다. 자본시장법상 증권은 내국인 또는 외국인이 발행한 금융투자상품으로서 투자자가 취득과 동시에 지급한 금전 외에 어떠한 명목으로든 추가로 지급의무[10]를 부담하지 않는 것으로 정의된다.

증권은 채무증권, 지분증권, 수익증권, 투자계약증권, 파생결합증권, 증권예탁증권 등 여섯 가지로 구분된다. 채무증권에는 주로 채권, 지분증권에는 주로 주식이 해당되는데, 여기서는 전통적인 금융상품으로서 주식, 채권, 파생상품, 펀드상품과 그 밖에 대체투자상품 등에 대해 간략히 살펴보자.

---

10 옵션 등과 같이 투자자가 기초자산에 대한 매매를 성립시킬 수 있는 권리를 행사하여 부담하게 되는 지급의무는 예외로 한다.

표 2.6 자본시장법상 증권의 종류

구분	정의
채무증권	국채증권, 지방채증권, 특수채증권, 사채권, 기업어음증권, 그 밖에 이와 유사한 것으로서 지급청구권이 표시된 것
지분증권	주권, 신주인수권이 표시된 것, 법률에 의해 직접 설립된 법인이 발행한 출자증권, 상법에 따른 합자회사, 유한책임회사, 유한회사, 합자조합, 일명조합의 출자지분, 그 밖에 이와 유사한 것으로서 출자지분 또는 출자지분을 취득할 권리가 표시된 것
수익증권	신탁업자가 발행한 금전신탁계약에 의한 수익권이 표시된 수익증권, 투자신탁을 설정한 집합투자업자가 투자신탁의 수익원을 균등하게 분할하여 표시한 수익증권, 그 밖에 이와 유사한 것으로서 신탁의 수익권이 표시된 것
투자계약증권	특정 투자자가 그 투자자와 타인 간의 공동사업에 금전 등을 투자하고 주로 타인이 수행한 공동사업의 결과에 따른 손익을 귀속받는 계약상의 권리가 표시된 것
파생결합증권	ELW, ELS, DLS, ETN 등과 같이 기초자산의 가격, 이자율, 지표, 단위 또는 이를 기초로 하는 지수 등의 변동과 연계하여 미리 정해진 방법에 따라 지급금액 또는 회수금액이 결정되는 권리가 표시된 것
증권예탁증권	위의 다섯 가지 증권을 예탁받은 자가 그 증권이 발행된 국가 외의 국가에서 발행한 것으로서 그 예탁받은 증권에 관련된 권리가 표시된 것

주식

주식(stock)은 주식회사가 자기자본조달을 위해 발행하는 증권으로 크게 보통주와 우선주로 구분된다. 보통주(common stock, equity securities)는 기업의 소유권에 대한 지분을 나타내는 증서로서 회사의 경영과 경제적 이익에 참여할 수 있는 권리를 부여한다. 주주는 주주총회에서 의결권, 이사·감사의 선임과 해임청구권 행사 등을 통해 기업경영에 참여하게 된다. 주주는 이러한 권리의 행사를 통해 경영자들이 주주의 이익을 위해 회사를 경영하게 함으로써 주식회사 제도의 근간이 된다. 그러나 소유와 경영이 분리되면서 주주로부터 경영을 위임받은 경영자들이 회사의 주인인 주주를 위해 의사결정을 하지 않고 자신의 이익을 위해 의사결정을 하는 문제가 발생하는데 이를 대리인 문제(agency problem)라고 한다. 이러한 대리인 문제를 최소화하는 것이 중요한 이슈로 부각되고 있으며, 이러한 문제점을 해결하기 위해 스톡옵션의 지급 등 다양한 방법들이 강구되고 있다.

또한 주주들은 이익배당청구권, 신주인수권, 주식전환청구권 등을 통해 회사의 경제적 이익에도 참여할 수 있는 권리를 가지는데, 이 청구권의 기본적인 속성은 잔여재산청구권

(residual claim)과 유한책임(limited liability)이다. 잔여재산청구권은 기업의 자산과 이익에 대한 청구권에서 우선순위가 가장 낮다는 의미이다. 즉, 회사로부터 이익배당을 받거나 회사청산 시 재산권을 행사할 때 주주는 세무당국, 종업원, 채권자, 하도급체 등의 청구권에 대한 지급이 완료된 후 남은 자산에 대해 청구권을 행사할 수 있다. 그러나 다른 청구권자와 달리 이익이 발생한 경우에는 주주는 이익배당에 무제한으로 참여할 수 있다. 유한책임이란 기업이 파산하는 경우 주주의 최대 손실은 투자 원금에 한정되며, 또한 주주는 기업의 채무에 대해 개인적으로 책임지지 않는다는 것이다.

우선주(preferred stock)는 이익이나 이자의 배당 또는 잔여재산의 분배와 같은 재산적 이익을 받을 때 보통주보다 우선적인 지위가 인정된 주식을 말한다. 반면, 우선주의 소유자들은 회사 경영에는 참여할 수 없다. 우선주는 주식과 채권의 특성을 모두 가지며 채권처럼 보유자에게 고정적으로 기대되는 현금흐름을 제공한다. 일반적으로 우선주는 의결권이 없고 추가적인 이익참가권이 없다는 점, 배당을 하지 않아도 법적인 책임이 없는 점을 동시에 가지고 있으므로 투자자들의 관심에서 많이 소외되어 왔다. 하지만 회사 입장에서는 안정적인 경영권을 유지하면서 자금조달을 할 수 있는 장점이 있으므로 전통적인 우선주에 여러 가지 투자자들에게 유리한 옵션 등을 추가하여 우선주를 발행하고 있다.

개념점검 5

A회사는 최근 급속한 경기불황으로 인해 파산하게 되었다. 현재 A회사의 자신은 청산 시 총 100억 원의 가치가 있다. 현재 A사 자본구조를 살펴보면 회사채 발행 금액이 70억 원, 우선주가 20억 원, 보통주가 50억 원이다. 각각의 투자자들은 100억 원 중 얼마씩을 가져가는가?

한편, 기업이 해외에서 주식을 발행하려는 경우 유통편의를 위해 외국의 예탁기관(주로 은행)이 발행회사의 주식(원주)을 보관하고 이를 대신하여 현지에서 증권을 발행·유통하게 함으로써 원주와 상호전환이 가능하도록 한 주식대체증서로, 주식예탁증서(DR, depositary receipts)가 있다. DR는 발행되는 곳에 따라 미국의 ADR(American depositary

---

모범답안 5 파산비용을 고려하지 않는다면 먼저 회사채에 투자한 채권자들은 70억 원 전액을 회수하고, 우선주 투자자들도 20억 원을 회수한다. 주주들은 투자한 출자금 중 20%만 회수할 수 있다.

receipts), 유럽의 EDR(European depositary receipts), 런던의 LDR(London depositary receipts) 등이 있다. DR는 일반적으로 우량하고 국제적인 인지도가 높은 기업들 위주로 발행되므로 DR의 발행이 성공했다는 것은 발행회사의 인지도가 상승했다는 것을 의미한다. 또한 DR에 투자한 투자자들은 경영권에 관여하지 않기 때문에 기업들이 선호하며, 발행국의 통화로 환매할 수 있으므로 환율변동에 따른 위험을 회피할 수 있는 장점이 있다.

투자론에서 가장 중요하게 다루는 금융상품 중 하나인 주식에 대해서는 7장에서 보다 자세히 다룰 것이다.

채권

채권(bond)이란 정부, 지방자치단체 또는 기업 등 자금을 필요로 하는 발행자가 자금의 여유가 있는 투자자로부터 채무 형태로 자금을 조달하기 위해 발행한 유가증권이다. 채권의 전형적인 형태는 이자와 액면가의 현금흐름과 지급일이 정해져 있어, 채권을 확정소득부증권(fixed income  securities)이라고 부르기도 한다. 채권의 종류는 내용이나 형식에 따라 다양하게 구분되는데, 발행주체에 따라, 국채, 지방채, 특수채, 금융채, 회사채 등이 있고, 이자의 형태나 지급방법에 따라 이표채, 순수할인채, 복리채 등으로 구분한다. 또 상환방법에 따라 만기상환채권, 정기분할상환채권, 수의상환채권, 풋채권 등이 있다. 채권에 대한 자세한 내용은 8장에서 다루며, 여기서는 위와 같은 채권들에 대해 간략히 살펴보자.

먼저, 발행주체에 따른 분류로서, 국채는 정부가 일반국민을 상대로 발행한 채권을 의미하며, 각국 정부가 재정적자를 보전하기 위해 발행한다. 그 밖에 특별한 사업을 추진하기 위해 발행되는 국민주택채권, 철도채권, 양곡기금채권, 국민투자채권 등도 국채에 해당된다. 그리고 지방채(municipal bond)는 지방정부가 지방재정의 부족을 보전하기 위해 발행한 채권이다. 보통 지방채는 면세채권으로 발행된다. 따라서 일반적인 과세채권과 면세채권을 비교하기 위해서는 세후수익률(after - tax return)을 고려해야 한다. 지방채는 특수한 사업의 수익을 이자로 지급하는 수익채권(revenue bond)과 지방정부가 특수사업과 관계없이 원리금 지급을 하는 일반의무채권(GO, general obligation bond)으로 나뉜다. 특수채는 정부출자기관이 특별법에 의해 발행한 채권으로서 전력공사채권, 전기통신공사채권 지하철공사채권, 기술개발금융채권 등이 있다. 특수채 중에서 은행 등 금융기관이 발행한 채권을 금융채라고 하며, 산업금융채권, 중소기업금융채권 및 통화안정채권 등이 있다. 회사채는 일반사업법인인 주식회사가 발행하는 채권으로 기업의 주요 자금조달수단이다. 회사채가 국채나 지방채와 가장 크게 다른 점은 채무불이행위험(default risk)에 있다. 채무불이행위험을 줄이기 위해 회사는 발행채권에 대해 담보를 설정하거나 보증기관을 세우기도 하며, 이러한 채권은 담보와 보증의 유무에 따라 여러 형태로 구분된다. 물적담보 여부에 따라 담보부사채와 무담보사채로 나뉘며, 발행회사 이외의 제3자에 의해 원리금지급이 보증되는 보증사채와 제3자의 보증 없이 기업의 신용에 의해 발행되는 무보증사채가 있다. 보증사채의 보증기관은 은행, 신용보증기금 등의 금융기관으로 제한된다.

개념점검 6

다음의 빈칸을 채우시오.
전라남도에서 관광명소인 섬에 다리를 건설하는 프로젝트를 추진하면서 비용을 조달하기 위해 지방채를 발행하려고 한다. 이자와 원리금을 투자자에게 제공해야 하는데, 다리 중간에 매표소를 설치하여 통행료로 이자 등을 지급하면 (㉠)이(가) 되고, 지방정부의 세금수익으로 지급하면 (㉡)이(가) 된다.

개념점검 7

다음 채권을 위험이 적은 순으로 나열하시오.
㉠ 수익채권 ㉡ 국민주택채권 ㉢ 지하철공사채권 ㉣ B등급의 담보부사채 ㉤ A등급의 무보증사채

또 채권은 이자지급방식에 따라 이표채(이자지급표시채권, coupon bond), 순수할인채(dis - count bond), 복리채로 구분된다. 이표채는 약속된 날짜에 정기적으로 액면이자율에 의한 이자를 지급하고, 만기에 액면가인 원금을 상환하기로 약속하고 발행되는 채권을 말한다. 순수할인채는 중도 이자지급을 생략하는 대신 만기까지의 이자를 현재 시점을 기준으로 액면가

모범답안 6   ㉠ 수익채권 ㉡ 일반의무채권
모범답안 7   ㉡-㉢-㉠-㉤-㉣

에서 할인하여 발행되는 채권을 말한다. 복리채는 액면가로 발행되지만 중도 이자지급이 생략된 이자분의 복리로 재투자되는 것을 가정하여 만기 시에 원금상환과 함께 지급받는 채권이다. 대부분의 채권은 이표채이지만 국공채와 특수채 중에는 할인채와 복리채가 많다. 일반적으로 채권은 발행될 때의 액면이자율에 의해 이자가 확정적으로 지급된다. 중간에 발생하는 현금흐름이 고정되어 있는 채권을 고정금리채권(fixed-rate bond), 채권의 액면이자율 (coupon rate)이 그때그때 기준이 되는 시중금리 등에 연동하여 변하는 채권을 변동금리채권 (floating-rate bond)이라고 한다.

채권은 상환방법에 따라 구분하기도 하는데, 채권의 원금이 만기일에 일시 상환되는 채권인 만기상환채권, 원금이 이자처럼 일정 기간마다 정기적으로 일정 금액씩 분할상환되는 정기분할상환채권이 있다. 또한 발행하는 회사가 일정 기간이 경과한 후 상환하려고 할 때 응해주어야 하는 수의상환채권(callable bond)이 있고, 이와 반대로 투자자가 일정 기간이 경과한 후에 상환을 요구하면 발행회사가 응해주어야 하는 풋채권(put bond)이 있다.

개념점검 8

다음 중 옳은 것을 고르시오.
(1) 수의상환채권은 같은 조건의 일반채권에 비해 가격이 (비싸다, 싸다).
(2) 풋채권은 같은 조건의 일반채권에 비해 가격이 (비싸다, 싸다).

주식과 유사한 형태의 채권도 다양하게 존재한다. 발행 당시 투자자와의 특별한 약속에 의해 기업의 이익이 발생한 경우에만 이자를 지급하는 채권인 이익사채(income bond), 미리 정해진 액면이자율만큼의 이자를 지급받는 것 외에 이익배당에 참여할 수 있는 이익참가사채, 채권발행 후 일정 기간(전환청구기간) 내에 일정한 조건(전환 조건)으로 발행회사의 주식 등 다른 유가증권으로 전환할 수 있는 권리가 부여된 전환사채(CB, convertible bond), 발행 후 일정한 기한 내에 일정한 가격으로 발행회사의 주식을 매입할 수 있는 권리가 부여된 신주인수권부사채(BW, bond with warrant), 채권발행 후 일정 기간이 지나면 일정한 가격으로 채권

모범답안 8 (1) 싸다 (2) 비싸다

을 발행한 회사가 보유하고 있는 주식이나 다른 유가증권과의 교환을 청구할 수 있는 권리가 부여된 교환사채(exchange bond) 등이 있다. 그 밖에 보유자산이나 채권을 담보로 증권화하는 자산담보부증권(asset backed security), 원리금자동이체증권(pass-through security), 자산담보채권(asset backed bond), 원리금이체채권(pay - through bond), 다계층증권(CMO, collateralized mortgage obligation) 등이 있다.

파생상품

파생상품(derivatives)은 금융투자상품, 통화, 일반상품, 신용위험, 기타 합리적이고 적정한 방법으로 가격, 이자율, 지표, 단위의 산출이나 평가가 가능한 것을 기초자산(underlying asset)으로 하는 선물 또는 선도, 옵션, 스왑 계약을 말한다. 파생상품은 기초자산, 거래장소, 거래형태 등을 기준으로 분류하는 것이 일반적이며, 기초자산에 따라 금리, 통화, 주식 및 실물상품 등으로 구분한다. 거래 형태에 따라 선도, 선물, 옵션, 스왑 등으로 나누고, 이들 파생상품을 대상으로 하는 선물옵션, 스왑선물, 스왑션 등 2차 파생상품들도 있다. 또 거래장소에 따라 장내파생상품, 장외파생상품으로 나뉘기도 한다. 파생금융시장에서 투자자들은 기존에 보유하고 있는 자산 및 부채의 가치변동에 따른 위험을 헤징(hedging)할 수 있으며, 투기자들은 이러한 변동을 예측함으로써 이익을 얻을 수도 있다.

옵션(options)은 기초자산을 일정한 가격(행사가격, exercise price)으로 정해진 기한이나 일정한 날짜(만기, term to maturity)에 사고 팔 수 있는 권리로서, 살 수 있는 권리를 콜옵션(call option), 팔 수 있는 권리를 풋옵션(put option)이라고 한다. 옵션은 권리이기 때문에 투자자가 판단하여 자기에게 유리하다고 생각될 때 행사하게 된다. 선물계약(futures contract)은 미리 정해 놓은 일정한 시점(delivery date 또는 maturity date)에 품질, 규격 등이 표준화된 특정 상품을 현시점에 약정한 가격(futures price)으로 매매하기로 계약을 맺고, 이 계약의 만기일에 현물에 대한 인수·인도를 하거나 만기일 이전에 원계약에 대한 반대매매

(reversing trade)를 함으로써 완료되는 거래이다. 선물계약은 옵션과 달리 의무이기 때문에 반드시 계약을 이행하여야 할 책임을 진다. 스왑(swap)이란 두 기업이 미리 약정한 대로 미래에 현금흐름을 교환하는 계약을 말한다. 널리 사용되는 스왑의 종류로는 서로 다른

통화를 교환하는 통화스왑(currency swap)과 고정금리와 변동금리를 교환하는 금리스왑(interest rate swap)이 있다. 파생상품에 대해서는 9장에서 보다 자세히 다룰 것이다.

펀드상품

주식시장이 상승하더라도 개인투자자들은 손해를 입는 경우가 많다는 뉴스를 자주 접하게 된다. 여기서 개인투자자는 본인의 계좌로 직접 매매하는 투자자를 말한다. 이는 개인들은 기관투자자에 비해 정보의 수집능력이나 분석능력이 부족하고, 상대적으로 소규모 자금을 운용하므로 효율적인 분산투자를 하지 못하기 때문에 발생한다. 이 경우 직접투자보다는 간접투자방식을 선택하는 것이 좋은데, 간접투자방식은 투자를 전문펀드매니저에게 맡기는 것이다.

펀드상품은 일반적으로 다수의 투자자로부터 자금을 모아(pooling) 증권 등의 자산에 투자하고 그 수익을 투자지분에 따라 투자자에게 배분하는 집단적 · 간접적 투자상품을 의미한다. 펀드상품을 지칭하는 용어는 나라마다 다르며, 실무상 · 관행상 사용하는 용어와 법률에서 사용하는 용어 또한 다르다. 우리나라에서는 2009년 자본시장법이 시행되면서 펀드상품이 집합투자기구로 통일되었다. 흔히 집합투자기구는 펀드, 집합투자증권은 수익증권, 투자회사는 뮤추얼펀드(mutual fund)로 칭하고 있다.

집합투자기구(펀드)는 집합투자를 수행하기 위한 기구를 말하는데, 자본시장법에서는 집합투자기구의 유형을 투자신탁, 투자회사, 투자유한회사, 투자합자회사, 투자유한책임회사, 투자합자조합 및 투자익명조합 등 일곱 가지로 규정하고 있다. 이 중 투자신탁(investment trust)은 집합투자업자가 투자신탁계약서에 따라 신탁업자와 신탁계약을 체결하고, 투자신탁의 수익권을 균일하게 분할하여 증권에 표창한 수익증권을 투자자에게 판매하여 모은 재산(투자신탁재산)을 집합투자업자가 주식 등에 투자운용하고 그 결과를 투자자에게 귀속시키는 펀드이다. 투자회사는 집합투자업자 등이 발기인이 되어 주식회사(투자회사)를 설립한 후 투자회사의 주식을 투자자에게 판매하여 조성된 자금(자본금)을 주식 등에 투자운용하고 그 결과를 투자자에게 귀속시키는 펀드를 말한다. 특히, 투자회사는 주식회사제도를 집합적 · 간접적 투자에 맞게 변형한 제도라고 할 수 있다. 그 결과 투자회사는 주식회사 형태를 취하지만, 이는 집합적 · 간접적 투자를 위한 수단(vehicle)에 불과하므로 서류상 회사(paper company)의 성격을 띤다.

펀드의 분류는 법적 형태에 따라 신탁형 펀드(투자신탁), 조합형 펀드(투자합자조합, 투자익명조합), 회사형 펀드(투자회사, 투자유한회사, 투자합자회사, 투자유한책임회사) 등으로 구분한다. 또한 운영구조에 따라 개방형 펀드와 폐쇄형 펀드로 구분하기도 한다. 개방형 펀드(open - end fund)는 펀드 지분(투자신탁의 수익권, 투자회사의 주식, 유한회사/합자회사/투자조합의 지분)을 소유한 자(투자자)에게 환매청구권을 부여하는 펀드를 말한다. 펀드 지분을 계속 판매하고 환매하는 구조이기 때문에 펀드 지분의 거래(판매, 환매) 시 적용되는 기준가격이 중요하다. 개방형 펀드에서 환매는 투자자의 자금회수수단뿐만 아니라 집합투자업자에 대한 견제수단으로도 기능한다. 폐쇄형 펀드(closed - end fund)는 펀드 지분의 환매를 허용하지 않는 펀드를 의미하는데, 통상 최초공모방식으로 확정된 수량의 펀드 지분만을 발행한다. 따라서 폐쇄형 펀드는 고정된 자본금(투자회사의 경우)을 유지하게 되며, 환매 부담이 없기 때문에 펀드의 투자목적에 따라 펀드자산을 전부 투자할 수 있고 비유동성자산에 대한 투자도 가능하다는 장점이 있다. 또한 펀드 지분이 거래소에 상장되어 거래되므로 투자자는 시장거래를 통해 투자자금을 회수하게 된다.

한편, 펀드는 펀드투자자의 모집방법에 따라 공모펀드와 사모펀드로 구분하기도 한다. 공모펀드는 공모(모집, 매출) 방식으로 투자자를 모으는 펀드이고, 사모펀드는 사모방식으로만 투자자를 모으며, 투자자 수(일반투자자는 49인 이하, 기관을 제외한 전문투자자를 포함하는 경우 100인까지 가능)나 투자자의 자격(적격투자자)이 제한되는 펀드이다.

자본시장법에서는 펀드를 주된 투자 대상에 따라 증권펀드, 부동산펀드, 특별자산 펀드, 혼합자산 펀드, 단기금융 펀드(MMF, money market fund) 등으로 구분한다. 이 중 증권/부동산/특별자산 펀드는 해당 자산에 50%를 초과하여 투자하는 펀드이고, 혼합자산 펀드는 투자비율을 정하지 않은 펀드, MMF는 집합투자재산 전부를 단기금융상품에 투자하는 펀드이다. 그 밖에도 판매보수의 차이로 인해 기준가격이 다르거나 판매수수료가 다른 여러 종류의 집합투자증권을 발행하는 펀드인 종류형 펀드(class fund), 복수의 펀드 간에 공통으로 적용되는 집합투자규약에 의해 각 펀드의 집합투자자가 소유하고 있는 집합투자증권을 다른 펀드의 집합투자증권으로 전환할 수 있는 권리를 집합투자자에게 부여하는 전환형 펀드(umbrella fund)가 있다. 또한 다른 펀드(모펀드)가 발행하는 집합투자증권을 취득하는 펀드(자펀드)인 모자형 펀드(master - feeder fund), 지수의 변화에 연동
하여 운용하는 것을 목표로 하는 상장지수펀드(ETF, exchange - traded
fund) 등 다양한 펀드가 있다.

펀드상품을 이해하기 위해서는 판매보수나 판매수수료, 환매수수
료 등에 대한 비용도 함께 살펴볼 필요가 있다. 판매보수는 집합투자증권을 판매한 투자매매
업자 또는 투자중개업자가 투자자에게 지속적으로 제공하는 용역의 대가로 집합투자기구로
부터 받는 금전을 말한다. 판매수수료는 집합투자증권을 판매하는 행위에 대한 대가로 투자
자로부터 직접 받는 금전을 말하며, 판매 시점에 취득하는 선취판매수수료와 환매 시점에 취
득하는 후취판매수수료의 두 종류가 있다. 또 환매는 집합투자증권(개방형 펀드)을 매입한 투
자자가 펀드의 순자산가치대로 자신의 투자지분(집합투자증권)의 전부 또는 일부를 처분하
여 투자금을 회수하는 것을 말한다. 집합투자증권의 환매수수료는 일정한 기간 이내에 환매
하는 경우 환매금액이나 이익금 등을 기준으로 부과하는 수수료로서 해당 투자자가 부담한
다. 한편, 펀드의 순자산가치(NAV, net asset value)는 주당 자산가치에서 주당 부채를 차감한
값으로 계산한다.

개념점검 9

명품그룹은 다음과 같은 투자신탁을 운용하고 있다. 이 포트폴리오의 순자산가치는 얼마인가?

총자산: 150억 원, 부채: 18억 원, 발행주식 수: 10,000,000주

대체투자자산

투자상품을 분류하는 다양한 방법 중 투자 대상 자산군(asset class)에 따라 전통투자 대상
자산군(traditional asset class)과 대체투자 대상 자산군(alternative asset class)으로 분류할 수
있다.

전통투자는 투자자들에게 친숙한 주식, 채권, 환율 등에 투자하는 것을 말하며, 구체적

모범답안 9 $\dfrac{(150억-18억)}{10,000,000} = 1,320원$

인 펀드 형태로는 주식형, 채권형, 혼합형, MMF 등이 있다. 반면, 대체투자는 새롭게 등장한 투자 대상을 통칭한다. 대체투자 대상으로는 부동산(real estate), 원자재 등 일반상품(commodity), 사회간접시설 등 인프라스트럭처 등이 있으며, 이들에 투자하는 펀드로는 헤지펀드, 부동산펀드, 일반상품펀드, 인프라스트럭처펀드, PEF(private equity fund) 등이 있다. 우리나라에서도 자본시장법 시행 이후 다양한 대체투자상품이 본격적으로 개발되고 있다. 그동안 기관투자자나 부유층이 대체투자상품에 주로 투자해 왔으나, 최근에는 일반투자자의 투자가 확대되는 추세이다. 대체투자자산에 대해서는 10장에서 자세히 다룰 것이다.

1 화폐시장증권을 때때로 현금등가(cash equivalent)증권이라고 부르는 이유는 무엇인가?

2 일반적으로 지방채는 세금이 면세된다. 홍길동은 현재 10억 원의 여유자금이 있어 다음의 두 종류의 채권 중 하나에 투자하려고 한다. 첫 번째는 10%의 국채이고, 두 번째는 8%의 지방채이다. 두 채권 모두 부도위험이 없다고 가정한다면 홍길동은 어느 채권에 투자하는 것이 좋은가? 또한 이득은 얼마인가? (단, 홍길동의 과세율은 30%이다.)

3 전형적인 우선주는 동일한 신용위험을 가진 보통채권보다 수익률이 낮은 것이 일반적이다. 다음에 근거하여 그 이유를 설명하시오.
(1) 시장성   (2) 위험   (3) 과세방법   (4) 수의상환조항

4 일반적으로 수의상환을 할 수 있는 채권은 동일한 만기와 신용위험을 가진 채권에 비해 낮은 가격에 거래되는데, 그 이유를 설명하시오.

5 다음 문장이 참이면 T, 거짓이면 F를 표기하고, 거짓이라면 그 이유를 설명하시오.
(1) 수의상환채권은 발행자에게 유리하므로 해당 조건이 없는 채권보다 가격이 싸다.
(2) 이익사채의 경우 이자지급일에 약속한 이자를 지급하지 않아도 된다.
(3) 전환사채와 신주인수권부사채 모두 주식으로 전환 시 자본금을 증가시킨다.
(4) 교환사채의 경우 투자자가 요구 시에는 발행회사는 거래소에서 요구하는 주식을 매입하여 투자자에게 교환해주어야 한다.
(5) 자산담보부증권을 통해 금융기관들을 유동성을 확보하고 자기자본비율의 증가효과를 기대할 수 있다.

6 파생상품의 경제적 기능에 대해 설명하시오.

7 서강전자는 신규공모를 통해 주식 10,000주를 발행하였다. 공모가는 50,000원이고 시장에서 인수회사의 수수료는 3,000만 원이다. 발행 직후 서강전자의 가격이 55,000원으로 상승하였다. 각각 잔액인수방법과 총액인수방법으로 계약 시, 발행회사와 인수회사에게 돌아가는 자금을 구분하여 계산하시오.

8 현재 서강전자 주식의 가격은 50,000원이다. 홍길동은 대박증권회사에서 신용거래를 하려고 한다. 현재 대박증권회사의 개시증거금은 50%이며, 유지증거금은 25%이다. 홍길동은 서강전자 주식의 가격 상승을 예상하여 신용매수를 하기 위해 2,500,000원을 대박증권회사로부터 빌려 총 100주를 매입하였다. 한편, 구운몽은 서강전자 주식의 하락을 예상하고 대박증권회사로부터 2,500,000원을 빌려 총 100주를 공매하기로 하였다. (단, 배당은 없다고 가정한다.)

(1) 동시에 홍길동은 가격하락을 걱정하여 45,000원 이하로 떨어지는 경우에는 주식을 팔기로 하였다. 이 경우 홍길동은 어떠한 방식의 주문을 하는 것이 좋겠는가? 또한 주식매입 후 1시간이 지나서 실제 가격이 하락하고 주식이 45,000원으로 모두 팔렸다면 홍길동의 투자수익률은 얼마인가?

(2) 대박증권회사의 유지증거금은 25%이다. 이 경우 홍길동이 마진콜을 당하는 가격은 얼마인가? 또한 마진콜을 당한 경우 홍길동은 계좌에 추가로 얼마를 납부해야 하는가?

(3) 만약 홍길동이 마진콜을 당했는데도 추가증거금을 납부하지 않으면 어떻게 되는가?

(4) 반대로 서강전자의 주식가격이 60,000원으로 상승했다면 홍길동의 투자수익률은 얼마인가?

(5) 구운몽의 예상과 달리 서강전자의 가격이 상승했다면 구운몽이 마진콜을 당하는 가격은 얼마인가? 그리고 60,000원에 손절매했다면 구운몽의 투자수익률은 얼마가 되는가?

(6) 구운몽은 50,000원에 100주를 공매한 후 추가로 100주를 공매하기로 하였다. 이 경우 구운몽이 공매주문을 낼 수 있는 최고가는 얼마인가?

9 다음은 현재 어떤 종목에 대한 지정가주문의 호가와 수량이다.

사자		팔자	
10,000	500주	10,050	1,500주
9,990	1,200주	10,100	3,000주
9,980	2,500주	10,150	5,500주
9,970	8,000주	10,200	7,000주

(1) 이대박이 5,000주를 시장가 매수주문을 낸다면 결제해야 하는 총금액은 얼마인가?

(2) 이대박이 10,000주를 시장가 매도주문을 낸다면 결제해야 하는 총금액은 얼마인가?

10 주식시장은 때때로 정보에 과민하게 반응하여 시장가격을 교란하고 투자자들에게 손해를 입히는 경우가 있다. 이것을 방지하기 위한 각종 장치들에 대해 설명하시오.

11 다음 중 내부자거래에 해당하는 것과 그렇지 않은 것을 구분하시오.

(1) 이대박의 삼촌은 서강전자의 이사이다. 명절 때 우연히 삼촌으로부터 서강전자의 신기술 개발이 거의 완성되었다는 정보를 듣고 서강전자의 주식을 매입하였다.

(2) 명문증권회사의 애널리스트가 현재 공시된 여러 가지의 정보를 모자이크한 결과 곧 해외로부터 대규모 납품계약을 따낼 것이라고 판단하고 서강전자의 주식을 매입하였다.

(3) 서강전자의 공인회계사인 이공인은 연말 회계감사 결과 실적이 크게 좋아질 것이라고 판단하고 서강전자의 주식을 매입하였다.

12 다음 표를 보고 물음에 답하시오.

주식	발행주식 수	기준 시점 주가	비교 시점 주가
A	10,000주	50,000원	40,000원
B	30,000주	10,000원	15,000원
C	50,000주	5,000원	10,000원

(1) 가격가중평균방법으로 비교 시점의 지수를 구하시오.

(2) A주식이 중간에 2:1 액면분할을 했다면 어떠한 방식으로 제수를 조정하는지 설명하시오.

(3) 시가총액평균방법으로 비교 시점의 지수를 구하시오.

(4) 등액가중방법으로 비교 시점의 지수를 구하시오.

13 개인투자자는 주식시장에 직접 투자하는 것보다 펀드와 같은 간접적인 투자방식을 활용하는 것이 유용하다고 한다. 이러한 간접투자방식의 장점에 대해 설명하시오.

14 운용자 입장에서 안정적인 운영을 할 수 있는 형태는 폐쇄형 펀드과 개방형 펀드 중 어느 것인가?

15 어느 개방형 펀드의 순자산가치는 주당 5,000이며 5%의 최초 판매수수료가 부과된다. 이 경우 공모가는 얼마인가?

16 다음 문장이 참이면 T, 거짓이면 F를 표기하시오.

(1) 채권형 펀드란 포트폴리오의 전체 금액을 채권에 투자하고 있는 펀드를 말한다.

(2) 주식형 펀드란 포트폴리오의 전체 금액을 주식에 투자하고 있는 펀드를 말한다.

17 뮤추얼펀드의 가입자는 일반회사의 주주와 같은 권리를 가진다. 이 권리에 대해 설명하시오.

18 펀드에서 발생하는 수수료에 대해 설명하시오.

19 2023 공인회계사 1차 증권의 발행에 관한 설명으로 가장 적절하지 않은 것은?

① 보유하고 있는 자산을 결합하여 포트폴리오를 구성하고 이로부터 발생하는 현금흐름을 기초로 새로운 증권을 발행하는 것을 자산유동화라고 한다.

② 무상증자는 자기자본과 총자산의 변동 없이 발행주식 수만 증가하는 증자방식이다.

③ 증권발행회사와 주관회사 간 이루어지는 인수계약 중 발행된 증권을 일반투자자들에게 판매하고 판매가 안 된 증권을 인수단이 매입하는 방식을 총액인수라고 한다.

④ 증권거래소에 상장되지 않은 기업이 처음으로 공모를 통해 주식을 발행하는 것을 최초 주식공모(IPO, initial public offerings)라고 한다.

⑤ 공적모집(또는 공모)은 일반대중을 대상으로 증권을 판매하는 일반공모와 기존의 주주에게 주식을 판매하는 주주배정으로 분류할 수 있다.

1   화폐시장증권은 만기가 1년 미만인 자금을 의미하므로 단기간에 현금처럼 유동화할 수 있다. 따라서 화폐시장증권을 현금등가증권이라고 한다.

3   (1) 시장성: 일반적으로 우선주는 의결권이 없고 추가적인 이익참가권이 없는 점, 배당을 하지 않아도 법적인 책임이 없다는 점 때문에 투자자의 관심에서 다소 소외되어 있다.

(2) 위험: 보통주처럼 투자에 대한 위험, 즉 가격변동에 대한 위험이 존재한다.

(3) 과세방법: 세법에서는 채권에 대한 투자로 인해 발생하는 소득은 이자소득으로 간주하는 반면, 우선주로부터 발생하는 소득은 보통주에서와 같은 배당소득으로 간주한다.

(4) 수의상환조항: 우선주는 채권이 아니므로 회사 입장에서는 보통주처럼 상환의무가 없다.

5   (1) T

(2) F. 발행회사가 임의로 지급하지 않는 것이 아니라 기업의 이익이 발생하지 않은 경우 이자를 지급하지 않는다.

(3) F. 전환사채는 주식으로 전환 시 자본금이 증가하지 않는다.

(4) F. 교환해주는 주식을 요구하는 주체는 거래소가 아니다.

(5) T

7   • 잔액인수방법: 발행회사 5억 원(5만 원 × 1만 주), 인수회사 3,000만 원(정액)

• 총액인수방법: 발행회사 5억 원(5만 원 × 1만 주)

인수회사 5,000만 원[(55,000 − 50,000) × 1만 주]

9   (1) $10,050 \times 1,500 + 10,100 \times 3,000 + 10,150 \times 500 = 50,450,000$(원)

(2) $10,000 \times 500 + 9,990 \times 1,200 + 9,980 \times 2,500 + 9,970 \times 5,800 = 99,764,000$(원)

11   (1) 내부자거래 (2) 내부자거래가 아님 (3) 내부자거래

13   간접투자방식은 직접 증권에 투자할 전문 지식이 부족하거나 시간적 여유가 없는 사람들에게 여러 가지 면에서 도움이 된다. 간접투자방식은 직접투자에 따른 위험을 피할 수 있고, 소액으로도 분산투자의 이점을 얻어 투자수익을 최대화할 수 있는 장점이 있다.

15 $5,000 \times 1.05 = 5,250$(원)

17 뮤추얼펀드의 가입자, 즉 뮤추얼펀드 주주는 임원 선임권을 가지고 있으며, 펀드 운용을 감시할 수 있고, 운용회사의 변경을 요청할 수 있다.

19 ③

PART 2

자산배분과 운용: 포트폴리오 이론

2편에서는 투자의사결정 단계에서 이루어지는 기본적인 분석 틀을 제공한다. 물론 최근의 투자의사결정 과정은 금융공학과 IT 기술의 발전으로 인해 상당히 복잡하고 분석적이다. 여기에서 다루는 내용은 전통적인 이론에 의한 분석적 틀을 소개한다. 이러한 과정을 이해하지 않고 최근에 이루어지는 자산배분이나 증권선택을 본다면 숲을 보지 못하고 나무 한 그루만 보게 되는 격이 될 것이다. 따라서 2편에서 소개하는 내용은 다소 수식적이고 이론적인 부분이 많으며, 그 바탕에 있는 개념의 흐름을 이해하는 것이 중요하다.

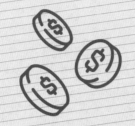

CHAPTER 3

위험과 수익

학습목표

☑ 위험과 기대수익률을 이해할 수 있다.

☑ 과거의 수익률 자료를 통해 기술적 통계량을 계산할 수 있다.

☑ 투자자의 위험에 대한 태도와 이에 따른 위험프리미엄을 이해할 수 있다.

☑ 포트폴리오의 위험과 기대수익률을 이해할 수 있다.

☑ 위험과 기대수익률의 상충관계를 이해할 수 있다.

1 수익률과 기대수익률

투자자들에게 투자의 목표를 물으면 '수익률 극대화'라는 답을 듣는 경우가 많다. 투자성과를 나타내는 가장 중요한 지표로서 정해진 투자 기간 내에 자산이 얼마나 증식했는지를 비율적으로 나타내는 지표인 수익률을 많이 사용한다. 투자가 단일기간에 이루어지는 경우 투자수익률은 매우 간단하다. 이 경우 투자수익률은 최초 투자한 자금에 대한 투자수익의 비율로 정의한다. 주식의 경우 일정 기간 보유했을 때 보유수익률 R_t는 다음과 같다.

$$R_t = \frac{(P_t - P_0 + D_t)}{P_0} \tag{3.1}$$

여기서, P_t : 기말주가
P_0 : 기초주가
D_t : 기말현금배당

식 (3.1)은 현금배당이 보유기간 말(기말)에 발생하는 것으로 가정하고 있다. 만약 보유기간 중에 현금배당이 발생했을 경우 현금배당의 재투자수익률은 없다고 가정한다. 채권의 경우는 현금배당이 수입이자로 대체된다. 이 식의 분자는 매매차익(capital gain)과 배당수익(dividend)으로 나누어지기 때문에 결과적으로 수익률은 매매차익수익률과 배당수익률을 합한 개념이다. 이 식은 기초에 자산을 매입하여 기말에 자산을 매도하고, 배당이 있는 경우 이를 포함한 것으로 매우 간단한 상황에서 적용되어야 한다.

식 (3.1)은 보유기간에 따라 그 절댓값이 달라진다. 보통 금융시장에서 표시되는 이자율이나 수익률은 보유기간에 상관없이 통상 1년을 기준으로 표시된다. 따라서 비교하기 위해서는 보유기간에 따른 수익률을 구분하는 것과 1년을 기준으로 연수익률(APR, annual percentage rate)로 조정하는 작업이 필요하다. 다음과 같은 간단한 작업으로 연수익률로 조정할 수 있다.

$$APR = \text{보유기간수익률} \times \text{1년 기준 보유기간} \tag{3.2}$$

월 또는 분기마다 지급되는 이자에 표시되는 이자율의 경우 이러한 APR로 연수익률이 표현된다. 하지만 이러한 APR는 단리(simple interest rate) 개념으로 이루어진 것으로, 복리(compound interest rate)의 개념을 무시한 것이다. 복리를 고려하여 연수익률로 전환한 개념이 실효연수익률(EAR, effective annual rate)이다. EAR와 APR의 관계를 이해하기 위해 1년에 n번 이자를 지급하는 은행예금을 생각해보자.

$$1 + EAR = (1 + \text{보유수익률})^n = \left(1 + \frac{APR}{n}\right)^n$$

이를 다시 APR에 대해 정리하면 다음과 같다.

$$APR = ((1 + EAR)^{1/n} - 1) \times n \tag{3.3}$$

식 (3.3)과 같은 공식은 $\frac{APR}{n}$의 수익률로 매 기간 수익을 얻고 이를 누적하여 복리로 계산한 것을 의미한다. 따라서 EAR는 항상 APR보다 크다. APR는 재투자수익률을 가정하지 않지만, EAR는 같은 수익률로 재투자되는 것을 의미하기 때문이다. 은행예금의 경우 월별 이자 수취 후 인출하지 않는다면, 같은 이자율로 누적된 금액을 기말에 얻을 수 있다. 그런데 n이 무한히 커지는 경우를 생각해보자. 즉, 연속복리(continuous compounding)의 개념을 사용하면, $\lim_{n \to \infty}\left(1 + \frac{r}{n}\right)^n = e^r$이 성립하므로 EAR와 APR의 관계는 다음과 같다.

$$EAR = e^{APR} - 1 \text{ 또는 } APR = \ln(1 + EAR) \tag{3.4}$$

식 (3.3)과 식 (3.4)를 사용하면, 두 개념 사이의 관계식을 통해 언제든지 서로 전환할 수 있을 것이다. 특히, 식 (3.4)와 같은 연속복리수익률을 사용하는 이유는 계산하기 편리하기 때문이다. 채권이나 파생상품의 가격 산정 시 미분의 편리함을 위해 연속복리수익률로 가정하는 경우가 많다. 결국, EAR, APR 중 어느 한 값을 알고 있다면 다른 값으로 전환하는 것은 간단한 작업이다. 한편, 식 (3.4)에서 EAR가 크지 않다면 통상 $\ln(1 + r) \approx r$로 가정하는 경우가 많다.

식 (3.1)과 같이 단일기간 내에 발생한 수익률을 계산할 수 있다.

그러나 이러한 수익률은 실현수익률의 개념이다. 반면, 투자의사결정 시점에서는 기말주가를 알 수 없으므로 수익률은 확률변수(random variable)로 취급해야 한다.[1] 이러한 확률변수로 정의하면 식 (3.1)은 다음과 같이 나타낼 수 있다.

$$\tilde{R}_{t+1} = \frac{\tilde{P}_{t+1} - P_t + \tilde{D}_{t+1}}{P_t} \tag{3.5}$$

현재 가격 P_t로 자산을 매입하고 다음 기에 얻게 되는 주가 P_{t+1}과 현금배당 D_{t+1}이 불확실한 값이기 때문에 현재 시점에서 수익률 역시 불확실한 값이다. 그러나 그 분포를 알 수 있다면, 수익률은 확률변수로 취급된다. 따라서 평균과 분산을 얻을 수 있다.

확률변수의 평균과 분산

1. 확률변수 X의 확률분포가 이산적(discrete)일 경우, 평균과 분산은 다음과 같다.

$$E(X) = \sum_s p(s)X(s)$$
$$Var(X) = \sum_s p(s)[X(s) - E(X)]^2$$

여기서, s는 이산적인 상태를 나타낸다. 예를 들어, 불황, 호황, 정상이라고 한다면, $X(s)$는 특정한 상태에서의 수익률이다.

2. 확률변수 X의 확률분포가 연속적(continuous)일 경우, 평균과 분산은 다음과 같다.

$$E(X) = \int X(s)f(s)ds$$
$$Var(X) = \int [X(s) - E(X)]^2 f(s)ds$$

이때 수익률의 평균을 기대수익률(expected rate of return)이라고 한다. 기대수익률의 개념이 도입되면, 불확실성하에서 투자 목표는 수익률의 극대화가 아닌 기대수익률의 극대화로 바뀌게 된다. 기대수익률 극대화란 투자자가 자기에게 주어진 여러 투자 대안 중에서 기

---

1 확률변수 X는 확률공간(S, P)에서 실수로 매핑(mapping)되는 다음과 같은 함수로 정의된다. $X(S, P) \rightarrow R:X$ 여기서 S는 상태, P는 확률분포를 나타낸다. 따라서 '수익률이 확률변수'란 수익률이 특정한 상태(호황, 불황 등)에서 특정한 확률을 가지는 실수임을 의미한다.

대수익률이 가장 높은 투자안을 선택하는 것을 의미한다. 예를 들어, 다음 A, B의 두 투자안이 있는 경우 투자자가 기대수익률을 극대화한다면 A안을 선택할 것이다.

증권 A		증권 B	
수익률	확률	수익률	확률
10%	60%	13%	40%
30%	40%	18%	60%

$$E(R_A) = (0.10)(0.6) + (0.30)(0.4) = 0.18(18\%)$$
$$E(R_B) = (0.13)(0.4) + (0.18)(0.6) = 0.16(16\%)$$

A투자안의 기대수익률은 18%이고, B의 기대수익률은 16%이기 때문에 기대수익률 극대화에 의하면 A안이 선택될 것이다. 그러나 불확실성하의 투자결정에서 기대수익률의 극대화는 각 투자안이 가지는 불확실성의 정도를 고려하지 않고 수익성만 고려하고 있어, 실제 투자결정에 적용할 경우 많은 문제가 있을 수 있다. 이와 같이 기대수익률 극대화 가설의 한계는 피터스버그 역설(St. Petersburg paradox)에 의해 분명해진다. 이를 설명하기 위해 동전 던지기를 예로 들어 보자.

"만약 어떤 사람이 동전 던지기를 시행하여 첫 번째 던지기에서 앞면이 나오면 1원을, 두 번째 던지기에서 앞면이 나오면 2원을, 세 번째 던지기에서 앞면이 나오면 4원을 받는 방식으로 무한히 반복한다고 가정하자. 이 동전 던지기의 기대수익률은 얼마인가?"

이와 같은 게임에서 n번째 동전 던지기에서 앞면이 나올 경우 받게 되는 돈은 2^{n-1}원이 될 것이다. n번째에서 처음 앞면이 나올 확률은 $\left(\frac{1}{2}\right)^n$이므로 확률분포표는 다음과 같다.

던지는 횟수	결과	앞면이 처음 나오는 확률	받게 되는 돈
1	앞	$\left(\frac{1}{2}\right)$	1
2	뒤, 앞	$\left(\frac{1}{2}\right)^2$	2
3	뒤, 뒤, 앞	$\left(\frac{1}{2}\right)^3$	2^2
4	뒤, 뒤, 뒤, 앞	$\left(\frac{1}{2}\right)^4$	2^3
⋮	⋮	⋮	⋮
n	$(n-1)$번의 뒤, 앞	$\left(\frac{1}{2}\right)^n$	2^{n-1}

이 게임의 기대수익률은 다음과 같이 구해진다.

$$E(R) = \left(\frac{1}{2}\right) \cdot 1 + \left(\frac{1}{2}\right)^2 2 + \left(\frac{1}{2}\right)^3 2^2 + \cdots = \frac{1}{2} + \frac{1}{2} + \frac{1}{2} + \cdots = \infty$$

기대수익률 극대화 가설에 따르면, 이 게임에 참가하는 사람은 기회를 얻기 위해 어떠한 금액이라도 지급할 것 같지만, 실제로 합리적인 투자자는 이러한 종류의 게임에 대해 2원, 3원 또는 많아야 8원 이상은 지불하지 않을 것이다. 게임에서 예상되는 기대수익률과 실제 투자자가 지급하고자 하는 금액 사이의 이러한 모순을 '피터스버그 역설(St. Petersburg paradox)'이라고 한다. 이러한 모순을 설명하기 위해서는 투자의사결정 요소에 위험을 도입해야 한다.

개념점검 1

A사의 주식이 현재 1,000원에 거래되고 있다. 재무분석가는 경제 상황에 따라 A사의 미래 주가에 대해 다음과 같이 예측하고 있다. 각 경제 상황별로 얻게 되는 1년 보유수익률과 기대수익률을 계산하시오.

경제 상황	확률	1년 후 주가	1년 후 배당
호황	0.4	1,500	50
보통	0.3	1,100	30
불황	0.3	700	0

모범답안 1

· 호황: $(1,500-1,000+50)/1,000=0.55$
· 정상: $(1,100-1,000+30)/1,000=0.13$
· 불황: $(700-1,000)/1,000=-0.3$
∴ 기대수익률 $E(R)=0.4\times0.55+0.3\times0.13+0.3\times(-0.3)=0.1690$

2 위험과 위험프리미엄

앞에서 식 (3.5)와 같이 미래에 얻게 되는 수익률을 확률변수로 정의하였다. 이러한 확률변수는 본질상 불확실성을 가진다. 최근 위험관리기법의 발전에 따라 다양한 위험(risk)에 대한 정의가 시도되고 있으며, 그 측정방법도 IT와 계량모형의 발전에 따라 다양해지고 있다. 하지만 전통적인 위험에 대한 정의는 '불확실성의 정도'이다. 불확실성을 가져오는 위험의 원천에는 거시경제의 경기변동, 산업의 성장과 후퇴, 개별자산의 고유한 요소 등 수많은 요인이 존재한다. 이러한 위험의 원천을 위험 요소(risk factor)라고 하는데, 여기서는 전통적인 개념의 위험을 활용하여 포트폴리오 이론을 설명한다.

불확실성의 정도로 정의되는 위험의 개념은 흔히 투자자가 손실을 보는 나쁜 쪽으로만 생각하기 쉽다. 하지만 이러한 생각은 불확실성하에서 하방 위험(downside risk)만을 고려한 것이다. 위험은 하방 위험뿐만 아니라 투자자가 이익을 보는 상방 위험(upside risk)을 모두 포함한 개념이다. 또한 엄밀히 말하면 투자에서 고려하는 위험은 '불확실성(uncertainty)'과 구분된다. 불확실하다는 것은 사전에 확률분포를 알 수 없을 때 사용되는 개념이다. 이 점에서 위험은 투자수익에 대한 분포를 사전에 알고 있다는 측면에서 불확실성과 구분된다.

이러한 두 가지 측면에서 위험은 종종 '변동성(volatility)'으로 정의되기도 한다. 변동성은 상방과 하방의 변동을 모두 포함하고 있으며 보통 표준편차(σ)로 측정된다. 표준편차의 개념은 분산을 정의할 때 그 분산에 루트(root)를 취한 값을 의미하며, 일반적으로 자료가 평균에서 얼마나 퍼져 있는지를 나타낸다. 평균을 투자자가 사전에 예측하는 기대수익률이라고 한다면, 이때 표준편차는 미래에 실현될 실제 수익률이 평균적으로 얼마나 기대수익률을 벗어날 수 있는지를 나타낸다. 즉, 예측오차의 개념이다. 표준편차로 측정되는 위험의 개념에 대한 문제점과 대안들은 14장에서 다룰 것이다.

실제 수익률 자료를 통해 평균과 표준편차를 계산하는 과정을 엑셀 스프레드시트에서 표현해보자. 앞에서 확률분포가 주어졌을 때 평균(기댓값)과 표준편차를 정의하는 식을 살펴보았다. 이때 정의되는 값은 그 분포의 모수값(parameter)이다. 그러나 실제로 관찰할 수 있는 값은 그 확률분포의 모수값이 아니라 실제 자료이다. 실제 자료는 특정한 모수값을 가지는 분포에서 임의로 발생된 값으로, 난수로 취급된다. 실제 자료를 통해 모수값 평균(μ)과 표준편차(σ)를 추정하는 가장 좋은 통계량은 표본단순평균($\bar{x}$)과 표본표준편차(s)이며 다음과 같이 계산된다.

$$x = \sum_{t=1}^{T} x_t / T \tag{3.6}$$

$$s = \sqrt{\sum_{t=1}^{T} (x_t - \bar{x})^2 / (T-1)} \tag{3.7}$$

여기서, T: 표본 수
$\quad\quad x_t$: 개별 표본 값

그림 3.1 은 2001년 1월부터 2023년 12월까지 코스피지수의 월별 수익률 자료를 시계열 그림으로 표현한 것이다. 이 자료를 기초로 평균과 표준편차를 엑셀에서 구하는 방법은 아주 간단하다. 그림 3.2 는 평균, 표준편차를 포함하여 각종 통계량과 도수분포표를 나타낸 것이다.

그림 3.1 코스피지수의 월별 수익률 추이(**투자론.xlsx** '3 - 1 data' sheet)

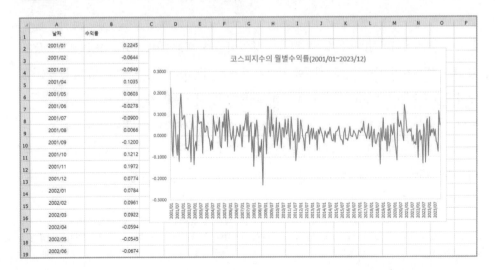

그림 3.2   도수분포표와 기초통계량(투자론.xlsx '3 – 1 stat' sheet)

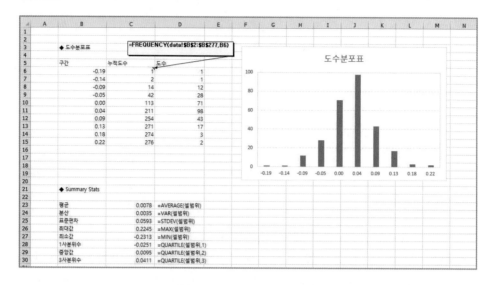

자세한 함수 사용법은 **투자론.xlsx**의 '3 – 1 stat' sheet에서 각 셀을 클릭하여 찾을 수 있다. 과거 코스피지수의 월별 수익률은 평균 약 0.7% 정도이며, 표준편차는 약 5.9%임을 확인할 수 있다. 이를 연수익률(APR)로 환산하면 약 9.36%(= 0.0078 × 12)이며, 연수익률의 표준편차는 약 20.5%(= 0.0593 × $\sqrt{12}$)이다.[2]

앞서 기대수익률 극대화 가설이 가지는 문제점을 언급하였다. 실제로 위험한 게임에 직면했을 때 투자자들은 그 게임의 기댓값을 지불하기보다는 그보다 낮은 금액을 지불하려고 할 것이다. 물론 이러한 현상이 항상 나타나는 것은 아니다. 예를 들어, 투기꾼 또는 도박중독자와 같은 게임 참여자는 위험한 게임에 기꺼이 비용을 지불하려고 할 것이다. 이 경우 게임 참여자의 주관적인 만족도(즉, 재미)에 대한 고려는 일반적으로 투자에서 나타나는 현상이 아니다. 실제 투자의 예를 들어 보자. 투자자 김 씨가 현재 10억 원의 여유자금을 보유하고 있다. 김 씨의 투자대안은 여러 가지가 있겠지만, 위험이 작은 국채와 상대적으로 위험이 큰 주식을 투자대안으로 선택한다고 가정하자. 이때 김 씨는 주식에 얼마를 투자하려고 할까? 주

---

2   기간수익률을 연수익률로 전환하는 방식은 식 (3.2)와 같은 간단한 공식으로 이루어지지만, 표준편차는 각 기간수익률이 독립임을 가정하면 기간수익률의 표준편차×$\sqrt{T}$로 계산되는 점에 유의하자. 여기서 T는 1년을 기준으로 한 보유기간을 의미한다.

식에 대한 투자금액은 전적으로 김 씨가 위험을 얼마나 회피하는지에 따라 다를 것이다. 만약 주식투자에 대한 기대수익률이 국채와 동일한 수준일 때 김 씨가 주식에 투자하지 않는다면 김 씨는 위험회피자(risk averter)이다. 이때 국채의 기대수익률과 주식의 기대수익률의 차이를 보통 위험프리미엄(risk premium)이라고 한다. 따라서 위험한 투자안에 대한 기대수익률은 사전적으로 안전한 투자안의 기대수익률보다 높아야 한다. 하지만 이러한 현상은 사전적인 것이지, 실제로 항상 발생하는 것은 아니다. 주식의 기대수익률이 국채의 기대수익률보다 높게 형성되는 일반적인 경우, 김 씨가 주식에 투자하는 금액은 본인의 위험회피도(degree of risk aversion)에 의해 결정된다.

예를 들어, 특정 주식이 최근 특정 정보로 인해 변동성이 커질 것으로 예상된다면, 시장에 참여하는 투자자 중에서 위험에 대한 회피 정도가 큰 투자자는 그 주식을 위험−수익률 관계에서 불리하게 평가하고 매도하려고 할 것이다. 이때 이 주식을 매수하는 투자자는 위험에 대한 회피 정도가 작은 투자자이다. 즉, 위험회피정도가 큰 투자자는 위험회피정도가 작은 투자자에게 그 위험을 이전하면서 약간의 프리미엄 손실을 입게 된다. 이렇듯 위험에 관한 태도와 관련된 이론적 · 직관적 이해는 상당히 중요하다. 위험에 대한 태도에 대한 이론적 설명은 [부록]에서 자세히 설명하였다. 이를 통해 왜 투자자가 위험−수익률 관계를 투자결정의 두 가지 요인으로 생각하는지를 이론적으로 살펴볼 수 있다.

이제, 위험회피도를 계량화하여 위험프리미엄을 측정할 수 있는 방법을 살펴보자. 통상 평균−분산 효용함수를 가정한다면(자세한 도출은 [부록] 참고), 위험회피도와 위험프리미엄의 관계를 나타내는 식은 다음과 같다.[3]

$$E(R) - r_f = \frac{1}{2} A\sigma^2 \tag{3.8}$$

여기서, $E(R) - r_f$: 위험프리미엄
  A: 위험회피도
  σ: 표준편차

식 (3.8)의 좌변을 살펴보면, 위험프리미엄은 자산의 기대수익률에서 무위험수익률을 차

---

3 식 (3.8)을 이해하려면 3~5장의 내용을 충분히 숙지해야 한다. 이 식이 성립하려면 균형의 개념이 필요하며, 이는 4장에서 자세히 다룰 것이다.

감한 것으로 표현되었다. 여기서 무위험수익률이란 4장에서 자세히 다루는데, 투자자가 위험을 전혀 지불하지 않을 때 얻게 되는 수익률을 의미한다. 식 (3.8)은 투자자들이 기대수익률에 대비한 위험의 교환관계를 어떻게 받아들이려 하는지 보여준다. 하지만, 식 (3.8)과 같이 사전적으로 투자자들이 요구하는 위험프리미엄을 계산하기 어려우며, 위험회피도를 계량화하여 측정하는 것도 쉬운 문제는 아니다. 다만, 사후적으로 실제 실현된 수익률을 관찰함으로써 이 식을 활용할 수 있다. 시장이 효율적이라면 시장가격은 시장 참여자들이 결정한 자산의 내재가치와 가깝기 때문에 실제 실현된 수익률은 사후적으로 관찰된 그 자산의 위험프리미엄을 측정하는 대용치로 사용할 수 있다. 그렇다면 평균적인 투자자들의 위험회피도는 식 (3.8)을 위험회피도에 대해 정리하여 다음과 같이 산출할 수 있다.

$$A = \frac{E(R) - r_f}{(1/2)\sigma^2} \tag{3.9}$$

물론, 이러한 계량적인 방법으로 위험회피도를 측정하는 것은 개별 투자자에게 적용하기에는 다소 무리가 있다. 앞서 언급했듯이 개별 투자자가 기대하는 사전적인 기대수익률을 관측하는 것이 매우 어렵기 때문이다. 다만, 사후적으로 실현된 수익률을 사용한다면 시장 참여자 전체의 평균적인 위험회피도를 측정할 수 있다. 많은 연구에 의하면 위험회피도는 2~4라고 알려져 있다.

개념점검 2

(그림 3.2)의 코스피지수 자료를 사용하여 우리나라 투자자의 평균적인 위험회피도를 계산하시오. 이때 무위험수익률은 5%로 가정한다.

모범답안 2

· 1년 기대보유수익률, $E(R) = 0.0078 \times 12 = 0.0936$

· 1년 표준편차, $\sigma = 0.0593 \times \sqrt{12} = 0.2054$

$\therefore A = \frac{E(R) - r_f}{(1/2) \times \sigma^2} = \frac{0.0936 - 0.05}{(1/2) \times 0.2054^2} = 2.0611$

투자론

3 기대수익률과 위험의 관계

하나 이상의 자산이나 증권을 결합한 것을 포트폴리오(portfolio)라고 한다. 보통 기대수익률과 위험의 관계를 분석할 때 개별자산에 대한 분석보다는 포트폴리오를 구성하여 기대수익률과 위험의 관계를 분석한다. 투자자가 포트폴리오를 구성하는 가장 중요한 이유는 위험분산효과이며, 또 이를 통해 기대수익률과 위험의 관계를 파악할 수 있기 때문이다. 포트폴리오 수익률은 다음과 같이 정의한다.

$$R_P = w_1 R_1 + w_2 R_2 + \cdots + w_n R_n \tag{3.10}$$

여기서, w_i: i자산의 투자비율
R_i: i자산의 수익률

즉, 전체 포트폴리오 수익률은 주식이나 채권 등 포트폴리오에 포함된 개별자산에서 얻은 수익률을 각각의 투자비율로 가중평균한 값이다. 여기서 각 자산은 변동성이 존재하는 위험자산이므로 모두 확률변수로 취급해야 한다. 따라서 포트폴리오 수익률도 결과적으로 확률변수이다. 수학적 기초를 활용하여 포트폴리오의 기대수익률과 분산을 구하면 다음과 같다.

• 자산이 2개인 경우
– 기대수익률: $E(R_P) = w_A E(R_A) + w_B E(R_B)$ (3.11)
– 분산: $\sigma_P^2 = w_A^2 \sigma_A^2 + w_B^2 \sigma_B^2 + 2 w_A w_B \sigma_{AB}$ (3.12)
여기서, $\sigma_{AB} = \rho_{AB} \sigma_A \sigma_B$로 쓸 수 있다.

• 자산이 n개인 경우
– 기대수익률: $E(R_P) = \sum_{i=1}^{n} w_i E(R_i)$ (3.13)
– 분산: $\sigma_P^2 = \sum_{i=1}^{n} w_i^2 \sigma_i^2 + 2 \sum \sum_{i<j} w_i w_j \sigma_{ij}$ (3.14)

여기서, 한 가지 유의할 점은 포트폴리오의 분산이 각 개별자산의 분산을 단순히 가중평균한 것이 아니라는 점이다. 포트폴리오를 구성하는 것이 왜 위험을 감소시키는지를 간단히 살펴보기 위해 다음과 같이 가정하자.

❶ 모든 증권은 동일한 분산 $\overline{var}$을 가진다. 즉, $\sigma_i^2 = \overline{var}$이다.

❷ 모든 증권의 공분산은 $\overline{cov}$로 동일하다. 즉, $Cov(R_i, R_j) = \overline{cov}$이다. 상관관계의 정의에 의해 $\overline{var} > \overline{cov}$이 성립한다.

❸ 모든 증권에 동일한 가중치로 포트폴리오를 구성한다. 이를 단순분산투자라고 한다.

위의 가정하에 포트폴리오 분산을 구하면 다음과 같다.

$$포트폴리오의\ 분산 = N \times \left(\frac{1}{N^2}\right)\overline{var} + N(N-1) \times \left(\frac{1}{N^2}\right)\overline{cov}$$
$$= \left(\frac{1}{N}\right)\overline{var} + \left(\frac{N^2 - N}{N^2}\right)\overline{cov}$$
$$= \left(\frac{1}{N}\right)\overline{var} + \left(1 - \frac{1}{N}\right)\overline{cov}$$

투자한 자산 수가 무한히 많다면(즉, $N \rightarrow \infty$), 포트폴리오 분산은 $\overline{cov}$에 수렴한다. 그러나 개별자산의 분산 $\overline{var}$가 자산 간의 공분산 $\overline{cov}$보다 크기 때문에 여러 개의 자산을 보유하는 것이 한 자산을 보유하는 것보다 위험을 감소시키게 된다. 충분히 많은 자산을 보유할 경우(이를 '잘 분산된 투자'라고 한다), 그 포트폴리오 위험은 개별자산 간의 관계인 공분산만 남게 된다. 결국 개별자산의 위험은 다음과 같이 분리된다.

개별자산의 분산($\overline{var}$) = 체계적 위험 또는 포트폴리오 위험($\overline{cov}$)

+ 비체계적 위험 또는 분산투자로 제거될 수 있는 위험($\overline{var} - \overline{cov}$)

분산투자를 통한 위험감소효과는 그림 3.3 과 같다. 결국 투자자는 분산투자를 통해 위험을 체계적 위험까지 감소시킬 수 있다. 여기서 체계적 위험은 시장 전체에 영향을 주는 거시

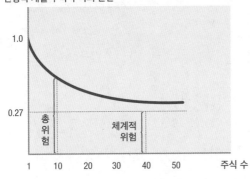

그림 3.3 분산투자를 통한 위험감소효과

포트폴리오 수익의 분산 / 전형적 개별 주식 수익의 분산

1.0

0.27

총위험 체계적 위험

주식 수
1 10 20 30 40 50

경제적 위험을 의미하며, 비체계적 위험은 각 개별자산의 고유한 위험으로, 포트폴리오를 구성함으로써 제거될 수 있는 위험을 의미한다.

투자이론에서 체계적 위험과 비체계적 위험을 구분하는 것은 위험프리미엄 측면에서 상당히 중요하다. 결국 자산의 근본적인 가격은 미래 현금흐름을 해당 현금흐름의 위험이 반영된 할인율로 할인하게 되며, 이 할인율은 무위험이자율과 위험프리미엄으로 구분할 수 있다. 그러나 위험한 자산에서 비체계적 위험은 분산투자로 제거가 가능하므로 체계적 위험에 대한 보상은 투자자에게 요구되지 않기 때문에 자산의 이론적 가격은 체계적 위험에 대한 프리미엄으로 평가될 것이다. 이러한 이론적 내용은 5장에서 살펴볼 자본자산가격결정모형(CAPM)의 근간이 된다.

개념점검 3

다음 문장이 맞으면 ○, 틀리면 ×를 표시하시오.

포트폴리오를 줄이기 위해서는,

(1) 공분산이 (-)의 값을 가지는 자산들로 포트폴리오를 구성한다. (　)

(2) 구성하는 자산의 종목 수를 늘린다. (　)

(3) 개별적인 위험이 작은 자산을 골라 포트폴리오를 구성한다. (　)

모범답안 3　　(1) ○　(2) ○　(3) ×

1. 평균의 연산: a와 b가 상수면 다음이 성립한다.

$$E(aX + b) = aE(X) + b$$

2. 공분산(covariance)

(1) 정의: 확률변수 X, Y의 공분산은 다음과 같이 정의된다.

$$Cov(X,Y) = E[X - E(X))(Y - E(Y))] = E[XY] - E[X]E[Y]$$

X와 Y가 독립이면, $Cov(X,Y) = 0$이 성립한다.

(2) 공분산의 특성

① $Cov(X, Y) = Cov(Y, X)$

② $Cov(X, X) = Var(X)$

③ $Cov(aX, Y) = aCov(X, Y)$

④ $Cov(\sum_{i=1}^{n} X_i, \sum_{j=1}^{m} Y_j) = \sum_{i=1}^{n}\sum_{j=1}^{m} Cov(X_i, Y_j)$

3. 분산의 연산

(1) $Var(aX + b) = a^2 Var(X)$

(2) $Var(X + Y) = Var(X) + Var(Y) + 2Cov(X,Y)$

(3) $Var(\sum_{i=1}^{n} X_i) = Cov(\sum_{i=1}^{n} X_i, \sum_{j=1}^{n} X_j) = \sum_{i=1}^{n}\sum_{j=1}^{m} Cov(X_i, X_j)$

$\qquad = Var(X_i) + \sum_{i \neq j}\sum Cov(X_i, X_j)$

$\qquad = Var(X_i) + 2\sum_{i < j}\sum Cov(X_i, X_j)$

4. 상관계수(correlation)

− 정의: $Corr(X, Y) = \dfrac{Cov(X, Y)}{SD(X)SD(Y)}$

X와 Y가 독립이면, $Corr(X, Y) = 0$이 성립한다.

앞에서 투자자가 분산투자를 통해 위험을 감소시킬 수 있음을 확인하였다. 분산투자의 또 하나의 장점은 효용을 증가시킨다는 점이다. 일반적으로 선택의 폭이 넓다면 개별 경제주체의 효용은 증가한다. 전통적인 투자론 관점에서 가장 많이 이용되는 투자자의 기대효용함수는 다음과 같은 평균-분산 효용함수이다.

$$EU = E(R) - \frac{1}{2}A\sigma^2 \tag{3.15}$$

여기서, A: 절대위험회피도

식 (3.15)로부터, 평균-표준편차 평면상의 동일한 효용수준을 나타내는 집합을 그림으로 나타내면, 그림 3.4 와 같이 무차별곡선(indifference curve)을 얻을 수 있다. 그림에서 무차별 곡선이 좌상향으로(화살표 방향으로) 이동할수록 보다 높은 기대효용수준을 얻게 됨을 의미한다. 이러한 무차별곡선은 투자자마다 모양이 다르다. 기울기가 클수록 동일한 효용수준을 얻기 위해 한 단위의 추가적인 위험에 대해 더 높은 기대수익률을 요구하므로 위험회피도가 큰 투자자를 나타낸다. 반대로, 기울기가 낮을수록 위험회피도가 상대적으로 낮은 투자자를 나타낸다.

그림 3.4 무차별곡선

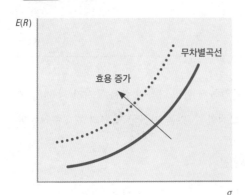

개념점검 4

다음 그림과 같이 투자자 김 씨와 이 씨의 무차별곡선이 있다고 가정하자. 다음 항목은 누구를 설명하는가?

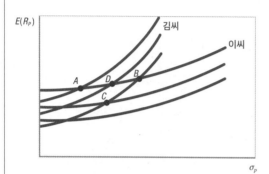

(1) (　　)는 (　　)보다 위험회피적이다.
(2) (　　)는 투자안 A를 B보다 선호한다.
(3) (　　)는 투자안 B를 C보다 선호한다.

　　분산투자로 인해 효용이 증가될 수 있음을 확인하기 위해 다음과 같은 투자자 김 씨의 문제를 생각해보자. 그림 3.5 에서 (a)는 김 씨가 선택할 수 있는 자산군 A, B의 기대수익률과

그림 3.5 자산별 기대수익률과 위험 및 김 씨의 무차별곡선

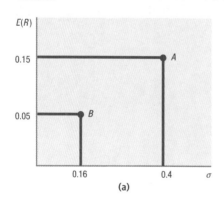

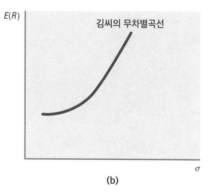

모범답안 4　　(1) 김 씨, 이 씨　(2) 김 씨　(3) 이 씨

투자론

그림 3.6 김 씨의 포트폴리오 분산투자 예(투자론.xlsx '3 - 2 분산투자' sheet)

구분	기대수익률	표준편차	상관계수
A	0.1500	0.4000	0.0000
B	0.0500	0.1600	

투자비율A	투자비율B	포트폴리오 기대수익률	포트폴리오 표준편차
0.00	1.00	0.0500	0.1600
0.10	0.90	0.0600	0.1495
0.20	0.80	0.0700	0.1509
0.30	0.70	0.0800	0.1641
0.40	0.60	0.0900	0.1866
0.50	0.50	0.1000	0.2154
0.60	0.40	0.1100	0.2484
0.70	0.30	0.1200	0.2841
0.80	0.20	0.1300	0.3216
0.90	0.10	0.1400	0.3604
1.00	0.00	0.1500	0.4000

위험을 나타내고, (b)는 김 씨의 무차별곡선을 나타낸다. 무차별곡선이 우상향하고 기울기가 가파르기 때문에 김 씨는 자산 A와 자산 B 중 자산 B를 선택할 것이다. 그렇다면 자산 A와 자산 B를 분산투자로 동시에 보유하면 어떻게 될까?

그림 3.6 은 자산 A와 자산 B로 구성된 포트폴리오의 기대수익률과 위험 간의 집합을 나타낸 것이다. 자산 A에 대한 투자비율을 0에서 1로 조정하면서 포트폴리오의 기대수익률과 표준편차를 식 (3.11)과 식 (3.12)를 활용하여 계산하였다. 이때 자산 A와 B의 상관계수는 0으로 가정하였다. 투자론.xlsx 의 '3-2 분산투자' sheet에서 상관계수를 −1에서 1까지 변화시키면서 그림의 형태가 어떻게 바뀌는지 확인할 수 있다.

분산투자로 인해 김 씨가 선택할 수 있는 투자기회집합은 그림의 선과 같고, 그 선 위의 어느 점이나 선택할 수 있게 된다. 그렇다면 김 씨는 어느 점을 선호하겠는가? 김 씨의 무차별곡선이 좌상향 방향으로 가장 높이 올라갈 수 있는 점을 선택할 때, 김 씨는 가장 높은 수준의 효용을 얻게 된다. 즉, 그림 3.7 과 같은 점에

그림 3.7 김 씨의 무차별곡선에 따른 포트폴리오 선택

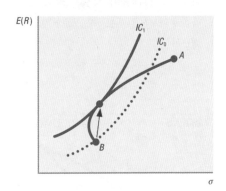

서 선택할 것이다.

　　이러한 분산투자로 인한 포트폴리오의 투자기회집합에서 가장 중요한 역할을 하는 것은 상관계수이다. 상관계수가 1이면, 이는 두 자산이 동시에 항상 같은 방향으로 움직이는 것을 의미하므로 사실상 분산투자의 효과는 없게 된다. 또 극단적으로 −1일 경우 항상 반대로 움직이기 때문에 위험을 완전하게 제거할 수 있는 포트폴리오 구성도 가능하다. 그림 3.8은 상관계수에 따른 포트폴리오 투자기회집합의 변화를 나타낸다.

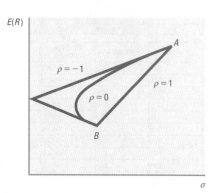

그림 3.8　자산 간 상관계수에 따른 포트폴리오 투자기회집합의 변화

　　위의 포트폴리오 투자기회집합에서 중요한 점은 위험과 수익률 간의 관계에서 위험이 클수록 기대수익률이 높다는 점이다. 결국 위험과 기대수익률은 상충관계에 있다고 볼 수 있다.

개념점검 5

그림과 같은 3개의 자산이 존재한다. 그런데 A와 B는 상관계수가 거의 1에 가까운데, A와 C는 상관계수가 -1에 가깝다. 그림 3.5(b)와 같은 무차별 곡선을 가지는 김 씨는 어떤 포트폴리오를 선택하겠는가?

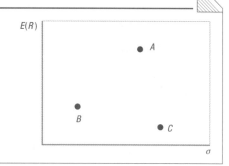

모범답안 5　A와 C의 포트폴리오를 선택한다.

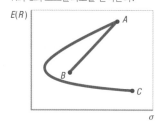

투자론

엑셀파일 **투자론.xlsx** 의 '3 – 3 수익률' sheet에는 2001년 1월부터 2023년 12월까지 코스피의 대형주, 중형주, 소형주와 코스닥지수의 월별 수익률 자료가 있다. 이 자료를 기초로 각 자산군의 통계량과 분포를 살펴보자.

(그림 3.9)는 엑셀에서 각 자산군의 월별 수익률 분포, 기초통계량과 상관계수를 추출한 것이다. 엑셀에서 기초통계량과 상관계수를 구하는 방법은 [데이터 > 데이터분석]을 선택한 후 대화상자에서 기술통계법과 상관분석을 클릭하고 해당 데이터를 지정하면 된다.[4]

기초통계량 중 평균, 표준편차, 중앙값, 첨도, 왜도, 합 등이 참고할 만하다. 평균은 과거 자료를 통해 추정한 기대수익률을 나타내며, 표준편차는 위험을 나타내는 통계적 지표이다. 첨도는 분포의 높이를 나타내며, 첨도가 3이면 정규분포의 높이와 같게 된다. 기초통계량에서 코스닥시장은 높은 첨도를 보이고 있으며, 코스피대형주, 중형주, 소형주는 낮은 첨도를 보이고 있다.[5] 왜도는 분포의 좌우로 기울어진 정도를 나타낸다. 0보다 크면 오른쪽으로, 0보다 작으면 왼쪽으로 기울어진 것이며, 0이면 완전한 좌우대칭을 의미한다. 수익률에서 합은 누적수익률의 개념이다.

(그림 3.10)에서 상관계수를 살펴보면, 같은 주식 자산군 내에서도 상관계수가 서로 다른 것을 확인할 수 있다. 코스피대형주와 코스피중형주, 코스피중형주와 코스피소형주는 대체로 높은 상관관계를 보인다. 반면, 코스피소형주는 코스피대형주와 낮은 상관관계를, 코스닥지수수익률과는 음(−)의 상관관계를 보이는 것을 확인할 수 있다.

실제 국내 자료를 사용하여 분석하려면 여러 문제점이 드러난다. 현실적으로 주식의 기대수익률이 너무 낮고 위험하다는 것이 문제이다. 이 현상은 다양한 원인으로 해석할 수 있으며, 그 원인을 찾기 위한 연구가 활발히 진행되고 있다. 이러한 실증적 자료는 어디까지나 분포에서 생성된 하나의 난수값으로 보아야 한다. 기대수익률 추정을 위해 단기간의 자료를 사용하는 것은 바람직하지 않을 수도 있다.

---

4 엑셀에서 이 기능이 활성화되지 않을 경우 [도구 > Excel 추가 기능]에서 분석도구를 체크하면 된다.

5 엑셀에서 사용되는 첨도는 정규분포첨도인 3을 차감한 값으로 표현된다. 즉, 엑셀에서 0보다 큰 첨도는 정규분포의 첨도보다 높다.

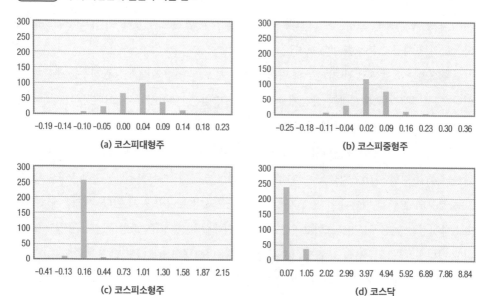

그림 3.9 주식 자산군의 월별 수익률 분포

(a) 코스피대형주

(b) 코스피중형주

(c) 코스피소형주

(d) 코스닥

그림 3.10 주식 자산군의 기초통계량과 상관계수(투자론.xlsx '3 - 3 수익률' sheet)

◆ 기초통계량

구분	코스피대형주	코스피중형주	코스피소형주	코스닥
평균	0.008185151	0.009589732	0.013111671	0.033934064
표준 오차	0.003755187	0.004515211	0.009173029	0.032561053
중앙값	0.009986561	0.007392626	0.009418146	0.006033302
최빈값	#N/A	#N/A	#N/A	#N/A
표준 편차	0.062385846	0.075012318	0.152393796	0.540944838
분산	0.003891994	0.005626848	0.023223869	0.292621318
첨도	1.655622439	3.768884524	143.956469	257.8309757
왜도	-0.122006786	0.045562817	9.76348832	15.77485292
범위	0.46467496	0.680650981	2.853623981	9.740608763
최소값	-0.234782184	-0.316745656	-0.698690561	-0.902186655
최대값	0.229892775	0.363905325	2.154933421	8.838422108
합	2.259101749	2.646765922	3.618821198	9.365801738
관측수	276	276	276	276

◆ 상관계수

구분	코스피대형주	코스피중형주	코스피소형주	코스닥
코스피대형주	1			
코스피중형주	0.613681969	1		
코스피소형주	0.072984624	0.689003241	1	
코스닥	0.182293169	0.07159893	-0.036056678	1

부록 투자자의 효용함수와 위험에 대한 태도

기대효용함수

투자자의 위험에 대한 태도를 나타내기 위해서는 투자자의 효용함수에 대한 정의가 필요하다. 앞에서 기대수익률 극대화 가설의 문제점을 피터스버그 역설에서 찾아볼 수 있었다. 즉, 기대수익률 극대화 가설의 가장 큰 문제는 기대수익과 실제 투자자가 지불하려는 금액 사이의 괴리가 있다는 점이다. 그 이유는 각 투자안이 가지는 위험을 고려하지 않고 수익성만 고려했기 때문이며, 이러한 문제를 보완한 것이 기대효용(expected utility) 극대화 가설이다. 폰 노이만과 모겐스턴이 최초로 선택행동에 적용되는 공리의 체계를 확립함으로써 오늘날의 효용이론(utility theory)이 구축되었다.[6] 이들은 몇 가지 공리를 만족할 경우 불확실성하에서 선호체계(preference)를 기대효용함수로 표현할 수 있음을 보였다.[7] 일반적으로 효용이란 소비자의 선호체계를 말하며, 분석을 목적으로 함수 형태로 전환하기 위해서는 그 소비자의 합리성이 가정되어야 하고, 그 합리성은 몇 가지 공리를 만족해야 한다. 투자자의 위험에 대한 태도를 고려하기 위해서 다음과 같은 효용함수를 가정해보자.

$$U = U(W) \tag{1}$$

식 (1)과 같이 정의되는 효용함수는 투자자의 소득에서 실수로 매핑되는 함수이다. 일반적으로 소득이 오르면 투자자의 효용도 증가한다. 따라서 $U'(W) > 0$이 성립한다. 즉, 한계효용이 0보다 크다. 투자자의 소득은 불확실한 확률변수이므로 식 (1)은 소득이 확정되어 있을 때의 효용수준을 나타낸다. 불확실한 상황에서 평균값을 구하는 방식과 유사하게, 기대효용

---

6 von Neumann, J. and O. Morgenstern(1947), "Theory of Games and Economic Behavior", 2nd ed, Princeton University Press.

7 비교 가능성(comparability), 이행성(transitivity), 독립성(independence), 예측성(measurability)의 네 가지 공리(axiom)가 있으며, 이에 대한 자세한 설명은 미시경제학을 참고하기를 바란다.

함수는 다음과 같이 정의할 수 있다.

$$EU = \sum_{s=1}^{S} p(s)U(W(s)) \tag{2}$$

> 기대효용과 같이 확률변수 함수의 기댓값을 구할 수 있는 것은 다음과 같은 정리가 있기 때문이다. $g(\cdot)$가 실수로 매핑되는 함수일 때 확률변수 X의 함수 $g(X)$의 평균은 다음과 같다.
>
> $$E(g(X)) = \sum_{i} g(x_i)p(x_i)$$

식 (2)에서 s는 이산적 상태를 나타내고, $p(s)$는 확률밀도함수(probability mass function) 이다. 그리고 $(W(s))$는 상태에 따른 소득을 나타낸다. 다음 상황을 가정해보자. 여러분이 연봉협상을 하는데, 사장이 다음과 같은 조건부 계약(contingent claim)을 제시하였다.

표 1 조건부 계약의 예

상황	확률	연봉
호황	1/2	2,000만 원
불황	1/2	1,000만 원

이 경우, 상황은 호황과 불황이 되고, 각 상황의 확률은 1/2로 같다. 호황 시 소득은 2,000만 원, 불황 시 소득은 1,000만 원임을 의미한다. 이 사례를 토대로 투자자의 위험에 따른 효용함수를 구분하여 살펴보자.

위험회피에 대한 정의

효용함수의 형태는 자의적이므로 그 절대적인 수치는 중요하지 않다. 따라서 선호체계의 성질을 잘 파악할 수 있도록 설정하는 것이 중요하다. 우선 소득이 증가하면 효용이 증가해야 하므로 **그림 1**과 같은 세 가지 형태를 생각할 수 있다. 이 중 (a) 형태의 효용함수가 위험회피

그림 1 한계효용이 (+)인 세 가지 효용함수

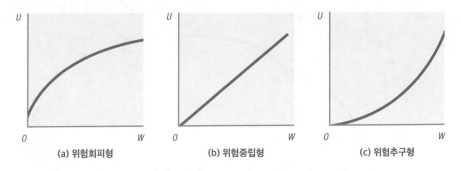

(a) 위험회피형   (b) 위험중립형   (c) 위험추구형

적인 태도를 나타내는 이유는 무엇일까? 이를 살펴보기 위해 **표 1**의 조건부 계약과 사장의 다른 대안인 확실한 고정급, 1,500만 원을 제시하는 계약을 생각해보자. 표에서 평균소득은 1,500만 원으로, 고정급 1,500만 원과 동일하다. 그런데 이를 효용함수에 소득을 대입하여 기대효용함수를 구한다면, 그 선택은 **그림 1**의 세 가지 효용함수에 따라 달라진다.

효용함수를 로그함수로 가정하면 각각의 상황에서 효용과 기대효용은 **표 2**와 같다. 소득이 20(백만 원)일 때 효용은 2.996이며, 소득이 10(백만 원)일 때 효용은 2.303이다. 각 상황의 확률을 1/2로 가정하였기 때문에 기대효용은 2.649이다. 그러나 고정급으로 15(백만 원)를 받게 되면 그때 효용은 2.708로서 기대효용보다 높다. 즉, 기댓값과 확실한 부가 같을 경우 **그림 1(a)**와 같은 효용함수를 가지는 투자자는 확실한 부를 선택하게 된다. 즉, 이 투자자는 위험회피적인 성향을 가진다.

표 2 각 상황별 효용과 기대효용

상황	소득(백만 원)	효용	기대효용
호황	20	$\ln(20) = 2.996$	$0.5 \times 2.996 + 0.5 \times 2.303 = 2.649$
불황	10	$\ln(10) = 2.303$	
고정급	15	$\ln(15) = 2.708$	–

그렇다면 사장이 어느 수준까지 확실한 부를 제시하면 위험한 연봉계약을 체결하겠는가? 이를 **그림 2**에서 확인해보면 기대효용과 같은 수준의 부는 14.14이다. 그림은 위험회피형을 나타내는 효용함수이다. 만약 고정급을 14.14 수준으로 낮추게 되면 고정급과 조건부 계약

그림 2 위험회피자의 선택

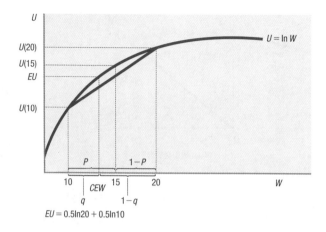

은 무차별해진다. 이때 기대효용과 같아지는 확실한 부를 확실성 등가(CE, certainty equivalent)라고 한다. 확실성 등가를 유도하는 확률은 $14.14 = q \times 20 + (1 - q) \times 10$으로부터 구할 수 있다. 이때 호황일 확률 q를 구하면 41.4%가 되며, 이를 위험중립확률(risk-neutral probability)이라고 한다. 이는 실제 확률 50%와 개념상 구분된다. 실제 확률 50%는 위험에 대한 태도가 다른 모든 투자자에게 공통적으로 적용되는 확률이지만, 위험중립확률은 투자자에게 위험이 없는 상황과 무차별한 확률을 의미하기 때문에 투자자의 효용함수에 따라 다르다.

여기서 기대부($E(W)$)와 확실성 등가(CE)의 차이는 왜 존재하며, 그 크기는 무엇을 의미하는가? 우선 첫 번째 질문에 대한 답은 이미 위에 언급되어 있다. 투자자의 효용함수에 기대수익률만을 고려하는 것이 아니라, 그 위험에 대한 태도가 포함되어 있기 때문이다. 그리고 그 크기는 위험프리미엄(risk premium)이라고 정의된다.

$$RP = E(W) - CE \tag{3}$$

위험프리미엄을 연봉계약에서 해석해보면 다음과 같다. 만약 사장이 여러분이 위험회피적임을 알고 있으며 고정급의 크기를 결정해야 하는 상황에 있다면, 기대부에서 위험프리미엄의 크기인 0.86(= 15 - 14.14)을 차감하여 지급할 것이다. 즉, 확실성 등가를 지급함으로써 여러분이 어느 두 계약을 체결하여도 무차별하게 여기도록 할 것이다. 하지만 위험프리미엄의 개념은 여러분이 위험자산을 가지고 있을 때 그 의미가 분명해진다. 자산이 호황과 불황일 때 연봉계약과 유사한 현금흐름을 가진다면, 위험프리미엄(0.86)을 지불하고 보험에 가입하려고 할 것이다. 기대부에서 위험프리미엄을 차감한 상태가 확실성 등가가 되기 때문에 그때의 효용은 위험한 상태에서 기대효용과 같기 때문이다. 위험에 대한 태도에 따라 기대부와 확실성 등가의 크기를 비교하면 다음과 같다.

- 위험회피형: $CE < E(W)$
- 위험중립형: $CE = E(W)$
- 위험선호형: $CE > E(W)$

위험회피도와 평균-분산 효용함수

위험회피도는 투자자가 위험을 싫어하는 정도를 나타낸다. 그림1 에서 위험회피적인 투자자의 효용함수를 확인할 수 있었다. 이때 위험프리미엄의 크기와 위험회피도는 직접적인 관련이 있다. 위험프리미엄이 클수록 위험회피도가 큰 투자자이기 때문이다. 위험프리미엄의 크기는 오목한(concave) 효용함수의 볼록한 정도(convexity)에 비례하며, 위험회피도는 그 볼록한 정도로 정의된다. 즉, 다음과 같은 수식으로 표현할 수 있다.

$$ARA = -\frac{U''(W)}{U'(W)} \tag{4}$$

식 (4)는 투자자의 부에 따라 크기가 다르며, 투자자의 부가 증가할수록 위험자산에 대한 투자금액이 증가하는지를 측정하는 것을 절대위험회피도(ARA, absolute risk aversion)라고 한다. 반면, 투자자 부의 수준이 위험회피도의 크기에 좌우되지 않고 투자자의 부가 증가할수록 위험자산에 대한 투자비율이 증가하는지를 측정하는 것을 상대위험회피도(relative risk aversion)라고 한다. 식 (4)는 효용함수의 선택에 따라 부가 증가할수록 위험회피도가 증가하는 형태, 감소하는 형태 및 일정한 형태 등 세 가지로 구분할 수 있다.

표 3 절대위험회피도

조건	정의	특징	효용함수	효용함수의 예
절대위험회피도 증가	부가 증가할수록 위험자산 절대투자금액이 감소	$ARA' > 0$	IARA (increasing ARA 효용함수)	$W - AW^2$
절대위험회피도 일정	부가 증가하여도 위험자산 절대투자금액이 일정	$ARA' = 0$	CARA (constant ARA 효용함수)	$-\dfrac{1}{e^{AW}}$
절대위험회피도 감소	부가 증가할수록 위험자산 절대투자금액이 증가	$ARA' < 0$	DARA (decreasing ARA 효용함수)	$\ln(W)$

여기서 절대위험회피도가 일정한 경우의 기대효용함수를 구하면 평균-분산 형태의 효용함수로 정의된다. 즉, 투자결정 시 평균과 분산(또는 표준편차)이 두 가지 기준이 된다. 특히, 절대위험회피도 일정 효용함수(CARA utility function)는 수익률이 정규분포를 따를 경우 다음과 같은 기대효용함수로 표현할 수 있다.

$$EU = E(R) - \frac{1}{2}A\sigma^2 \tag{5}$$

여기서, A: 절대위험회피도

투자자가 무위험자산에 투자한다면 기대효용은 r_f이며, 이때의 기대효용 수준과 일치하는 효용수준을 산출하면 $E(r) - r_f = \frac{1}{2}A\sigma^2$을 얻을 수 있다. 즉, 위험자산에 대한 위험프리미엄이 적어도 $\frac{1}{2}A\sigma^2$과 같은 수준일 때 투자자는 위험자산에 투자할 동기를 가지게 된다. 만약 이보다 낮은 위험프리미엄을 가진다면 투자자는 위험자산에 투자하지 않을 것이다.

1 두 투자안의 확률분포가 다음과 같다. 각 증권 수익률의 분산, 표준편차를 구하고, 두 수익률 사이의 공분산과 상관계수를 구하시오.

상황	확률	증권 A 수익률(%)	증권 B 수익률(%)
호황	0.5	10	0
보통	0.4	5	5
불황	0.1	−20	−10

2 다음 문장에 대해 논평하시오.

"위험회피형인 투자자는 공정게임에 참여하지 않는다."

3 투자자의 효용함수가 $U = E(r) - \frac{1}{2}A\sigma^2$이다. 다음 투자안에 대한 물음에 답하시오.

투자안	기대수익률	표준편차
1	0.12	0.3
2	0.15	0.5
3	0.21	0.16
4	0.24	0.21

(1) 효용함수의 위험회피도(A)가 4일 때, 어느 투자안을 선택할 것인가?

(2) 여러분이 위험중립적이라면 어느 투자안을 선택할 것인가?

4 A자산과 B자산의 기대수익률, 표준편차 및 공분산이 다음과 같다.

구분	A	B
기대수익률	0.2	0.15
표준편차	0.3	0.2
공분산	−0.01	

(1) A자산에 30%, B자산에 70%가 투자된 포트폴리오 P의 기대수익률, 위험, 상관계수를 구하시오.

(2) 문항 (1)에서 구한 포트폴리오 P의 위험이 개별자산의 위험보다 작은가? 그 이유는 무엇인가?

(3) A자산의 투자비율을 각각 50%, 70%로 늘릴 경우, 포트폴리오 P의 기대수익률과 위험을 기대수익률-표준편차 평면에 그림으로 나타내시오.

5 위험자산으로 구성된 포트폴리오가 있다. 이 포트폴리오의 연말가치가 50,000원과 150,000원이 될 확률이 각각 50%이다. 무위험자산의 연간 수익률은 5%라고 가정하자.

(1) 투자자가 10%의 위험프리미엄을 요구한다면 그 투자자는 이 포트폴리오에 얼마를 투자하는가?

(2) 문항 (1)에서 구한 금액을 투자한다면 포트폴리오의 기대수익률은 얼마인가?

(3) 투자자가 15%의 위험프리미엄을 요구한다면 투자금액은 얼마인가?

(4) 문항 (1)과 (3)을 비교하여 포트폴리오에 대한 요구수익률과 포트폴리오 가격 사이에 어떤 관계가 있는지 설명하시오.

6   기대수익률이 10%이고 표준편차가 15%인 포트폴리오가 있다. 그리고 수익률이 8%인 무위험자산이 있다. 평균-분산 효용함수에 의해 포트폴리오가 무위험자산 대신 선택되기 위한 투자자의 위험회피도 상한선을 구하시오.

7   증권 D, E, F의 기대수익률, 표준편차 그리고 각 증권 사이의 상관계수가 다음과 같다. 각 증권에 똑같은 비율로 투자한 포트폴리오의 기대수익률과 표준편차를 구하시오.

증권	기대수익률	표준편차	상관계수		
			D	E	F
D	0.08	0.02	1		
E	0.15	0.16	0.4	1	
F	0.12	0.08	0.8	0.8	1

8   개별주식의 수익률에 대한 평균분산이 50이고 평균공분산이 10일 때, 고려하는 주식 수가 5, 10, 20, 50인 경우 각각의 예상 포트폴리오의 분산을 구하시오.

9   현재 여러분의 부의 수준이 5,000원이고 $U = \ln Y$인 효용함수를 가진다고 가정하자.

(1) 1,000원을 얻을 확률과 1,000원을 잃을 확률이 각각 50%인 게임이 있다. 125원의 보험료를 지불하고 보험에 가입하여 게임으로부터의 위험을 완전히 제거하는 것이 유리한지 판단하시오.

(2) 문항 (1)의 게임에 참여한 후, 1,000원을 잃어 부의 수준이 4,000원인 상태에서 똑같은 게임과 동일한 조건의 보험 가입을 제안받았을 때 어떻게 하겠는가?

10 김 군은 현재 100,000원 상당의 건물을 소유하고 있으며, 이 건물에 대해 화재보험에 가입하려고 한다. 화재 발생 시 이 건물의 가치가 1원이 될 확률이 10%, 50,000원이 될 확률이 10%, 그리고 건물에 전혀 손상이 발생하지 않을 확률이 80%이다. 로그효용함수를 가질 때, 김 군이 보험에 가입하기 위해 지불할 수 있는 최대 보험료는 얼마인가?

1 $E(R_A) = (0.10)(0.5) + (0.05)(0.4) + (-0.20)(0.1) = 0.05(5\%)$

$E(R_B) = (0.00)(0.5) + (0.05)(0.4) + (-0.10)(0.1) = 0.01(1\%)$

$\sigma_A^2 = (0.10)^2(0.5) + (0.05)^2(0.4) + (-20)^2(0.1) - (0.05)^2 = 0.0075$

$\sigma_B^2 = (0.00)(0.5) + (0.05)^2(0.4) + (-0.10)^2(0.1) - (0.01)^2 = 0.0019$

$\sigma_A = \sqrt{0.0075} = 0.0866(8.66\%)$ $\sigma_B = \sqrt{0.0019} = 0.0436(4.36\%)$

$\sigma_{AB} = E(R_A R_B) - E(R_A)E(R_B)$

$\quad = (0.10)(0.00)(0.5) + (0.05)(0.05)(0.4) + (-0.20)(-0.10)(0.1) - (0.05)(0.01) = 0.0025$

$\rho_{AB} = \dfrac{\sigma_{AB}}{\sigma_A \sigma_B} = \dfrac{0.0025}{(0.0866)(0.0436)} = 0.6621$

3 (1) 효용함수값이 가장 큰 투자안 3을 선택한다.

(2) 위험중립형 투자자라면 위험의 크기에 관계없이 기대부에 의해 의사결정하므로, 기대수익률이 가장 큰 투자안 4를 선택한다.

투자안	기대수익률	표준편차	효용함수값
1	0.12	0.3	−0.06
2	0.15	0.5	−0.35
3	0.21	0.16	0.1588
4	0.24	0.21	0.1518

5 (1) 포트폴리오의 위험프리미엄 $= E(R_p) - R_f = E(R_p) - 5\% = 10\%$이므로 포트폴리오의 기대수익률 $E(R_p) = 15\%$이다.

그런데 중간에 현금흐름이 없다면, $E(R_p) = E\left(\dfrac{\text{기말가치} - \text{투자액}}{\text{투자액}}\right) = \dfrac{E(\text{기말가치})}{\text{투자액}} - 1$이고,

$E(\text{기말가치}) = 50{,}000(0.5) + 150{,}000(0.5) = 100{,}000$이므로,

$E(R_p) = \dfrac{100{,}000}{\text{투자액}} - 1 = 0.15$로부터, 투자액 $= 86{,}956.5(\text{원})$이다.

(2) $(86{,}956.5)[1 + E(R_p)] = 100{,}000$이므로, $R_p = 0.15(15\%)$

(3) 포트폴리오의 위험프리미엄$(= 15\%) = E(R_p) - R_f = E(R_p) - 5\%$

$\therefore E(R_p) = 20\%$ $E(R_p) = \dfrac{100{,}000}{\text{투자액}} - 1 = 0.20$

$\therefore$ 투자액 $= 83{,}333.4(\text{원})$

(4) 기말가치의 기댓값은 일정하므로, 포트폴리오의 요구수익률이 높아질수록 포트폴리오의 가격(투

자액)은 줄어드는 것을 알 수 있다. 즉, 요구수익률과 가격은 역의 관계가 있다.

7 $E(R_p) = \left(\frac{1}{3}\right)(0.08) + \left(\frac{1}{3}\right)(0.15) + \left(\frac{1}{3}\right)(0.12) = 0.1167(11.67\%)$

$$\sigma_p^2 = \left(\frac{1}{3}\right)^2 (0.02)^2 + \left(\frac{1}{3}\right)^2 (0.16)^2 + \left(\frac{1}{3}\right)^2 (0.08)^2 + 2\left(\frac{1}{3}\right)\left(\frac{1}{3}\right)(0.4)(0.02)(0.16)$$

$$+ 2\left(\frac{1}{3}\right)\left(\frac{1}{3}\right)(0.8)(0.02)(0.08) + 2\left(\frac{1}{3}\right)\left(\frac{1}{3}\right)(0.8)(0.16)(0.08) = 0.006444$$

또는 $\sigma_p^2 = \frac{1}{n}\overline{\sigma^2} + \frac{(n-1)}{n}\overline{\sigma_{ij}}$ 이므로

$$\overline{\sigma^2} = \frac{((0.02)^2 + (0.16)^2 + (0.08)^2)}{3} = 0.0108$$

$$\overline{\sigma_{ij}} = \frac{(0.4)(0.02)(0.16) + (0.8)(0.02)(0.08) + (0.8)(0.16)(0.08)}{3} = 0.004267$$

$\therefore \sigma_p^2 = \frac{0.0108}{3} + \frac{2}{3}(0.004267) = 0.006444$

$\sigma_p = \sqrt{0.006444} = 0.0803(8.03\%)$

9 (1) 기대화폐가치 $E(Y) = (5{,}000 + 1{,}000)(0.5) + (5{,}000 - 1{,}000)(0.5) = 5{,}000$,

기대효용 $E[U(Y)] = (0.5)U(6{,}000) + (0.5)U(4{,}000) = 0.5 \times \ln(6{,}000) + 0.5 \times$

$\ln(4{,}000) = 8.4968$로부터,

$\ln(CE) = 8.4968$이므로, 확실성 등가(CE) $= e^{8.4968} = 4{,}899$이다.

따라서, 위험프리미엄 $RP = 5{,}000 - 4{,}899 = 101$원이며, 이는 보험료(125원)보다 작으므로 보험에 가입하지 않는 것이 유리하다.

(2) 기대화폐가치 $E(Y) = (4{,}000 + 1{,}000)(0.5) + (4{,}000 - 1{,}000)(0.5) = 4{,}000$

기대효용 $E[U(Y)] = (0.5)U(5{,}000) + (0.5)U(3{,}000)$

$\qquad\qquad\qquad = (0.5)\ln(5{,}000) + (0.5)\ln(3{,}000)$

$\qquad\qquad\qquad = (0.5)(8.5172) + (0.5)(8.0064) = 8.2618$

$\ln(CE) = 8.2618$이므로, 확실성 등가$(CE) = e^{8.2618} = 3{,}873$이다.

따라서, 위험프리미엄 $RP = 4{,}000 - 3{,}873 = 127$원이며, 이는 보험료(125원)보다 크므로 보험에 가입하는 것이 유리하다.

CHAPTER 4

포트폴리오
분산투자

학습목표

☑ 무위험자산의 개념을 이해하고, 현실적인 무위험자산군을 구분할 수 있다.

☑ 자본배분선을 이해할 수 있다.

☑ 효율적 포트폴리오 선택과정을 이해할 수 있다.

☑ 최적 포트폴리오 구성 내역을 계산할 수 있다.

1 무위험자산의 이해

3장에서 위험프리미엄(risk premium)은 위험회피적인 투자자가 위험한 자산에 투자할 때 위험을 부담하는 대가로 보상받으려는 것이라고 설명하였다. 일반적으로 위험자산의 기대수익률에서 무위험수익률을 차감한 것을 위험프리미엄이라고 하며, 이론적으로는 위험이 있는 상태와 무위험상태를 동등하게 전환해주는 보험료로 정의된다. 이러한 의미에서 일반적으로 위험을 회피할수록 위험프리미엄은 커진다. 따라서 무위험자산은 위험자산에 대한 위험프리미엄을 결정하는 데 중요한 지표가 된다. 이 장에서는 무위험자산을 투자대상으로 삼을 때 투자자가 어떤 이득을 볼 수 있는지 살펴볼 것이다. 먼저 무위험자산의 개념에 대해 보다 자세히 알아보자.

가치가 일정하지 않고 변하는 자산을 위험자산 또는 자본자산(capital asset)이라고 하고, 가치가 변하지 않고 일정하게 유지되는 자산을 무위험자산(risk-free asset)이라고 한다. 하지만 이러한 정의는 이론상의 개념이다. 현실적으로 가치가 변동하지 않는 자산은 존재하지 않기 때문이다. 따라서 재무이론에서 종종 무위험자산을 정의할 때는 위험이 존재하지 않는 경우를 두 가지로 가정한다.

첫째, 채무불이행위험(default risk)이 없는 자산이다. 세금을 징수할 권리와 통화 공급에 대한 통제권을 가지는 정부만 채무불이행 가능성이 없는 채권을 발행할 수 있다. 따라서 우리는 정부가 발행한 증권을 무위험자산으로 간주한다. 미국에서는 재무부(Department of the Treasury)에서 발행한 재정증권(T-bill, Treasury bill)이 무위험자산으로 사용된다. 우리나라에서 이와 유사한 자산으로는 재정증권, 한국은행에서 발행한 통화안정증권 등이 있다. 물론 이러한 금융자산도 여러 가지 요인에 의해 그 가치가 변동된다. 예를 들어, 인플레이션이 발생하면 실질구매력이 떨어지기 때문에 가치가 변하게 된다. 이 외에도 환율, 외국 금리 등 국제 금융시장의 영향에 따라 가치는 변동한다. 하지만 이들 증권의 채무불이행위험이 매우 낮다고 판단하여 이를 무위험자산으로 사용한다.

둘째, 재투자수익률이 변하지 않는 자산이다.[1] 재투자수익률은 투자기간 내에 현금이 유입되고, 유입된 현금에 대해 투자기간 종료까지 재투자할 때 적용하는 수익률이다. 투자기간 내에 재투자수익률이 변하지 않는 경우 재투자위험(reinvestment risk)이 없다고 하며 무위험자산으로 간주한다. 투자기간이 단기일 경우 이러한 정의를 가장 잘 만족하는 증권이 단기국채이다. 단기국채는 종종 할인채권으로 발행되는데, 할인채는 만기 이전에 이자지급이 없기 때문에 투자기간이 만기와 일치한다면 매입할 때 만기보유수익률이 무위험수익률이 된다. 물론 이 경우에도 채무불이행위험이 없어야 한다. 만약 투자기간이 길다면 단기국채는 좋은 대안이 아니다. 투자 만기와 일치하는 만기구조를 가지는 국채가 좋은 대안이 될 수 있다. 그러나 투자 만기와 일치하는 채권이 항상 시장에 존재하는 것은 아니기 때문에 투자 만기와 일치하는 채권을 시장에 존재하는 채권으로 복제하여 구성하는 방안을 고려할 수 있다. 8장에서 채권의 듀레이션을 이용하여 투자 만기와 일치시키는 기법을 살펴보게 되는데, 이러한 방법론은 무위험자산을 구성할 때 하나의 대안이 될 수 있다.

앞서 채무불이행위험과 재투자위험이 없는 경우 장기적으로 그 자산의 가치가 변하더라도 무위험자산으로 간주한다고 하였다. 이러한 두 기준을 만족하는 자산은 현실적으로 흔하지 않다. 우리는 1990년대 중반부터 남미, 아시아, 러시아로 이어지는 일련의 국가 채무불이행 사태를 통해, 심지어 '국가'도 채무불이행위험으로부터 자유로울 수 없다는 것을 경험했기 때문이다. 하지만 국가는 화폐 발행 권한을 가지고 있으며, 국가의 부도는 시스템적 위기를 초래하기 때문에 다른 자산에 비해 국가가 발행하는 채권은 무위험자산의 성질을 잘 만족하는 것으로 가정한다. 그 밖에도 은행의 정기예금을 무위험자산으로 간주하는 경우도 많다. 은행의 정기예금은 확정금리로 만기에 상환받을 수 있어, 재투자위험이 없고 타 증권에 비해 비교적 안전하다고 인식되기 때문이다. 그러나 IMF 외환위기 이후 채무불이행위험이 커진 은행의 부도를 겪으면서 은행의 정기예금을 무위험자산으로 보기 어렵다는 인식 또한 커지게 되었다.

한편, 단기금융자산 중에서 채무불이행위험이 비교적 낮은 CD, CP, CMA 등을 무위험자산으로 사용하는 경우도 있고, 국제 분산투자 시에는 LIBOR 금리나 미국 재정증권수익률이

---

[1] 재투자수익률을 이해하기 위해서는 채권의 만기보유수익률과 이자율의 기간 구조에 대한 이해가 필요하다. 더 자세한 내용은 8장에서 살펴보고, 여기서는 간략하게 언급한다.

무위험수익률로 이용되기도 한다. 즉, 이론적으로 무위험자산의 기준을 만족하는 자산을 현실에서 찾는 것은 어렵다. 또한 목표로 하는 투자기간과 투자목적, 그리고 투자 대상에 따라 사용되는 무위험자산은 다를 수 있다.

② 무위험자산과 위험자산 간의 자산배분

앞에서 포트폴리오를 구성하여 위험을 줄일 수 있음을 확인하였다. 여기서는 무위험자산과 위험자산으로 구성된 포트폴리오로부터, 포트폴리오의 수익률과 위험의 관계, 포트폴리오에서 무위험자산의 역할에 대해 살펴보도록 하자. 무위험자산 F와 위험자산 P로 구성된 포트폴리오 C의 수익률은 다음과 같다.

$$R_C = wR_P + (1-w)R_f$$

여기서, R_C: 포트폴리오 C의 수익률
　　　 w: 위험자산 투자비율
　　　 R_f: 무위험자산 F의 수익률(즉, 무위험수익률 또는 무위험이자율)
　　　 R_P: 위험자산 P의 수익률

한편, 포트폴리오 C의 기대수익률과 위험인 표준편차는 다음과 같다.

$$E(R_C) = wE(R_P) + (1-w)R_f = R_f + w[E(R_P) - r_f] \qquad (4.1)$$

$$Var(R_C) = Var(wR_P + (1-w)R_f) = w^2\,Var(R_P) \text{ 또는 } \sigma_C = w\sigma_P \qquad (4.2)$$

식 (4.1)과 식 (4.2)에서 무위험자산은 이론적으로 가치 변화가 없는 자산이기 때문에 상수로 간주할 수 있음에 유의해야 한다. 상수는 확률변수가 아니므로 평균과 표준편차가 존재하지 않기 때문이다. 그러나 현실적으로 무위험자산군은 작더라도 변동성이 있으므로, 표준편차는 0이 아니라 0에 가까운 수치를 가진다. 중요한 것은 무위험자산과 위험자산 간의 공분산이 0이라는 조건이다. 공분산이 0이고 표준편차가 근사적으로 0에 가까우면 식 (4.2)는 항상 성립한다. 이는 3장에서 평균과 분산의 연산에 대한 수학적 기초를 이용하면 쉽게 도출된다.

예를 들어, 어떤 위험자산에 대해 기대수익률($E(R_p)$) 15%, 표준편차(σ_p) 22%, 그리고 무위험수익률(R_f) 7%일 때, 이 위험자산 P의 위험프리미엄($E(R_p) - R_f$)은 8%가 된다. 따라서 포트폴리오의 기대수익률과 표준편차는 각각 다음과 같다.

$$E(R_C) = 0.07 + w(0.15 - 0.07) = 0.07 + 0.08w$$

$$\sigma_C = 0.22w$$

포트폴리오의 기대수익률은 무위험이자율과 포트폴리오 위험프리미엄에 투자비율을 곱한 값의 합이다. 그리고 포트폴리오의 표준편차는 위험자산의 표준편차와 위험자산의 투자비율에 따라 결정된다. 여기서 위험자산에 대한 투자비율 w는 투자자의 위험에 대한 태도에 따라 결정된다. 위험회피적인 투자자는 양의 위험프리미엄이 보장되지 않으면 위험자산에 투자하지 않을 것이다.

이제, 앞서 3장에서 살펴본 투자기회집합에 무위험자산을 포함해보자. 위험자산에 대한 투자비율을 0에서 1로 증가시키면서 기대수익률과 표준편차를 두 축으로 한 그래프에 나타내면 그림 4.1과 같다. 무위험자산 F는 수직축에 표시되고, 위험자산 P는 기대수익률 15%, 표준편차 22%인 점에 표시된다. 투자자가 자본을 모두 P에 투자하면($w = 1.0$), 위험자산과 무위험자산으로 구성된 포트폴리오는 P점이 된다. 또 위험자산에 전혀 투자하지 않고 무위험자산에 모든

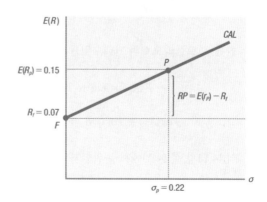

그림 4.1 무위험자산과 위험자산으로 구성된 포트폴리오의 투자기회집합

자본을 투자하면($w = 0$), 위험자산과 무위험자산으로 구성된 포트폴리오는 F점이 된다. 여기서 위험프리미엄은 위험자산 P의 기대수익률과 무위험자산 F의 기대수익률 차이이다.

위험자산에 대한 투자비율이 0과 1 사이에 있을 경우, 위험자산과 무위험자산으로 구성된 포트폴리오는 F와 P를 연결하는 직선 위에 놓인다. 이 직선을 자본배분선(CAL, capital allocation line)이라고 정의한다. CAL은 식 (4.1)과 식 (4.2)를 투자비율(w)에 대해 연립하여 손쉽게 도출할 수 있다.

$$E(R_C) = R_f + \frac{E(R_P) - R_f}{\sigma_P} \sigma_C \tag{4.3}$$

CAL은 투자자에 적용될 위험-기대수익률의 관계를 나타낸다. 그림 4.1에서 CAL의 기울기, $[E(R_P) - R_f]/\sigma_P$는 위험이 1단위 증가할 때 포트폴리오 기대수익률의 증가분을 나타내며, 이는 투자자 입장에서 위험보상비율(RVAR, reward to variability ratio)이 된다.

위의 예에서, 위험자산과 무위험자산에 똑같이 투자할 경우($w = 0.5$), 위험자산과 무위험자산으로 구성된 포트폴리오 C의 기대수익률($E(R_C)$)은 0.11, 위험(σ_C)은 0.11이 된다. 이는 그림에서 F와 P의 중간지점이 될 것이다. 그렇다면, 투자기회집합에서 P의 오른쪽 직선, 즉 $w > 1.0$인 경우는 무엇을 의미할까? 이는 투자자들이 무위험이자율로 차입하여 P의 오른쪽에 포트폴리오를 구성할 수 있음을 의미하며, 이를 차입 포트폴리오(levered portfolio)라고 한다.

예를 들어, 어떤 투자자가 3,000,000원을 가지고 있는데, 7%의 무위험이자율로 1,200,000원을 빌려 총 4,200,000원을 위험자산에 투자한다고 하자. 즉, 위험자산에 대한 투자비율 $w = 4,200,000/3,000,000 = 1.4$, 무위험자산에 대한 투자비율 $1 - w = 1 - 1.4 = -0.4$이다. 투자비율의 부호가 음($-$)인 것은 무위험자산을 차입하여 위험자산에 투자하였다는 것을 의미한다. 이때 포트폴리오의 기대수익률 $E(R_C) = 0.07 + 1.4 \times 0.08 = 0.182$, 표준편차(위험) $\sigma_C = 1.4 \times 0.22 = 0.308$이 된다. 예상한 대로 차입 포트폴리오는 기대수익률이 높은 대신 위험자산의 표준편차보다 포트폴리오의 표준편차가 더 크다는 것을 알 수 있다.

개념점검 1

주식 A의 기대수익률이 15%, 표준편차가 40%, 무위험이자율이 10%일 때, 다음 물음에 답하시오.

(1) 무위험자산과 주식 A에 분산투자할 때 얻을 수 있는 투자기회집합을 기대수익률–표준편차 평면에 나타내시오.

(2) 1,000만 원을 주식 A와 무위험자산에 500만 원씩 투자할 경우 얻을 수 있는 기대수익률과 위험을 구하시오.

(3) 무위험이자율로 500만 원을 차입하여 총 1,500만 원을 투자할 때 얻을 수 있는 기대수익률과 위험을 구하시오.

대표적인 무위험자산인 국채와 대표적인 위험자산인 주식을 활용하여 CAL을 살펴보자. 그림 4.2 **투자론.xlsx**의 '4–1 CAL' sheet는 2001년 1월부터 2023년 12월까지 코스닥지수와 3년 만기 국고채의 월별 수익률 자료를 활용하여 포토폴리오를 구성하고, 투자비율을 달리했을 때 CAL을 살펴본 것이다. 여기서 코스닥지수는 위험자산, 3년 만기 국고채는 무위험자산으로 간주하여 CAL을 유도하였다. 무위험자산으로 간주한 3년 만기 국고채는 표준편차가 0.12% 정도로 0은 아니지만 코스닥지수에 비해서는 훨씬 작은 값임을 알 수 있다. 또 상관계수는 0.0447로 추정되었다. 엑셀에서 사용된 함수는 각 셀을 클릭하여 확인할 수 있다. 이 사례에서 3년 만기 국고채는 정확히 무위험자산으로 보기는 어렵지만 코스닥지수에 비해 표준편차가 작고 상관계수가 크지 않기 때문에 무위험자산으로 간주하여 포트폴리오의 투자기회집합을 그린 것이다. 즉, 위험자산인 코스닥에 대한 투자비율을 0에서 1.5까지 늘리면서 포트폴리오의 기대수익률과 표준편차를 계산하였다. 국내 자료를 사용할 때 나타나는 큰 특징 중 하나는 CAL의 기울기, 즉 위험보상비율이 매우 낮다는 것이다. 이는 국내 자료는 역사

모범답안 1

(1)
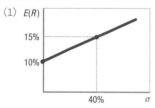

(2) 기대수익률: 0.1×0.5 + 0.15×0.5=0.125 / 표준편차: 0.5×0.4=0.2

(3) 기대수익률: 0.1×(−0.5) + 0.15×1.5=0.175 / 표준편차: 1.5×0.4=0.6

그림 4.2 자본배분선(CAL)의 실제와 예시(**투자론.xlsx** 의 '4 - 1 CAL' sheet)

날짜	코스닥	국고채(3년)
2001/01	0.6044	0.0050
2001/02	-0.0901	0.0045
2001/03	-0.1085	0.0049
2001/04	0.1540	0.0055
2001/05	0.0301	0.0054
2001/06	-0.0551	0.0050
2001/07	-0.1142	0.0048
2001/08	-0.0918	0.0043
2001/09	-0.1649	0.0041
2001/10	0.2113	0.0040
2001/11	0.1274	0.0045
2001/12	0.0240	0.0049
2002/01	0.0713	0.0051
2002/02	0.0175	0.0049
2002/03	0.1781	0.0053
2002/04	-0.2091	0.0054
2002/05	-0.0485	0.0053
2002/06	-0.1280	0.0049
2002/07	-0.0366	0.0048
2002/08	0.0084	0.0045
2002/09	-0.2098	0.0045
2002/10	0.0287	0.0044
2002/11	0.0801	0.0044
2002/12	-0.1453	0.0044
2003/01	-0.9022	0.0041
2003/02	-0.0371	0.0039
2003/03	-0.0960	0.0040
2003/04	0.1332	0.0038
2003/05	0.1023	0.0036
2003/06	0.0545	0.0034
2003/07	-0.0084	0.0036
2003/08	0.0043	0.0039
2003/09	-0.0945	0.0035
2003/10	0.0339	0.0036
2003/11	-0.0116	0.0040
2003/12	-0.0212	0.0041
2004/01	8.8384	0.0041
2004/02	-0.0289	0.0040
2004/03	-0.0128	0.0038
2004/04	0.0445	0.0038
2004/05	-0.1159	0.0037
2004/06	-0.0393	0.0036
2004/07	-0.1401	0.0035
2004/08	0.0738	0.0032
2004/09	0.0181	0.0030

실재	코스닥	국고채(3년)		예시	위험자산	우위험자산
평균	0.0339	0.0028		평균	0.1500	0.0500
표준편차	0.5409	0.0012		표준편차	0.5000	
상관계수	0.0447			RVAR	0.2000	
RVAR	0.0575					

주식투자비율	포트폴리오 기대수익률	포트폴리오 표준편차		위험자산 투자비율	포트폴리오 기대수익률	포트폴리오 표준편차
0.00	0.0028	0.0012		0.00	0.0500	0.0000
0.10	0.0059	0.0542		0.10	0.0600	0.0500
0.20	0.0090	0.1082		0.20	0.0700	0.1000
0.30	0.0121	0.1623		0.30	0.0800	0.1500
0.40	0.0153	0.2164		0.40	0.0900	0.2000
0.50	0.0184	0.2705		0.50	0.1000	0.2500
0.60	0.0215	0.3246		0.60	0.1100	0.3000
0.70	0.0246	0.3787		0.70	0.1200	0.3500
0.80	0.0277	0.4328		0.80	0.1300	0.4000
0.90	0.0308	0.4869		0.90	0.1400	0.4500
1.00	0.0339	0.5409		1.00	0.1500	0.5000
1.10	0.0370	0.5950		1.10	0.1600	0.5500
1.20	0.0402	0.6491		1.20	0.1700	0.6000
1.30	0.0433	0.7032		1.30	0.1800	0.6500
1.40	0.0464	0.7573		1.40	0.1900	0.7000
1.50	0.0495	0.8114		1.50	0.2000	0.7500

CAL_실제 / CAL_예시 (주식, 국고채(3년) / 위험자산, 무위험자산 그래프)

적 위험프리미엄이 작은 반면, 위험이 크기 때문인 것으로 파악된다. 이해를 돕기 위해 엑셀 파일에 예시도 함께 담았다. **투자론.xlsx** 의 '4-1 CAL' sheet에서 색칠된 부분의 수치를 달리하면서 CAL의 기울기 변화를 살펴볼 수 있다.

투자자는 제약 상태에서 자신의 효용을 최대화하는 방향으로 투자의사결정을 한다. 즉, 투자자는 주어진 투자기회집합에서 자신의 효용을 극대화하는 조합인 포트폴리오를 선택하면 된다. 앞에서 CAL을 유도하여 각 자산의 투자비율에 따라 포트폴리오의 위험과 기대수익률이 달라짐을 확인하였다. 기대수익률-표준편차 평면에서 CAL은 일종의 제약식과 같다.

투자자는 자신의 효용함수에 포함된 위험회피도를 고려하여 위험자산과 무위험자산에 대한 투자비율을 정해야 한다. 모든 투자자에게 동일한 투자기회집합이 주어지더라도 각 개인의 효용함수는 서로 다르므로 투자자마다 최적 투자결정은 달라질 수밖에 없다. 위험회피도가 높은 투자자는 무위험자산에 대한 투자비율을 확대할 것이고, 위험회피도가 낮은 투자자는 위험자산에 대한 투자비율을 확대할 것이기 때문이다. 이제 CAL상에서 투자자의 효용함수를 고려한 투자자의 최적 선택 문제를 살펴보자.

3장에서 수익률의 확률분포가 주어진 포트폴리오에서 투자자가 얻을 수 있는 효용은 기대수익률과 수익률의 분산으로 결정됨을 확인하였다. 특히, 다음과 같은 평균-분산 효용함수를 가장 일반적으로 활용할 수 있다.

$$U = E(R) - \frac{1}{2}A\sigma^2$$

여기서, A: 투자자의 위험회피도

기대수익률이 높을수록, 그리고 위험인 분산이 낮을수록 효용이 커짐을 알 수 있다. 효용이 변화한 정도는 바로 투자자의 위험회피도 A에 의해 결정된다. 위험중립형 투자자의 A는 0이고, 위험회피 성향이 큰 투자자의 A는 커진다. 무위험이자율이 R_f인 무위험자산과 기대수익률이 $E(R_P)$, 수익률의 표준편차가 σ_P인 위험자산을 투자의 대상으로 생각하고 있는 투자자가 이 두 개의 자산으로 포트폴리오 C를 구성할 경우, 포트폴리오의 기대수익률과 표준편차는 식 (4.1)과 식 (4.2)에 의해 다음과 같다.

$$E(R_C) = R_f + w[E(R_P) - R_f]$$

$$\sigma_C = w\sigma_P$$

여기서, w: 위험자산에 대한 투자비율

한편, 투자자는 자금을 최적으로 배분하여 효용을 극대화하려고 하므로, 투자자의 목적함수를 다음과 같이 표현할 수 있다.

$$\max U = E(R_C) - \frac{1}{2}A\sigma_C^2 = R_f + w[E(R_P) - R_f] - \frac{1}{2}Aw^2\sigma_P^2 \tag{4.4}$$

식 (4.4)를 효용극대화 문제라고 하는데, 여기에는 제약식이 없는 것처럼 보이지만 실제로는 CAL이 목적함수에 대입되어 제약식의 역할을 하고 있다.[2] 효용을 극대화하기 위한 최적 투자비율 w^*는 식 (4.4)의 목적

---

[2] 투자자가 특정한 제약을 부여하고 싶다면 제약식을 추가하면서 문제를 구성할 수 있다. 예를 들어, 위험자산의 투자비율을 1보다 작게 하면, $0 \leq w \leq 1$이라는 제약을 부여할 수 있다.

함수를 w에 대해 미분한 값이 0이 될 때의 w값이다. 즉, 식 (4.4)는 $U = -\frac{1}{2} A\sigma_P^2 w^2 + [E(R_P) - R_f]w + R_f$와 같이 U와 w에 대해 위로 볼록한 2차함수가 최대일 때의 w를 구하는 문제가 되며, 이는 U를 w에 대해 1차 미분한 값, 즉 2차함수의 기울기가 0이 되게 하는 w가 된다. 따라서, 효용을 극대화하기 위한 최적 투자비율을 w^*로 정의할 때, $\frac{\partial U}{\partial w} = 2 \times (\frac{1}{2}A\sigma_P^2)w + (E(R_P) - R_f) = 0$으로부터, 다음과 같이 정리할 수 있다.

$$w^* = \frac{E(R_P) - R_f}{A\sigma_P^2} \tag{4.5}$$

위험자산에 대한 최적 투자비율은 위험회피도와 위험에 반비례하고, 위험자산의 위험프리미엄에 비례함을 알 수 있다. 예를 들어, 위험자산의 최적 투자비율을 구해보자. $R_f = 0.07$, $E(R_P) = 0.15$, $\sigma_P = 0.22$ 그리고 투자자의 $A = 4$라고 가정하자. 식 (4.5)를 활용하여 위험자산에 대한 최적 투자비율, w^*을 구할 수 있다.

$$w^* = \frac{0.15 - 0.07}{4 \times 0.22^2} = 0.41$$

즉, 위험회피도 A가 4인 투자자는 투자자금의 41%를 위험자산에, 나머지 59%는 무위험자산에 투자할 것이다. 이렇게 투자했을 때 투자자의 기대수익률과 표준편차는 각각 10.28%와 9.02%가 된다.

$$E(R_C) = 0.07 + 0.41(0.15 - 0.07) = 0.1028$$
$$\sigma_C = 0.41 \times 0.22 = 0.0902$$

이를 그림 4.3 과 같이 나타낼 수 있다. 3장에서 위험회피도에 따라 평균-분산 효용함수를 사용하여 기대수익률-표준편차 평면에 무차별곡선을 그려보았다. 무차별곡선이란 동일한 효용의 크기를 제공하는 기대수익률과 위험의 집합이다. 따라서 CAL상에서 가장 큰 효용을

또 $\sigma_C \leq k$와 같은 제약식을 추가할 수 있는데, 이는 포트폴리오의 위험을 k 이하로 제한하라는 의미이다. 또는 위험자산의 투자비율에 직접 제약을 두어 $0 \leq w \leq 0.5$와 같이 위험자산에 대한 투자비율을 50% 이하로 제한할 수도 있다. 이렇듯 문제를 구성하는 것은 투자자의 자유로운 결정이며, 투자관리자는 이를 바탕으로 일반투자자에게 양질의 상품을 제공할 수 있다.

가지는 투자기회집합은 CAL과 무차
별곡선이 접하는 점이다. 이는 무차별
곡선이 좌상향 방향으로 움직일수록
투자자는 높은 효용수준을 갖기 때문
이다.

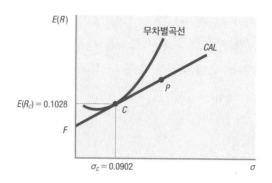

그림과 같이 최적 포트폴리오는 투
자기회집합 내의 C점이 되며, 이 점에
서 포트폴리오의 기대수익률 $E(R_C)$
는 0.1028, 포트폴리오의 위험 σ_C는
0.0902가 된다. 이때 위험자산에 대한 투자비율 w^*이 바로 0.41이다.

위 그림을 통해 위험회피도가 낮은 사람이 위험자산에 대한 투자비율이 크다는 점을 알
수 있다. 3장에서 위험회피도에 따라 투자자별 무차별곡선의 기울기가 달라진다는 것을 확
인하였다. 이를 다시 한 번 살펴보자.

그림 4.4 에서 실선은 위험회피도 A가 4인 투자자의 무차별곡선을, 점선은 위험회피도 A
가 2인 투자자의 무차별곡선을 나타낸다. 점선의 기울기가 더 완만한데, 그 이유는 위험회피

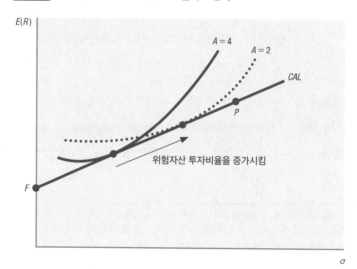

그림 4.4 위험회피도에 따른 최적 포트폴리오 선택

투자론

도가 낮기 때문이다. 즉, 위험(표준편차) 1단위 증가에 대한 투자자의 요구수익률이 더 낮다. 그림으로부터 위험회피도가 낮은 투자자는 위험자산에 대한 투자비율을 증가시키는 현상을 확인할 수 있다.

   이를 종합하면, 자산배분결정은 두 단계의 과정을 거쳐 이루어진다. ① 투자자는 CAL을 결정한 후, ② CAL을 따라 효용이 최대화되는 최적 투자비율을 찾아 위험자산과 무위험자산에 투자한다.

개념점검 2

 투자론.xlsx 의 '4-1 CAL' sheet에서 실제 자료를 이용하여 위험회피도가 2인 투자자와 4인 투자자의 위험자산(코스닥)에 대한 투자비율을 구하시오.

모범답안 2

$A = 2: w^* = \dfrac{0.0339 - 0.0028}{2 \times 0.5409^2} = 0.0532$

$A = 4: w^* = \dfrac{0.0339 - 0.0028}{4 \times 0.5409^2} = 0.0266$

3 위험자산의 효율적 포트폴리오

(1) 위험자산의 효율적 프런티어

앞에서 2개의 위험자산으로 구성된 투자기회집합을 살펴보았다. 이제 위험자산이 여러 개 있는 경우 평균-분산 기준(mean-variance criterion)에 따라, 최적 포트폴리오를 구성하기 위한 위험자산 간의 투자비율을 구해보자. 이를 통해 위험자산만으로 구성된 투자기회집합 중에서 최적 투자기회집합인 효율적 프런티어(efficient frontier)를 도출할 수 있다.

3장에서 포트폴리오의 분산을 결정하는 데 가장 중요한 요소가 두 위험자산 간의 상관계수임을 확인하였다. 즉, 2개의 위험자산으로 구성된 포트폴리오의 투자기회집합을 기대수익률-표준편차 평면에 표현할 때, 이들의 상관계수에 따라 포트폴리오 투자기회집합의 형태가 달라지는 것을 확인하였다. 그렇다면 3개의 자산으로 구성된 투자기회집합은 어떻게 달라지는지 확인해보자.

그림 4.5 는 2개의 자산으로 구성된 투자기회집합과 다른 하나의 자산이 추가됨으로써 변화되는 투자기회집합을 나타낸다. 자산 A와 B로 구성된 투자기회집합은 두 자산 간의 상관계수에 따라 결정된다. 자산 C를 A와 B로 구성된 포트폴리오에 추가하여 다시 포트폴리오로 구성하면 투자기회집합이 확대된 것을 확인할 수 있다. 자산 C는 A와 B로 구성된 포트폴리오 투자기회집합 내에서 점 D와 연결하는 포트폴리오를 구성할 수도 있고, 점 E와 연결하는 포트폴리오를 구성할 수도 있다. 그렇게 하면 선이 아니라 면으로 된 투자기회집합이 형성된다. 그림에서 음영 부분은 포트폴리오의 투자기회집합을 나타낸다.

그렇다면 이 중에서 어떤 투자기회집합이 투

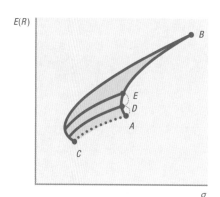

그림 4.5 3개의 자산으로 구성된 포트폴리오의 투자기회집합

자자에게 가장 유리하겠는가? 그림의 음영 부분에서 가장 왼쪽의 가장자리에 표시한 굵은 선이 동일한 위험에 대해 기대수익률이 가장 높고, 동일한 기대수익률에서는 위험이 가장 낮은 투자기회집합으로 선택될 수 있다. 이러한 투자기회집합을 효율적 프런티어(efficient frontier)라고 한다.

그림 4.6 은 다수의 위험자산으로 구성된 효율적 프런티어를 나타낸 것이다. 효율적 프런티어는 지배원리에 의해 결정된다. 지배원리(dominance principle)란 동일한 위험수준에서는 기대수익률이 가장 높은 자산이 선택되고, 동일한 기대수익률에서는 위험이 가장 작은 자산이 선택된다는 원리이다. 위험이나 기대수익률 수준을 증가시키면 그림과 같은 결과가 나온다.

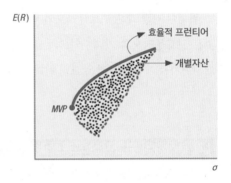

그림 4.6 다수의 위험자산으로 구성된 효율적 프런티어

1951년 시카고대학교의 마코위츠(Harry Max Markowitz) 교수는 이러한 방식으로 위험자산의 효율적 프런티어를 유도하는 분석기법을 발표하여 노벨경제학상을 수상하였다. 우리가 살펴보고 있는 포트폴리오 선택이론은 바로 마코위츠의 이론을 바탕으로 하고 있다. 그림의 효율적 프런티어에서 위험이 가장 낮은 포트폴리오를 최소분산포트폴리오(MVP, minimum variance portfolio)라고 한다. 이를 수식으로 표현하면 다음과 같다.

$$\min \sigma_P^2 = \sum_{i=1}^{N}\sum_{j=1}^{N} w_i w_j \sigma_{ij} \tag{4.6}$$

여기서, $\sum_{j=1}^{N} w_j = 1$

식 (4.6)은 포트폴리오의 최소분산을 구하기 위한 목적함수이다. 자산이 두 개인 경우의 문제를 풀어보면 다음과 같다.

$$\min \sigma_P^2 = w_1^2 \sigma_1^2 + (1-w_1)^2 \sigma_2^2 + 2w_1(1-w_1)\sigma_{12}$$

자산이 두 개이므로 식 (4.6)의 제약식을 위 목적함수에 대입하여 이를 미분하면 최적 투자비율을 구할 수 있다. 즉, $\frac{\partial \sigma_P^2}{\partial w_1} = 2w_1\sigma_1^2 - 2(1 - w_1)\sigma_2^2 + 2(1 - w_1) - 2w_1\sigma_{12} = 0$으로부터 w_1에 대해 정리하면, 다음과 같다.

$$w_1 = \frac{\sigma_2^2 - \sigma_{12}}{\sigma_1^2 + \sigma_2^2 - 2\sigma_{12}}$$

$$w_2 = 1 - w_1 \tag{4.7}$$

위험이 가장 작은 포트폴리오인 MVP에서 각 자산의 투자비율을 도출하였다. 3장에서 살펴본 포트폴리오의 기대수익률과 표준편차를 계산했던 방법으로 MVP에서 기대수익률과 표준편차를 계산하는 것은 그리 어려운 일이 아닐 것이다.

(2) 투자자의 위험자산 포트폴리오 선택

효율적 프런티어는 포트폴리오의 투자기회집합 중 가장 효율적인 투자기회집합을 의미한다. 따라서 투자자는 이러한 효율적 투자기회집합에서 어느 한 조합을 선택하게 된다. 그렇다면 그 선택의 기준은 무엇일까? 다수의 자산이 포트폴리오에 포함된 효율적 프런티어를 구성할 수도 있지만, 여기서는 가장 간단한 방법으로 위험자산 두 개로 구성된 포트폴리오로부터 투자자가 선택하게 되는 투자조합을 살펴보도록 하자. 다수의 자산으로 구성된 포트폴리오라도 두 개의 자산으로 구성된 포트폴리오와 효율적 프런티어는 크게 다르지 않다. 다수의 자산이 포함된 포트폴리오에서 투자자가 선택하게 되는 투자조합에 대해서는 [부록]을 참고할 수 있다.

두 개의 위험자산으로 구성된 포트폴리오의 투자기회집합은 두 자산 간의 상관계수에 따라 모양이 결정된다. 다음과 같이 자산 A와 자산 B의 예를 통해 포트폴리오 구성과정을 살펴보자. 이는 엑셀 **투자론.xlsx** 의 '4-2 포트폴리오 구성' sheet를 참고할 수 있다.

표 4.1 자산 A와 B의 통계량

구분	A	B
기대수익률	0.20	0.15
표준편차	0.45	0.32

(계속)

투자론

구분	A	B
공분산	0.0475	
상관계수	0.33	

이때 무위험이자율을 8%라고 가정하고, 이를 기대수익률–표준편차 평면에 나타낸 투자기회집합과 CAL은 그림 4.7 과 같다.

그림을 살펴보면, 무위험이자율로부터 세 개의 자본배분선이 있다. 하나는 자산 A와 자산 B로 구성된 포트폴리오 중 최소분산포트폴리오 V와 무위험이자율을 연결한 선(CAL_V)이다. 식 (4.7)을 활용하여 자산 A에 26%, 자산 B에

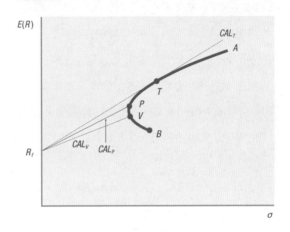

그림 4.7 자산 A와 자산 B의 투자기회집합과 자본배분선(CAL)

74%를 투자하면 최소분산포트폴리오 V를 구성할 수 있다. 이때 $E(R_V)$는 16.3%, 표준편차 σ_V는 29.7%로 계산된다. 따라서 무위험이자율과 V의 포트폴리오 기울기인 위험보상비율은 $RVAR_V = \dfrac{0.1631 - 0.08}{0.2967} = 0.2800$임을 알 수 있다.

포트폴리오 V 대신 포트폴리오 P와 무위험자산 간의 포트폴리오를 구성하여 또 다른 자본배분선인 CAL_P를 살펴보자. 포트폴리오 P는 자산 A에 35%, 자산 B에 65%를 투자하여 구성한 포트폴리오이다. 포트폴리오 P의 기대수익률 $E(R_P)$는 16.75%, 표준편차 σ_P는 29.95%로 계산되었다. 또 다른 자본배분선인 CAL_P의 기울기인 포트폴리오 P의 위험보상비율 $RVAR_P = \dfrac{0.1675 - 0.08}{0.2995} = 0.2922$가 되어, 이는 포트폴리오 V의 위험보상비율보다 약간 커지는 것을 확인할 수 있다.

무위험자산과 포트폴리오 P로 구성한 포트폴리오가 모든 위험수준에서 무위험자산과 포트폴리오 V로 구성한 포트폴리오를 지배함을 알 수 있다. 즉, CAL_P의 모든 점이 CAL_V의 모든 점보다 동일한 위험수준에서 기대수익률이 높고, 동일한 기대수익률에서 위험이 더 작은

것을 확인할 수 있다. 이 방식으로 점점 우상향 방향에 존재하는 무위험자산과 위험자산 간의 포트폴리오를 구성하면, 무위험이자율로부터의 직선이 두 위험자산으로 구성할 수 있는 포트폴리오의 궤적과 접할 때 기울기가 가장 크다. 즉, 포트폴리오의 위험보상비율이 가장 클 때 위험자산의 최적 포트폴리오가 된다. 그림에서 점 T는 무위험자산과 위험자산 포트폴리오로 구성한 포트폴리오 중 위험보상비율, 즉 무위험자산과 위험자산 포트폴리오를 연결한 직선의 기울기가 가장 클 때의 포트폴리오이다. 점 T에서의 기대수익률 $E(R_T)$는 17.57%, 표준편차 σ_T는 31.85%와 같이 계산할 수 있다.

이제 위험자산에 대한 투자비율을 도출해보자. 이는 점 T를 구성하기 위해 자산 A와 자산 B에 각각 얼마의 비율로 투자하느냐를 결정하는 것이다. 그림에서 확인했듯이, CAL의 기울기가 최대일 때의 투자비율을 도출하는 것이다.

$$\max RVAR_T = \frac{(E(R_T) - R_f)}{\sigma_T} \tag{4.8}$$

여기서, $\sum w_i = 1.0$

식 (4.8)은 두 자산의 투자비율 합이 1일 때, CAL의 기울기인 위험보상비율을 최대화하는 투자비율을 찾는 것이다. 자산이 2개인 경우, 목적함수에 $w_B = 1 - w_A$를 대입하여 제약식을 제거할 수 있다. 앞에서 효용을 극대화하기 위한 최적 투자비율 w^*를 도출하였다. 이와 마찬가지로 식 (4.8)의 목적함수를 극대화하는 w_A^*를 찾기 위해서는 목적함수를 w_A에 대해 미분한 값을 0으로 만드는 w_A값을 도출하면 된다. 2개의 위험자산인 경우, 위험자산 최적 포트폴리오의 구성비율은 다음과 같다.

$$w_A^* = \frac{[E(R_A) - R_f]\sigma_B^2 - [E(R_B) - R_f]\sigma_{AB}}{[E(R_A) - R_f]\sigma_B^2 + [E(R_B) - R_f]\sigma_A^2 - [E(R_A) - R_f + E(R_B) - R_f]\sigma_{AB}} \tag{4.9}$$

$$w_B^* = 1 - w_A^*$$

앞의 자료에 대입하여 풀어보면, 자산 A에 51.4%, 자산 B에 48.6%를 투자할 때 위험보상비율이 가장 크다. 이때 위험자산 최적 포트폴리오의 기대수익률과 표준편차는 각각 17.57%와 31.85%이며, CAL의 기울기인 위험보상비율은 0.3

으로 계산된다.

이렇듯 위험자산 중에 가장 우월한 포트폴리오 조합은 CAL과 효율적 프런티어가 접하는 점으로 계산할 수 있다. 자산이 여러 개일 경우에는 계산이 다소 복잡해지는데, 엘튼, 그루버와 패드버그(Elton, Gruber, & Padberg, 1976; 이하 EGP)는 행렬식으로 쉽게 계산할 수 있는 알고리즘을 제시하였다. 다수의 위험자산이 존재하는 경우 위험자산 최적 포트폴리오 T를 구하기 위한 EGP 알고리즘을 살펴보자. EGP 알고리즘은 다수의 자산이 포함되었다는 점을 제외하면 식 (4.8)과 같다.

$$\max RVAR = \frac{(E(R_P) - R_f)}{\sigma_P} = \frac{(E(R_P) - R_f)}{[\sum\sum w_i w_j \sigma_{ij}]^{1/2}} \tag{4.10}$$

여기서, $\sum w_j = 1.0$

최적화 문제와 마찬가지로 목적함수를 w_j에 대해 미분하면 다음의 일계 조건을 얻을 수 있다.

$$\frac{\partial RVAR}{\partial w_j} = -(\lambda w_1 \sigma_{j1} + \cdots + \lambda w_j \sigma_j^2 + \cdots + \lambda w_N \sigma_{jN}) + E(R_j) - R_f = 0 \tag{4.11}$$

여기서, $\lambda = \dfrac{E(R_P) - R_f}{\sigma_P^2}$

$j = 1, 2, 3, \cdots, N$

식 (4.11)과 같이 일계 조건을 N개 얻을 수 있는데, 이를 $Z_i = \lambda w_i$로 정의하고 N개의 일계 조건을 행렬로 표시하면 식 (4.12)와 같다.

$$\begin{pmatrix} \sigma_1^2 & \sigma_{12} & \cdots & \sigma_{1N} \\ \sigma_{21} & \sigma_2^2 & \cdots & \sigma_{2N} \\ \vdots & \vdots & \vdots & \vdots \\ \sigma_{N1} & \sigma_{N2} & \cdots & \sigma_N^2 \end{pmatrix} \begin{pmatrix} Z_1 \\ Z_2 \\ \vdots \\ Z_N \end{pmatrix} = \begin{pmatrix} E(R_1) - R_f \\ E(R_2) - R_f \\ \vdots \\ E(R_N) - R_f \end{pmatrix} \tag{4.12}$$

식 (4.12)에서 좌변의 왼쪽 행렬은 공분산행렬이며, 이를 $\sum$로 정의하자. 또 우변의 위험 프리미엄 벡터를 E로 정의하면 다음과 같이 간단히 정리할 수 있다.

$$\sum Z = E \tag{4.13}$$

이를 다시 Z에 대해 정리하면 다음과 같다.

$$Z = \sum{}^{-1} E \tag{4.14}$$

다시 각 투자비율 w_i는 다음과 같이 유도할 수 있다.

$$w_i = \frac{Z_i}{\sum Z_i} \tag{4.15}$$

이는 복잡해 보이지만, 위험자산 최적 포트폴리오의 투자비율은 공분산행렬의 역행렬과 위험프리미엄 벡터의 곱으로 산출된다. EGP 알고리즘은 다수의 자산에 대해 손쉽게 최적 투자비율을 도출하는 데 도움이 되지만, 공매도에 대한 제한이 없다는 단점이 있다. 특히, 우리나라 자료를 사용할 경우 상당히 큰 양수나 음수가 도출되어 자산배분이 어려울 수 있다.

이제 엑셀을 활용하여 EGP 알고리즘을 살펴보자. 여기서는 자산이 세 개인 경우를 예로 들어 살펴볼 것이다(**투자론.xlsx**의 '4-3 EGP 알고리즘' sheet). EGP 알고리즘을 사용하기 위해서는 입력변수로서 각 자산의 기대수익률과 무위험수익률, 공분산행렬이 필요하다. 각 자산의 기대수익률이나 무위험수익률은 역사적 자료를 활용하거나 임의로 계산하여 입력할 수 있다. 여기서는 공분산행렬을 구하는 것부터 시작한다.

- **공분산행렬 계산**

  엑셀에서 [데이터 > 데이터분석 > 공분산분석]을 선택하여 데이터 범위를 지정하면 구할 수 있다(다른 통계패키지의 결과를 복사하여 사용할 수도 있다).

- **공분산행렬의 역행렬(Σ^{-1}) 계산**

  자산 수가 3개이므로 역행렬 역시 공분산행렬과 동일한 3×3 행렬이다. 우선 셀 'B17'을 선택하고, 출력할 공분산행렬의 범위 'B17:D19'를 선택한 후, 셀 'E16'에 있는 수식과 같이 셀 'B17'에 입력한다. 입력이 끝난 후 ctrl, shift, enter를 동시에 누르면 지정된 출력범위에 역행렬 값이 계산된다.

- 위험프리미엄 벡터(E) 계산

  위험프리미엄 벡터는 셀 'B22:B24'와 같이 계산할 수 있다.

- 행렬 Z 계산

  행렬 Z를 구하기 위해서는 공분산행렬의 역행렬과 위험프리미엄 벡터를 곱해야 하며, 역행렬을 계산할 때와 동일한 방법으로 계산한다. 우선 결과가 저장될 범위는 3×1 행렬이므로 셀 'B27'을 선택하고 'B27:B29'를 범위로 지정한다. 이후 셀 'C26'과 같이 함수 'MMULT(행렬, 행렬)'을 입력하고 ctrl, shift, enter를 동시에 누르면 지정된 출력범위에 행렬곱이 계산된다.

- 투자비율 계산

  앞의 결과를 이용하여 그림 4.8과 같이 투자비율을 구할 수 있다.

그림 4.8 엑셀을 활용한 EGP 알고리즘 예(투자론.xlsx 의 '4 - 3 EGP 알고리즘' sheet)

	A	B	C	D	E
1					
2		자산	기대수익률		
3		A	0.15		
4		B	0.3		
5		C	0.2		
6					
7		무위험수익률	0.1		
8					
9		1 공분산 행렬			
10			A	B	C
11		A	0.0225	0.012	-0.008
12		B	0.012	0.16	-0.03
13		C	-0.008	-0.03	0.08
14					
15					
16		2 공분산행렬의 역행렬			=MINVERSE(B11:D13)
17		47.26911619	-2.859980139	3.654419067	
18		-2.859980139	6.895729891	2.299900695	
19		3.654419067	2.299900695	13.72790467	
20					
21		3 위험프리미엄 벡터			
22		0.05	=B2-$B$6		
23		0.2	=B3-$B$6		
24		0.1	=B4-$B$6		
25					
26		4 행렬 Z	=MMULT(A17:C19,A22:A24)		
27		2.156901688			
28		1.466137041			
29		2.015491559			
30					
31		5 투자비율			
32		0.38252906	=A27/SUM($A$27:$A$29)		
33		0.260021134	=A28/SUM($A$27:$A$29)		
34		0.357449806	=A29/SUM($A$27:$A$29)		
35					

자산 수를 늘리거나 각 자산의 기대수익률과 무위험수익률을 변경하면서 위와 같은 순서로 포트폴리오를 구성할 수도 있다. 엑셀파일을 활용하여 각자 연습하기를 바란다. [부록]에 엑셀 Solver를 이용한 자산배분방법을 설명하였다. 이는 EGP 알고리즘이 가지는 공매도 제한의 문제나 투자자가 여러 제약 조건에 직면했을 때, 투자의사를 결정하는 데 도움이 된다.

(3) 최적 완전포트폴리오(optimal complete portfolio)

포트폴리오 선택의 마지막 단계로서 무위험자산과 위험자산 최적 포트폴리오와의 자산배분을 결정하는 문제가 남았다. 위험자산으로 구성된 포트폴리오 중에서 가장 효율적인 투자기회집합을 포트폴리오 T라고 하자. 위험자산 포트폴리오 T와 무위험자산 간의 CAL 위에 투자자의 효용함수를 도입하여 포트폴리오를 구하면 그것이 투자자에게 가장 효율적인 포트폴리오이며, 이를 최적 완전포트폴리오라고 한다. 위험자산 최적 포트폴리오의 투자비율을 y로 정의할 때, y는 식 (4.5)에 의해 다음과 같이 도출된다(위험회피도는 4로 가정).

$$y = \frac{E(R_T) - R_f}{A\sigma^2_T} = \frac{0.1757 - 0.08}{4 \times 0.3185^2} = 0.2359$$

즉, 위험회피도가 4인 투자자는 위험자산 최적 포트폴리오에 23.59%, 무위험자산에 그 나머지인 76.41%를 투자할 것이다. 위험자산 최적 포트폴리오 T는 자산 A가 51.4%, 자산 B가 48.6%로 구성되어 있으므로, 실제 이 투자자는 자산 A에 전체 투자자금의 12.13%(= 0.2359 × 0.514), 자산 B에 11.47%(= 0.2359 × 0.486)를 투자하게 된다.

최종적인 최적 완전포트폴리오 구성과정은 그림 4.9 와 같다.

그림 4.9 최적 완전포트폴리오

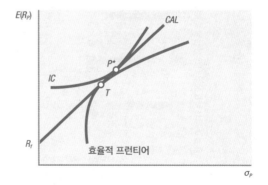

무위험이자율이 5%, 주식 A와 B에 대한 자료가 다음과 같을 때 물음에 답하시오.

구분	A	B
기대수익률	0.1	0.15
표준편차	0.2	0.50
상관계수	0.5	

(1) 위험회피도가 2와 4로 서로 다른 투자자가 있을 때, 이들 투자자에 따라 주식 A와 B로만 구성된 포트폴리오에서 A와 B의 비율은 달라지는가?

(2) 위험자산 내에서 A의 투자비율은 0.8209이다. 이때 위험회피도가 2와 4인 투자자의 최적 포트폴리오의 구성비율을 구하시오.

두 개의 위험자산으로 구성된 최적 완전포트폴리오 구성방법을 이용하면 다수의 위험자산으로 구성된 최적 완전포트폴리오도 찾을 수 있다. 그 구성과정은 다음과 같이 요약할 수 있다.

❶ 개별자산의 기대수익률, 표준편차, 각 자산 간의 공분산(상관계수)을 구한다.

❷ 위험자산 최적 포트폴리오를 구한다. 위험자산 최적 포트폴리오 T를 구하고, 기대수익

모범답안 3

(1) 달라지지 않는다. 위험회피도는 위험자산 최적 포트폴리오와 무위험자산으로 포트폴리오를 구성할 때 사용된다. 따라서 모든 투자자는 위험자산 최적 포트폴리오를 구성할 때 CAL의 기울기를 가장 크게 하는 한 점만을 선택할 것이다.

(2) 우선 위험자산 포트폴리오의 기대수익률과 표준편차를 구하면 다음과 같다.

$E(R_P) = 0.8333 \times 0.1 + (1-0.8333) \times 0.15 = 0.1083$

$\sigma_P = \sqrt{(0.8333^2 \times 0.2^2 + (1-0.8333)^2 \times 0.5^2 + 2 \times 0.8333 \times (1-0.8333) \times 0.5 \times 0.2 \times 0.5)} = 0.2205$

① 위험회피도가 2인 투자자

· 무위험자산 투자비율: $1 - \dfrac{E(R_P) - R_f}{A\sigma_P^2} = 1 - \dfrac{0.1083 - 0.05}{2 \times 0.2205^2} = 0.4$

· 주식 A 투자비율: $(1-0.4) \times 0.8333 = 0.5$

· 주식 B 투자비율: $(1-0.4) \times (1-0.8333) = 0.1$

② 위험회피도가 4인 투자자

· 무위험자산 투자비율: $1 - \dfrac{E(R_P) - R_f}{A\sigma_P^2} = 1 - \dfrac{0.1083 - 0.05}{4 \times 0.2205^2} = 0.7$

· 주식 A 투자비율: $(1-0.7) \times 0.8333 = 0.25$

· 주식 B 투자비율: $(1-0.7) \times (1-0.8333) = 0.05$

률과 표준편차를 구한다.

❸ 투자자금을 무위험자산과 위험자산 최적 포트폴리오에 배분한다. 위험회피도에 따른 위험자산 최적 투자비율을 구한 후, 위험자산과 무위험자산의 투자비율을 정한다.

엑셀 Solver를 이용한 자산배분

엑셀에 내장되어 있는 최적화 프로그램인 'Solver'를 이용하여 자산배분을 할 수도 있다. 엑셀 Solver의 자세한 사용법은 엑셀 매뉴얼을 참고하기를 바란다. 여기서는 EGP 알고리즘이 가지는 공매도 제한의 문제나 투자자가 여러 제약 조건에 직면했을 때, 어떻게 의사결정을 해야 하는지 엑셀 Solver를 활용하여 살펴보자.

우선 간단한 예를 들어 투자의사결정 문제를 정의하자. 그림에서 음영 부분이 입력할 부분이다. 나머지 대부분은 셀 계산으로 이루어져 있으므로 셀을 클릭하면서 확인하기를 바란다.

투자의사결정 문제를 수식으로 표현하면 다음과 같다.

$$\max E(R_P) - 1/2A\sigma_P^2$$
$$\mathrm{st}\sum w_i = 1, w_i \geq 0, w_A \leq 0.3, w_B, w_C \leq 1$$

그림 1　엑셀 Solver를 이용한 자산배분(투자론.xlsx 의 '4 - 4 solver' sheet)

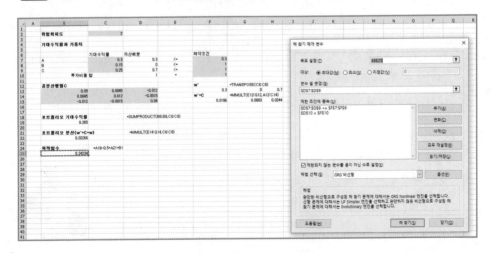

평균-분산 효용함수를 사용했으므로 일부 제약식을 제외하면 EGP 알고리즘과 동일하다. 우선 위험회피도 A는 셀 'C2'에 입력되어 있다. 해 찾기(Solver)는 [데이터 > 해 찾기]를 선택하면 그림 1과 같이 새로운 대화상자가 활성화된다.

❶ 목표 셀은 목적함수 식을 셀 수식으로 표현한 것이다. 셀 'B19'는 포트폴리오 기대수익률을 계산한 것으로, 엑셀함수 'sumproduct'를 사용하면 더욱 편리하다. 이는 각 자산의 투자비율과 기대수익률을 곱하는 함수이다.

❷ 셀 'B22'는 포트폴리오 분산을 구한 값으로, 자산이 다수 개일 경우 $\sigma_P^2 = w'Cw$ 행렬을 이용하면 편리하다. 여기서 w는 투자행렬 벡터($N \times 1$)이며, C는 공분산행렬을 의미한다.

❸ 셀 'B22'를 계산하기 위해 셀 'F12'와 'F14'에 표시된 것처럼 전치행렬과 행렬곱을 계산해야 한다. 그러나 그림에서 사용하는 투자비율은 문제를 해결한 이후의 값이기 때문에 자산배분 'D7:D9'는 초깃값으로 0을 입력해도 무방하다. 여기서 도출하려는 값은 셀 'D7:D9'이므로 이를 변경할 셀로 지정하자. 그림의 해 찾기 대화상자에서 '값을 바꿀 셀'에 범위를 지정하면 된다.

❹ 마지막으로 제약 조건을 입력하여 제약 조건을 설정할 수 있다.

첫 제약식은 "모든 투자비율의 합은 1이다."이다. 이는 그림의 왼쪽 셀 영역에 'D10'을, 오른쪽 제한 조건 영역에 'F10'을 지정하면 된다. 셀 'D10'은 'D7:D9'의 합계이다.

비음 조건은 해 찾기 대화상자 옵션에서 비음 조건을 체크하면 비음 조건이 부여됨으로써 공매도가 차단된다. 여기서는 자산 A를 위험한 것으로 판단하고, 투자비율을 30% 미만으로 유지하고자 한다.

나머지 자산 B와 자산 C는 1보다 작으면 된다. 하지만 비음 조건과 합이 1이 되는 조건은 반드시 필요한 제한 조건은 아니다. 부등호 제약이 모두 같으므로 한꺼번에 제한 조건에 추가할 수 있다.

❺ 모든 제약 조건과 목표 셀, 변경할 셀이 지정되었으면, 해 찾기 대화상자의 확인을 눌러 해를 구할 수 있다.

　　　　　　　　　　　　　　　　　　　　　　　　　　　　　　　　　　　　　투자론

1 A자문회사는 기대수익률 17%, 표준편차 27%인 포트폴리오를 운용하고 있다. 무위험이자율은 7%이다.

   (1) 고객이 자본의 70%를 A자문회사가 운용하는 포트폴리오에, 나머지 30%를 무위험자산에 투자하고 있다. 이 고객의 기대수익률과 수익률의 표준편차를 구하시오.

   (2) A자문회사의 포트폴리오는 주식 X 27%, 주식 Y 33%, 주식 Z 40%이다. 문항 (1)에서 이 고객의 투자규모가 5,000,000원이라면 실제로 각 주식 X, Y, Z와 무위험자산에 얼마씩 투자한 결과인가?

   (3) A자문회사 포트폴리오의 CAL과 위험보상비율을 구하시오.

   (4) 고객이 목표수익률을 15%로 설정하고 A자문회사 포트폴리오와 무위험자산에 투자하려고 한다. A자문회사 포트폴리오에 대한 투자비율과 주식 X, Y, Z 및 무위험자산에 대한 실제 투자비율을 구하고, 이 고객이 부담할 표준편차를 구하시오.

   (5) 고객의 위험회피도가 3.5라고 가정할 때, 자기자본의 몇 %를 A자문회사 포트폴리오에 투자할 것인가? 또 그렇게 투자할 경우 기대수익률과 표준편차를 구하시오.

2 국민연금의 자금운용자는 투자 대상으로 주식형 펀드와 채권형 펀드, 연 9%의 무위험자산을 고려하고 있다. 주식형 펀드와 채권형 펀드의 기대수익률과 표준편차는 다음과 같으며, 무위험자산의 수익률은 연 9%이다. 주식형 펀드와 채권형 펀드의 상관계수가 0.15일 때, 물음에 답하시오.

구분	주식형 펀드	채권형 펀드
기대수익률	0.22	0.13
표준편차	0.32	0.23

   (1) 주식형 펀드와 채권형 펀드로 구성된 포트폴리오 중에서 최소분산포트폴리오가 존재할 때, 이를 구성하기 위해 각 펀드에 대한 투자비율과 최소분산포트폴리오의 기대수익률, 표준편차를 구하시오.

(2) 주식형 펀드와 채권형 펀드로 구성된 포트폴리오에서 주식형 펀드 투자비율을 0부터 100%까지 20%씩 증가시킬 경우, 투자기회집합을 표로 작성하고, 이를 그림으로 나타내시오.

(3) 문항 (2)의 그림에서 무위험이자율을 표기하고, 그 무위험이자율로부터 선을 그어 위험자산의 최적 포트폴리오를 찾으시오. 또한 그림에 위험자산 최적 포트폴리오의 기대수익률과 표준편차를 표시하시오.

(4) 계량적인 모델을 이용하여 위험자산 최적 포트폴리오에 포함된 각 자산에 대한 투자비율을 구하고, 그 포트폴리오의 기대수익률과 표준편차를 구하시오.

(5) 위험자산 최적 포트폴리오를 지나는 CAL의 기울기인 위험보상비율을 구하시오.

(6) 문항 (5)의 CAL상에서 목표수익률 15%를 달성하려면 무위험자산과 위험자산 최적 포트폴리오에 각각 얼마의 비율로 투자해야 하는가? 또한 이 경우 최적 포트폴리오의 표준편차를 구하시오.

(7) 무위험자산이 존재하지 않아 두 위험자산으로 구성된 포트폴리오에만 투자한다고 가정하자. 목표수익률이 15%일 경우 각 펀드에 대한 투자비율과 그 포트폴리오의 표준편차를 구하시오. 그 결과를 문항 (6)의 결과와 비교하시오.

(8) 동일한 투자기회가 주어지되 차입의 기회만 없다고 가정하자. 목표수익률 29%를 달성하기 위한 투자방법과 그때의 표준편차를 구하시오. 또한 무위험이자율로 차입의 기회가 주어지면 포트폴리오의 표준편차는 얼마나 감소하는지 계산하시오.

3 주식시장에서 거래되는 수많은 주식 중 A, B 두 주식의 특징이 다음과 같다. 두 주식의 상관계수는 −1.0이다. 무위험이자율로 차입과 대여가 가능할 때, 균형 상태에서 무위험이자율이 10% 이상이 될 수 있는지를 검토하시오.

구분	A	B
기대수익률	0.10	0.05
표준편차	0.15	0.10

4 증권 A, B 수익률의 표준편차는 모두 20%이며, 두 증권 수익률 간에는 아무런 상관성이 없다.

(1) 두 증권에 대한 투자비율이 동일할 때 포트폴리오의 위험을 계산하시오.

(2) A에 60%, B에 40% 투자할 경우 포트폴리오의 위험을 계산하시오.

(3) 위험이 최소가 되는 포트폴리오를 구성하시오.

(4) 문항 (3)에서 구성한 포트폴리오가 투자자가 선택할 최적 포트폴리오인지 판단하시오.

5 주식 A의 수익률에 대한 분산이 0.16, 주식 B의 수익률에 대한 분산이 0.64, 둘 사이의 상관 계수는 −1.0이다. 현재 10,000원이 있다면 무위험 포트폴리오를 만들기 위해 각 주식에 얼마씩 투자해야 하는지를 계산하시오.

1 (1) 기대수익률 $= 0.7 \times 0.17 + 0.3 \times 0.07 = 0.14(14\%)$, 표준편차 $= 0.7 \times 0.27 = 0.189(18.9\%)$

(2) 자문사 포트폴리오 투자금액: $5,000,000 \times (0.7) = 3,500,000$(원)이므로,

주식 X: $3,500,000 \times (0.27) = 945,000$(원)

주식 Y: $3,500,000 \times (0.33) = 1,155,000$(원)

주식 Z: $3,500,000 \times (0.40) = 1,400,000$(원)

무위험자산: $5,000,000 \times (0.3) = 1,500,000$(원)

(3) $CAL: E(R_c) = 0.07 + 0.37\sigma_c$

위험보상비율 $RVAR = \dfrac{E(R_p) - R_f}{\sigma_p} = \dfrac{0.17 - 0.07}{0.27} = 0.37$

(4) ① $w(0.17) + (1 - w)(0.07) = 0.15$이므로, $w = 0.8$, 즉 위험자산에 80%를 투자한다.

② 주식 X: $0.8 \times 0.27 = 0.216(21.6\%)$

주식 Y: $0.8 \times 0.33 = 0.264(26.4\%)$

주식 Z: $0.8 \times 0.40 = 0.320(32.0\%)$

무위험자산: $1 - 0.8 = 0.2(20\%)$

③ $\sigma_p = 0.8 \times 0.27 = 0.216(21.6\%)$

(5) ① $w^* = \dfrac{E(R_p) - R_f}{A\sigma_p^2} = \dfrac{0.17 - 0.07}{(3.5)(0.27)^2} = 0.3919(39.19\%)$

② 포트폴리오 기대수익률 $= 0.3919 \times 0.27 + 0.6081 \times 0.07 = 0.1091(10.91\%)$

포트폴리오 표준편차 $= 0.3919 \times 0.27 = 0.1058(10.58\%)$

3 위험이 없는 포트폴리오에서 w_A를 구하면, $\sigma_p^2 = [w_A \times 0.05 + (1 - w_A) \times 0.10]^2 = 0$으로부터, $w_A = \dfrac{0.10}{0.15} = \dfrac{2}{3}$다. 이때 포트폴리오의 기대수익률 $E(R_p) = \dfrac{2}{3}(0.10) + \dfrac{1}{3}(0.15) = 0.1167$이다. 무위험자산과 포트폴리오는 모두 위험이 없다. 그러나 위험자산으로 포트폴리오를 구성하면 무위험자산(10%)보다 더 높은 수익률(11.67%)을 올릴 수 있다. 따라서 무위험이자율은 10% 이상 가능하다.

5 무위험포트폴리오에서, $\sigma_p^2 = [w_A \times 0.4 - (1 - w_A) \times 0.8]^2 = 0$이므로, $w_A = \dfrac{0.8}{1.2} = \dfrac{2}{3}$이다.

$\therefore$ 주식 A에 대한 투자금액: $10,000 \times \left(\dfrac{2}{3}\right) = 6,667$(원)

주식 B에 대한 투자금액: $10,000 \times \left(\dfrac{1}{3}\right) = 3,333$(원)[또는 $10,000 - 6,667 = 3,333$(원)]

CHAPTER 5

자산가격결정모형

학습목표

☑ 자본시장선과 증권시장선을 구분하고, 그 차이를 이해할 수 있다.

☑ 시장균형가격을 이해할 수 있다.

☑ 시장모형을 활용하여 베타를 추정하고, 이때 발생할 수 있는 문제점을 분석할 수 있다.

☑ 체계적 위험을 해석할 수 있다.

☑ 차익거래기회와 요인모형의 관계를 이해할 수 있다.

☑ 다양한 자산가격결정모형의 관계를 이해할 수 있다.

1 자본자산가격결정모형

4장에서 투자자가 위험자산을 선택할 때 최적 포트폴리오를 구성하는 절차를 살펴보았다. 투자자는 위험자산의 최적 포트폴리오를 구성할 때 자본배분선(CAL)이 위험자산만으로 구성된 효율적 프런티어와 접하는 점을 선택하는 것을 알 수 있었다. 또한 무위험자산이 존재할 때, 무위험자산을 포트폴리오에 포함할 경우 최적 포트폴리오의 자산배분에 대해 살펴보았다. 이제 최적 포트폴리오에 포함된 자산의 기대수익률을 어떻게 예측할 수 있는지 이론적인 모형을 활용하여 살펴보자.

1952년 마코위츠(Harry Max Markowitz)가 현대 포트폴리오 관리의 초석이 되는 논문을 발표한 이후 샤프(William F. Sharpe)[1], 린트너(John Lintner)[2], 모신(Jan Mossin)[3]은 자본자산가격결정모형(CAPM, capital asset pricing model)을 유도하였다. 마코위츠와 샤프는 현대 포트폴리오이론의 창시자로 공적을 인정받아 1991년 노벨경제학상을 수상하였다.

CAPM은 자본자산, 즉 위험자산의 균형기대수익률을 예측하는 모형이다. CAPM으로부터 특정 위험자산에 투자한 투자자들이 요구하는 최소한의 요구수익률이 도출되고, 균형 상태에서는 요구수익률과 기대수익률은 같게 된다.[4] 따라서 투자자산의 기대수익률이 요구수익률보다 높은 불균형 상태에서 투자자들은 그 자산을 매입하게 된다.

하지만 CAPM은 현실을 지나치게 단순화한 가정으로부터 유도되었다. 비현실적인 가정

---

1 W. F. Sharpe(1964), "Capital Asset Prices: A Theory of Market Equilibrium under Conditions of Risk", Journal of Finance, 19(3), pp. 425-442.

2 J. Lintner(1965), "The Valuation of Risk Assets and the Selection of Risky Investments in Stock Portfolios and Capital Budgets", Review of Economics and Statistics, 47(1), pp. 13-37.

3 J. Mossin(1966), "Equilibrium in a Capital Asset Market", Econometrica, 34(4), pp. 768-783.

4 균형 상태: 수요와 공급이 청산되는 상태를 말한다. 이러한 균형의 개념을 왈라스 균형(Walras' Equilibrium)이라고 하며, 이는 내시균형(Nash Equilibrium)으로서 특정 상태에서 게임 참가자 사이에 이탈의 동기가 없는 상황을 말한다. 균형 상태에서 투자자의 요구수익률이 기대수익률과 같아지게 됨으로써 투자자는 추가적인 매입 또는 매도할 필요성을 느끼지 못한다.

에서 출발하였기 때문에 CAPM의 현실 타당성에 대한 논란이 제기될 수 있다. 그러나 대부분 사회과학 분야의 이론처럼 이론이 비현실적인 가정에서 출발하더라도, 현실을 어느 정도 설명할 수 있는지에 따라 그 가치가 평가되어야 한다. 이론을 유도하기 위해 도입된 다음과 같은 비현실적인 가정들을 하나씩 현실화했을 때, 그 이론이 어떻게 수정되는지를 통해 복잡한 현실을 설명할 수 있기 때문이다. CAPM을 유도하기 위한 가정은 다음과 같다.

❶ 모든 투자자는 기대효용극대화를 투자의 목표로 삼고, 구체적으로 기대수익률과 분산을 활용하여 의사결정한다. 즉, 기대수익률이 일정하면 위험이 가장 낮은 포트폴리오를, 위험이 일정하면 기대수익률이 가장 높은 포트폴리오를 선택한다.

❷ 완전자본시장이 존재한다. 즉, 다수의 투자자가 참여하는 완전경쟁이 이루어져 모두 가격에 영향을 미치지 못하는 가격수용자(price taker)가 된다. 또한 모든 정보가 모든 투자자에게 비용 없이 즉시 전달되는 정보의 효율성이 달성되며, 투자자들은 거래비용이나 투자수익에 대해 세금을 납부하지 않는다.

❸ 모든 투자자는 하나의 동일한 투자기간을 설정한다.

❹ 투자 대상은 공개시장에서 활발히 거래되는 주식이나 채권 등 금융자산과 무위험자산에 한정한다. 즉, 거래가 이루어지지 않는 자산을 제외한 모든 자산은 무한히 분리할 수 있으며, 무위험이자율로 제한 없이 차입과 대여가 가능하다.

❺ 모든 투자자는 자산의 확률분포에 대해 동질적으로 예측(homogeneous expectation)한다. 즉, 투자자들은 각 자산의 미래 현금흐름을 동일하게 예상하므로 각 자산의 기대수익률, 분산 및 공분산은 모든 투자자에게 동일하다. 따라서 위험자산의 최적 포트폴리오가 오직 하나만 존재한다.

CAPM의 가정은 기본적으로 모든 투자자가 부의 수준과 위험회피도를 제외한 모든 면에서 유사하다고 본다. 이 경우 투자자의 위험회피도와 부의 수준은 최적 포트폴리오를 선택하는 데 영향을 미치지 못한다는 것을 알 수 있었다. 따라서 투자 대상 자산을 투자자에게 가용한 모든 자본자산으로 확대하더라도 이러한 논리는 동일하게 적용할 수 있다. 결국, 모든 투자자의 위험자산 최적 포트폴리오는 동일하게 될 것이다.

이러한 위험자산의 최적 포트폴리오를 시장 포트폴리오(market portfolio)라고 한다. 시장 포트폴리오는 주위에 존재하는 모든 자본자산을 포함하고 있으며, 시장 포트폴리오에서 각 개별자산이 차지하는 비율은 시장 전체의 시가총액에서 각 자산의 시가총액이 차지하는 비율이 된다. 시장 포트폴리오는 모든 개별 포트폴리오들의 합계이기 때문이다.

만약 특정 주식 A가 시장 포트폴리오에 포함되어 있지 않다고 가정하자. 그러면 모든 투자자는 효율적인 시장 포트폴리오에만 투자하게 되므로 어떤 투자자도 주식 A를 매입하지 않을 것이다. 주식 A에 대한 수요 감소는 A의 가격을 하락시키고, 미래 전망이 동일하다면 가격의 하락은 기대수익률을 상승시킬 것이다. 따라서 주식 A는 다시 투자자의 관심을 끌게 되어 자연히 시장 포트폴리오에 포함된다. 이러한 과정을 거쳐 차입자들의 차입금액과 대여자의 대여금액이 동일해지고, 개별자산이 시장에서 거래되는 모든 자산의 시가총액에서 개별자산의 시가총액이 차지하는 비율에 따라 시장 포트폴리오에 포함될 때 시장은 균형 상태에 이르게 된다. 결국, 무위험이자율로 차입과 대여가 제한 없이 가능하다면, 시장 포트폴리오만이 위험자산 포트폴리오 중에서 유일한 최적 포트폴리오가 된다. 개별자산의 가격을 결정하는 데 시장 포트폴리오가 중요한 역할을 한다.

이론적인 시장 포트폴리오에는 주위에서 거래되는 모든 자산, 즉 주식, 채권, 부동산, 인력 자산 등이 전부 포함되어야 하지만, 그렇게 구성하는 것은 어렵기 때문에 통상 주가지수를 시장 포트폴리오의 대용치(proxy)로 사용한다.

이러한 논리적 절차를 그림과 수식으로 살펴보자. 투자자에게 가용한 자본자산을 모두 포함했을 때 얻을 수 있는 위험자산의 최적 포트폴리오는 시장 포트폴리오이며, 이는 가장 높은 효용을 제공하는 효율적 포트폴리오가 된다. 이 경우 4장에서 살펴본 자본배분선(CAL)을 대체하는 투자기회집합은 자본시장선(CML, capital market line)이 된다. 이 상황을 나타내면 그림 5.1 과 같다.

그림 5.1 시장 포트폴리오와 자본시장선

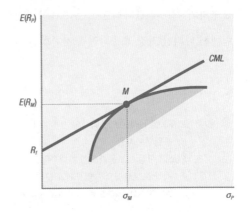

결과적으로 자본시장선은 최적 자본배분선으로 간주할 수 있다. 그러나 투자자가 증권분석을 통해 자신의 최적 자본배분선을 찾아도 이러한 자본배분선은 자본시장선보다 효율성이 떨어진다. 개별 투자자의 자본배분선상 위험자산 포트폴리오는 자본시장선을 구성하는 효율적 투자기회집합의 부분집합이기 때문이다. 따라서 자본시장선은 모든 형태의 자본배분선을 지배하므로, 가장 효율적인 시장 포트폴리오의 결정은 투자자 개인의 효용함수와는 관계없이 객관적으로 결정할 수 있다. 투자자는 위험자산 투자 시 자신의 위험회피도 및 효용함수에 관계없이 시장 포트폴리오에 투자하고, 자신의 위험회피도와 효용함수에 따라 무위험자산과 시장 포트폴리오에 투자자금을 배분한다. 이러한 투자의사결정과정을 분리정리

(separation theorem) 또는 2기금 정리(two fund theorem)라고 한다. 그리고 이때 사용되는 시장 포트폴리오로 시장지수를 활용한다. 시가총액의 비율로 구성된 시장지수는 시장 포트폴리오의 훌륭한 대용치가 되기 때문이다. 특별한 분석 없이 단순히 시장 포트폴리오에 투자하는 소극적 투자전략은 시장 포트폴리오의 효율성에서 혜택을 얻을 수 있다.

한편, 이러한 소극적 투자전략은 전적으로 시장의 효율성에 의존한다. 그림 5.1 은 특정 시점에서 균형 상태에 있는 자본시장을 촬영한 사진과 같다. 해당 종목에 대한 정보가 시장에 시시각각 유입되며, 이 정보는 기대수익률과 위험에 영향을 미치고, 시가총액의 비율도 조정될 것이다. 이 과정은 균형에 수렴하는 과정으로, 결과적으로 해당 정보가 시장 가격에 신속히 반영된다. 또한 정보가 모든 투자자에게 전달되는 과정은 시장의 효율성에 따라 다르게 나타난다(시장효율성에 대해서는 6장에서 다룰 것이다). CAPM의 가정은 완전자본시장을 요구하기 때문에 결과적으로 CAPM의 세계에서는 소극적 투자전략이 가장 효율적이다. 그림에서 나타난 가장 효율적인 투지기회인 자본시장선을 수식으로 표현하면 다음과 같다.

$$E(R_P) = R_f + \frac{E(R_M) - R_f}{\sigma_M}\sigma_P \tag{5.1}$$

여기서, $E(R_P)$: 효율적 포트폴리오의 기대수익률
  R_f: 무위험이자율
  $E(R_M)$: 시장 포트폴리오의 기대수익률
  σ_M: 시장 포트폴리오 수익률의 표준편차
  σ_P: 효율적 포트폴리오 수익률의 표준편차

투자론

자본시장에서 균형 상태는 두 가지 변수로 특징지을 수 있다. 첫째, 자본시장선의 수직 절편에 해당되는 무위험이자율로서, 이는 현재 소비의 희생에 대한 시간 보상(reward for time)을 나타낸다. 둘째, 자본시장선의 기울기에 해당되는 투자위험 한 단위를 택하는 것에 대한 보상(reward for unit of risk borne)으로, 이는 위험의 시장가격(market price of risk)을 나타낸다. 식 (5.1)의 기울기에 해당하는 위험의 시장가격은 결국 시장위험프리미엄으로도 표현된다. 앞서 3장에서 위험프리미엄과 위험회피도에 대한 관계를 살펴보았다. 이러한 위험의 시장가격은 해당 시장에서 투자자의 평균적인 위험회피도에 의해 결정된다. 시장에서 투자자의 위험회피도가 평균적으로 2이며, 표준편차가 20%, 무위험이자율이 5%라면, 시장 포트폴리오의 기대수익률은 다음과 같다.

$$E(R_M) = R_f + \frac{1}{2}A\sigma^2 = 0.05 + 2 \times \frac{1}{2} \times 0.2^2 = 0.09$$

그렇다면, 균형 상태에서 개별 증권의 기대수익률은 어떻게 얻을까? 자본시장선은 효율적 포트폴리오의 기대수익률과 위험과의 관계를 나타낸다. 효율적 포트폴리오란 충분히 분산투자되어 제거할 수 있는 비체계적 위험은 모두 제거되고 체계적 위험만 남은 포트폴리오를 말한다. 그러나 개별자산은 비효율적이기 때문에 자본시장선 아래에 위치하여 자본시장선으로는 개별자산의 기대수익률을 설명할 수 없다. 즉, 자본시장선은 효율적 포트폴리오의 체계적 위험 한 단위에 대한 시장에서의 균형가격을 설명할 뿐, 비체계적 위험과 체계적 위험의 차이가 존재하는 개별자산의 균형가격을 설명하지는 못한다. 따라서 시장에서 보상해야 하는 위험은 분산투자로도 제거할 수 없는 체계적 위험이며, 분산투자로 제거할 수 있는 비체계적 위험까지 포함하는 것은 아니다.

CAPM에서 개별자산에 적합한 위험프리미엄은 그 자산이 투자자의 전체 포트폴리오 위험에 공헌하는 정도에 따라 결정된다는 직관으로 유도할 수 있다. 투자자에게 중요한 위험은 포트폴리오 위험이며, 투자자가 요구하는 위험프리미엄을 결정하는 것도 포트폴리오 위험이다. 비체계적 위험은 시장 포트폴리오를 보유함으로써 아주 낮은 수준까지 제거할 수 있다. 이러한 직관을 바탕으로 개별 증권의 기대수익률을 나타낸 것이 증권시장선(SML, security market line)이다. 증권시장선을 찾기 위해 다음을 생각해보자. CAPM이 성립하는 세계에서 모든 투자자는 시장 포트폴리오를 보유한다. 따라서 개별 증권은 시장 포트폴리오의 일부로 포함될 것이다.

그렇다면 개별 증권이 시장 포트폴리오 기대수익률에 기여하는 공헌도와 시장 포트폴리오 위험에 기여하는 공헌도의 비율이 존재하여, 이 비율이 시장 포트폴리오를 보유할 때의 위험에 대한 시장가격과 같아지는 점을 생각해보자. 앞서 자본시장선을 나타내는 식 (5.1)에서 기울기는 시장 포트폴리오의 한 단위 위험에 대한 보상을 의미하였다. 개별 증권이 시장 포트폴리오에 기여하는 위험공헌도 대비 보상공헌도의 비율이 이 기울기보다 크거나 작다면, 균형 상태를 이탈하게 된다. 이 비율이 자본시장선의 기울기보다 클 때 투자자는 개별 증권의 투자비율을 늘리려고 할 것이고, 반대의 경우에는 줄이려고 할 것이기 때문이다. 매입수요가 증가하면 가격이 상승하게 되고, 이는 동일한 미래 전망에 대해 기대수익률의 감소로 이어질 것이다. 이로 인해 위험공헌도 대비 보상공헌도의 비율은 감소하게 된다. 반대로 매입수요가 감소하면, 비슷한 논리로 이 비율은 증가하게 된다. 결국 자본시장선의 기울기에 수렴되며 균형 상태를 회복할 것이다. 이 과정을 수식으로 간단히 표현하면 다음과 같다. 우선 시장 포트폴리오의 위험프리미엄을 살펴보자.

$$E(R_M) - R_f = w_1(E(R_1) - R_f) + \cdots + w_i(E(R_i) - R_f) + \cdots + w_n(E(R_n) - R_f) \quad (5.2)$$

식 (5.2)에서 개별 증권 i가 시장 포트폴리오에 기여하는 부분은 $w_i(E(R_i) - R_f)$이다. 시장 포트폴리오의 위험을 표현하면 다음과 같다.

$$\sigma_M^2 = \sum_{i=1}^{n}\sum_{j=1}^{n} w_i w_j \sigma_{ij} \quad (5.3)$$

식 (5.3)에서 개별 증권 i가 시장 포트폴리오 위험에 기여한 부분만을 추출하면 다음과 같다.

$$w_i \sum_{j=1}^{n} w_j Cov(R_i, R_j) = w_i Cov(R_i, \sum_{i=1}^{n} w_j R_j) = w_i \sigma_{iM} \quad (5.4)$$

식 (5.4)는 개별 증권 i의 체계적 위험에 대한 기여도만을 나타낸 것이다. 공분산 연산에 의해 개별 증권 i가 시장 포트폴리오 위험에 기여하는 정도는 개별 증권 i와 시장과의 공분산으로 압축된다.

투자론

앞서 균형 상태에서는 자본시장선의 기울기와 개별 증권이 시장 포트폴리오의 위험프리미엄과 위험에 기여하는 비율이 같아짐을 확인하였다. 즉, 균형에서 다음이 성립해야 한다.

$$\frac{(E(R_i) - R_f)}{\sigma_{iM}} = \frac{E(R_M) - R_f}{\sigma_M^2} \tag{5.5}$$

이를 다시 개별 증권 i의 기대수익률로 정리하면 다음과 같은 증권시장선을 도출할 수 있으며, 보통 증권시장선을 자본자산가격결정모형이라고 한다.

$$E(R_i) = R_f + \frac{\sigma_{iM}}{\sigma_M^2}[E(R_M) - R_f] = R_f + \beta_i[E(R_M) - R_f] \tag{5.6}$$

결국, 개별 증권의 위험프리미엄 크기를 결정하는 것은 시장 포트폴리오와 개별 증권 간 공분산의 크기이며, 이를 베타(β)로 측정한다. 베타는 시장 포트폴리오 수익률의 변화에 따라 개별 증권 i의 수익률이 어느 정도 변하는지를 측정한 민감도를 나타내며, 개별 증권 i의 체계적 위험을 측정하는 지표가 된다. 증권시장선을 자본시장선과 비교하면 그림 5.2 와 같다.

시장 포트폴리오의 베타는 정의상 1이기 때문에, 그림에서 시장 포트폴리오를 증권시장선상에 나타낼 경우 M에 표시된다. 개별 증권 i의 실제 베타가 β_i이고 균형 상태라면 점 I에 위치해야 한다. 하지만, 개별 증권 i가 증권시장선 아래의 점 X에 위치한다면 어떻게 될까? 즉, 개별 증권 i의 체계적 위험인 베타가 상승한 경우이다. 개별 증권 i의 실제 베타가 균형점

그림 5.2 자본시장선과 증권시장선

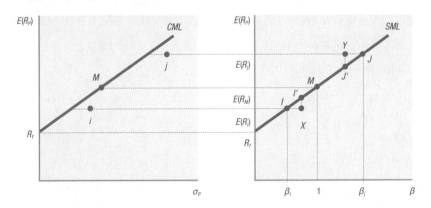

I에 비해 크기 때문에 투자자는 개별 증권 i의 요구수익률을 점 I′으로 올릴 것이다. 점 X에서 점 I′으로 이동하는 과정은 다음과 같다.

점 X는 개별 증권 i의 체계적 위험에 비해 현재 기대수익률이 낮기 때문에 증권의 가격은 고평가된 상태이다. 따라서 매도수요가 증가하여 가격이 하락하고 기대수익률이 상승하여 점 I′으로 이동한다. 이와 반대되는 상황은 개별 증권 j의 경우이다. 개별 증권 j의 실제 베타는 β_j이고 균형 상태라면 점 j에 위치해야 한다. 그러나 개별 증권 j의 체계적 위험이 감소하여 현재 점 Y에 위치한 상태라면 투자자는 체계적 위험에 비해 기대수익률이 높은 상태이다. 따라서 매입수요가 증가하여 가격이 상승하므로 점 j′으로 이동할 것이다. 이와 같이 증권시장선을 통해 균형 상태에서 개별자산의 기대수익률을 찾을 수 있으며, 이를 개별자산의 가치평가에도 활용할 수 있다.

한편, 증권시장선의 특징 중 하나는 포트폴리오 베타가 포트폴리오를 구성하는 개별자산 베타들을 가중평균하여 결정된다는 것이다. 이때 가중치는 개별자산이 포트폴리오에서 차지하는 비율인데, 베타를 규정짓는 공분산이 가합성(the principle of additivity)이 있기 때문이다.

$$\beta_P = \sum_{i=1}^{n} w_i \beta_i \qquad (5.7)$$

식 (5.7)은 포트폴리오 베타를 의미하며, 투자자가 보유한 포트폴리오의 체계적 위험을 나타낸다.

종합해보면, 자본시장선과 증권시장선의 차이는 명확하다. 자본시장선은 주위에 존재하는 효율적 포트폴리오의 기대수익률과 위험(총위험) 사이의 관계를 설명한다. 또한 증권시장선은 효율적이든 비효율적이든 모든 자산이나 포트폴리오의 기대수익률과 위험(체계적 위험) 사이의 관계를 설명한다.

개념점검 1

현재 시장위험프리미엄은 8%이고, 주식 A의 베타는 1.5, 무위험이자율은 4%로 추정될 때, 다음 물음에 답하시오.

(1) 균형 상태에서 주식 A의 기대수익률을 구하시오.

(2) 시장에서 주식 A의 위험프리미엄이 9.5%라고 한다면, 이 주식의 시장가격이 고평가된 것인지, 저평가된 것인지를 증권시장선을 그려 표시하시오.

(3) 베타가 0.8인 주식 B와 주식 A에 절반씩 투자할 경우, 이 포트폴리오의 기대수익률을 구하시오.

증권시장선은 실무에서 널리 활용되는 대표적인 방법이다. 단순한 가정에도 불구하고 실무에서 폭넓게 사용하는 이유는, 증권시장선을 활용하면 체계적 위험과 비체계적 위험을 구분할 수 있기 때문이다. 따라서 체계적 위험의 측정치로 베타를 사용하는 것은 투자이론과 실무에서 일반적이다. 실무에서 CAPM을 활용한 예를 살펴보자.

첫째, 자본예산에서 CAPM을 활용하여 할인율을 추정하거나 경영진의 벤치마크 수익률인 임계금리(hurdle rate)를 결정하는 데 CAPM의 결과를 활용할 수 있다. 특정 투자안의 내부수익률(IRR)이 CAPM에 의해 평가된 임계금리보다 높으면 해당 투자안을 채택하고, 반대로 CAPM의 결과보다 투자안의 내부수익률이 낮으면 해당 투자안을 기각할 수 있다. 예를 들어, 어떤 투자안의 내부수익률이 15%, 베타가 1.2, 무위험이자율이 4%, 시장위험프리미엄이 8%일 때, 임계금리는 CAPM에 의해 $0.04 + 1.2 \times 0.08 = 0.136$, 즉 13.6%로 추정할 수 있다. 따라서 이 투자안의 내부수익률이 임계금리보다 높아 양(+)의 NPV를 가지게 되며, 해

모범답안 1

(1) 주식 A의 기대수익률 $= 0.04 + 1.5 \times 0.08 = 0.16(16\%)$

(2) 주식 A의 실제 요구수익률 $= 0.04 + 0.095 = 0.1350(13.50\%)$

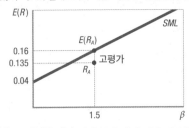

(3) 포트폴리오 베타 $= 0.5 \times 1.5 + 0.5 \times 0.8 = 1.15$이므로,
포트폴리오 기대수익률 $= 0.04 + 1.15 \times 0.08 = 0.1320(13.20\%)$

당 투자안을 채택하는 의사결정을 할 수 있다.

둘째, 투자에 대한 성과평가 기준으로 CAPM의 결과를 활용할 수 있다. [그림 5.2]에서 개별 증권 j가 증권시장선 위에 존재할 때 저평가된 주식으로 간주하였다. 이 경우 균형 상태인 점 j'의 수익률과 실제 수익률의 차이를 알파(α)라고 하는데, 이는 균형모형에 의한 예측값을 초과하는 비정상수익률을 의미한다. 한편, 포트폴리오 베타와 같이 포트폴리오의 알파도 개별 증권 알파의 가중합이 되는데, 이는 CAPM이 선형성(linearity)을 갖기 때문이다. 알파와 포트폴리오 알파를 수식으로 표현하면 다음과 같다.

$$\alpha = R_i - E(R_i) \tag{5.8}$$

$$\alpha_P = \sum_{i=1}^{n} w_i \alpha_i \tag{5.9}$$

 하지만 성과평가의 경우 베타와는 달리 알파를 실무적으로 사용하는 데는 한계가 있다. 알파는 균형 상태의 수익률을 초과하는 비정상수익률 개념인데, 시장 포트폴리오의 설명력이 높더라도 투자전략 등의 차별성을 단순히 비정상수익률로 평가하는 것은 적절하지 않기 때문이다. 따라서 실제로 포트폴리오 관리자의 보상은 이러한 알파만을 기준으로 결정되지 않는다.

그 유용성에도 불구하고, CAPM에 관한 초기 연구들은 CAPM의 가정만큼이나 CAPM이 비현실적이어서 실용적이지 못하다고 혹평하였다. 블랙 · 젠센 · 숄즈[5], 파마 · 맥베스[6], 롤[7] 등 초기의 연구에서는 실증분석 결과가 CAPM을 부분적으로만 지지하거나, 현실적으로 시장 포트폴리오를 구성하기 어렵다는 문제를 제기하는 등 CAPM이 현실적이지 못하다고 주장하였다. 나아가 파마 · 프렌치는 CAPM에서 일반적으로 활용되는 기업 특성인 기업 규모나 시장가치 대비 장부가치 비율 등을 통제하였을 때 기업의 베타가 미래 수익률 예측에

[5] F. Black, M. C. Jensen, and Scholes M.(1972), "The Capital Asset Pricing Model: Some Empirical Test", in Jensen(ed.), Studies in the Theory of Capital Markets, Praeger Publishers Inc.

[6] E. F. Fama and J. MacBeth(1973), "Risk, Return, and Equilibrium: Empirical Tests", Journal of Political Economy, 71, pp. 607-636.

[7] R. Roll(1977), "A Critique of the Asset Pricing Theory's Tests", Journal of Financial Economics, 4(2), pp. 129-176.

투자론

전혀 공헌하지 못한다고 주장하면서 CAPM의 비현실성을 비판하였다.[8] 그러나 주가수익률에 대한 예측력이나 설명력이 다소 부족하더라도 CAPM이 현재까지도 사용되고 있는 이유는, 무엇보다도 CAPM 외에 체계적 위험에 대해 제대로 평가할 수 있는 모형이 존재하지 않기 때문이다.

---

8 E. F. Fama and K. R. French(1992), "The Cross Section of Expected Stock Returns", Journal of Finance, 47, pp. 427-465.

2 시장모형

자본자산가격결정모형(CAPM)을 현실적으로 사용하는 데는 두 가지 문제점이 있다. 이 모형은 모든 자산을 포함하는 이론적인 시장 포트폴리오에 의존하며, 실제 수익률이 아닌 기대수익률에 의존한다는 점이다. 이러한 한계를 인정한다면 시장 포트폴리오는 시장지수를 사용하고, 기대수익률은 사후적 자료인 실제 수익률을 사용할 수 있다. 이 두 가지의 자료를 활용하여 CAPM을 실제로 사용하기 위한 모형이 시장모형(market model)이다. 시장모형은 다음과 같은 수식으로 표현할 수 있다.

$$R_{i,t} = \alpha_i + \beta_i R_{M,t} + \epsilon_{i,t} \tag{5.10}$$

식 (5.10)은 회귀식을 나타낸다. 여기서 α, β는 추정해야 할 모수이며, $\epsilon_{i,t}$는 회귀모형에서 증권 i의 잔차(error)를 의미한다. 이 식을 추정하기 위해 증권 i와 시장지수 수익률의 시계열 자료인 $R_{i,t}, R_{M,t}$이 필요하다. 여기서 추정되는 모수 β_i는 시장지수에 대한 증권 i의 움직임에 대한 민감도를 나타내며, β_i의 추정치 $\hat{\beta}_i$는 CAPM의 베타와 동일한 $\frac{\sigma_{iM}}{\sigma_M^2}$이다. 따라서 시장모형은 CAPM의 베타를 추정하는 데 매우 유용하다.

또한 시장모형은 비정상수익률(abnormal return)을 도출하는 데도 유용하다. 식 (5.10)을 오차에 대해 정리하면 그 의미가 분명해진다.

$$\epsilon_{i,t} = R_{i,t} - E(R_i) = R_{i,t} - [\alpha_i + \beta_i R_{M,t}] \tag{5.11}$$

회귀식의 오차인 $\epsilon_{i,t}$는 실제 수익률에서 예측된 수익률을 차감한 것으로 해석할 수 있으며, 이를 비정상수익률로 정의한다. 이러한 비정상수익률은 자본시장의 효율성 정도를 측정하는 사건연구(event study)에서 많이 활용되기 때문에 시장모형의 활용도를 증대시킨다. 이는 6장에서 다시 살펴볼 것이다.

CAPM을 근거로 한 시장모형에서는 회귀모형의 추정을 통해 위험을 체계적 위험과 비체계적 위험으로 구분할 수 있다. 식 (5.10)에 분산을 취하면 다음과 같다.

$$Var(R_{i,t}) = Var(\alpha_i + \beta_i R_{M,t}) + \epsilon_{i,t}) = \beta_i^2 \sigma_M^2 + \sigma_\epsilon^2 \qquad (5.12)$$

식 (5.12)를 통해 증권 i의 체계적 위험은 $\beta_i^2 \sigma_M^2$이고, 비체계적 위험은 σ_ϵ^2로 추정할 수 있다. 물론 회귀모형의 가정상 시장 포트폴리오와 오차는 서로 독립적이다. 따라서 추정된 값을 이용하면 위험의 크기를 다음과 같이 계산할 수 있다.

- 체계적 위험: $\beta_i^2 \sigma_M^2$
- 비체계적 위험: $\sigma_\epsilon^2 = \dfrac{1}{T} \displaystyle\sum_{t=1}^{T} \epsilon_{i,t}^2$

이와 같이 시장모형은 CAPM의 베타 추정, 체계적 위험과 비체계적 위험의 크기, 그리고 비정상수익률의 도출 등을 비교적 쉽게 처리할 수 있어, 실무적으로 많이 활용되고 있다.

베타를 추정하기 위해서는 식 (5.10)과 같은 회귀모형을 사용하면 된 다. 많은 통계패키지를 통해 쉽게 산출할 수 있지만, 여기서는 엑셀을 활용 하여 회귀분석을 수행해보자. 식 (5.10)과 같은 회귀모형은 독립변수가 시 장지수 수익률 1개이기 때문에, 간단한 수식으로도 추정치를 구할 수 있 다. 하지만 단순히 베타의 추정치만 찾는 것이 아니라, 증권의 체계적 위험과 비체계적 위험 및 CAPM의 설명력을 살펴보기 위해서는 차트를 활용하는 것이 바람직하다.

실제 엑셀 자료를 활용하여 시장모형을 도출해보자. 엑셀 **투자론.xlsx**의 '5-1 시장모형' sheet에 2023년 1월부터 12월까지 코스피지수와 삼성전자 주식의 일별 수익률을 정리하였 다. 그림 5.3과 같은 산포도를 그리기 위해서는 [차트 > 분산형]을 선택한 후 x축에는 코스피 지수 수익률 범위를, y축에는 삼성전자 주가수익률 범위를 지정한다. 그림에 추세선을 추가 하려면, 차트의 데이터 점에서 오른쪽 마우스를 클릭한 후 '추세선 추가'를 선택하면 된다. 추 세선 추가 후 선형모형을 선택하고 옵션에 회귀식을 차트에 나타내기 위한 몇 가지 항목을 선택하면 그림과 같은 결과가 나타난다. 여기서 베타는 0.926이며, 알파는 0.0009로 추정되 었다. 차트를 활용한 분석은 산포도를 통해 여러 주식을 비교할 때 편리하다는 장점이 있다.

삼성전자 주식의 경우 회귀식의 결정계수(R^2)가 45.33%로 높은 편이다. 또한 자료들이 회귀식에 근접하여 많이 모여 있는 것을 확인할 수 있다.

그림 5.3 시장모형 차트(투자론.xlsx 의 '5-1 시장모형' sheet)

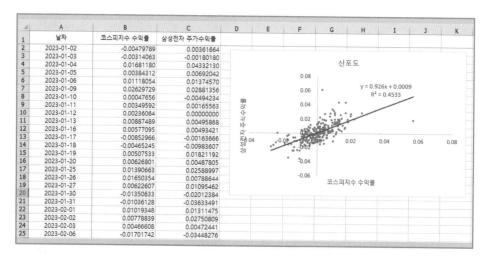

차트를 사용하지 않고 엑셀에서 더 자세한 회귀분석을 수행하려면 데이터분석을 활용하면 된다. [데이터 > 데이터분석 > 회귀분석]을 선택하여 그림 5.4 와 같이 범위와 옵션을 지정

그림 5.4 회귀분석 결과(투자론.xlsx 의 '5-1 시장모형' sheet)

요약 출력

	회귀분석 통계량				
다중 상관계수	0.673307079				
결정계수	0.453342423				
조정된 결정계수	0.451074134				
표준 오차	0.009847758				
관측수	243				

분산 분석

	자유도	제곱합	제곱 평균	F 비	유의한 F
회귀	1	0.019382186	0.019382186	199.8609888	1.88296E-33
잔차	241	0.023371778	9.69783E-05		
계	242	0.042753964			

	계수	표준 오차	t 통계량	P-값	하위 95%	상위 95%	하위 95.0%	상위 95.0%
Y 절편	0.000868184	0.000633151	1.371212611	0.171584126	-0.000379032	0.0021154	-0.000379032	0.0021154
X 1	0.92596043	0.065498056	14.13721998	1.88296E-33	0.796938677	1.054982184	0.796938677	1.054982184

잔차 출력

관측수	Y 예측치	잔차
1	-0.003574472	0.007191108
2	-0.002039912	0.000238111
3	0.016435244	0.026886056
4	0.004426761	0.002493655

한다.

그림 5.4 에서 다중 상관계수는 코스피지수 수익률과 삼성전자 주가수익률의 상관계수를 의미한다. 그 아래에 결정계수와 조정된 결정계수가 추출되어 있다. 결정계수 R^2는 $\dfrac{\beta_i^2 \sigma_M^2}{\sigma_i^2}$로, 총위험에서 체계적 위험이 차지하는 비율을 의미한다. 표준오차는 σ_ϵ를 의미하며, 이는 오차의 표본표준편차를 뜻한다. 즉, 비체계적 위험을 표준편차로 나타낸 크기이다. 그리고 분산분석을 나타내는 표는 회귀분석 모형의 적합도를 판단하는 기준이 된다. 'F비'에 대한 '유의한 F', 즉 F-value에 대한 p-value의 결과를 통해 모형이 아주 유의하다고 판단할 수 있다. 추정된 계수인 'Y절편', '$X1$'은 각각 알파와 베타에 대한 추정치이다. 이 추정치에 대한 유의성 검증은 't 통계량'을 살펴보면 알 수 있다. 이 예시에서는 't 통계량'에 대한 'P-값' 중 '$X1$'인 베타 추정치만이 1% 수준에서 통계적으로 유의하다고 판단할 수 있다. 다음의 잔차출력은 각 관측값에서 나타나는 오차를 의미한다. 그림 5.4 에서는 출력범위를 지정하여 하나의 시트에 모두 나타냈지만, 옵션 항목을 선택하면 새로운 시트에 출력하여 회귀분석 결과를 확인할 수도 있다.

베타는 실제 투자에서 중요한 지표이다. 분산투자로 인해 비체계적 위험은 비교적 손쉽게 제거되는 반면, 체계적 위험은 여전히 남아 있기 때문이다. 따라서 투자전략에서 체계적 위험의 크기를 결정하고 이를 관리하는 것은 포트폴리오 관리자의 의사결정 시 매우 중요한 요소가 된다. 이를 다음 사례를 통해 살펴보자. 실제로 베타 추정 시 종종 나타나는 문제점을 확인할 수 있을 것이다.

그림 5.5 에는 시장, 주식 A, 주식 B의 2년간 월별 수익률이 나타나 있다. 현재 투자자는 지수펀드를 보유하고 있으며, 소기업 주식 A와 B를 지수펀드 내에 편입하여 총투자자금 중 1%를 투자하려고 한다. 투자자는 이들 주식을 편입함으로써 포트폴리오의 위험을 줄이고 싶어 한다. 그렇다면 어느 주식이 더 위험하고, 어느 주식이 덜 위험할까?

우선 자산의 특성을 파악하기 위해 각 자산의 기대수익률과 표준편차를 산출해보자.

구분	시장	A	B
평균수익률	1.10%	−2.27%	−0.67%
표준편차	4.61%	9.23%	8.17%

그림 5.5 시계열 자료(**투자론.xlsx** 의 '5 - 2 베타 사례' sheet)

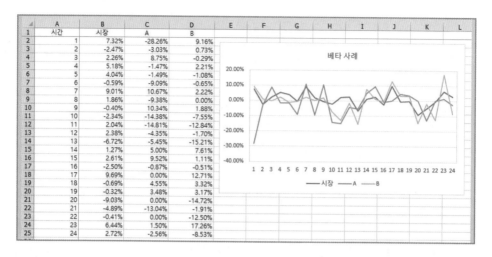

표준편차는 A가 B보다 다소 크다. 그렇다면 주식 A가 B보다 위험이 크다고 볼 수 있을까? 평균수익률은 주식 B가 A보다 높기 때문에 2년 동안의 성과는 B가 더 좋았다고 평가할 수 있다. 이렇게 단순한 통계량을 살펴보는 것만으로는 주식 B를 지수펀드에 편입하는 것이 안전해 보인다. 하지만 이러한 판단에는 체계적 위험과 비체계적 위험을 구분하지 않은 것에 따른 오류가 존재한다. 이제 시장모형을 통해 각 주식의 베타 추정치와 산포도를 살펴보자.

베타 추정치는 주식 A는 0.1474, 주식 B는 1.1633이다. 이를 통해 주식 B는 현재 보유하고 있는 지수펀드와의 차별성이 크게 없어 보유할 유인이 존재하지 않는다. 반면, 주식 A는 지수펀드와의 상관관계가 낮아 더 큰 분산투자효과가 기대된다고 판단할 수 있다. 즉, 포트

그림 5.6 시장과 각 주식의 산포도(**투자론.xlsx** 의 '5 - 2 베타 사례' sheet)

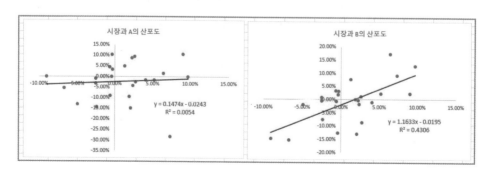

폴리오를 구성할 때 주식 A가 위험을 줄이는 데 도움이 되는 자산이다.

하지만 통계적 추정 시 극단값(outlier) 문제에 직면하게 된다. 시계열 자료를 살펴보면, 주식 A는 1기에 −28.26%의 손실을 입었다. 실제 주식 A는 미국 캘리포니아주의 부동산회사로서 1기(1989년)에 지진과 부동산 가격 하락으로 주가가 폭락한 사례이다. 반면, 주식 B는 신발제조업체로서 경기변동에 순응하는 주식이다. 그렇다면 이 사례에서 극단값을 제거하는 것이 옳을까? 물론 극단값을 제거해도 베타가 0.5373 수준으로 결과에는 차이가 없지만, 실제 투자의사결정 시에는 극단값 문제가 매우 중요하다. 만약 평상시에도 지진이 자주 발생한다면, 지진에 의한 주가 하락 등의 관측치를 극단값으로 간주하고 제거할 경우 자의적 판단이 개입되어 결과가 왜곡될 수 있기 때문이다. 이 사례에서 캘리포니아 지역의 지진은 개연성이 상당히 높은 사건이기 때문에 극단값으로 간주하고 해당 관측치를 제거하지 않는 것이 바람직하다고 할 수 있다.

이 사례에서도 볼 수 있듯이, 개별 증권의 베타는 어떤 요인에 의해서 차이가 존재할까? 일반적으로 베타의 결정요인은 다음 세 가지 요인에 의해 설명된다.

❶ 업종: 업종에 따라 경기변동에 대한 매출의 변동성이 다르며, 이는 기업 수익에 영향을 준다.

❷ 영업레버리지: 영업레버리지는 고정비 지출 정도를 나타내는 것으로, 매출 변화에 대한 영업이익의 변동성에 영향을 준다. 따라서 경기변동 → 매출로 이어지는 시장변동성에 영향을 받는다.

❸ 재무레버리지: 재무레버리지는 고정재무비용의 지출 정도를 나타내는 것으로, 영업이익 변화에 대해 주주 지분인 주당순이익의 변동성에 영향을 준다. 따라서 경기변동 → 매출 → 영업이익으로 이어지는 시장변동성에 영향을 받는다. 하마다 모형(Hamada model)은 이러한 재무레버리지에 따른 수정 베타를 다음과 같이 제시하였다.

$$\beta_L = \beta_U[1 + \frac{B}{S}(1 - t)] \qquad\qquad (5.13)$$

여기서, β_L: 부채기업의 베타

$\qquad\quad\beta_U$: 무부채기업의 베타

$\qquad\quad\frac{B}{S}$: 부채비율

$\qquad\quad t$: 법인세율

개념점검 2

분산투자가 잘된 포트폴리오를 보유한 투자자에게 석유시추회사의 주식과 가전제품제조회사의 주식 중 어느 주식이 더 안전한가?

모범답안 2   총위험은 석유시추회사가 가전제품제조업체보다 클 것이다. 하지만 분산투자가 잘된 포트폴리오를 보유하고 있는 투자자는 비체계적 위험은 고려하지 않을 것이므로 체계적 위험이 낮은 자산이 더 안전한 자산이 된다. 따라서 석유시추회사는 경기변동에 무관한 기업이므로 체계적 위험이 가전제품제조회사보다 낮아 더 안전한 자산이 된다.

투자론

❸ 차익거래가격결정이론

1976년 경제학자 로스(Stephen Ross)는 기존 CAPM의 핵심적인 가정인 평균-분산에 따른 효율적인 포트폴리오 구성원리를 사용하지 않고 자본시장에서 어떤 투자자도 위험을 부담하지 않고 이익을 얻을 수 없다는 원리를 바탕으로 위험과 기대수익률 사이의 관계를 설명한 차익거래가격결정이론(APT, arbitrage pricing theory)을 주장하였다.

차익거래는 둘 이상의 증권들 사이에 가격오류를 이용하여 위험을 추가로 지불하지 않고 이득을 얻는 것을 의미한다. 가장 간단한 차익거래 사례는 일물일가(一物一價)의 법칙이 깨진 상황이다. 한 자산이 여러 시장에서 거래될 때 운송비나 이전비용이 없다면 모든 시장에서 가격은 같아야 한다. 하지만 가격이 다른 경우가 발생한다면 가격이 낮은 시장에서 매입하여 가격이 높은 시장에서 매도하면 가격 차이만큼 이득을 얻을 수 있다. 시간대가 다른 여러 거래소에서 동일 상품이 상장되어 있는 경우, 일물일가의 법칙이 종종 위배된다.

APT에서 차익거래의 기회는 요인모형(factor model)을 통해 관찰할 수 있다. 증권의 수익률이 경제성장률이나 산업생산지수 증가율 등 단일요인에 의해 결정된다고 가정해보자. 일반적으로 이러한 관계를 설명하는 단일요인모형(single factor model)을 식으로 표현하면 다음과 같다.[9]

$$R_i = a_i + b_i F + e_i \tag{5.14}$$

여기서, R_i: 증권 i의 수익률
$\quad a_i$: 요인의 기대가치가 0일 때 증권 i의 기대수익률
$\quad b_i$: 증권 i 수익률의 요인값에 대한 민감도(factor loading)
$\quad F$: 요인의 가치
$\quad e_i$: 잔차항

---

9 다요인모형으로 확장할 경우, $R_i = a_i + b_{i1}F_1 + b_{i2}F_2 + \cdots + b_{ik}F_k + e_i$와 같이 식 (5.14)에 요인이 추가될 뿐이다. 여기서 F_j는 j번째 요인을 의미하고, b_{ij}는 i증권의 j요인에 대한 민감도를 나타낸다.

요인모형은 다음을 가정하고 있다. ① $E(e_i) = 0$, ② $Cov(e_i, F) = 0$, ③ $Cov(e_i, e_j) = 0$. 즉, 오차의 평균은 0이며, 오차와 요인은 완전히 독립적으로, 상관계수는 0이다. 그리고 각 자산의 오차 역시 독립적이다. 요인모형에서는 종종 요인을 추출할 때 $E(F) = 0$의 조건을 부과한다. 요인모형을 이용하여 차익거래의 기회를 찾을 수 있는지 살펴보자. 우선, 식 (5.14)의 양변에 기댓값을 취하면 다음과 같다.

$$E(R_i) = a_i + b_i E(F) \qquad (5.15)$$

이제 식 (5.14)에서 식 (5.15)를 빼면 다음과 같다.

$$R_i = E(R_i) + b_i(F - E(F)) + e_i \qquad (5.16)$$

여기서 $F - E(F)$를 다시 요인 F로 정의하면 $E(F) = 0$을 취하는 경우가 더욱 일반적이다. 식 (5.16)은 다음과 같이 다시 정의할 수 있다.

$$R_i = E(R_i) + b_i F + e_i \qquad (5.17)$$

그러나 e_i는 공통요인으로 설명되지 않는 부분이므로 잘 분산된 포트폴리오를 보유하면 제거된다. 예를 들어, 두 포트폴리오 P, Q의 요인모형을 $R_P = 0.21 + 1.5F$, $R_Q = 0.17 + 0.5F$, 무위험이자율은 12%로 가정하자. 포트폴리오 C를 포트폴리오 P와 무위험자산을 이용하여 Q의 요인 F에 대한 민감도와 같도록 구성하자[10]. 즉, 포트폴리오 P에 1/3, 무위험자산에 2/3를 투자하면 R_C는 다음과 같다.

$$R_C = \frac{1}{3}(0.21 + 1.5F) + \frac{2}{3}R_f = 0.07 + 0.5F + 0.08 = 0.15 + 0.5F \qquad (5.18)$$

식 (5.18)의 포트폴리오 C와 포트폴리오 Q를 비교해보자. 동일한 공통요인에 대해 같은 민감도를 가지며, 절편만 다른 상황이다. 이 경우, 저평가된 포트폴리오 Q를 매입하고, 고평가된 포트폴리오 C를 공매함으로써 무위험 차익거래기회를 가질 수 있다. 예를 들어, 투자자

---

10 다요인모형으로 확장할 경우, 자기 요인에 대한 민감도가 1이고, 다른 요인에 대한 민감도가 0인 요인 포트폴리오를 구성할 수 있다. 이후, 요인 포트폴리오를 다시 포트폴리오로 구성함으로써 차익거래기회를 발견할 수 있다.

금 3억 원을 투입하여 상대적으로 저평가된 포트폴리오 Q를 매입하고, 상대적으로 고평가된 포트폴리오 C를 공매한 차익거래의 결과, 600만 원의 이익을 달성할 수 있다.

포트폴리오 Q 매입 $+ (0.17 + 0.5F) \times 3$억 원

포트폴리오 C 공매 $- (0.15 + 0.5F) \times 3$억 원

차익거래 결과 $+ (0.02 + 0.0F) \times 3$억 원 $= 600$만 원

그렇다면 이러한 차익거래기회가 존재하지 않으려면 포트폴리오 P와 포트폴리오 Q의 기대수익률이 어떻게 결정되어야 할까? 균형 상태에서는 한 단위의 체계적 위험에 대해 동일한 크기의 위험프리미엄(λ)이 주어지면, 무위험 차익거래에 의해 차익거래이익을 0으로 만들 수 있다. 따라서 다음이 성립해야 한다.

$$\frac{E(R_P) - R_f}{\beta_P} = \frac{E(R_Q) - R_f}{\beta_Q} = \lambda \tag{5.19}$$

식 (5.19)에서 λ는 한 단위의 β에 대한 위험프리미엄을 의미하므로 다음과 같이 쓸 수 있다.

$$E(R_P) = R_f + \lambda\beta_P \tag{5.20}$$

또한 개별자산 j에 대한 차익거래가격결정모형은 다음과 같다.

$$E(R_j) = R_f + \lambda\beta_j \tag{5.21}$$

식 (5.21)을 1요인 차익거래가격결정모형이라고 하며, 이를 다요인으로 확장하면 다음과 같다.

$$E(R_j) = R_f + \lambda_1\beta_{1j} + \lambda_2\beta_{2j} + \cdots + \lambda_k\beta_{kj} \tag{5.22}$$

식 (5.22)에서 λ_i는 i요인에 대한 민감도 한 단위에 대한 위험프리미엄을 의미한다. 따라서 차익거래가격결정모형을 실제로 적용하려면 요인에 대한 분석이 필요하다. 일반적인 차익거래가격결정모형의 적용절차는 다음과 같다.

❶ 요인분석에 의해 주요인을 식별한 후 j증권의 k요인에 대한 민감도 β_{kj}를 추정한다. 요인분석 시 요인의 수를 사전에 정할 수도 있지만, 요인의 수를 정하지 않고 주성분분석(PCA, principal component analysis)을 통해 요인을 선별하는 방법도 있다. 좋은 요인모형은 대부분 현실에서 직관적으로 설명할 수 있거나 이론적인 배경이 있는 경우가 많다.

❷ 각 주식의 평균수익률을 요인계수(factor loading)에 대해 회귀분석한 후 각 요인의 위험프리미엄 λ_k를 추정한다.

하지만 차익거래가격결정모형 적용 시 현실적인 문제가 있다. 첫째, 요인 식별의 문제이다. 요인분석은 각 증권이 가지는 공통적인 부분을 추출할 수 있지만, 이에 대한 경제적 의미까지는 제공하지 못한다. 따라서 사전에 이론적으로 추출된 공통요인에 대한 경제적 의미가 충분히 제공되어야 한다. 둘째, 경제적 의미가 없는 요인에 대해 위험프리미엄 λ_k를 추정하는 것은 쉬운 일이 아니다. 물론 여러 가지 요인모형을 구축하여 직관적으로 충분히 잘 설명될 수 있는 요인을 찾으면 이러한 단점은 제거될 수 있지만, 요인을 직관적으로 찾는 것은 어렵다.

개념점검 3

무위험이자율 6%, 추출된 요인이 시장수익률이라고 하자. 두 자산에 대해 시장모형으로 추정된 회귀식은 다음과 같다.

$$R_A = 0.08 + 1.2R_M, \ R_B = 0.07 + 0.8R_M$$

(1) 차익거래기회가 존재하는가?
(2) 어떤 방법으로 차익거래를 해소할 수 있는가?

모범답안 3

(1) 무위험자산과 A자산을 포트폴리오로 보유하여 B자산의 시장요인에 대한 민감도를 같게 구성한다. 즉, 무위험자산에 1/3, A자산에 2/3를 투자하면, 민감도는 0.8로 같게 된다. 이 경우 포트폴리오를 요인모형으로 나타내면 다음과 같다.

$$R_C = 0.06 \times \frac{1}{3} + (0.08 + 1.2R_M) \times \frac{2}{3} = \frac{0.22}{3} + 0.08R_M$$

따라서, 동일한 민감도에 대해 포트폴리오 C가 B자산보다 우수하므로, 차익거래기회가 존재한다.

(2) 상대적으로 고평가된 B자산을 매도하고, 포트폴리오 C를 매입(무위험자산을 1/3, A자산을 2/3를 매입)한다.

한편, 여러 가지 자산가격결정모형들은 서로 어떤 관계에 있을까? 앞서 공부한 시장모형은 대표적인 단일요인모형에 속하는데, 이는 CAPM을 검증하거나 적용하는 데 사용되지만, 단일요인모형으로 CAPM과 APT를 연결해주는 역할도 수행한다. 이를 살펴보기 위해 시장모형과 CAPM을 다음과 같이 표현해보자.

$$\text{시장모형}: R_i = a + bR_M + e_i \tag{5.23}$$

$$\text{CAPM}: E(R_i) = R_f + \beta_i[E(R_M) - R_f] = (1 - \beta_i)R_f + \beta_i E(R_M) \tag{5.24}$$

식 (5.23)에서 기댓값을 양변에 취하여 계수를 비교하면, $a = (1 - \beta_i)R_f, b = \beta_i$로 표현할 수 있다. 즉, 기대수익률이 CAPM에 의해 결정되고, 실제 수익률이 시장 포트폴리오 수익률을 공통요인으로 한 단일요인모형에 의해 결정되면, 시장모형과 CAPM은 동일한 모형이 된다. 이를 다시 $\lambda = [E(R_M) - R_f]$로 정의하면, 즉 시장요인의 한 단위 민감도에 대한 위험프리미엄을 시장위험프리미엄으로 나타낼 수 있다면, 시장모형과 같은 단일요인모형으로 설계된 차익거래가격결정모형은 CAPM과 완전히 같아진다. 따라서 차익거래가격결정모형은 다음과 같다.

$$E(R_i) = R_f + \lambda\beta_i = R_f + \beta_i[E(R_M) - R_f] \tag{5.25}$$

1 어떤 증권의 현 시가가 40,000원이다. 이 주식의 기대수익률은 13%, 무위험이자율은 7%, 그리고 시장위험프리미엄은 8%이다. 이 주식수익률과 시장 포트폴리오 수익률의 공분산이 두 배가 될 때, 이 주식의 적정 주가는 얼마인지 계산하시오. (단, 다른 변수의 변화는 없고 이 회사는 일정한 배당을 계속한다고 가정한다.)

2 다음 자료를 이용하여 물음에 답하시오.

시장 포트폴리오의 기대수익률	공격적 주식의 기대수익률	방어적 주식의 기대수익률
0.050	0.020	0.035
0.200	0.320	0.140

(1) 두 주식의 베타계수를 구하시오.

(2) 시장 포트폴리오의 기대수익률이 5%와 20%가 될 확률이 같을 때, 각 주식의 필수수익률을 구하시오.

(3) 무위험이자율이 8%이고, 시장 포트폴리오의 기대수익률이 5%와 20%가 될 확률이 같을 때, 증권시장선을 구하시오.

(4) 증권시장선상에 두 주식의 위치를 표시하고, 각각의 알파계수를 구하시오.

3 무위험이자율이 6%, 베타가 1.0인 증권의 기대수익률이 15%라고 한다. CAPM에 의해 다음에 답하시오.

(1) 시장 포트폴리오의 기대수익률을 구하시오.

(2) $\beta = 0$인 회사의 기대수익률을 구하시오.

(3) 여러분은 특정 주식을 40,000원에 매입할지 검토하고 있다. 그 기업은 올해 말 주당 3,000원의 배당이 예상되며, 현재 41,000원에 거래되고 있다. 그 기업의 베타가 -0.5라면 현 시가가 적정한지 판단하시오.

4 다음 자료를 이용하여 물음에 답하시오. (단, 무위험이자율이 월 1%로 일정하다고 가정한다.)

월	A기업 수익률(%)	시장 포트폴리오 수익률(%)
1	8.1	8.0
2	3.0	0.0
3	5.3	14.9
4	1.0	5.0
5	-3.1	-4.1
6	-3.0	-8.9
7	5.0	1.1
8	3.2	5.0
9	1.2	1.5
10	1.3	2.4

(1) 시장모형을 이용하여 A기업의 베타계수를 구하시오.

(2) A기업의 총위험, 체계적 위험 및 비체계적 위험을 구하시오.

5 A경제연구소의 한 연구원은 내년의 경기 상황, 시장 및 B증권에 대해 다음과 같이 예측하였다. 무위험이자율을 7%로 가정할 때, 물음에 답하시오.

구분	확률	시장 포트폴리오 수익률	B증권 수익률
호황	1/3	20%	25%
안정 성장	1/3	15%	20%
불황	1/3	−5%	−10%

(1) 자본시장선을 구하시오.

(2) 여러분이 소유하고 있는 자금 중에서 50%를 시장 포트폴리오에, 나머지 50%를 무위험자산에 투자할 경우, 포트폴리오의 기대수익률과 수익률의 분산을 계산하시오.

(3) 증권시장선을 구하시오.

(4) B증권과 같은 베타를 가지는 증권은 공격적 주식인가, 방어적 주식인가?

(5) B증권의 기대수익률과 증권시장선을 이용하여 B증권의 필수수익률을 구하시오.

6 K기업의 현재 주가는 5,500원이며, 무위험이자율은 8%이다. 다음 자료를 이용하여 물음에 답하시오.

연도	K기업 수익률(%)	시장 포트폴리오 수익률(%)
2019	12.5	15.0
2020	7.5	5.0
2021	0.0	−10.0
2022	17.5	25.0
2023	20.0	30.0
2024	2.5	−5.0

(1) K기업의 총위험, 체계적 위험 및 비체계적 위험을 계산하시오.

(2) 결정계수 R^2을 계산하고, K기업과 시장에 대해 그 의미를 설명하시오.

(3) 1년 후 예상되는 주당 배당이 100원, K기업의 기대성장률이 5%일 때, 현재 주식의 균형가격을 구하시오.

(4) 증권시장선을 유도하시오.

7 다음 자료를 이용하여 물음에 답하시오.

연도	시장 포트폴리오 지수	시장 포트폴리오 평균배당수익률	X기업 주가(원)	X기업 평균배당수익률
2014	55.85		4,800	
2015	66.27	0.0298	4,900	0.05
2016	62.38	0.0337	5,200	0.06
2017	69.87	0.0317	7,400	0.05
2018	81.37	0.0301	9,000	0.05
2019	88.17	0.3000	10,200	0.05
2020	85.26	0.0340	8,700	0.05
2021	91.93	0.0320	7,800	0.05
2022	98.70	0.0307	8,100	0.05
2023	97.84	0.0324	7,400	0.06
2024	83.22	0.0383	7,000	0.05

(1) 시장 포트폴리오 수익률과 X기업 주식의 수익률을 구하시오.

(2) X기업의 총위험을 정의하고, 그 크기를 구하시오.

(3) X기업의 체계적 위험을 구하시오.

(4) X기업에 체계적 위험에 영향을 미칠 수 있는 요인을 세 가지 이상 설명하시오.

(5) X기업의 비체계적 위험을 구하시오.

(6) X기업의 비체계적 위험에 영향을 미칠 수 있는 요인을 세 가지 이상 설명하시오.

(7) X기업의 연평균 성장률이 5%이고, 무위험이자율이 5%라고 가정할 때, 2024년 말 주가인 7,000원의 적정성을 판단하시오.

8 A, B 두 증권에 대해 다음과 같은 단일요인모형이 유도되었다.

$R_A = 0.02 + 0.65R_M + e_A$

$R_B = 0.04 + 1.10R_M + e_B$

[단, $\sigma_M = 0.25$, A의 결정계수 $R^2(A) = 1.50$, B의 결정계수 $R^2(B) = 0.30$이다.]

---

(1) 각 증권의 표준편차를 구하시오.

(2) 각 증권의 위험을 요인위험과 비요인위험으로 구분하시오.

(3) A, B 두 증권 사이의 공분산과 상관계수를 구하시오.

(4) 각 증권과 시장 포트폴리오 사이의 공분산을 구하시오.

9 경제에 각 증권에 영향을 미치는 두 개의 공통요인이 있고, 이들이 상호독립적이라고 가정하자. 개별 증권의 표준편차는 50%로 같고, 역시 상호독립적이다. 무위험이자율이 7%이고 다음과 같이 잘 분산된 포트폴리오가 있을 때, 기대수익률과 민감도 사이의 관계식을 유도하시오.

포트폴리오	b_{i1}	b_{i2}	$E(R_i)$
A	1.8	2.1	40%
B	2.0	-0.5	10%

10 2020 공인회계사 1차 S기업 보통주의 현재 내재가치(P_0)는 20,000원이다. 전기 말($t = 0$) 주당 순이익(EPS_0)은 5,000원, 내부유보율은 60%이다. 배당금은 연 1회 매년 말에 지급되며, 연 2%씩 영구히 성장할 것으로 예상된다. 무위험수익률은 2%이고 시장위험프리미엄은 6%일 때, 다음 중 가장 적절하지 않은 것은? (단, CAPM이 성립하며, 내부유보율, 무위험수익률, 시장위험프리미엄은 변하지 않는다고 가정한다.)

① 당기 말($t = 0$) 기대배당금은 2,040원이다.

② 자기자본비용은 12.2%이다.

③ 주식의 베타는 1.6이다.

④ 만약 베타가 25% 상승한다면, 자기자본비용은 상승한다.

⑤ 만약 베타가 25% 상승한다면, 내재가치($t = 0$)는 16,000원이 된다.

11 2021 공인회계사 1차 자본자산가격결정모형(CAPM)이 성립할 때, 다음 중 가장 적절한 것은?

① 공매도가 허용될 때, 기대수익률이 서로 다른 두 개의 효율적 포트폴리오를 조합하여 시장 포트폴리오를 복제할 수 있다.

② 시장 포트폴리오의 위험프리미엄이 음($-$)의 값을 가지는 경우가 발생할 수 있다.

③ 수익률의 표준편차가 서로 다른 두 포트폴리오 중에서 더 높은 표준편차를 가진 포트폴리오는 더 높은 기대수익률을 가진다.

④ 비체계적 위험을 가진 자산이 자본시장선상에 존재할 수 있다.

⑤ 베타가 0인 위험자산 Z와 시장 포트폴리오를 조합하여 위험자산 Z보다 기대수익률이 높고 수익률의 표준편차가 작은 포트폴리오를 구성할 수 없다.

12 2020 공인회계사 1차 CAPM이 성립한다는 가정하에 다음 문장의 (a)와 (b)에 들어갈 값으로 적절한 것은?

주식 A 수익률과 주식 B 수익률의 표준편차는 각각 10%와 20%이며, 시장 포트폴리오 수익률의 표준편차는 10%이다. 시장 포트폴리오 수익률은 주식 A 수익률과 상관계수가 0.4이고, 주식 B 수익률과는 상관계수가 0.8이다. 주식 A와 주식 B의 베타는 각각 0.4와 (a)이며, 주식 A와 주식 B로 구성된 포트폴리오의 베타가 0.76이기 위해서는 주식 B에 대한 투자비율이 (b)이어야 한다.

	(a)	(b)
①	0.8	30%
②	0.8	70%
③	1.0	30%
④	1.6	30%
⑤	1.6	70%

13 2020 공인회계사 1차 다음 표는 1개의 공통요인만 존재하는 시장에서 포트폴리오 A와 포트폴리오 B의 기대수익률과 공통요인에 대한 베타를 나타낸다. 차익거래의 기회가 존재하지 않는다고 할 때, 포트폴리오 B의 기대수익률은 얼마인가? (단, 무위험수익률은 5%이고, 포트폴리오 A와 포트폴리오 B는 모두 잘 분산투자된 포트폴리오이며, 비체계적 위험이 없다고 가정한다.)

포트폴리오	기대수익률	베타
A	15%	0.8
B	( )	1.2

① 15%　　② 20%　　③ 25%　　④ 27.5%　　⑤ 30%

14 2022 공인회계사 1차 25개 종목의 주식에 동일한 비중으로 투자하여 구성된 포트폴리오 A 의 베타가 1.12이다. 이 포트폴리오에서 베타가 0.8인 주식 X를 전량 매도함과 동시에 그 금액만큼 베타가 2.3인 주식 Y를 매입한다면, 구성종목 변경 후 포트폴리오 A의 베타에 가장 가까운 것은?

① 1.18 ② 1.20 ③ 1.22 ④ 1.24 ⑤ 1.26

15 2021 공인회계사 1차 다음 표는 2개의 공통요인만이 존재하는 시장에서 비체계적 위험이 모두 제거된 포트폴리오 A, B, C, D의 기대수익률과 각 요인에 대한 민감도를 나타낸다. 차익거래가격결정이론(APT)이 성립할 때, 포트폴리오 D의 요인 1에 대한 민감도에 가장 가까운 것은?

포트폴리오	요인 1에 대한 민감도	요인 2에 대한 민감도	기대수익률
A	1	1	7%
B	2	1	10%
C	2	2	12%
D	( )	3	20%

① 2 ② 3 ③ 4 ④ 5 ⑤ 6

16 2020 공인회계사 1차 다음의 〈조건〉을 만족하는 위험자산 A와 위험자산 B로 구성된 포트폴리오 p에 관한 설명으로 적절한 항목만을 모두 선택한 것은? [단, $E(R_A)$, $E(R_B)$ 그리고 $E(R_p)$는 각각 위험자산 A, 위험자산 B 그리고 포트폴리오 p의 기대수익률을 나타내고, σ_A와 σ_B는 각각 위험자산 A와 위험자산 B 수익률의 표준편차를 나타낸다.]

〈조건〉

• 위험자산 A 수익률과 위험자산 B 수익률 간의 상관계수(ρ)는 −1보다 크고 1보다 작다.

• 공매도(short sale)는 허용되지 않는다.

---

a. $0 < E(R_A) \le E(R_B)$의 관계가 성립한다면, 상관계수(ρ)의 크기에 관계없이 $E(R_A) \le E(R_p) \le E(R_B)$이다.

b. $\sigma_A = \sigma_B$인 경우, 상관계수(ρ)의 크기에 관계없이 두 위험자산에 투자자금의 50%씩을 투자하면 최소분산포트폴리오를 구성할 수 있다.

c. 위험자산 A와 위험자산 B에 대한 투자비율이 일정할 때, 상관계수(ρ)가 작아질수록 포트폴리오 p 수익률의 표준편차는 작아진다.

---

① a   ② a, b   ③ a, c   ④ b, c   ⑤ a, b, c

17 2023 공인회계사 1차 주식 A의 수익률 기댓값과 표준편차는 각각 12%와 4%이고, 주식 B의 수익률 기댓값과 표준편차는 각각 15%와 8%이다. 이 두 주식에 분산투자하여 포트폴리오를 구성하는 경우 적절한 항목만을 모두 선택한 것은? (단, 주식의 공매도가 가능하다.)

a. 두 주식수익률 간의 상관계수가 (−)1인 경우 표준편차가 7%인 모든 포트폴리오의 기대수익률 평균은 13%이다.

b. 두 주식수익률의 공분산이 0인 경우 포트폴리오의 기대수익률은 0%가 될 수 있다.

c. 포트폴리오의 기대수익률은 투자비율뿐만 아니라 두 주식의 상관계수에도 영향을 받는다.

d. 두 주식수익률 간의 상관계수가 1인 경우 최소분산포트폴리오를 구성할 때 주식 A의 투자비율은 150%이다.

① a, b   ② a, d   ③ b, c   ④ a, b, d   ⑤ b, c, d

18 2024 공인회계사 1차 주식 A의 수익률(종속변수)과 시장 포트폴리오의 수익률(독립변수)을 이용한 회귀분석의 결과는 다음과 같다.

변수	회귀계수	t 통계량
상수	(−)0.158	(−)0.51
시장 포트폴리오	1.524	5.99

시장 포트폴리오 수익률의 표준편차가 1.45%이고 주식 A와 시장 포트폴리오 수익률 간의 상관계수가 0.788일 때, 주식 A 수익률의 표준편차와 가장 가까운 것은? (단, 시장모형이 성립한다고 가정한다.)

① 2.12%   ② 2.35%   ③ 2.54%   ④ 2.60%   ⑤ 2.80%

19 2024 공인회계사 1차 자본시장선(CML)과 증권시장선(SML)에 대한 설명으로 가장 적절하지 않은 것은?

① 개별 증권의 수익률과 시장 포트폴리오의 수익률 간의 상관계수가 1일 경우 CML식은 SML식과 일치한다.

② 시장 포트폴리오의 위험보상률(reward – to – variability ratio)은 비효율적 포트폴리오의 위험보상률보다 항상 크다.

③ SML로 산출된 균형 기대수익률보다 낮은 수익률이 기대되는 자산은 과소평가되었다고 할 수 있다.

④ SML은 효율적 포트폴리오뿐만 아니라 비효율적 포트폴리오의 기대수익률과 체계적 위험의 관계를 설명할 수 있다.

⑤ CML상의 포트폴리오의 베타는 시장 포트폴리오의 투자 비중과 동일하다.

1 CAPM에 의해, $0.13 = 0.07 + 0.08\beta_i$로부터, $\beta_i = 0.75$이며 $\beta_i = \dfrac{\sigma_{iM}}{\sigma_M^2}$이므로, 다음과 같이 쓸 수 있다.

$\sigma_{iM} = 0.75 \times \sigma_M^2$

공분산이 두 배가 되면, $2\sigma_{iM} = 1.5 \times \sigma_M^2$이므로, 이때의 베타를 β_i'라고 정의할 때, $\beta_i' = ((1.5)\sigma_M^2 / \sigma_M^2 = 1.5$이다.

다시 CAPM에 의해, 공분산이 두 배일 때 기대수익률 $E(R_i)' = 0.07 + 1.5 \times 0.08 = 0.19$이다.

그러나 항상성장모형에 의해 주가 $40,000 = \dfrac{D}{0.13}$로부터, $D = 5,200$이므로,

$P_0' = \dfrac{5,200}{0.19} = 27,368$(원)이다.

3 (1) $\beta_i = -1.0$이므로 CAPM에 의해, $E(R_i) = 0.06 + (-1.0) \times [E(R_M) - 0.06] = 0.15$로부터, $E(R_M) = 15\%$이다.

(2) $E(R_A) = 0.06 + 0 \times [0.15 - 0.06] = 0.06 (6\%)$

(3) CAPM에 의해, 균형기대수익률은 필수수익률이므로, 베타가 -0.5일 때 필수수익률은 다음과 같다. 즉, $E(R_i) = 0.06 + (-0.5) \times [0.15 - 0.06] = 0.015(1.5\%)$이다.

기대수익률 = 매매차익수익률 + 배당수익률이므로,

$$= \{(41,000 - 40,000)/40,000\} + (3,000/40,000) = 0.1(10\%)$$

'기대수익률 > 필수수익률'이므로, 이 주식은 저평가되어 있다.

5 (1) 자본시장선 $E(R_P) = R_f + \dfrac{E(R_M) - R_f}{\sigma_M}\sigma_P$로부터, 자료를 이용하여 각 변수를 정의하면 다음과 같다.

$E(R_M) = \left(\dfrac{1}{3}\right)(0.20) + \left(\dfrac{1}{3}\right)(0.15) + \left(\dfrac{1}{3}\right)(-0.05) = 0.10(10\%)$

$E(R_B) = \left(\dfrac{1}{3}\right)(0.25) + \left(\dfrac{1}{3}\right)(0.20) + \left(\dfrac{1}{3}\right)(-0.10) = \dfrac{35}{3} = 0.1167(11.67\%)$

$\sigma_M^2 = \left(\dfrac{1}{3}\right)(0.20)^2 + \left(\dfrac{1}{3}\right)(0.15)^2 + \left(\dfrac{1}{3}\right)(-0.05)^2 - (0.10)^2 = 0.01166667$로부터,

$\sigma_M = \sqrt{0.01166667} = 0.1080(10.80\%)$

$\sigma_B^2 = \left(\dfrac{1}{3}\right)(0.25)^2 + \left(\dfrac{1}{3}\right)(0.20)^2 + \left(\dfrac{1}{3}\right)(-0.10)^2 - (0.1167)^2 = 0.02388111$

$\sigma_{BM} = \left(\dfrac{1}{3}\right)(0.20)(0.25) + \left(\dfrac{1}{3}\right)(0.15)(0.20) + \left(\dfrac{1}{3}\right)(-0.05)(-0.10) - (0.10)(0.1167)$

$= 0.01666333$이므로,

CML: $E(R_P) = 0.07 + \left(\dfrac{0.10 - 0.07}{0.1080}\right)\sigma_P = 0.07 + 0.2778\sigma_P$

(2) $E(R_P) = (0.5)(0.10) + (0.5)(0.07) = 0.085(8.5\%), \sigma_P^2 = (0.5)^2(0.0116667) = 0.0029$

(3) SML: $E(R_i) = 0.07 + 0.03\beta_i$

(4) $\beta_B = \sigma_{BM}/\sigma_M^2 = \dfrac{0.01666333}{0.01166667} = 1.4283$로부터, $\beta_B > 1.0$이므로, B증권과 베타가 같은 증권은 공격적
주식이다.

(5) 문항 (1)에서 B증권의 기대수익률 $E(R_B) = 0.1167(11.67\%)$이다.

필수수익률은 CAPM에 의해, $E(R_B)^e = 0.07 + 1.4282 \times 0.031 = 0.1128(11.28\%)$이다.

7 (1)

기간	시장 포트폴리오 수익률	X기업 주식수익률
2014~2015	$\dfrac{66.27-55.85}{55.85} + 0.0298 = 0.2164$	$\dfrac{4,900-4,800}{4800} + 0.05 = 0.0708$
2015~2016	$\dfrac{62.38-66.27}{66.27} + 0.0337 = -0.0250$	$\dfrac{5,200-4,900}{4,900} + 0.06 = 0.1212$
2016~2017	$\dfrac{69.87-62.38}{62.38} + 0.0317 = 0.1518$	$\dfrac{7,400-5,200}{5,200} + 0.05 = 0.4731$
2017~2018	$\dfrac{81.37-69.37}{69.87} + 0.0301 = 0.1947$	$\dfrac{9,000-7,400}{7,400} + 0.05 = 0.2662$
2018~2019	$\dfrac{88.17-81.37}{81.37} + 0.3000 = 0.3836$	$\dfrac{10,200-9,000}{9,000} + 0.05 = 0.1833$
2019~2020	$\dfrac{85.26-88.17}{88.17} + 0.0340 = 0.0010$	$\dfrac{8,700-10,200}{10,200} + 0.05 = -0.0971$
2020~2021	$\dfrac{91.93-85.26}{85.26} + 0.0320 = 0.1102$	$\dfrac{7,800-8,700}{8,700} + 0.05 = -0.0534$
2021~2022	$\dfrac{98.70-91.93}{91.93} + 0.0307 = 0.1043$	$\dfrac{8,100-7,800}{7,800} + 0.05 = 0.0885$
2022~2023	$\dfrac{97.84-98.70}{98.70} + 0.0324 = 0.0237$	$\dfrac{7,400-8,100}{8,100} + 0.06 = -0.0264$
2023~2024	$\dfrac{83.22-97.84}{97.84} + 0.0384 = -0.1111$	$\dfrac{7,000-7,400}{7,400} + 0.05 = -0.0041$
계	1.0495	1.0222

(2)

기간	$(R_m - \overline{R_m})$	$(R_X - \overline{R_X})$	$(R_m - \overline{R_m})^2$	$(R_X - \overline{R_X})^2$	$(R_m - \overline{R_m})(R_X - \overline{R_X})$
2014~2015	0.11142	−0.03138	0.01241	0.00098	−0.00350
2015~2016	−0.12995	0.01901	0.01689	0.00036	−0.00247
2016~2017	0.04682	0.37086	0.00219	0.13754	0.01736
2017~2018	0.08974	0.16400	0.00805	0.02690	0.01472
2018~2019	0.27862	0.08112	0.07763	0.00658	0.02260
2019~2020	−0.10396	−0.19928	0.01081	0.03971	0.02072
2020~2021	0.00528	−0.15566	0.00003	0.02423	−0.00082
2021~2022	−0.00061	−0.01375	0.00000	0.00019	0.00001
2022~2023	−0.08127	−0.12864	0.00660	0.01655	0.01045
2023~2024	−0.21608	−0.10627	0.04669	0.01129	0.02296
계			0.18130	0.26433	0.10203

$$\overline{R_m} = \frac{1.0495}{10} = 0.1050 \quad \sigma_m^2 = \frac{0.18130}{9} = 0.02014$$

$$\overline{R_X} = \frac{1.0222}{10} = 0.1022 \quad \sigma_X^2 = \frac{0.2643}{9} = 0.02937$$

$$\sigma_{Xm} = \frac{0.10203}{10} = 0.01134, \quad \beta_X = \frac{0.01134}{0.02014} = 0.56278$$

∴ X기업의 총위험: $\sigma_X^2 = 0.02937$

(3) X기업의 체계적 위험: $\beta_X^2 \sigma_m^2 = (0.56278)^2 (0.02014) = 0.00638$

(4) 인플레이션, 경기변동, 이자율변동, 환율변화 등

(5) X기업의 비체계적 위험: $\sigma_{e_i}^2 = 0.02937 - 0.00638 = 0.02299$

(6) 신기술개발, CEO 변화, 노사분규 등

(7) 문제 4번과 같은 방법으로 계산하면, $\beta_X = 0.831$이므로,

　　CAMP에 의해, $E(R_X)^e = 0.05 + 0.831 \times [0.07795 - 0.05] = 0.073226(7.3226\%)$

　　기대수익률 = 매매차익수익률 + 배당수익률

　　　　　　　$= 0.05 + g = 0.05 + 0.05 = 0.1(10.0\%)$이다.

　　'기대수익률 > 요구수익률'이므로, 저평가되어 있다.

9 $E(R_i) = R_f + b_{i1} \lambda_1 + b_{i2} \lambda_2$이므로,

① $0.4 = 0.07 + 1.8\lambda_i + 2.1\lambda_2$

② $0.1 = 0.07 + 2.0\lambda_1 - 0.5\lambda_2$

① × 5 + ② × 21을 계산하면, $4.1 = 1.82 + 51\lambda_1$로부터 $\lambda_1 = 0.04471$,

이를 ① 또는 ②에 대입하면 $\lambda_2 = 0.118824$

따라서, $E(R_i) = 0.07 + (0.04471)b_{i1} + (0.118824)b_{i2}$이다.

CHAPTER 6

효율적 자본시장과
행동재무학

학습목표

☑ 효율적 시장가설을 이해할 수 있다.

☑ 효율적 시장가설을 지지하는 실증적 증거 또는 그와 상반되는 증거를 설명할 수 있다.

☑ 효율적 시장가설과 증권분석의 관계를 설명할 수 있다.

☑ 기술적 분석과 기본적 분석을 구분할 수 있다.

☑ 효율적 시장의 관점에서 투자전략을 이해할 수 있다.

☑ 행동재무학 관점에서 이상현상과 투자자 편의(bias)를 설명할 수 있다.

1 효율적 시장가설

자본시장의 주요 기능 중 하나는 자금의 공급자와 수요자 사이에 자금을 효율적으로 배분하는 것이다. 자본시장에서는 이러한 효율성을 세 가지로 구분한다. 첫째, 배분의 효율성(allocational efficiency)이다. 이는 차입/대출이자율은 생산자에게 중요한 정보로, 생산자는 한계투자수익률이 차입/대출이자율과 같아질 때까지 생산을 증가시킨다. 이러한 과정을 거쳐 모든 생산자나 저축자의 한계수익률이 같아질 때 시장은 배분의 효율성을 이루게 된다. 배분의 효율성이 달성되면 자본시장에서는 모든 사람이 이득을 볼 수 있도록 한정된 자원이 최적 배분된다. 둘째, 운영의 효율성(operational efficiency)이다. 이는 완전자본시장의 필요조건 중 하나인 거래비용 없이 거래가 원활하게 이루어지는 경우 달성된다. 셋째, 정보의 효율성(informational efficiency)이다. 이는 이용 가능한 모든 정보가 투자자 모두에게 아무런 비용 없이 즉시 전달되고, 자산의 가격이 이용 가능한 모든 정보를 충분히 반영하여 결정될 때 달성된다.

이 장에서 중요하게 다루는 내용은 정보의 효율성이다. 효율적 자본시장은 증권가격이 이용 가능한 모든 공개정보(publicly available information)를 충분히 반영한 시장이다. 그렇다면 주가에 이용 가능한 모든 공개정보가 충분히 반영된다는 의미는 무엇인가? 그림 6.1 을 살펴보자.

그림 6.1 정보의 공개와 주가 반응

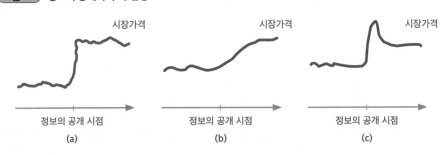

먼저 (b)를 살펴보면, 정보가 공개된 이후 점진적으로 가격이 상승함을 확인할 수 있다. 그리고 (c)는 가격이 과잉 반응한 후 조정을 거쳐 균형가격에 수렴하는 현상을 나타낸다. (b)와 (c)의 경우 정보가 학습시차를 가지고 가격에 반영되거나 과잉 반응이 존재하는 상황이다. 반면, (a)는 정보가 가격에 즉시 정확하게 반영되고 있음을 나타낸다. 정보가 충분히 반영된다는 의미는 (a)와 같이 학습시차나 과잉 반응 없이 정확하게 공정한 가격으로 가격이 이동된다는 것을 말한다.

자본시장이 효율적이려면 어떠한 상황이어야 할까? 첫째, 이윤극대화를 추구하는 다수의 참여자가 있어야 한다. 또한 이들은 이윤극대화를 위한 증권분석이나 평가를 독립적으로 수행해야 한다. 둘째, 증권에 대한 새로운 정보는 무작위로 시장에 유포되며, 일정 기간 유포된 정보가 독립적이어야 한다. 셋째, 투자자들은 새로운 정보가 가격에 즉시 반영되도록 가격조정을 한다. 이러한 가격조정은 이윤극대화를 추구하는 투자자가 다수이기 때문에 신속하게 이루어진다. 요약하면, 정보가 무작위적이고 독립적으로 유포되고 가격이 새로운 정보에 신속히 조정되면, 주가는 독립적이고 무작위적으로 변한다고 말할 수 있다.

효율적 시장에서는 모든 새로운 정보가 증권가격에 반영되기 때문에 어떤 특정 시점에서 증권가격은 모든 정보를 공정하게 반영하고 있어야 한다. 그러므로 특정 시점에서 형성된 주가는 내재가치(true intrinsic value)의 불편추정량(unbiased estimator)이 되어야 한다. 여기에는 몇 가지 중요한 개념이 함축되어 있다. 첫째, 효율적 시장이란 모든 시점에서 시장가격이 항상 내재가치와 일치해야 한다는 의미는 아니다. 효율적 시장에서 요구하는 것은 시장가격이 내재가치보다 높거나 낮을 수 있는데, 단지 그 오차가 무작위로 발생해야 한다는 의미이다. 둘째, 내재가치로부터의 오차가 무작위적이라는 의미는 주가가 어느 시점에서 과소평가 또는 과대평가될 확률이 동일하며 오차가 독립적으로 발생한다는 의미이다. 셋째, 시장가격과 내재가치의 오차가 무작위적이라면 어떠한 투자자도 임의의 투자전략을 사용해서 과소평가나 과대평가된 주식을 지속적으로 발견할 수 없다는 의미이다.

효율적 시장에 관한 많은 연구는 랜덤워크가설(random walk hypothesis)하에 이루어졌는데, 이 이론을 정립하고 실증연구를 시도한 첫 사례는 1970년 파마(Fama)에 의해 수행되

그림 6.2 정보의 종류와 효율적 시장가설

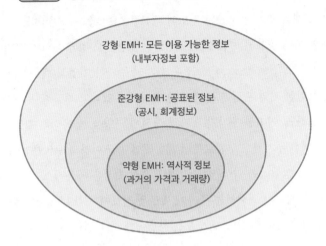

강형 EMH: 모든 이용 가능한 정보
(내부자정보 포함)

준강형 EMH: 공표된 정보
(공시, 회계정보)

약형 EMH: 역사적 정보
(과거의 가격과 거래량)

었다.[1] 그는 '공정게임모형(fair game model)'을 통해 효율적 시장가설(EMH, efficient market hypothesis)을 설명하였다. 공정게임과 효율적 시장에서 투자자는 현재의 주가가 이용 가능한 모든 정보를 전부 반영하고 있다고 확신하며 주식을 매입한다고 결론 내렸다. 또 그는 효율적 시장가설과 이에 대한 실증연구를 정보의 종류에 따라 다음의 세 가지로 분류하여 설명하였다.

약형 효율적 시장가설(weak form EMH)은 현재의 주가가 과거 가격이나 거래량과 같은 시장의 거래 자료로부터 얻을 수 있는 모든 정보를 이미 반영하고 있다고 주장한다. 약형 효율적 시장이 성립하면, 현재의 주가는 과거의 가격 변화에 관한 모든 정보를 반영하기 때문에 과거의 주가 변화와 미래의 주가 변화 사이에는 아무런 상관관계가 없어야 한다. 다시 말해, 주가 변화는 상호 독립적이기 때문에 과거의 주가 변화 등 시장정보에 기초하여 미래의 주가 변화를 예측하려는 시도로는 초과수익률을 얻을 수 없다. 준강형 효율적 시장가설(semi-strong form EMH)은 현재의 주가가 이용 가능한 모든 공개정보(all publicly available information)를 반영하고 있다고 주장한다. 준강형 효율적 시장이 성립하면, 약형 효율적 시장은 자동적으로 성립한다. 이용 가능한 모든 공개정보에는 주가, 거래량 등 시장정보뿐만

---

1 E. F. Fama(1970), "Efficient Capital Markets: A Review of Theory and Empirical Work", Journal of Finance, 25(2), pp. 383-417.

아니라, 순이익, 주식분할, 경제적 · 정치적 사건 등 비시장정보까지 포함되기 때문이다. 이 가설에 의하면, 현재의 주가는 공표된 정보의 내용을 이미 충분히 반영하고 있어, 투자자들은 어떠한 정보가 이미 공표된 다음에는 그 정보를 활용해도 평균 이상의 수익을 올릴 수 없다. 강형 효율적 시장가설(strong form EMH)은 현재의 주가가 기업의 내부자(insider)만 이용 가능한 정보를 포함한 기업 관련 모든 정보를 반영하고 있다고 주장한다. 그러므로 강형 효율적 시장이 성립하면, 어떠한 투자자도 가격 형성에 영향을 줄 독점적 정보를 가지지 못한다. 다시 말해, 어떠한 투자자도 투자로부터 계속해서 평균 이상의 수익을 기대할 수 없다. 또 강형 효율적 시장이 성립하면 약형 및 준강형 효율적 시장은 자동적으로 성립한다. 강형 효율적 시장가설이 성립하기 위해서는 주가가 새로운 정보에 즉각 반응해야 한다는 의미에서 시장이 효율적이어야 하며, 모든 정보가 모든 사람에게 즉시 전달되어야 한다는 의미에서 완전해야 한다.

이론적으로는 시장가격이 반영하고 있는 정보의 수준에 따라 시장의 효율성 정도가 구분된다. 효율적 시장가설이 발표된 이후 지금까지 "현재 우리가 관찰하고 있는 시장은 효율적인가?", "효율적이라면 어느 정도의 효율성을 보이고 있는가?"에 대한 궁금증을 풀기 위해 수많은 실증연구가 이루어졌으며, 그 결과에 대해 많은 논쟁이 이어졌다. 예를 들어, 전문 펀드매니저 입장에서 효율적 시장가설이 환영받을 수 없는 것은 당연하고, 효율적 시장가설의 지지자 입장에서는 펀드매니저의 업무 대부분은 비용만 지출하는 불필요한 노력으로 보인다. 이러한 논쟁의 배경이 되는 요인을 살펴보고, 효율적 시장의 개념과 검증 단계에서 고려할 점을 검토해보자.

첫째, 투자규모의 문제(magnitude issue)를 고려할 수 있다. 한 펀드매니저가 1,000억 원을 운영하여 매년 1%씩 포트폴리오 가치를 향상시킨다고 한다면, 연 투자이익은 10억 원이다. 이는 과연 성공한 투자일까? 단순히 잘 분산된 주가지수(KOSPI)의 변동성이 연간 약 30%임을 감안한다면, 1%의 수익률은 그 의미를 상실한다. 하지만 이러한 투자수익을 매년 지속적으로 달성할 수 있다면 이 펀드매니저가 우수한 성과를 달성했다는 데 모두 동의할 것이다. 대규모 펀드 자금을 운영하는 펀드매니저만이 시장의 작은 가격오류를 발견하여 이익을 얻을 수 있다고 인정하기 때문이다. 결국 이렇게 총명한 펀드매니저의 행동은 시장가격이 지속적으로 공정한 가격으로 움직이도록 하는 원동력이 된다. 이 관점에서 보면, "시장은 효율적인가?"라는 질문보다는 "시장은 얼마나 효율적인가?"라는 질문이 더 바람직할 수 있다.

둘째, 선택 편의의 문제(selection bias issue)를 고려할 수 있다. 만약 여러분이 뛰어난 투자기법을 찾아내어 투자한 결과 엄청난 수익률을 얻었다면, 명성을 얻기 위해 그 기법을 공개하겠는가? 또는 여러분이 상당한 내부정보를 알 수 있는 기회를 얻었을 때, 이 정보를 비싼 값으로 팔 것인지, 아니면 혼자 이 정보를 독점할 것인지를 생각해보자. 대부분 투자자는 우수한 투자기법을 혼자 활용하거나, 내부정보를 혼자 독점하려고 할 것이다. 그렇다면 시장의 효율성을 검증하는 것은 뛰어난 투자기법이나 내부정보가 세상에 알려지지 않는다는 사실을 검증하는 것이다. 또한 충분한 수익률을 달성하고 나서 더 이상 그 투자기법과 내부정보가 효과가 없을 때 시장에 공개하는 것으로도 해석할 수 있다. 이러한 문제가 선택 편의의 문제이다. 이 문제로 인해 시장에서 관찰할 수 있는 우수한 투자기법이나 내부정보는 결국 무의미하게 되며, 이러한 근거를 기초로 시장의 효율성을 측정한다면 유능한 펀드매니저의 능력을 공정하게 평가할 수 없게 된다.

셋째, 행운의 문제(lucky event issue)를 고려할 수 있다. 우리는 종종 신문기사를 통해 일부 투자자나 투자기관이 환상적인 투자성과를 기록했다는 소식을 접한다. 이러한 투자성과가 효율적 시장과 배치되는 것인가? 앞서 효율적 시장가설이 일부 투자자나 특정 투자그룹이 단기간에 초과수익을 얻더라도 효율적 시장과 배치되는 것이 아니라고 언급하였다. 즉, 이러한 투자성과가 운(luck)에 의해 이루어질 수 있다는 것이다. 예를 들어, 1,000명이 동전을 5회 던진다면 몇 사람은 5번 연속으로 앞면이 나올 수도 있다. 평균적으로 $1,000 \times (1/2)^5 = 31.25$명이 동전을 던져 모두 앞면이 나올 수 있을 것이다. 따라서 동전을 던져서 앞면이 연속으로 나왔다고 해서 그 사람이 동전 던지기에 상당한 능력이 있고, 나머지 약 970명은 동전 던지기에 능력이 없다고 말하는 것은 우스운 일이다. 단지 운이 좋았기 때문이라고 보는 것이 더 옳을 것이다.

주식시장도 마찬가지로 현재 주식가격은 공정하게 형성되었기 때문에 주식시장에서 초과수익을 얻는 것과 동전 던지기는 유사하다. 그러나 신문기사에서는 종종 실패한 투자성과보다는 성공한 투자성과가 더욱 기삿거리로 다루어지며, 이러한 기사를 일반투자자들이 보고 운보다는 특수한 능력이 있다고 믿게 되는 휴리스틱(heuristic)이 존재한다. 즉, 사후적으로 성공한 기법을 이용하여 반복해서 높은 성과를 낼 수 있다고 믿게 되는 것이다. 그러나 사전적으로 그 기법이 단지 운이 좋아 그렇게 된 것인지, 아니면 선택 편의의 문제인지는 실증 단계에서 알 수 없다는 점에 주의하자. 이러한 몇 가지 논점을 바탕으로 효율적 시장과 투자 분석과의 관계나 효율적 시장을 검증할 때 주의를 기울여야 한다.

개념점검 1

다음 물음에 답하시오.

(1) 어느 특정 기관에서 운영하는 펀드의 성과가 KOSPI 지수보다 연 20%의 초과수익률을 얻었다면 효율적 시장가설의 관점에서 어떻게 보아야 할까?

(2) 기업가치에 부정적인 영향을 주는 사건이 어떻게 주가에 반영되는지 살펴보고 시장의 효율성을 측정한다고 할 때, 거래소에서 거래되는 종목을 대상으로 검증을 수행한다면 어떤 문제가 발생할 수 있을까?

모범답안 1

(1) 이는 효율적 시장가설에 배치되는 것은 아니다. 하지만 효율적 시장가설에 따르면, 어느 투자그룹도 알려진 투자전략을 이용하여 지속적으로 초과수익을 얻을 수 없다. 투자전략을 알 수 있다면 이러한 투자전략이 운에 의한 것인지를 판단하고, 다른 기간에서도 유사한 성과를 얻을 수 있는지 검증한 후 평가해야 한다. 투자전략을 알 수 없다면 선택 편의의 문제가 아닐지 생각해 보아야 한다.

(2) 거래소에서 주식이 거래되는 기업은 생존한 기업이다. 만약 부정적인 영향을 주는 사건으로 인해 상장폐지되거나 거래가 중단된 기업이 존재한다면 생존 편의의 문제(survival bias)에 해당한다. 이는 선택 편의의 문제와 유사하다.

② 효율적 시장과 투자분석

(1) 기술적 분석

이제 효율적 시장가설을 활용한 투자분석은 어떻게 이루어지는지 살펴보자. 투자분석에는 다양한 방법이 있으나, 크게 기술적 분석과 기본적 분석으로 구분한다. 기술적 분석은 주가가 일정한 추세로 움직이고, 새로운 정보가 시장에 유포될 때 모든 투자자에게 즉각적으로 전달되지 않는다고 전제한다. 즉, 정보는 적극적인 투자활동을 하는 사람에게 먼저 전달되고 그다음 일반 대중에 전달된다. 또한 그들에 의한 정보분석과 이에 따른 행동이 동시에 일어나지 않고 약간의 시차를 두고 이루어지기 때문에 새로운 정보가 전달된 후 균형가격 형성은 신속하게 이루어지지 않고 시간을 두고 형성된다는 것이다. 그 결과, 주가의 움직임은 일정 기간 지속되는 추세를 보인다.

기술적 분석가들은 이를 통해 일부 투자자들이 새로운 균형가격으로 이동되는 출발점을 찾아내는 시스템을 개발할 수 있다고 믿는다. 이는 새로운 균형 상태로 가격이 움직이기 시작한다는 신호만 알 수 있다면 즉시 주식을 매매하여 가격조정을 통한 이익을 얻을 수 있다는 것이다. 그러나 자본시장이 효율적이어서 주가가 모든 정보를 반영하고 있다면 과거 거래자료에 기초한 기술적 분석은 아무 가치가 없게 될 것이다. 이들 정보는 시장가격에 이미 반영되어 조정이 이루어졌기 때문이다. 따라서 기술적 분석에 근거한 거래 결과는 거래비용을 고려한다면 평균 이상의 수익을 올리기는 어려울 것이다.

기술적 분석은 어떻게 이루어질까? 기술적 분석은 주로 도표를 작성하여 분석하는 것이 특징이며, 많이 활용되는 도표로는 선도표(line chart), 봉도표(bar chart), 점수도표(point and figure chart)가 있다. 선도표는 매일의 개별 주식 종가 또는 주가지수를 선으로 연결한 도표이다. 봉도표는 가장 널리 사용되고 있는 도표로, 일정 기간의 시가, 종가, 최고가, 최저가를 수직의 막대 모양으로 나타낸다. 작성기간에 따라 일간 단위의 일봉도, 주간 단위의 주봉도, 월간 단위의 월봉도로 구분한다. 점수도표는 매일의 주가 변화를 나타내는 것이 아니라, 가격변동의 일정한 폭을 정해 놓고, 주가가 기준 폭 이상으로 변동할 경우 일정한 기호로 가격변동의 방향과 크기를 표시하는 도표이다. 점수도표의 예로는 삼선전환도, P&F 도표 등이 있다.

그림 6.3 **봉도표와 이동평균선 예시**

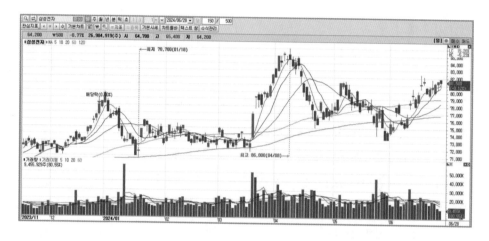

다우이론(Dow Theory)

다우이론은 미국 월스트리트저널(Wall Street Journal)을 창간한 다우(Charles H. Dow)가 고안하였다. 그는 주식시장의 움직임에는 일정한 흐름이 있으며, 이에 따라 주식시장 전체의 방향을 예측할 수 있다는 가설을 세웠다. 다우이론은 주가변동을 단기변동(매일의 주가 움직임), 중기 추세(수주에서 수개월 동안의 주가 추세), 장기 추세(1년에서 10년 동안의 주가 추세)로 구분한다. 이를 통해 주가의 중기 추세를 분석함으로써 장기 추세를 예측하고, 장기 추세가 전환하는 시기를 포착하려는 이론이다. 그러나 실제로는 장기 추세와 중기 추세를 구분하기 어렵고, 추세의 전환점을 확인할 수 있더라도 너무 늦게 확인하게 되어 실제 투자에는 크게 도움이 되지 못한다. 또한 동일한 그래프로도 다양하게 해석할 수 있어, 분석자의 능력과 경험에 따라 그 해석이 크게 다를 수 있다는 단점이 있다.

　다우이론에 따르면 다음과 같이 장기 추세의 진행과정을 여러 국면으로 구분하여 시장 상황을 고려하면서 장기 추세의 전환점을 포착할 수 있다.

❶ **강세시장의 3국면**

- 제1국면: 강세시장의 초기 단계에서는 경제 및 시장 여건을 비롯하여 기업환경이 아직 회복되지 않아 장래에 대한 전망이 어둡다는 특징이 있다. 이에 따라 약세장에 실망을 느낀 대다수 일반투자자들은 매도에 치중하고, 현재의 침체 국면이 조만간 호전될 것으로 예측한 소수의 투자자만이 일반투자자의 매도 수량을 매수하려고 한다. 따라서 최초에는 거래량이 빈약하나, 일반투자자의 실망 매물이 증가하고 매수하려는 투자자도 증가함에 따라 거래량이 점차 증가하게 된다.
- 제2국면: 전반적인 경제 여건 및 기업의 수익성이 개선됨에 따라 일반투자자의 관심이 높아져 주가는 상승하고 거래량도 증가한다.
- 제3국면: 기업의 영업환경 및 실적이 양호하다. 일반투자자들이 주식시장에 대거 참여함에 따라 주가 상승이 두드러지며 유상증자 등을 통한 신주상장도 활발하다. 제3국면의 마지막 단계에서는 시장이 과열 양상을 보여 투기적 동기에 의한 주식투자가 만연하게 된다.

❷ **약세시장의 3국면**

- 제1국면: 강세장의 제3국면 마지막 단계에서 시장이 지나치게 과열된 것을 감지한 전문투자자들의 매도가 증가한다. 거래량은 감소하는 경향이 있으나, 여전히 높은 수준이며 일반투자자의 매매도 활발하다.
- 제2국면: 매수자가 감소하는 반면, 매도자들은 매도를 서두르기 때문에 주가는 급격히 하락하며 거래량도 크게 감소하는 양상을 보인다. 이후 주가는 중기 하락 추세가 상당 기간 지속되거나 보합국면이 나타난다.
- 제3국면: 제2국면에서 주식을 매수하였거나 미처 처분하지 못한 투자자들이 투매에 나서며, 기업의 수익성은 악화되고 좋지 못한 정보가 시장에 만연하게 된다. 시간이 지날수록 주가의 낙폭은 작아지나, 실망 매물이 증가함에 따라 주가는 계속 하락하게 되며, 최종 단계까지 보유하고 있던 우량주식도 매도하는 단계이다.

이와 같이 다우이론은 주가가 어떤 관성을 가지고 변동한다고 보았다. 따라서 위에서 설명한 강세장과 약세장의 각 국면별 특징을 고려할 때, 다우이론을 실제로 적용할 경우 강세장의 제2국면에서는 점진적 매도를, 제3국면에서는 매도전략을 세운다. 반대로 약세시장의 제2국면에서는 점진적 매수를, 제3국면에서는 매수전략을 세우는 것이 투자수익을 극대화하는 방안이라고 할 수 있다.

주가 이동평균선

가장 널리 사용되는 기술적 지표인 주가 이동평균선은 일정 기간 이루어진 주가의 변화과정 중 매일의 주가 등락과 같은 주가의 불규칙성을 제거함으로써 장기적인 주가 추세를 파악하기 위해 사용된다. 이는 일정 기간의 주가를 연속적으로 평균하여 선으로 연결한 지표이다. 주가 이동평균선은 평균을 취하는 기간에 따라 주가의 단기 추세를 파악하는 6일 또는 25일 이동평균선, 중기 추세인 75일 이동평균선, 그리고 장기 추세인 150일 또는 200일 이동평균선으로 구분한다. 주가 이동평균선은 매일의 종가를 기준으로 하여 가장 최근의 종가로부터 산출하려는 기간의 종가를 산술평균하여 작성한다. 만약 유상 및 무상증자에 의한 권리락이나 배당에 의한 배당락이 발생하면, 이를 수정하여 수정주가에 의한 이동평균선을 작성한다. 주가와 주가 이동평균선의 추세에 대한 일반적인 해석은 다음과 같다.

❶ **매입신호**
- 이동평균선이 하락한 후에 보합이나 상승으로 진입하는 국면에서 주가가 이동평균선을 상향 돌파하는 경우
- 주가가 상승하고 있는 이동평균선 아래로 하락하는 경우
- 주가가 이동평균선 위에서 하락하다가 이동평균선에 도달하기 전에 반전하여 다시 상승하기 시작하는 경우

❷ **매도신호**
- 이동평균선이 상승한 후 보합이나 하락으로 전환되는 국면에서 주가가 이동평균선을 하향 돌파하는 경우
- 주가가 하락하고 있는 이동평균선을 상향 돌파하는 경우

- 주가가 이동평균선 아래에서 하락하다가 반전하여 상승하나, 이동평균선을 상향 돌파하지 못하고 다시 하락하는 경우

또한 장기 이동평균선과 단기 이동평균선의 추세 변화를 이용하여 다음과 같이 상승 추세와 하락 추세의 주가를 예측할 수 있다.

❶ **상승 추세의 경우**
- 단기 이동평균선이 중·장기 이동평균선을 상향 돌파하면 매입신호이다.
- 위로부터 단기, 중기, 장기 이동평균선이 나란히 상승 중일 때는 강세 국면이다.
- 단기·중기·장기 이동평균선이 상당 기간 상승한 후, 단기 이동평균선이 더 이상 상승하지 않고 하락하기 시작하면 천장권이 예상되는 시점이다.
- 단기·중기·장기 이동평균선이 혼조 양상을 보이면 장세의 향방이 불투명함을 의미한다.

❷ **하락 추세의 경우**
- 위로부터 단기·중기·장기 이동평균선이 나란히 하락하면 강력한 약세장을 의미한다.
- 단기·중기·장기 이동평균선이 상당 기간 하락한 후, 단기 이동평균선이 더 이상 하락하지 않고 상승하기 시작하면 바닥권이 예상되는 시점이다.
- 단기 이동평균선이 장기 이동평균선을 상향 돌파하면 강력한 강세 전환신호이며, 이를 골든 크로스(golden cross)라고 한다.
- 단기 이동평균선이 장기 이동평균선을 하향 돌파하면 강력한 약세 전환신호이며, 이를 데드 크로스(dead cross)라고 한다.

이격도

이격도는 보다 단기적인 투자 시점을 포착하기 위해 주가이동평균선의 보조지표로 이용된다.

$$이격도(\%) = \left(\frac{당일의\ 주가}{당일의\ 이동평균주가} \right) \times 100$$

　주가가 이동평균선으로부터 멀리 떨어져서 크게 괴리되는 현상을 "이격도가 높아진다"라고 표현하며, 결국 주가는 이격도가 높아지면 다시 이동평균선으로 접근한다. 이격도가 100%에 이르면 주가가 다시 이동평균선에서 멀어지거나, 방향을 전환하는 과정을 반복한다. 이격도를 활용한 투자 전략을 25일선 이격도를 예로 들어 설명하면, 상승 국면에서는 이격도가 98% 이하일 경우 매입 시점, 106% 이상일 경우 매도 시점으로 판단한다. 반면, 하락국면에서는 이격도가 92% 이하일 경우 매입 시점, 102% 이상일 경우 매도 시점으로 판단한다.

그림 6.4 이격도 예시

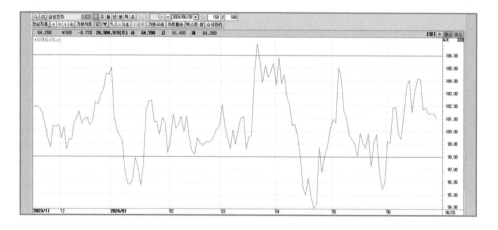

거래량 이동평균선

거래량 이동평균선은 주식에 대한 수요와 공급의 관계를 거래량으로부터 유도할 수 있으며, 이는 거래량이 주가에 선행한다는 데 근거하고 있다. 즉, 일반적으로 주가가 상승할 때는 매입수요가 상대적으로 증가하므로 거래량이 늘어나는 경향이 있다. 주가가 하락할 때는 매입수요가 줄기 때문에 거래량이 감소한다는 경험에 비추어 주가를 예측하고, 매입·매도신호를 찾으려는 것이다. 거래량 이동평균선은 주가 이동평균선과 동일한 방법으로 구할 수 있으며, 주가와 거래량은 다음과 같은 상관관계를 가진다.

- 거래량이 감소 추세로부터 증가하는 경향을 보이기 시작하면 앞으로 주가는 상승할 것으로 예상된다. 반대로 거래량이 증가 추세로부터 감소하는 경향을 보이기 시작하면 앞으로 주가는 하락할 것으로 예상된다.
- 주가가 상승하여 정상에 가까워질수록 주가 상승에도 불구하고 거래량은 감소하는 경향을 보인다. 반대로 주가가 바닥권에 가까워질수록 주가 하락에도 불구하고 거래량은 증가하는 경향을 보인다.
- 단기 거래량 이동평균선이 장기 거래량 이동평균선을 상향 돌파하면 매입 시점이 되며, 하향 돌파하면 매도 시점이 된다.

주가-거래량 상관곡선

주가-거래량 상관곡선은 역시계방향곡선이라고도 한다. 이는 일반적으로 거래량은 주가가 상승하기 전에 증가하고, 주가 하락에 앞서 감소하는 경향이 있다는 데 근거한 주가예측지표이다. 이 지표는 주가와 거래량이 25일 이동평균치를 이용하여 세로축에는 주가를, 가로축에는 거래량을 나타내어 매일의 교차점을 연결하여 작성한다. 주가-거래량 상관곡선은 그림 6.5 와 같이 8개의 국면으로 나뉜다.

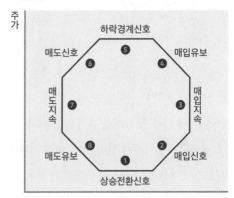

그림 6.5 주가-거래량 상관곡선의 국면별 신호

삼선전환도

삼선전환도는 주가의 전환 시점, 즉 주가가 상승에서 하락으로 또는 하락에서 상승으로 전환되는 시점을 포착하는 투자기법이다. 삼선전환도에는 주가 상승이 계속되어 상승선이 연속해서 나타나고 있는 국면에서 주가의 하락이 그 이전의 상승선 3개를 하향 돌파하는 경우 하락선이 표시된다. 이때를 하락전환신호라고 하며, 매도 시점이 된다. 반대로 주가하락이 계속되어 하락선이 연속해서 나타나고 있는 국면에서 상승선이 나타나기 위해서는 주가 상승

그림 6.6 삼선전환도 예시

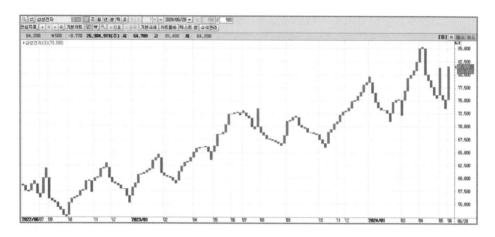

이 이전의 하락선 3개를 상향 돌파해야 한다. 이때를 상승전환신호라고 하며, 매입 시점이 된다.

그러나 삼선전환도는 몇 가지 문제점이 있다. 첫째, 증권시장의 주변 환경 불안 등으로 단기간 주가 등락이 반복되는 경우 적합하지 않다. 둘째, 매도전환신호로 하락선이 크게 나타날 경우, 주가가 크게 상승하지 않는 한 상승전환신호가 잘 나타나지 않는다. 셋째, 주가 상승의 최종단계에서 상승선이 크게 형성될 때는 삼선전환이 쉽게 형성되지 않으므로 하락전환신호가 잘 나타나지 않는다. 이러한 문제점을 보완하기 위해 주가가 상승 추세를 보이다가 정점에서 10% 이상 하락하면 삼선전환도에 매도신호가 나타나지 않아도 매도한다. 반대로 주가가 하락 추세를 보이다가 저점에서 10% 이상 상승하면 삼선전환도에 매수신호가 나타나지 않아도 매수하는 방법인 10% 플랜(plan)법을 같이 사용하기도 한다.

P&F 도표

P&F(point and figure) 도표는 시간개념을 배제하고 사소한 주가변동을 무시함으로써 주가의 주요 추세를 파악하는 한편, 향후 주가의 상승폭 또는 하락폭을 사전에 예측하기 위한 수단으로 이용된다. 이 도표는 주가가 상승하면 ×, 주가가 하락하면 ○로 구분하여 표시한다. 그러나 주가가 상승에서 하락으로, 또는 하락에서 상승으로 전환할 때는 사전에 정해진 가

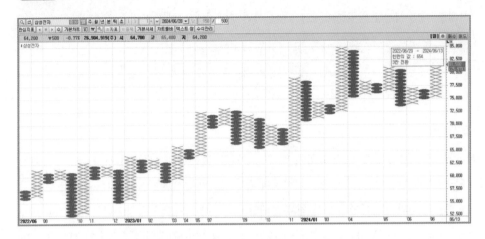

그림 6.7   P&F 도표 예시

격폭 이상의 주가 등락이 있을 경우에만 하락 또는 상승을 표시한다. P&F 도표는 도표에 나타난 상승 또는 하락표시의 패턴과 추세를 이용하여 적절한 매매 시점을 포착한다. 그러나 P&F 도표에 나타난 매매신호는 주가가 이미 상당 수준까지 상승하거나 하락한 후에 나타나는 경우가 많아 정확한 매매 시점을 포착하는 데 어려움이 있다.

등락지표

등락지표는 증권시장 전체가 상승 추세에 있는지 또는 하락 추세에 있는지 파악하기 위해 시장 내부세력의 강도를 측정하는 지표로, 보통 등락선(ADL, advance decline line)이 이용된다.

$$ADL = (일정기간의 상승종목 수 누계 - 같은 기간의 하락종목 수 누계)$$

일반적으로 종합주가지수가 상승 추세를 보이더라도 ADL이 하락하면(상승종목 수 감소) 주가지수의 상승에도 불구하고 시장 내부세력은 약화되고 있어 앞으로 주가지수가 하락할 것으로 예상된다. 반대로 종합주가지수가 하락하더라도 ADL이 상승하면(상승종목 수 증가) 시장 내부세력은 강화되고 있어 조만간 주가가 반등할 것으로 예상할 수 있다.

일정기간(보통 25일)의 상승종목 수 누계를 하락종목 수 누계로 나눈 것을 등락비율

(ADR, advance decline ratio)이라고 한다. 이 비율이 100%를 기준으로 75% 이하이면 안전지대로, 매입 시점을 의미하며, 125% 이상이면 경계지대로, 매도 시점을 의미한다.

$$ADR = \left(\frac{\text{일정 기간의 상승종목 수 누계}}{\text{같은 기간의 하락종목 수 누계}} \right) \times 100$$

투자심리선

주가는 경제적 요인 등 여러 요인에 영향을 받지만, 그 당시의 시장분위기에 따른 투자심리에도 영향을 받는다. 이와 같은 주식시장에 대한 인기의 변화, 즉 투자심리의 변화를 일정 기간 파악하여 과열 상태인지 또는 침체 상태인지 측정하는 기법을 투자심리선(psychological line)이라고 한다. 투자심리선은 최근 12일 중 전일 대비 종가의 상승일수가 차지하는 비율로 나타낸다. 일반적으로 투자심리선은 50%를 중심으로 하여 75% 이상이면 과열 상태, 25% 이하이면 침체 상태를 나타낸다.

$$투자심리선 = \left(\frac{\text{12일 중 상승일수}}{12} \right) \times 100$$

그림 6.8 투자심리선 예시

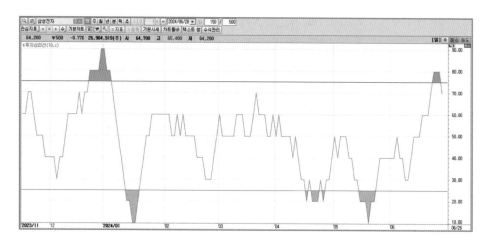

(2) 기본적 분석

일반적으로 기술적 분석과 효율적 시장은 서로 상충되는 것으로 인식된다. 기술적 분석은 분석하려는 시장이나 산업 또는 개별증권에 대한 '정보'를 활용한 투자분석이라기보다는 '추세' 또는 '시점'에 대한 분석이 주로 이루어진다. 따라서 효율적 시장가설에서 전제하는 정보의 효율성과는 큰 관련이 없다.

기본적 분석가들은 기술적 분석과는 달리 시장 전반, 특정 산업, 그리고 개별 증권의 내재가치가 언제든지 존재하며, 이 내재가치는 기본적인 경제가치에 의해 결정된다고 믿는다. 특정 시점에서 총체적 주식시장의 내재가치와 특정 산업 또는 특정 주식의 내재가치를 결정하기 위해서는 가치 결정에 영향을 미치는 변수, 즉 현재의 이익, 미래의 예상이익, 위험변수 등이 분석되어야 한다. 만약 현재의 주가와 내재가치가 크게 다를 경우 투자자들은 적절한 행동을 취할 것이다. 즉, 시장가격이 내재가치보다 낮으면 주식을 매입하고, 시장가격이 내재가치보다 높으면 주식을 매각할 것이다.

기본적 분석의 옹호자들은 시장가치와 내재가치가 다를 경우는 항상 존재할 수 있으며, 시장이 그 차이를 인식하여 시장가치와 내재가치가 같아진다고 믿는다. 그러므로 내재가치를 정확히 측정할 수 있는 분석가는 저평가된 주식을 찾아 평균 이상의 수익을 올릴 수 있을 것이다. 이는 기술적 분석을 매매 시점 분석이라고 하고, 기본적 분석을 매매 종목 분석이라고 부르는 이유이다.

하지만, 기본적 분석의 유용성은 준강형 효율적 시장가설에 의해 부정되고 있다. 시장가격은 주식의 내재가치를 나타내고 있으며, 주가에 영향을 주는 경제적 요인은 이미 주가에 반영되어 있다는 것이 준강형 효율적 시장가설이기 때문에 주가에 영향을 미치는 중요 정보를 수집하고 내재가치를 결정하려는 노력은 의미가 없다는 것이다. 기본적 분석가가 일시적으로 우수한 종목을 찾아낼 수는 있겠지만, 장기적으로 시장 평균수익률을 초과하는 수익률을 지속적으로 달성하기는 어려울 것이다. 그러나 이 말은 효율적 시장에서 증권분석의 필요성이 없다는 의미는 아니다. 효율적 시장가설에서 말하려는 것은 시장에서 많은 투자자들이 뛰어난 분석기법을 활용하여 경쟁적으로 주식을 평가하기 때문에 정보의 영향이 주가에 즉시 반영된다는 것이다. 이로 인해 특정 투자자가 기술적 또는 기본적 분석을 활용하여 주식을 분석하거나 평가해도 지속적인 성과를 달성할 수는 없다는 것이다.

결국 효율적 시장은 증권분석의 기초이론을 부정하는 것이 아니라, 개개인이 수행하는 분석의 효용성에 대해 부정하는 것이라고 할 수 있다. 즉, 어느 분석가는 다른 사람들보다 뛰어난 능력과 분석방법으로 주식분석을 더 잘 수행하고, 다른 투자자들보다 큰 이익을 올릴 수 있다. 그러나 이것이 지속적으로 발생하기는 어렵다.

하지만, 기술적 분석이든 기본적 분석이든 성과를 달성하기 위한 투자자라면, 투자분석시 이들을 상호보완적으로 활용하는 것이 투자에 도움이 될 것이다. 그렇다면, 효율적 시장에서 투자자는 어떻게 투자관리에 임해야 할까? 투자자가 시장 포트폴리오 평균수익률 이상의 기대수익률을 올리기 위해 열심히 정보를 수집하고 분석하는 적극적 투자관리를 수행해도 시장이 효율적이라면 그러한 노력과 비용에 비해 뛰어난 투자성과를 올리는 것이 쉬운 일은 아니다.

투자규모가 클 경우 적극적으로 관리하는 것이 타당할 수 있다. 예를 들어, 백만 원을 투자할 때, 큰 노력을 기울여 투자성과를 연간 1% 정도 올린다고 해도 추가적인 투자이익은 만원에 불과하다. 정보수집과 분석에 대한 노력과 비용에 비하면 이러한 추가 이익은 미미해 보인다. 그러나 투자규모가 천억 원 정도라면, 동일한 1%의 추가적인 성과는 10억 원의 투자이익을 올려주기 때문에 적극적 관리에 대한 타당성을 입증할 수 있다.

그렇다면 소규모 투자자들은 어떻게 해야 할까? 이들은 차라리 집합투자증권, 즉 펀드 등에 투자하는 것이 바람직하다. 자산운용회사가 다수의 소액투자자들로부터 자금을 모아서 투자하게 되므로 규모의 경제를 통한 이득을 투자자에게 환원해줄 수 있다.

또한 대규모 투자자금이 항상 저평가된 주식을 쉽게 찾을 수 있을까? 적극적 투자관리에 소요되는 비용을 제외하고도 충분한 이익을 계속해서 달성할 수 있을까? 효율적 시장가설의 지지자들은 적극적 관리는 시간낭비이며, 발생한 비용을 충분히 보상할 만큼 높은 수익을 올릴 수 없다고 주장한다. 그들은 시장의 평균수익률만큼의 수익에 만족하는 소극적 투자관리를 선호한다. 소극적 투자관리는 과대평가되거나 과소평가된 주식을 찾는 노력을 하지 않고 잘 분산된 포트폴리오를 구성하는 데 집중한다. 그러므로 소극적 투자관리는 단순한 매입·보유전략으로 특징지을 수 있다.

효율적 시장가설은 모든 정보가 주어진다면 현재의 주가가 공정한 가격이므로 기대수익률을 증가시키지는 못하면서 수수료만 발생시키는 빈번한 거래가 정당화되지 못한다고 주장한다. 소극적 관리의 한 방법은 지수펀드(index fund)를 개발하는 것이다. 이러한 펀드에 투자하면 수수료를 많이 지불하지 않아도 잘 분산된 포트폴리오에 투자하는 결과를 낳을 수 있다. 지수펀드의 개발방법 중 하나는 베타계수가 1.0인 잘 분산된 포트폴리오를 찾는 것이다. 지금까지의 연구 결과에 의하면 전문적인 투자관리자들의 성과가 단순한 매입·보유전략의 성과보다 항상 좋지는 않았다. 이는 뛰어난 분석가가 없었거나, 지나친 조사비용 때문에 좋지 않은 성과를 낳았을 것이라고 설명할 수 있다.

이 상황에서 포트폴리오 관리자는 어떻게 포트폴리오 관리를 해야 할까? 유능한 분석가라면 저평가된 주식을 찾아 거래하는 적극적 투자관리를 해야 할 것이다. 반대로 유능한 분석가가 아니라면 모든 증권의 가격이 적정하다고 믿는 소극적 포트폴리오 관리를 할 수밖에 없다. 시장이 완전히 효율적이라면 포트폴리오 관리가 불필요하다고 생각할 수 있으나, 그러한 시장에서도 포트폴리오 관리의 역할은 중요하다. 시장이 효율적일지라도 포트폴리오 관리자는 다음과 같은 역할을 하기 때문이다.[2]

① 분산투자: 분산투자함으로써 위험을 제거한다. 실증연구에 의하면 15~20개의 주식에 분산투자하면 많은 위험을 줄일 수 있다. 모든 주식의 가격이 적정하더라도 각 주식에는 분산투자에 의해 제거될 수 있는 기업 고유의 위험이 있으므로 포트폴리오 관리자는 적절히 분산투자하여 위험을 제거할 수 있다.

② 포트폴리오 위험수준 결정: 투자자마다 위험을 대하는 태도가 다르므로 투자자가 어느 정도의 위험을 감수하며, 어느 정도의 수익률을 기대하는지 파악하여 투자 대상을 선택한다. 투자자의 위험에 대한 태도는 성격, 나이, 재산 정도 등에 따라 차이가 있을 수 있으며, 개인이나 단체에 따라서도 다르다. 이처럼 고객의 개성이나 특성을 고려하여 투자관리를 하는 것을 재무내부장식이라고 한다.

③ 세금과 거래비용 고객의 소득세율을 고려해야 한다. 일반적으로 배당에 대한 소득세율과 매매차익에 대한 소득세율이 달라, 투자자의 한계소득세율에 따라 배당을 많이 해

---

2 J. Lorie and M. Hamilton(1973), "The Stock Market", Homewood, IL: Richard D. Irwin.

주는 주식과, 배당은 적으나 성장잠재력이 높은 주식 중 적합한 것을 선택해야 한다.

거래비용도 무시할 수 없다. 수수료는 거래규모에 따라 차이가 있어 일정 금액으로 여러 주식에 분산투자할 때 그 분산으로 인한 위험감소효과와 함께 수수료의 문제도 고려해야 한다.

개념점검 2

모든 사람이 소극적 투자전략을 따른다면 시장의 효율성은 증가하겠는가?

모범답안 2   모든 사람이 동일한 투자전략을 따른다면 가격이 새로운 정보를 반영하는 데는 실패할 것이다. 그러나 이러한 잘못 평가된 증권을 이용한 차익거래자가 개입할 경우 주식가격은 다시 적정 수준으로 돌아가게 된다.

투자론

❸ 효율적 시장가설의 검증

실제 시장자료를 이용하여 효율적 시장가설을 검증할 수 있다. 여기서는 효율적 시장가설을 검증하는 방법에 대해 살펴보자. 효율적 시장가설을 검증하는 방법에는 간단한 방법부터 학계나 실무에서 활발히 진행되고 있는 깊이 있는 실증연구까지 다양하다.

(1) 약형 효율적 시장가설의 검증

우선, 약형 효율적 시장가설을 검증하는 데는 두 가지 방법이 이용된다. 약형 효율적 시장가설이 과거 자료를 활용한 경우 지속적으로 초과수익을 달성할 수 없음을 의미하기 때문에 통계적으로 과거 수익률이 시계열적으로 독립적인지, 과거 정보를 활용한 투자전략을 통해 초과수익을 발생할 수 있는지를 살펴보는 것이다.

독립성에 관한 통계적 검증

효율적 시장에서는 새로운 정보가 시장에 무작위적이고 상호독립적으로 유포되기 때문에 장기간에 걸친 주가의 변화도 상호독립적이며, 주가는 새로운 정보에 즉각 반응해야 한다. 따라서 효율적 시장에서 주가 변화는 상호독립적이며 무작위적이다.

이것을 입증하기 위해 두 가지 통계적 검증방법이 이용된다. 첫째, 시차를 둔 주가가 상호연관성이 있는지 검증하는 자기상관(autocorrelation) 검증법이다. 이 방법은 일정 기간에 걸쳐서 주가 변화가 양의 자기상관관계에 있는지, 아니면 음의 자기상관관계에 있는지 검증한다. 구체적으로 t시점에서 가격 변화율이 $(t-3)$, $(t-2)$, 또는 $(t-1)$ 시점에서 가격 변화율과 자기상관관계가 있는지 검증한다. 효율적 시장가설을 지지하는 사람들은 그러한 자기상관관계가 미미할 것이라고 기대한다. 이와 같은 주가 변화의 시계열상관분석(time series correlation analysis)은 많은 학자들에 의해 수행되었으며, 모든 연구 결과는 주가 변화의 상관관계가 미미하다고 나타났다. 따라서 시계열상관검증에 의하면 주가 변화는 상호독립적이며, 과거 가격 변화는 미래 가격예측에 아무런 도움을 주지 못함을 의미한다.

둘째, 연(run)검증법이다. 일련의 가격 변화를 계산한 다음, 가격이 상승했으면 (+), 가격이 하락했으면 (−) 부호를 붙인다. 예를 들어, '+ + + − − − + + − + +'와 같은 결과를 얻을 수 있다. 가격 변화가 같은 방향으로 움직이는 한 구간을 하나의 '연(run)'이라고 한다. 위 예에서는 11개의 표본이 5개의 연을 이루고 있다. 이와 같은 방식으로 표본의 연수를 계산하고, 이를 표준표본의 연수와 비교하여 일관성이 있는지를 확인함으로써 독립성을 검증한다. 주가 변화에 대한 연검증에서 주가 변화가 상호독립적임이 입증되고 있다. 양의 가격 변화가 몇 번 연속적으로 발생하더라도 무작위모형(random model)에 의해 비슷한 양상이 발견된다는 것이다. 이는 주가 변화에 대해 실제 관찰된 연수가 무작위실험에 의해 기대할 수 있는 연수와 거의 일치하며, 우리나라 증권시장에서도 비슷한 실증 결과가 나타났다.[3]

거래규칙 검증

약형 효율적 시장가설의 검증에 이용되는 두 번째 방법은 기술적 분석가의 주장에 자극을 받아 실시된 것이다. 연구 결과, 기술적 분석가들이 주장하는 거래규칙대로 투자한 사람들이 장기적으로는 평균 이상의 수익을 달성하지 못한다는 것이 검증되었다.

거래규칙에 관한 구체적 검증에 이용되는 방법은 필터규칙(filter rule) 검증법이다. 이는 과거 움직임에 기초하여 매입과 매도의 규칙을 찾아내는 것이다. 예를 들어, 주가가 1% 오르면 매입하여 과거의 가장 높은 수준에서 1% 떨어질 때까지 보유한다는 규칙이 있을 수 있다. 과거 연구들은 이러한 필터규칙에 의해 투자하더라도 지속적으로 평균 이상의 초과수익을 올리지 못함을 입증하였다.[4]

지금까지 이루어진 약형 효율적 시장가설에 대한 검증 결과를 보면, 약형 효율적 시장이

---

3 윤계섭(1980), 효율적 증권시장가설에 관한 연구 - 한국증권시장에의 검증을 중심으로. 서울대학교.

4 S. S. Alexander(1961), "Price Movements in Speculative Markets: Trends on Random Walks", Industrial Management Review, pp. 7-26; E. F. Fama and M. Blume(1966), "Filter Rules and Stock Market Trading Profits", Journal of Business, 39(1), pp. 226-241.

일관되게 달성되었다고 보기는 어렵다. 그러나 실증검증은 통계적 검증 결과로서 표본기간 내에 표본 대상에서 추출할 수 있는 통계적 의미에 국한하여 그 의의를 이해해야 하며, 통계적 검증 결과에 따라 자본시장이 효율적인지 아닌지 단정하기는 어렵다는 점을 명심해야한다.

(2) 준강형 효율적 시장가설의 검증

자본시장이 준강형 효율적이라면 현재의 주가는 이미 공표된 모든 정보를 반영하고 있을 것이다. 이 사실에 입각한 준강형 효율적 시장가설의 검증은 다음과 같이 수행된다.

❶ 예상대로 가격조정이 이루어지고 있는지 살펴보기 위해 중요한 정보의 공표 시점 전후의 주가 동향을 조사한다. 즉, 주가 조정이 이루어지는 시점이 정보가 공표되기 전인지, 공표된 시점인지, 아니면 공표된 이후인지 검토하는 것이다. 효율적 시장가설은 가격조정이 정보의 유출 때문에 공표 직전이나 공표 시점에 이루어진다고 주장한다.

❷ 투자자가 중요한 정보공표 이후 투자했을 경우 평균 이상의 수익을 올릴 수 있는지 검토한다. 즉, 투자자가 정보공표 후에 주식을 샀다고 가정하고 거래비용을 모두 고려한 투자수익이 단순한 매입·보유전략에 의해 얻은 수익보다 많은지 조사한다.

공표된 정보에는 주식분할, 신주발행 결정, 주식상장, 예상 밖의 세계 뉴스, 회계절차의 변경, 주가나 분기별 이익 발표 등이 있다. 준강형 효율적 시장의 검증에 많이 이용되는 기법은 사건연구(event study)이다. 사건연구란 특정 정보의 공표 시점 전후 주가 변화를 살펴봄으로써 그 정보의 중요성을 측정하는 것이다. 증권가격이 모든 공표된 정보를 전부 반영하고 있어 가격 변화는 오직 새로운 정보를 반영해야 한다. 사건연구에는 보통 균형가격결정모형이 이용된다.[5] 실제 수익률과 균형가격결정모형으로 예측한 기대수익률의 차이를 이용하여 비

---

[5] 사건연구에 사용되는 모형에는 실제 수익률에서 시장수익률을 차감하는 시장조정모형(market-adjusted return model), 실제 수익률에서 과거 평균수익률을 차감하는 평균조정모형(average-adjusted return model), 실제 수익률에서 시장모형에 의한 기댓값을 차감하는 시장모형(market-and-risk-adjusted model)의 세 가지가 있다.

정상수익률(AR, abnormal return)을 구한다. 앞서 5장에서 비정상수익률의 산출방법을 살펴보았다. 시장모형을 활용하여 비정상수익률을 산출한 후 이를 일정 기간 누적한 누적비정상수익률(CAR, cumulative abnormal return)을 구하여 분석한다.

$$AR_{i,t} = R_{i,t} - \hat{\alpha} - \hat{\beta}R_{m,t} \tag{6.1}$$

$$CAR_i(t_1, t_2) = \sum_{t=t_1}^{t_2} AR_{i,t} \tag{6.2}$$

그러나 보통 사건연구는 복수의 기업에 대해 분석하기 때문에 이 두 가지 통계량을 바탕으로 횡단면 비정상수익률과 누적비정상수익률은 각각 다음과 같이 설정한다.

$$\overline{AR_t} = 1/N \sum_{i=1}^{N} AR_{i,t} \tag{6.3}$$

$$\overline{CAR}(t_1, t_2) = 1/N \sum_{i=1}^{N} CAR_i(t_1, t_2) \tag{6.4}$$

여기서, N: 기업의 수
　　　t_1: 분석 시작 시점
　　　t_2: 분석 종료 시점

만약 정보가 유의적으로 내재가치에 영향을 미치고 준강형 효율적 시장가설을 충족한다면 누적비정상수익률은 　그림 6.9　와 같아야 한다.

　그림 6.9　 준강형 효율적 시장가설하에서 누적비정상수익률

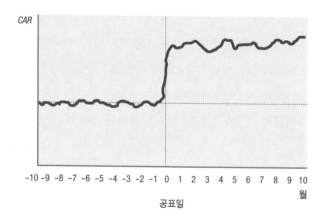

(3) 강형 효율적 시장가설의 검증

강형 효율적 시장가설은 주가가 공표된 것이든, 아니든 모든 정보를 반영하고 있다고 주장한다. 그러므로 이러한 상황에서 투자자는 지속적으로 평균 이상의 수익을 올릴 수 있는 정보를 가질 수 없다. 이 가설은 주가가 신속히 새로운 정보에 반응해야 될 뿐만 아니라, 어느 누구도 정보에 독점력을 행사할 수 없음을 요구한다. 다시 말해, 정보조정과정(information adjusting process)이나 정보생성과정(information generation process)에서 완전성을 요구하는 것이다. 강형 효율적 시장가설을 검증하기 위해서는 서로 다른 투자그룹을 상대로 어며 한 그룹이 일관되게 평균 이상의 수익을 올리고 있는지 살펴볼 수 있다.

만약 특정 그룹이 계속해서 평균 이상의 수익을 올린다면 그 그룹은 중요한 정보에 대한 독점력을 가지고 있거나, 시장이 새로운 정보에 주가를 신속히 적응시키지 못해 다른 투자자가 행동하기 전에 정보를 활용하여 투자했기 때문일 것이다.

이에 관련된 연구는 보통 세 가지 유형으로 분류된다. 첫째, 기업내부자(corporate insider)들의 주식거래에서 얻은 수익률을 분석하는 것이다. 둘째, 전문거래자(stock-exchange specialist)의 주식거래에서 발생한 수익을 분석하며[6], 마지막으로 자산운용사의 수익률을 분석하여 전문 포트폴리오 관리인의 업적을 평가하는 것이다.

이 가설의 연구 결과를 한 마디로 요약하기 어렵지만, 일반적으로 기업내부자와 전문거래자에 대한 연구 결과는 이 가설을 부정하는 경향이 있다. 이는 그들 모두가 중요한 정보에 대해 독점력을 가지고 있으며, 그들은 평균 이상의 수익을 올리기 위해 실제로 그 정보를 활용하고 있다는 것이다. 반면, 전문투자기관의 업적평가에 대한 분석 결과가 단순한 매입·보유전략에 의한 투자 결과를 일관되게 압도하지 못한다는 것이 지금까지 대체적인 연구 결과이기 때문이다. 전문투자기관도 일반투자자와 같이 정보에 대한 독점력이 없기 때문에 세 번째 유형이 앞의 두 유형보다 강형 효율적 시장가설의 검증방법으로 더 적합할 수 있다는 것이다.

---

6 specialist: '전문거래자'로, 특정 종목의 주식을 충분히 보유하고 있어 투자자들이 매입하고 싶을 때 매각해주고, 매각하고 싶을 때 매입해주는 시장조성인(market maker)을 말한다.

다음 그림은 지난 10년간 상장회사들의 신규 투자 공시 전후 누적비정상수익률(CAR)의 움직임을 그린 것이다.

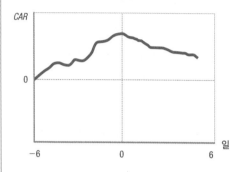

(1) 공시일 이전부터 CAR가 대체로 상승하고 있다. 이러한 CAR의 움직임은 무엇을 의미하는가?

(2) 이러한 효과가 장기적으로 지속될 것으로 볼 수 있는가?

(3) 위 결과가 준강형 효율적 시장가설을 지지하는 증거로 채택될 수 있는지 평가하시오.

모범답안 3

(1) 비정상수익률이 지속적으로 발생하고 있기 때문에, 정보가 사전에 유출되고 있음을 나타낸다.

(2) 공시일 이후로 CAR가 감소하는 것으로 보아 과민반응에 대한 해소가 발생하는 것으로 판단된다. 장기적으로 균형가격에 수렴하고 있으며, 초과수익률은 장기적으로 존재하지 않는다.

(3) 준강형 효율적 시장가설에서는 공개정보를 이용하여 초과수익을 얻을 수 없음을 의미한다. 하지만 이러한 사건이 발생할 때마다 정보공개 전에 평균적으로 그림과 같은 초과수익을 얻을 수 있다면 준강형 효율적 시장가설은 기각될 수밖에 없다.

4 이상현상과 행동재무학의 이해

(1) 시장 이상현상

기본적 분석은 포트폴리오를 구성할 때 기술적 분석보다 훨씬 많은 정보를 이용한다. 기본적 분석의 효능을 조사하는 것은 과거의 거래기록 외에도 공개적으로 이용 가능한 정보를 활용하여 투자성과를 높일 수 있는지 검증하는 것이므로 준강형 시장적 효율가설에 대한 검증이다. 그러나 놀랍게도 주가수익비율이나 시가총액과 같이 쉽게 접할 수 있는 일부 기초적인 통계를 활용할 경우, 초과수익이나 특정 패턴이 나타나는 것이 여러 연구에서 확인되었다. 이렇게 효율적 시장가설과 배치되는 현상을 이상현상(anomaly)이라고 한다. 여기서는 준강형 효율적 시장뿐만 아니라, 약형 효율적 시장에서도 나타나는 몇 가지 이상현상에 대한 연구를 소개한다. 또한 최근 연구가 활발하게 진행되고 있는 행동재무학(behavioral finance)과 행동재무학 관점에서 설명하는 이상현상에 대해서도 간략히 살펴보자.

시계열자기상관

앞서 약형 효율적 시장가설의 검증에서 단기간 검증의 경우 특이할 만한 자기상관은 존재하지 않는 것으로 확인되었다. 그러나 파마와 프렌치(Fama & French, 1988)는 장기적인 주가수익률의 경우 5년의 자기상관은 유의적으로 음의 자기상관을 가진다는 점을 발견하

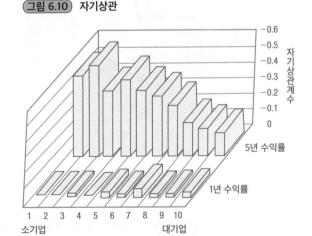

그림 6.10 자기상관

였다. 또한 이는 대기업보다는 소기업에서 더욱 강하게 나타나는 것으로 나타났다.[7]

승자/패자 포트폴리오

장기적인 음의 시계열 상관과 유사한 형태인 반전전략(contrarian strategy)은 과거 정보를 활용한 투자전략이다. 드봉드와 탈러(De bont & Thaler, 1985)는 1926~1982년 NYSE에 상장된 주식을 과거 3년의 누적초과수익률 순으로 나열하여 가장 높은 수익률을 보인 35개 종목과 가장 낮은 수익률을 보인 35개 종목을 각각 승자(winners)와 패자(losers) 포트폴리오로 분류하였다. 이후 3년간 이들 포트폴리오에 대해 각각 누적초과수익률을 구하여 평균회귀현상이 일어나는지 분석하였다.[8] 분석에는 시장조정초과수익률을 사용하였으며, 패자는 36개월 동안 20% 수준의 초과수익률을, 승자는 −5% 수준의 초과수익률을 보였다.

분석 결과, 패자가 승자에 비해 훨씬 큰 24.6%의 초과수익률을 달성하였고, 매년 1월에 양(+)의 초과수익률을 보여, 1월효과와 무관하지 않음을 확인하였다. 국내에서는 유사한 방법

[그림 6.11] 승자/패자 포트폴리오

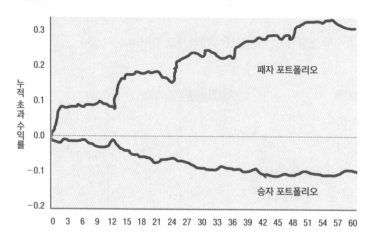

7 E. F. Fama and K. R. French(1988), "Permanent and temporary components of stock prices", Journal of Political Economy, 96(2), pp. 246-273.

8 W. F. M. De bondt and R. H. Thaler(1985), "Does the Stock Market Overact?", Journal of Finance, 40(3), pp. 793-805.

으로 1980~1992년의 월별 수익률을 사용하여 분석한 결과, 패자는 47%, 승자는 −8%의 초과수익률을 나타냈다.[9]

소기업효과

반즈(Banz, 1981)가 제기한 소기업효과(small firm effect)도 효율적 시장가설의 입장에서 보면 이상현상 중 하나이다. 그는 총수익률이나 위험조정수익률이 기업규모가 작을수록 커진다는 사실을 발견하였다.[10] 시장가치를 기준으로 NYSE에 상장된 기업을 기업규모에 따라 5그룹으로 나누어 살펴본 결과, 기업규모가 가장 작은 기업군의 평균수익률이 기업규모가 가장 큰 기업군에 비해 연 19.8% 더 높은 수익률을 실현한 것으로 나타났다. 이후 카임(Keim, 1983), 라인가눔(Reinganum, 1983), 블룸과 스탬바우(Blume & Stambaugh, 1983) 등은 소기업효과가 특히 1월(January)에 나타나고 있다는 사실도 발견하였다.[11] 이를 소기업의 1월효과(small firm in January effect)라고 한다. 아벨과 스트레벨(Arbel & Strebel, 1983)은 소기업효과를 다른 측면에서 살펴보았다.[12] 기관투자자들은 주로 대형 우량주에 투자하기 때문에 기업규모가 작은 기업에 관심을 두지 않는다. 이로 인해 소기업에 대한 정보가 시장에 잘 알려지지 않아 대기업에 비해 소기업의 위험이 높게 인식되어 수익률이 더 높을 수 있다는 것이다.

우리나라에서는 기관투자자들이 선호하는 기업을 정기적으로 발표하지 않기 때문에 신문에 발표된 증권사의 추천종목으로 소외기업효과(neglected firm effect)를 검증하고 있다.[13]

---

9   윤영섭 외 7인(1994), 주가변동과 이례현상, 학현사.

10   R. W. Banz(1981), "The Relationship between Return and Market Value of Common Stocks", Journal of Financial Economics, 9(1), pp. 3-18.

11   D. B. Keim(1983), "Size Related Anomalies and Stock Return Seasonality: Further Empirical Evidence", Journal of Financial Economics, 12(1), pp. 13-32; M. R. Reinganum(1983), "The Anomalous Stock Market Behavior of Small Firms in January: Empirical Tests for Tax-Loss Selling Effects", Journal of Financial Economics, 12(1), pp. 89-104; M. E. Blume and R. F. Stambaugh(1983), "Biases in Computed Returns: An Application to the Size Effect", Journal of Financial Economics, 12(3), pp. 387-404.

12   A. Arbel and P. J. Strebel(1983), "Pay Attention to Neglected Firms!", Journal of Portfolio Management, 9(2), pp. 37-42.

13   윤영섭(1988), 소외기업효과에 관한 실증적 연구, 증권학회지, 제10집, pp. 143-153.

주가수익비율효과

주가수익비율(P/E ratio 또는 PER, price earning ratio)효과는 바수(Basu, 1977)가 처음으로 제시하였다.[14] 그는 PER가 낮은 포트폴리오가 PER가 높은 포트폴리오에 비해 평균수익률이 높다고 주장하였는데, 국내에서도 이와 유사한 결론이 도출되었다. 이러한 결과는 수익률이 위험을 적절히 반영하지 못하는 자본시장의 균형모형 문제에서 발생할 수 있다고 해석할 수 있다.

1월효과

1월효과(January effect)는 주가의 이상현상 중 가장 잘 알려진 현상이다. 롤(Roll, 1983), 하우젠과 라코니쇼크(Haugen & Lakonishok, 1988)는 미국과 세계 주요 시장에서 지속적으로 강한 1월효과가 존재함을 보였다.[15] 1월의 주가수익률이 다른 월의 주가수익률에 비해 유의적으로 높은 현상을 1월효과라고 한다. 이러한 1월효과를 설명하는 대표적인 두 가지 가설은 다음과 같다.

첫째, 세금가설이다. 투자자는 소득세를 줄이기 위해, 연말에 매도를 많이 하게 되고 결과적으로 내재가치에 비해 가격이 많이 하락한 상태에서 1월을 맞는다는 것이다. 따라서 1월에는 다른 월에 비해 주가수익률이 높다는 가설이다. 하지만 세금 기준일이 연말이 아닌 다른 월에 있는 국가에서도 동일한 1월효과가 나타나는 것을 설명하는 데 한계가 있다.

둘째, 기관투자자의 매매행태 가설이다. 연말에 기관투자자의 매입/매도 비율은 비교적 낮고, 연초에 매입/매도 비율이 높은 현상 때문에 가격을 1월에 많이 올린다는 설명이다. 이는 포트폴리오 재조정이 연말과 연초에 많기 때문에 발생한 것으로 설명할 수 있다.

앞서 소기업효과에서 살펴본 것처럼 1월효과는, 특히 소기업의 경우 더욱 집중적으로 나타난다. 그림 6.12 는 1980~2004년 기업규모별 월별 효과를 나타낸 것이다. 시가총액 기준으로 5등분을 하여 VL은 가장 높은 상위 그룹, VS는 가장 낮은 하위 그룹으로 분류하였다. 그

---

14 S. Basu(1977), "Investment Performance of Common Stocks in Relation to their Price-Earning Ratios: A Test of the Efficient Market Hypothesis", Journal of Finance, 32(3), pp. 663-682.

15 R. Roll(1983), "Vas ist das?", Journal of Portfolio Management, 9(2), pp. 18-28; Haugen, R. A. and J. Lakonishok(1988), "The Incredible January Effect", Homewood, IL: Dow Jones-Irwin.

그림 6.12 국내 기업규모에 따른 월별 효과

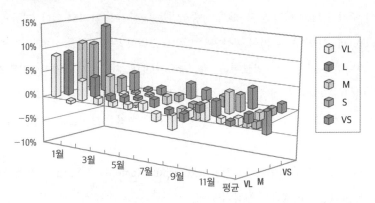

림에서 볼 수 있듯이, 소기업이 대기업보다 1월효과가 강하게 나타나며, 전체적으로도 1월효과는 눈에 띄게 유의적으로 보인다.

주말효과

소기업의 1월효과는 주식수익률의 계절성에 대한 하나의 예라고 할 수 있다. 또 다른 예로 프렌치(French, 1980), 기븐스와 헤스(Gibbons & Hess, 1981)가 연구한 주말효과(weekend effect)가 있다.[16] 이들은 금요일 종가와 월요일 종가를 이용한 수익률이 다른 날에 비해 어떻게 다른지 살펴보았는데 월요일의 수익률이 가장 낮은 것을 발견하였다. 이는 미국 기업이 주로 금요일 주식시장이 마감된 후에 기업에 불리한 정보를 유출하는 경향이 있으므로 월요일의 주가가 떨어지는 것으로 해석할 수 있다.

이 외에도 여러 가지 이상현상이 연구되고 있지만, 효율적 시장가설의 관점에서 중요한 것은 이러한 연구 결과를 어떻게 해석할 것인가이다. 시장이 정말 비효율적이어서 가장 단순한 거래규칙으로도 막대한 이득을 얻을 수 있는 기회가 있다는 의미인지, 아니면 다른 해석이 가능한지에 대한 문제이다.

16　K. R. French(1980), "Stock Returns and the Weekend Effect", Journal of Financial Economics, 8(1), pp. 55-70; M. Gibbons and P. Hess(1981), "Day of the Week Effects and Asset Returns", Journal of Business, 54(4), pp. 579-596.

이에 대한 설명은 크게 두 가지로 구분할 수 있다. 이상현상 중 대부분은 최근 몇 개월 또는 몇 년간 주가가 크게 하락한 후 다시 상승했다는 공통점을 가지고 있다. 파마와 프렌치 (Fama & French, 1993)는 이러한 이상현상이 위험프리미엄의 실현을 설명할 수 있다고 주장하였다. 파마와 프렌치의 3요인모형(3 – factor model)으로 알려진 차익거래가격결정모형은 규모 요인이나 장부가치 대 시장가치 요인에 대한 민감도가 높은 주식의 평균수익률이 더 높다는 것을 보여주고 있다. 이상현상의 높은 수익률은 이러한 요인들의 위험프리미엄으로 해석되는 것이 첫 번째이다.

반대로, 라코니쇼크, 슐라이퍼, 비시니(Lakonishok, Schleifer & Vishny, 1995)의 주장에 따르면, 이러한 현상은 비효율적 시장의 증거, 더 구체적으로는 주식시장 애널리스트들의 전망에 체계적인 오류가 존재한다는 증거로 해석될 수 있다. 이들은 애널리스트들이 과거 성과를 너무 먼 미래까지 지속될 것으로 예측하였으며, 따라서 최근 성과가 좋은 주식을 과대평가하고 나쁜 주식은 과소평가한다는 증거를 제시하였다.

개념점검 4

고객이 포트폴리오 관리자인 여러분에게 다음과 같은 질문을 한다면 어떻게 답해야 할까?
(1) 주식시장에서 돈을 버는 가장 좋은 방법은 12월에 소형주를 사서 한 달 후에 파는 것이라고 들었는데, 도대체 무슨 이야기이며 이것이 사실입니까?
(2) 저PER주와 작년에 음의 수익률을 기록한 주식을 잘 골라서 투자하면 효과적이라고 들었는데, 무슨 의미인지 모르겠습니다.

모범답안 4

(1) 소기업효과가 1월효과에 집중되는 것을 설명한 말이다. 이 전략은 효율적 시장가설과 배치되는 이상현상이며 과거 평균적으로 높은 수익률을 기록했다는 실증적 증거를 가지고 있다. 다만, 이는 어디까지나 이상현상에 대한 개인의 믿음에 달려 있다. 세금가설이나 기관투자의 1월에 발생하는 포트폴리오 재구성이 1월효과를 부분적으로 설명할 수 있으나, 모든 투자자가 동일한 투자행위를 한다면 12월에 주가가 상승할 것이다.

(2) 저PER주나 패자 포트폴리오는 과거에 저평가된 주식이다. 이러한 주식이 평균적으로 가격을 회복한다는 가정하에 이 전략은 효과적이다. 다만, 이 역시 실증적으로 근거가 뒷받침되고 있는 이상현상이지만, 이 현상에 대한 믿음에 달려 있다.

(2) 행동재무학의 대두

투자자들은 시장에서 이렇게 지속적이고 반복적으로 발견할 수 있는 이상현상을 어떻게 바라봐야 할까? 전통적인 재무이론과 효율적 시장가설에 어긋나는 이상현상을 발견했으니, 전통 재무이론이나 효율적 시장가설을 무시해야 할까? 아니면 전통적인 재무이론에 부합하지 않는 시장의 이상현상을 무시해도 되는 걸까? 문제는 이상현상이 무시할 수 있을 정도로 발생 빈도가 낮지 않고, 투자의사결정에 적지 않은 영향을 미칠 수 있다는 것이다. 투자자가 효율적 시장가설의 지지자라면, 이상현상을 발견한 실증연구의 검증모형이 잘못되었거나 측정오류에 문제가 있었다고 주장할 수도 있다. 이와 반대 입장에서, 시장의 비효율성이 지속적으로 발견된다면, 효율적 시장가설을 지지할 수 없다고 주장할 수도 있을 것이다. 효율적 시장가설을 지지할 수 없다고 주장하는 이들은 행동재무학(behavioral finance)을 지지하면서 시장의 이상현상에 대한 관점을 새롭게 바꾸어야 하는 다양한 증거를 제시하고 있다.[17]

행동재무학은 전통적인 재무이론과는 달리, 투자자들이 보통의 사람으로서 개인적인 믿음이나 편의(bias)에 영향을 받아 비합리적이고 비이성적이며 감정적인 결정과 선택을 할 수 있다고 가정한다. 앞서 CAPM의 가정이 매우 단순하다고 지적하면서도 현실적으로 적용할 수 없는 것은 아니라고 언급하였다. 하지만, 행동재무학에서는 CAPM을 비롯한 전통적인 재무이론이 실제를 지나치게 단순화하는 가정에 기초함으로써 사람들의 실제 행동이 아니라, 사람들이 어떻게 행동해야 하는지에 대한 원칙을 세웠다고 비판한다. 행동재무학의 주장을 바탕으로 투자자가 범할 수 있는 편의에 대해 살펴보자.

투자자의 편의(investor biases)는 경제적 실제를 인식하거나 재무적 판단을 내릴 때 발생하는 체계적인 실수나 불완전성을 의미한다. 이는 사람들이 불확실한 상황에서 휴리스틱(heuristics)에 의해 의사결정하기 때문이다.[18]

이러한 투자자 편의는 크게 인지 편의(cognitive bias)와 감정 편의((emotional bias)로 구분

---

17 행동재무학에 관심이 있는 학생이나 초급 실무자들은 국내에 소개된 행동재무학 입문서 중 《행동재무론》(고광수, 한빛아카데미, 2023)을 참고할 만하다.

18 휴리스틱(heuristics): 사전적으로 "경험적인", "스스로 발견하게 하는"을 의미한다. 우리말로는 '어림짐작'이라는 표현이 그나마 적절한 해석이라고 할 수 있다. 하지만 어림짐작으로 해석할 경우 그 뜻을 명확하게 전달하지 못하는 상황이 많아 대부분 휴리스틱을 그대로 사용한다.

된다. 인지 편의는 기본적인 통계나 정보처리과정에서 나타나는 기억력(memory)의 실수나 오류(error)를 말한다. 반면, 감정 편의는 무의식적으로 나타나는 정신상태인 감정이나 그에 수반되는 비자발적인 신체적 표현에 의해 최선의 의사결정과는 달리 의사결정하는 것을 의미한다.

인지 편의

인지 편의는 감정적이거나 지적 경향에 기인하는 것이 아니라, 잠재의식 중에 정보를 처리하는 절차에 기인한다. 투자자들은 많은 정보와 데이터를 받고 투자결정 시 이를 이해하기 위해 단순화된 정보처리를 선택하기도 한다. 이렇게 잘못된 추론에 기초한 인지 편의는 보다 나은 정보나 자문가(advisor)에 의해 완화될 수 있다.

대표적인 인지 편의를 살펴보자. 투자자들은 자신의 예측능력이나 자신이 가진 정보의 정확성을 과대평가하거나 위험을 과소평가하는 경향이 있는데, 이를 자기 과신(overconfidence)이라고 한다. 어려운 일을 하는 경우나 특정 주식에 대한 평가가 어려운 경우 과신이 강하게 나타난다. 자기 과신이 높으면 수익률이 감소하고 거래빈도도 높게 나타나는데, 이러한 경향은 특히 남성 투자자에게서 더욱 두드러지는 것으로 연구되었다. 또 매도한 주식의 수익률이 새롭게 매수한 주식의 수익률보다 높거나, 거래빈도가 높을수록 수익률이 감소하는 경향 등은 자기 과신의 예라고 할 수 있다.

대표성의 오류(representativeness bias)도 잘 알려진 인지 편의 중 하나이다. 이는 어떤 현상을 판단할 때, 그 현상보다 더 큰 집단이 지금 판단하려는 현상에 속하는 것, 즉 해당 현상이 그 집단을 대표한다고 쉽게 생각하는 경향을 의미한다. 이는 확률의 부정확한 이해에 기인하며, 임의성이나 무작위성에 대한 이해가 부족하여 발생한다. 대표성의 오류에는 적은 수의 표본을 지나치게 확신하는 소수의 법칙(law of small numbers), 사건의 일부 특성을 전체 집단의 특성으로 규정하려는 속성 대체(attribute substitution), 단기투자자나 주식을 살 때 주로 나타나는 연속된 사건에 대해 지나치게 긍정적으로 예측하려는 '신의 손' 오류(hot hand fallacy) 그리고 장기투자자나 주식을 팔 때 주로 나타나는 현상 중 연속된 사건에 대해 지나치게 부정적으로 예측하려는 도박사의 오류(gambler's fallacy) 등이 해당한다.

또한 닻내리기 효과(anchoring effect)는 사람들이 의사결정을 할 때 초기의 정보를 사용

투자론

하려는 경향을 의미한다. 즉, 사람들은 잘 알지 못하는 분야의 수치 예측을 요구받고 초깃값 (anchor)을 제공받으면 초깃값을 조정하여 수치를 예측하려는 경향이 있는데, 이는 편향된 의사결정을 초래할 수 있다. 현재 트렌드, 과거 경험, 기존 예측 등이 고정관념으로 작용하여 미래를 예측할 때 새로운 정보나 변화의 방향성을 제대로 반영하지 못하게 되는 것이다. 주식 투자 시 최신의 수익만 보고 투자한다면, 이는 현재 고정관념에 심리적 닻을 내리고 벗어나지 못하여 미래의 결정이나 생각이 이에 영향을 받는 사례라고 할 수 있다.

프레이밍 효과(framing effect)도 인지 편의 중 하나이다. 이는 같은 하늘이라도 바라보는 창에 따라 다르게 느끼듯이, 어떤 문제나 상황이 제시되는 방법, 표현되는 틀에 따라 그 문제나 상황을 파악하는 방향이 달라지는 현상을 의미한다. 프레이밍 효과에는 상품이나 사건의 주요 속성이 제시되는 방향에 따라 평가가 다르게 나타나는 속성 프레이밍, 어떤 행동을 설명할 때 행동의 긍정적 결과를 설명하는 경우와 부정적 결과를 설명하는 경우 동기 부여가 서로 다르게 되는 목표 프레이밍, 위험선택에 관한 의사결정이 그 결과에 대한 긍정적 또는 부정적 설명에 영향을 받게 되는 위험 상황 프레이밍, 이익과 손실을 평가할 때 서로 다른 평가 기준을 가지게 된다는 프로스펙트 이론(prospect theory) 등이 해당한다.

심적 회계(mental accounting)는 자신이 가지고 있는 현재와 미래의 자산이나 소득을 그 출처와 용도에 따라 개별적이고 대체할 수 없는 별개의 그룹으로 나누어 생각하는 성향을 의미한다. 현재 소득과 미래 소득 중 현재 소득 사용 시 소비 성향이 더 높게 나타나거나, 배당금과 자본이득 중 배당금을 소비에 더 많이 사용하는 경향 등은 심적 회계에 기인하는 결과라고 할 수 있다. 투자에서도 포트폴리오 개념에 반하는 의사결정을 한다면, 이는 일관성 있는 의사결정이 어려울 수 있는데, 개별자산에 대한 각각의 투자성과로 전체 포트폴리오의 투자성과를 잘못 판단하는 결과를 낳을 수 있다.

그 밖에 인지 편의에는 인지부조화(cognitive dissonance), 가용성(availability), 보수성(conservatism), 자기귀인(self-attribution), 통제 착각(illusion control), 후견지명(hind sight), 최신오류(recency), 모호성 회피(ambiguity aversion), 확인오류(confirmation) 등이 있다.

감정 편의

대표적인 감정 편의에는 소유효과(endowment effect), 자기통제오류(self-control bias),

손실회피(loss aversion), 후회회피(regret aversion), 낙관주의오류(optimism bias) 또는 계획오류(planning fallacy) 등이 있다.

소유효과(endowment effect)는 다른 자산에 비해 소유 자산에 더욱 큰 가치를 부여하는 경향을 말한다. 즉, 자신이 소유한 물건에는 시장가격보다 더 높은 가치를 부여하지만, 같은 물건을 사려고 할 때는 시장가격보다 더 저렴하게 사고 싶어 하는 성향을 말한다. 더 나은 투자기회가 있어도 기존의 투자를 처분하지 못하고 계속 보유하는 투자자 특성이 해당된다.

현실유지오류(status quo bias)는 기존 선택이나 판단을 고수하려는 경향으로, 소유효과의 한 종류라고 할 수 있다. 특히, 수많은 선택지에 직면했을 때, 투자자는 자신에게 친숙하거나 감정적으로 좋아하는 증권을 보유하려고 한다. 이는 매도호가가 매수호가보다 시장가에서 더 떨어져 있을 때, 적은 수량의 거래나 일반투자자의 거래에서 강하게 나타나며, 물건을 직접 물리적으로 가지고 있는 경우 강하게 나타난다.

자기통제오류(self - control bias)는 사람들이 목표를 달성하기 위해 노력하지만, 그러한 노력을 방해하는 환경에 휩쓸려 자신을 통제하지 못하는 경향으로, 이는 기대효용이론과는 상반되는 개념이라고 할 수 있다. 사람들 중에는 미래를 대비하기 위해 저축하기보다 현재 소비하려는 경향, 즉 절제하지 못하는 모습을 보이기도 한다. 여기에는 현재의 가치를 크게 보는 근시안적 태도(예: 은퇴를 위한 저축 참여율이 낮은 경우), 배당 성향이 높은 주식에 과도한 투자(예: 주식에 대한 과도한 투자, 묻지 마 투자) 등이 해당한다.

손실회피(loss aversion)는 의사결정을 할 때 손실을 피하려는 경향으로, 효용의 평가 시 부의 절대 수준보다는 부의 변화에 민감하여 최종적인 부의 수준보다는 이익과 손실의 실현을 평가하는 특성을 보인다. 예를 들어, 300만 원 손실 가능성이 100%인 경우와 400만 원 손실 가능성이 80%인 경우에서는 후자를 선택하여 위험을 추구하기도 한다. 반면, 300만 원 이익 가능성이 100%인 경우와 400만 원 이익 가능성이 80%인 경우에서는 전자를 선택하여 위험을 회피하기도 한다. 손실회피 중 재무위험수용성향(financial risk tolerance)은 감당할 수 있는 손실의 크기가 개인의 소득수준이나 자산규모, 결혼 여부, 성별, 은퇴 여부 등에 따라 개인별로 달라지며, 이에 따라 손실회피의 정도에도 차이가 난다.

후회회피(regret aversion)는 잘못된 결과에 대한 후회가 두려워 보수적인 행동을 보이거나, 결정을 내리지 못하여 행동으로 옮기지 못하는 경향을 말한다. 중국식당에서 짬뽕과 짜

장면을 쉽게 고르지 못하는 상황을 생각하면 후회회피 성향을 쉽게 이해할 수 있을 것이다. 어떤 행동 이후에 후회하게 되는 상황이나 손실을 보게 될 것을 두려워하여 가능성이 없는 투자안을 처리하지 못하거나, 가능성이 높은 투자안에 투자를 못하는 상황이 벌어지기도 한다. 또 책임이 따르거나 피드백이 있는 경우에 후회 가능성이 커져 잘못된 의사결정을 하게 된다.

낙관주의오류(optimism bias) 또는 계획오류(planning fallacy)는 모든 것이 다 잘될 거라고 막연히 믿는 경향을 말한다. 낙관주의오류를 보이는 투자자는 좋은 결과가 발생할 확률은 과대평가하고, 나쁜 결과가 발생할 확률은 과소평가하기도 한다. 이로 인해 은퇴자금 투자 시 자사주에 과도하게 투자하거나, 투자자가 이해하기 어려운 정보나 투자성과가 부정적일 것이라는 정보를 무시하여 손실을 경험한다. 또한 고향오류(home bias)에 의해 자신의 국가나 지역에 편중하여 투자하기도 한다.

행동재무학에서는 다양한 투자자 편의를 완화하기 위한 해법도 함께 제시하고 있다. 자기과신에 의해 정보를 맹신하는 투자자는 대다수가 아는 정보나 불완전한 정보, 애널리스트가 추천하는 종목을 과신하는 경향을 보이는데, 이들에게 확실한 고급 정보를 제공함으로써 편의를 완화하도록 유도할 필요가 있다. 또한 후회회피로 인해 타이밍을 놓치는 투자자들은 의사결정을 미루거나 아예 하지 못하는 경우도 있다. 이들에게는 재무목표의 설정과 체계화된 규칙 마련을 통해 의사결정 시스템을 확립하며, 명확한 투자철학을 세우도록 유도해야 할 것이다.

투자자는 기대수익률 이상의 수익을 원하기 때문에 손해를 본다고 느끼며, 성급하게 매수하거나 매도하는 경향이 있다. 이러한 편의를 완화하기 위해 거래비용을 고려한 수익률 결과를 제시할 수 있다. 또한 자기 과신이나 대표성 오류 중 '신의 손' 오류, 최신오류에 빠지기 쉬운 투자자는 과거 수익률, 특히 최근의 수익률에 집착하여 투자종목을 선택하는 경향이 있다. 따라서 이들에게는 의사결정 프레임을 넓히고, 확률에 대한 올바른 이해를 유도할 필요가 있다.

앞서 간략하게 살펴본 것처럼, 행동재무학은 전통적인 재무이론의 단순한 가정을 탈피하고 심리학의 관점에서 인간의 행동에 집중함으로써 실무에서 관찰되는 다양한 이상현상을 설명하면서 발전해 왔다. 그러나 실제로는 행동재무학이 신고전주의 경제학에 기반한 전통적인 재무이론을 대체하지 못하고 있다. 더욱이 행동재무학에 대한 폭넓은 관심에 따라 다양한 연구 결과가 제시되고 있다. 그러나 재무이론이 원래 인간의 행동에 관심을 가지고 발전한 학문이므로 '행동재무학'이 재무이론과 유사한 개념이라는 비판 또한 제기되었다. 그럼에 도 불구하고 행동재무학은 재무이론의 한 분야로서 투자를 비롯한 다양한 재무의사결정에 활용될 가능성이 점점 커지고 있다. 따라서 투자론을 접하는 학생들이나 초급 실무자들이 행동재무학에 대한 기본적인 이해를 갖춘다면, 투자를 바라보는 관점과 실무에 대한 응용력을 한층 높일 수 있을 것으로 기대한다.

1 다음 문장이 참이면 T, 거짓이면 F를 표기하고, 거짓이라면 그 이유를 설명하시오.

(1) 시장이 효율적이라면, 주식가격은 공정한 가격이므로 모든 주식의 평균수익률은 0 이다.

(2) 시장이 효율적이라면, CAPM은 항상 성립한다.

(3) 시장이 효율적이라면, 투자자에게 가장 좋은 투자전략은 시장지수를 따라가는 소극적 투자전략이다.

(4) 시장이 효율적이라면, 주식가격은 항상 내재가치를 의미한다.

(5) 시장이 효율적이라도 시장은 실수할 수 있으며, 투자자는 이러한 가격오류를 통해 이익 을 얻을 수 있다.

(6) 시장이 효율적일 때 시장은 실수할 수 있지만 이러한 가격오류는 임의적(random)으로 발생하기 때문에 투자자는 이익을 얻을 수 없다.

(7) 저PER주를 투자하여 초과수익을 얻었다는 것은 약형 효율적 시장가설을 기각한다.

(8) 1월효과는 약형 효율적 시장가설을 기각하는 증거이다.

(9) 주당 배당의 증가가 공표되기 전부터 누적비정상수익률이 증가하고 공표 시점 이후에 는 변화를 보이지 않았다는 증거는 준강형 효율적 시장가설을 기각하는 증거이다.

(10) 효율적 시장가설이 성립하는 시장에서는 새로운 주가예측모형이 불필요하다.

2 다음 정책이 주식시장의 효율성에 증가, 감소, 또는 변화 없음 중 어떤 영향을 미치는지 설명하시오.

(1) 정부는 주식거래에 대한 세금을 1% 낮추었다.

(2) 정부는 투기적 거래를 줄이기 위해 공매도(short sales) 제약을 강화하였다.

(3) 정부는 현재 국내 거래소에 상장된 기업의 외국인 지분투자 제한을 완전히 제거하였다.

(4) 정부는 계열사의 지분보유에 대한 제약을 완화하였다.

(5) 정부는 연기금의 주식투자에 대한 제한을 완화하였다.

(6) 거래소에서 상장된 개별기업의 파생상품시장(선물, 옵션)이 열리게 되었다.

3 시장모형에 의해 A주식을 $R_A = 0.01 + 1.2R_M + \epsilon_A$와 같이 추정하였다. A회사에 대해 202×년 4월 1일, 환경오염과 관련하여 10억 원 상당의 손해배상책임을 인정하는 소송 결과가 발표되었다. 이 사건을 전후로 회사의 주식수익률과 시장수익률이 다음과 같았다.

날짜	R_M	R_A
−5	−0.050	−0.034
−4	0.016	−0.001
−3	0.0376	−0.021
−2	−0.0034	−0.033
−1	−0.0096	−0.043
0	−0.015	−0.021
1	0.020	0.010
2	−0.029	−0.001
3	0.027	0.042
4	0.001	0.051
5	0.002	0.043

(1) − 5일부터 ＋5일까지의 AR와 CAR를 구하시오.

(2) CAR를 그림으로 나타내고, 준강형 효율적 시장 관점에서 이러한 증거를 어떻게 받아들여야 하는지를 설명하시오.

(3) 일주일 전 A주식의 시가총액이 100억 원이었다. 5일 후에 시가총액은 대략 어느 정도일지 구하시오.

(4) 공표일 주변에서 나타나는 현상을 배상금 규모와 관련지어 설명하시오.

4 "시장을 이길 수 없다(We cannot beat the market)."라는 말을 소극적 투자관리와 적극적 투자관리의 관점에서 가정을 중심으로 비교하시오.

5 본문에서 다루지 않은 투자자 편의(investor's bias)를 찾고, 종류와 특징을 설명하시오.

1 (1) T

(2) T

(3) T

(4) F. 시장이 효율적이라면, 주식가격은 내재가치의 불편추정량이다.

(5) T

(6) F. 가격오류는 임의적이므로 어떤 투자자는 이익을 얻을 수 있을 것이나, 전체 투자자의 평균수익
은 0일 것이다.

(7) T

(8) T

(9) F. 정보의 공표 직전부터 누적비정상수익률이 증가하기 시작하고 공표 시점 이후에 변화를 보이지
않았다는 것은 준강형 효율시장을 지지하는 증거이다.

(10) T

3 (1)

날짜	AR	CAR
−5	0.016	0.016
−4	−0.0302	−0.0142
−3	−0.07612	−0.09032
−2	−0.03892	−0.12924
−1	−0.04148	−0.17072
0	−0.013	−0.18372
1	−0.024	−0.20772
2	0.0238	−0.18392
3	−0.0004	−0.18432
4	0.0398	−0.14452
5	0.0306	−0.11392

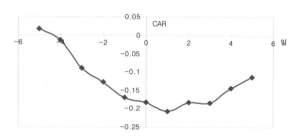

(2) 그림을 보면, 정보가 주가에 유의적으로 영향을 미치며, 준강형 효율적 시장가설을 충족한다는 것
을 알 수 있다.

(3) 약 88.6억 원

(4) 배상금 규모가 10억 원이고 A주식의 시가총액이 공표일 이전과 이후를 비교했을 때 12억 원 정도 차이가 나는 것을 알 수 있다.

PART 3

투자자산의 평가

지금까지는 투자의 목적과 투자철학의 중요성을 인식하고, 금융시장과 금융상품 등 투자환경에 대한 이해를 바탕으로, 자산배분과 운용에 필요한 포트폴리오 이론 및 자산가격결정모형 등 기초적인 이론을 두루 살펴보았다. 3편에서는 채권, 주식, 파생상품 등 전통적인 자산뿐만 아니라, 최근 금융시장에서 비중이 확대되고 있는 대체투자자산의 기본적인 평가모형, 위험과 수익률의 관계, 포트폴리오 전략에 대해 살펴볼 것이다. 이를 통해 다양한 투자자산의 평가방법과 투자전략의 적용 등 이론이 어떻게 실무에 적용될 수 있는지 이해하는 데 도움이 될 것이다.

CHAPTER 7

주식의 평가

학습목표

☑ 각 평가모형에 사용되는 변수의 특징을 이해할 수 있다.

☑ 성장률 추정에 따른 현금흐름 할인모형의 특징을 이해할 수 있다.

☑ 배당할인모형과 잉여현금흐름모형의 차이를 이해할 수 있다.

☑ 주어진 자료를 이용하여 주주잉여현금흐름(FCFE)과 기업잉여현금흐름 (FCFF)을 산출할 수 있다.

☑ 세 가지 상대가치 평가모형의 특징과 장단점을 이해할 수 있다.

앞에서 증권시장이 효율적이라고 믿는 투자자들은 내재가치의 추정을 통해 초과수익을 얻을 수 없기 때문에 소극적으로 지수펀드에 투자한다고 언급하였다. 증권시장의 효율성이 떨어져서 시장가격이 내재가치에서 벗어나고, 이러한 현상이 일정 기간 지속된다고 가정해 보자. 현명한 투자자는 주식의 내재가치를 분석하여 시장가치와 비교한 후, 저평가된 주식은 매입하고, 고평가된 주식은 매도함으로써 시장수익률 이상의 수익을 올릴 수 있을 것이다. 하지만 이는 말로는 쉽지만, 실행하기는 매우 어려운 과제이다.

이 장에서는 전문적인 증권분석가들이 많이 활용하고 있는 저평가된 주식을 찾는 모형들을 소개할 것이다. 즉, 여기에 소개된 모형들은 기본적인 분석가(fundamentalist)들이 이용하는 모형으로, **표 7.1** 과 같이 분류할 수 있다.

표 7.1 **주식가치의 평가방법**

내재가치 평가방법	1. 장부가치를 이용한 주식의 가치평가 2. 수익가치에 근거한 주식의 가치평가(현금흐름 할인방법) 　(1) 배당평가모형: 무성장, 일정성장, 다단계성장 　(2) 잉여현금흐름모형: 주주를 위한 잉여현금흐름모형(FCFE) 　　　　　　　　　　 기업을 위한 잉여현금흐름모형(FCFF)
주가배수 평가방법	1. 주가 대 주당 이익을 이용한 가치평가: 주가수익비율(PER) 2. 주가 대 주당 장부가치를 이용한 가치평가: 주가장부가비율(PBR) 3. 주가 대 주당 매출액을 이용한 가치평가: 주가매출액비율(PSR)

1 장부가치를 이용한 평가방법

재무상태표의 총자산에서 총부채를 차감한 순자산가치를 발행주식 수로 나눈 값인 주당 장부가치(book value)는 평가기준으로 많이 이용된다. A회사의 2024년 12월 31일 주당 장부가격은 5,000원이고 같은 날 A회사 주가가 10,000원이었다면, A회사의 주가가 과대평가되어 있다고 말할 수 있는가? 장부가치는 취득원가를 일정기간 동안 배분하기 위해 인위적으로 채택된 회계기준에 따라 결정된 수치인 반면, 시가(market price)는 계속기업으로서 기업의 가치를 반영한 수치이다. 다시 말해, 시가는 미래 예상되는 현금흐름의 현재 가치를 반영하는 것이다. 그러므로 시가가 장부가치와 일치한다는 것이 오히려 이상하다고 해야 할 것이다.

그렇다면 장부가격을 시가가 떨어질 수 있는 최저 수준이라고 인식해도 되는 것일까? 반드시 그렇다고 볼 수는 없다. 실제로 많은 회사의 주가가 장부가격 이하로 떨어지는 경우도 있다. 주가가 떨어질 수 있는 최저 수준으로서 주당 청산가치(liquidation value)가 있다. 이는 회사가 청산한다는 가정하에 회사의 자산을 팔아 모든 부채를 상환한 후, 주주에게 배분할 수 있는 나머지 금액을 의미한다. 기업인수시장이 발달되어 있는 나라에서는 주식의 시가가 청산가치 이하로 떨어질 경우, 이 기업은 기업 사냥꾼들의 인수 표적이 된다.

기업을 평가할 때 또 다른 중요한 개념으로 대체원가(replacement cost)가 있다. 이는 부채를 공제한 자산들을 현시점에서 대체할 경우 소요되는 원가를 말한다. 많은 분석가들은 기업의 시장가치가 아무리 높아도 대체원가 이상이 될 수 없다고 믿는다. 만약 기업의 시장가치가 대체원가보다 높으면 기업의 경쟁자들은 쉽게 유사한 기업을 설립할 것이다. 이렇게 동일 산업에 다른 유사한 기업이 신규로 진출하게 되면, 기업의 시장가치가 떨어져 결국 시장가치가 대체원가와 같아질 것이다. 보통주의 시가와 대체원가와의 비율을 토빈의 큐(Tobin's Q)라고 하며, 이는 투자 척도로 많이 이용되고 있다. 이 견해에 의하면 시가와 대체원가의 비율은

궁극적으로 1에 수렴하게 될 것이다.[1]

재무상태표가 기업의 청산가치나 대체원가에 관한 중요한 정보를 제공할 수 있지만, 계속 기업으로서 기업의 가치를 더 정확히 측정하기 위해서 분석가들은 미래에 예상되는 현금흐름에 더욱 관심을 가져야 한다. 따라서 지금부터는 미래에 예상되는 이익이나 배당의 관점에서 보통주를 평가하는 모형을 소개하겠다.

---

1 James Tobin(1969), "A General Equilibrium Approach to Monetary Theory", Journal of Money, Credit and Banking.

② 수익가치를 이용한 평가방법

내재가치와 시가

계속기업으로서 기업의 가치를 평가하는 데 가장 많이 이용되는 모형은 주식투자자가 현금 배당과 매매차익(또는 차손)으로 구성된 수익률을 기대한다는 사실을 이용한다. 예를 들어, B회사의 현재 주가는 48,000원이고 1년 후 예상되는 주당 배당 $E(D_1)$은 4,000원, 주가 $E(P_1)$은 52,000원이며, 투자기간은 1년이라고 가정한다. 그러면 투자자가 기대하는 1년간 보유기간수익률은 16.7%가 된다.

$$E(R) = \frac{E(D_1) + [E(P_1) - P_0]}{P_0} = \frac{4,000 + (52,000 - 48,000)}{48,000} = 0.167(16.7\%)$$

기대수익률은 기대배당수익률(expected dividend yield)과 기대매매차익률(expected capital gain yield)로 구성되어 있다. 이 주식에 대한 투자자의 요구수익률(required rate of return)은 얼마인가? $R_f = 6\%$, $E(R_m) = 11\%$, 그리고 $\beta_i = 1.2$라고 가정하면, 자본자산가격결정모형(CAPM)에 의해 요구수익률은 12%가 된다.

$$k = 6 + 1.2(11 - 6) = 12\%$$

B회사의 경우 투자자들이 예상하는 기대수익률이 필수수익률보다 4.7%(16.7% − 12%) 높다는 것을 알 수 있다. 그러므로 B회사 주식을 많이 편입시키려고 할 것이다. 다른 측면에서 이 회사의 내재가치 V_0와 현재 시가를 비교해보자.

$$V_0 = \frac{E(D_1 + P_1)}{1 + k} = \frac{4,000 + 52,000}{1 + 0.12} = 50,000$$

내재가치는 기대현금흐름(즉, 기대 배당과 매각할 때의 예상 가격)을 요구수익률로 할인한 현가이다. 기업의 내재가치가 시가보다 높으면, 그 주가는 과소평가되어 있음을 의미한다. 예에서 B회사의 경우 $V_0 > P_0$(즉, 50,000 > 48,000)이므로, 주식이 과소평가되어 투자자들이 더 많이 포트폴리오에 편입시키려고 한다. 만약 내재가치가 현재 시가보다 낮아 과대평가되면, 투자자들은 주식을 매각하거나 대주를 할 것이다.

내재가치의 결정요인

앞에서 언급했듯이, 주식의 내재가치는 미래 현금흐름의 현재 가치의 합이다. 따라서 미래 현금흐름과 할인율을 정확히 추정할 수 있다면 주식의 내재가치를 구할 수 있다. 하지만 기업의 매기 미래 현금흐름을 일일이 추정하는 것은 번거롭고 어려운 일이다. 미래 현금흐름, 할인율, 그리고 성장률을 추정할 수 있다면 이론적으로는 주식 내재가치의 근사치를 구할 수 있게 된다.

할인율(요구수익률)의 추정

위험을 고려한 할인율이라고도 불리는 요구수익률은 투자자들이 주식을 보유함으로써 요구하는 최소의 수익률로 정의될 수 있다. 다른 조건이 일정하다면 어떤 주식에 대해 투자자들이 요구하는 요구수익률이 높을수록 주가는 낮아지며, 요구수익률이 낮을수록 주가는 상승하게 된다. 요구수익률을 결정하는 데는 5장에서 설명한 자본자산가격결정모형(CAPM)이 이용된다. 즉, 특정 자산에 대해 투자자들이 요구하는 요구수익률은 다음 식으로 구할 수 있다.

$$k_i = R_f + \beta_i [E(R_m) - R_f] \tag{7.1}$$

여기서, k_i: 주식 i에 대한 요구수익률
R_f: 무위험이자율
$E(R_m)$: 시장 포트폴리오에 대한 기대수익률
β_i: 주식 i의 베타계수

CAPM에서 사용하는 주식의 베타계수를 결정할 때는 두 가지 요인을 고려해야 한다. 첫 번째 요인은 기업의 영업위험(business risk)이다. 일반적으로 기업의 영업레버리지가 높거나 제품 다각화의 정도가 낮을수록 영업위험은 높아지며, 영업위험이 높을수록 베타계수는 높아진다.[2] 다음 과정을 통해 영업레버리지가 주식베타에 어떻게 영향을 미치는지 살펴보자. 주식베타는 자산베타에 의해 다음과 같이 구해진다.

$$\beta_e = \beta_a + (\beta_a - \beta_d) \times \frac{D}{S} \tag{7.2}$$

여기서, D: 부채의 시장가치
S: 자기자본의 시장가치
β_e: 주식베타
β_a: 자산베타
β_d: 부채베타

그런데 자산베타는 다음 식과 같이 영업레버리지의 영향을 받는다. 여기서 고정비의 현재 가치와 자산의 현재 가치 비율이 영업레버리지의 척도로 이용된다.

$$\beta_a = \beta_R \left(1 + \frac{\text{고정비의 현재 가치}}{\text{자산의 현재 가치}} \right) \tag{7.3}$$

두 번째 요인은 부채와 자기자본 간 비율에 의한 재무위험(financial risk)이다. 하마다(Hamada, 1971)는 자기자본의 베타계수와 자본구조 사이에 다음과 같은 관계가 있음을 유도했으며, 체계적 위험의 21~24%가 재무위험에 의해 설명된다고 하였다.[3]

$$\beta_B = \beta_A \left(1 + \frac{D(1-T)}{S} \right) = \beta_A \frac{V_U}{S} \tag{7.4}$$

여기서, β_B: 부채를 사용한 기업의 주식베타
β_A: 부채를 전혀 사용하지 않은 기업의 주식베타
T: 법인세율
V_U: 부채를 사용하지 않은 기업의 가치

현금흐름의 추정

기업이 보유하고 있는 현금 또는 미래에 벌어들이는 현금은 채권자와 주주의 몫이다. 기업의

---

2 B. Lev(1974), "On the Association between Operating Leverage and Risk", Journal of Financial and Quantitative Analysis, 9, pp. 627-642.

3 R. S. Hamada(1971), "The Effect of the Firm's Capital Structure on the Systematic Risk of Common Stocks", The Journal of Finance, 7, pp. 435-452.

입장에서 주주와 채권자가 사용할 수 있는 현금흐름을 기업잉여현금흐름(FCFF, free cash flow to firm)이라고 하고, 채권자의 몫을 제외하고 주주가 자유롭게 사용할 수 있는 현금흐름을 주주잉여현금흐름(FCFE, free cash flow to equity)이라고 한다. 또한 현금흐름으로 잉여현금흐름을 사용한 모형을 잉여현금흐름모형(FCF model, free cash flow model)이라고 하고, 현금흐름으로 배당을 사용한 모형을 배당모형이라고 한다. 어떠한 모형을 사용할지는 해당 기업의 특성과 속해 있는 산업의 특성에 의해 결정된다.

내재가치를 구하는 데 가장 중요한 원칙은 현금흐름과 할인율을 올바로 대응시키는 것이다. 예를 들어, 주주에게 귀속되는 현금흐름은 자기자본비용으로 할인해야 하며, 기업 전체에 귀속되는 현금흐름은 가중평균자본비용으로 할인해야 한다. 이 외에도 세후현금흐름은 세후할인율로, 명목현금흐름은 명목할인율로, 그리고 실질현금흐름은 실질할인율로 할인해야 한다.

성장률의 추정

성장률(growth rate)은 주식가치에 매우 중요한 영향을 미칠 수 있다. 성장률은 사내유보율과 재투자수익률의 곱으로 계산되며, 이는 외부자금 조달이 없고 기업의 배당 성향이 일정하게 유지된다는 가정하에서 가능하다. 이 점 때문에 성장률을 주당 순이익의 기록을 이용하여 계산하기도 하지만, 이 또한 과거의 기록을 이용하여 미래의 예상 성장률을 추정한다는 한계점이 있다.

3 배당할인모형을 이용한 주식평가

(1) 일반모형

배당할인모형(DDM, Dividend Discounted Model)에서는 현금배당이 주식투자의 유일한 소득이며, 계속기업의 가정에서 무한대까지 주식을 보유한 경우 주식의 가치는 지금부터 무한대까지 받게 될 현금배당의 현가의 합으로 정의된다.

$$V_0 = \sum_{t=1}^{\infty} \frac{D_t}{(1+k)^t} = \frac{D_1}{(1+k)} + \frac{D_2}{(1+k)^2} + \cdots + \frac{D_\infty}{(1+k)^\infty} \qquad (7.5)$$

여기서, V_0: 현재의 적정 주가
D_t: t시점에서 예상되는 주당 배당
k: 기업의 위험을 고려한 할인율

만약 현실적으로 주식을 무한히 보유하지 않고 일정 기간 동안만 보유한 후 매각하는 경우, 이 배당모형은 이용될 수 있을까? 이를 살펴보기 위해, 1년 후에 주식을 파는 경우의 V_0를 구하면 다음과 같다.

$$V_0 = \frac{D_1}{1+k} + \frac{V_1}{1+k} \qquad (7.6)$$

1년 후에 매입한 사람이 다시 1년 후에 매각한다면 V_1은 다음과 같다.

$$V_1 = \frac{D_2}{1+k} + \frac{V_2}{1+k} \qquad (7.7)$$

이러한 과정은 주식을 발행한 회사가 망하지 않는 한 계속될 것이다. 식 (7.7)을 식 (7.6)에 대입하면 다음과 같다.

$$V_0 = \frac{D_1}{1+k} + \frac{D_2}{(1+k)^2} + \frac{V_2}{(1+k)^2} \qquad (7.8)$$

식 (7.8)을 일반적인 형태로 정리하면 다음과 같다.

$$V_0 = \frac{D_1}{1+k} + \frac{D_2}{(1+k)^2} + \cdots + \frac{D_t}{(1+k)^t} + \frac{V_t}{(1+k)^t} \tag{7.9}$$

계속기업의 가정에 따라 $t \to \infty$를 고려하면 식 (7.9)의 마지막 항은 무시해도 될 정도로 작은 값이 될 것이다. 그러므로 식 (7.9)를 식 (7.10)과 같이 쓸 수 있으며, 이는 식 (7.5)와 동일하게 된다.

$$V_0 = \frac{D_1}{1+k} + \frac{D_2}{(1+k)^2} + \cdots + \frac{D_\infty}{(1+k)^\infty} \tag{7.10}$$

식 (7.5)부터 식 (7.10)을 종합해보면, 결국 배당모형에 의한 평가는 향후 예상되는 현금배당뿐만 아니라 매매차익까지도 모두 고려하고 있음을 알 수 있다. 또한 현금배당을 고려한다는 것은 사내유보에 대한 정보를 포함하고 있다고도 볼 수 있다.

(2) 세부모형

일반모형에서는 배당금이 영원히 지속된다고 가정하고 있으나, 미래의 배당금을 지속적으로 정확히 추정하는 것은 어려운 일이다. 따라서 미래의 성장률을 일정하게 가정한 세부모형이 개발되었다.

고든의 성장모형

고든(Gordon)은 미래 배당의 성장률을 일정하다고 가정하고, 다음과 같은 모형을 제시하였다. 고든의 성장모형을 보다 쉽게 유도하기 위해, 다음과 같이 변수를 정의한다.

E_t: t시점에 예상되는 주당 순이익(EPS)

r_t: t년도에 예상되는 재투자수익률(일정하다고 가정). 따라서 $r_t = r$

$1 - f$: 배당지급률(배당 성향) = 주당 배당/주당 순이익

g: 배당 또는 이익성장률(일정하다고 가정). 따라서 $g = f \times r$

이 변수를 이용하여 서로의 관계를 정리하면 다음과 같다.

$$D_t = (1-f) \times E_t \tag{7.11}$$

$$E_t = E_0 \times (1+g)^t = E_0 \times (1+f \times r)^t \tag{7.12}$$

식 (7.12)를 식 (7.11)에 대입한다.

$$D_t = E_0(1-f)(1+f \times r)^t = E_0(1-f)(1+g)^t \tag{7.13}$$

식 (7.13)을 식 (7.5)에 대입한다.

$$V_0 = \sum_{t=1}^{\infty} \frac{E_0(1-f)(1+f \times r)^t}{(1+k)^t} = \sum_{t=1}^{\infty} \frac{E_0(1-f)(1+g)^t}{(1+k)^t} \tag{7.14}$$

무한등비급수의 합 공식을 이용하여 식 (7.14)를 정리하면 다음과 같다.

$$V_0 = \frac{E_0(1-f)(1+f \times r)}{k-f \times r} = \frac{E_0(1-f)(1+g)}{k-g} = \frac{D_0(1+g)}{k-g} = \frac{D_1}{k-g} \tag{7.15}$$

식 (7.14)와 식 (7.15)를 요약하면, 주가는 현재의 주당 순이익(E_0), 기업의 배당정책(f), 기업의 재투자수익률(r), 기업의 성장률(g), 그리고 위험을 고려한 기업의 자본비용(k)에 의해서 종합적으로 결정되는 것을 알 수 있다.

고든의 성장모형은 주식의 가치를 평가하는 데 간단하고 편리한 방법이지만, 성장률에 따라 가치가 매우 민감하게 반응한다. 즉, 성장률이 할인율에 수렴하면 기업의 가치는 무한대로 커질 수 있다. 또한 할인율보다 성장률이 높은 기업에는 이 방법을 적용할 수 없는 한계가

있다. 고든의 성장모형은 주식의 성장률이 경제성장률과 비슷하거나 낮은 수준에서 안정적으로 배당정책을 지속하는 기업의 가치평가에 적합하다. 일반적으로 금융기관이나 전력회사와 같은 기업의 가치평가에 많이 사용된다.

2단계 배당할인모형

2단계(Two-stage) 배당할인모형은 미래성장률에 대해 초기에는 일정 기간 고속성장하고 이후에는 영구히 안정적으로 성장한다고 가정한 모형이다. 일반적으로 기업이 초기에는 고속성장을 지속하고 이후 안정적인 성장을 하는 것을 고려하면 합리적인 모형이 될 수 있다. 하지만 고속성장기간을 얼마로 설정할지, 그 이후에 안정적인 성장률을 얼마로 산정할지 결정하는 데 어려움이 있다.

H모형

H모형은 풀러-샤(Fuller-Hsia, 1984)에 의해 제시된 모형이다. 성장 단계를 2단계로 나눈

그림 7.1   H모형에서의 기대성장률

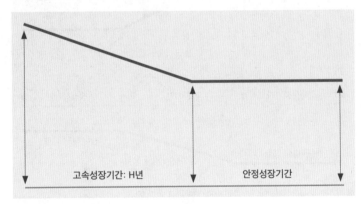

고속성장기간: H년   안정성장기간

자료: Damodaran(2005), Investment Valuation, 2nd ed.

모범답안 1

$D_1 = 525$, $k = 0.05 + 1.5(0.1 - 0.05) = 0.125$

$\therefore V_0 = 525 / (0.125 - 0.05) = 7,000$원

점은 2단계 모형과 같으나, 고속성장기간 동안의 고속성장률이 일정하지 않고 안정성장률에 이를 때까지 선형적으로 줄어든다고 가정한 모형이다. 또한 H모형은 배당 성향이 시간적으로 일정하고 성장률 변화에 영향을 받지 않는다고 가정한다.

2단계 모형은 고속성장기간에서 안정성장기간으로 전환 시 성장률이 급격히 떨어진다는 가정상의 문제점을 가지고 있다. H모형은 이러한 문제점을 개선했지만, 성장률이 하락할 경우 배당률이 증가해야 하는데, 배당률이 전 기간 동안 일정하다는 가정은 비합리적이다.

3단계 배당할인모형

3단계 배당할인모형은 2단계 모형과 H모형을 결합한 모형으로, 고속성장기간, 성장률이 감소하는 전환기, 그리고 이후의 안정성장기로 구분한다. 가장 일반적으로 적용될 수 있는 모형으로 배당 성향에 대한 제약이 없다는 장점이 있으나, 많은 변수들을 고려해야 하기 때문에 변수를 계산하는 데 어려움이 있다.

그림 7.2 3단계 배당할인모형에서의 기대성장률

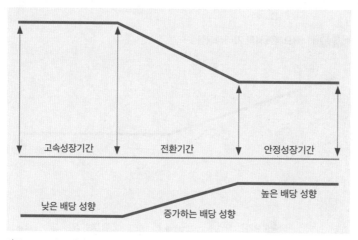

자료: Damodaran(2005), Investment Valuation, 2nd ed.

(3) 배당정책과 주가

기업의 배당정책이 주가에 미치는 영향에 대해서는 크게 두 가지 견해가 대립한다. 첫 번째는 기업의 배당정책이 주가 결정에 큰 영향을 미치고 있다는 견해이고, 두 번째는 기업의 배당정책과 주가는 서로 독립적이며 무관하다는 견해이다.

식 (7.15)에서 배당이 주가에 미치는 효과를 살펴보자. 먼저 재투자수익률(r)과 자본비용(k)이 같은 경우에 배당이 주가에 미치는 영향을 보면 식 (7.15)에서, $r = k$이므로 V_0는 다음과 같이 된다. 이 경우, 주가는 다음 기의 이익에 따라 결정되며, 배당은 전혀 영향을 미치지 않는다는 것을 알 수 있다.

$$V_0 = \frac{E_1(1-f)}{k-g} = \frac{E_1(1-f)}{k-f \times r} = \frac{E_1}{k}$$

한편, r이 k보다 크고 작음에 따라 어떠한 결과가 나타나는지 살펴보자. 표 7.2 는 새로운 투자에 대한 수익률이 자본비용과 같을 때, 클 때 그리고 작을 때에 따라 유보율의 변화가 주가에 미치는 영향을 나타낸 것이다.

이를 통해 새로운 재투자수익률이 자본비용보다 클 때는 유보율이 클수록 주가가 높아지며, 재투자수익률이 자본비용보다 낮으면 배당 성향이 높을수록 주가가 높아진다는 결론이

모범답안 2

$t=$ 1	2	3	4	5	6	7	8	9
9,600	11,520	13,824	16,589	19,907	23,092	26,047	28,715	30,150

8년 이후 안정성장기의 가격은 $t=8$ 시점에서 구하면, $\frac{30,150}{0.09-0.05} = 753,750$원

각 현금흐름의 현재 가치를 구해서 더하면 ≒474,582원

도출된다. 이는 월터(Walter, 1956)의 모형과 같은 결론이다.[4]

표 7.2 재투자수익률과 사내유보율의 효과

구분	재투자수익률(r)	사내유보율(f)			
		0	0.25	0.50	0.75
성장률(g)에 주는 영향	10%	0%	2.5%	5.0%	7.5%
	12%	0%	3.0%	6.0%	9.0%
	14%	0%	3.5%	7.0%	10.5%
주가에 주는 영향	10%	8,330원	7,890원	7,140원	5,560원
	12%	8,330원	8,330원	8,330원	8,330원
	14%	8,330원	8,820원	10,000원	16,670원

가정: EPS_1 = 1,000원, k = 12%

---

4 J. E. Walter(1956), "Dividend Policies and Common Stock Prices", Journal of Finance, 11, pp. 29-40.

256   투자론

4 잉여현금흐름을 이용한 주식평가

기업이 영업활동을 통해 벌어들인 이익 중 세금을 제외한 나머지 이익은 채권자와 주주의 몫이 된다. 채권자에게 이자비용을 지급하고 난 후, 순이익 중 일부는 주주들에게 배당으로 지급하고, 나머지는 사내유보를 한다. 앞에서 설명한 배당할인모형은 배당을 주주가 받는 유일한 현금흐름이라고 전제한 모형이다. 반면, 잉여현금흐름모형은 배당이 아닌 순이익 중 주주들이 실제로 사용 가능한 현금을 근거로 하여 평가하는 모형이며, 이를 주주잉여흐름평가모형(FCFE)이라고 한다. 그리고 주주와 채권자가 사용 가능한 현금흐름을 기준으로 기업의 가치를 구하고, 여기서 채권자의 몫을 차감하여 주식의 가치를 구하는 방법을 기업잉여현금흐름모형(FCFF)이라고 한다.

(1) 주주잉여현금흐름모형
주주잉여현금흐름의 측정
주주잉여현금흐름(FCFE, free cash flow to equity)은 이자비용과 원금상환액, 그리고 자본적 지출을 제외하고, 주주가 순수하게 사용할 수 있는 현금흐름을 말한다. FCFE는 다음과 같이 계산된다.

$$FCFE = 당기\ 순이익 + 감가상각비 - 자본적\ 지출의\ 증감 - 순운전자본의\ 증감$$
$$- 원금상환액 + 신규부채발행액$$

또한 자본적 지출액과 추가 운전자본이 최적 부채비율(δ, 부채/자기자본)을 유지하면서 조달되고, 원금상환액은 신규 발행으로 조달된다고 가정할 경우의 미래 FCFE는 다음과 같이 추정된다.

$$FCFE = 당기\ 순이익 - (1-\delta) \times (자본적\ 지출 - 감가상각비) - (1-\delta) \times 추가\ 운전자본$$

그림 7.3 주주잉여현금흐름모형 개요도

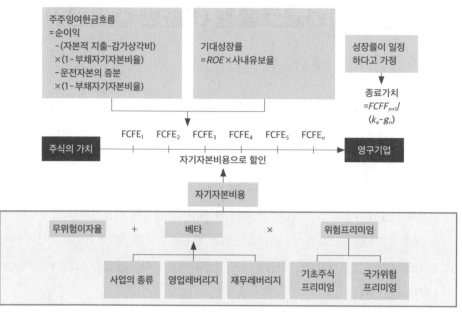

자료: Damodaran(2005), Investment Valuation, 2nd ed.

자본적 지출

자본적 지출은 고정자산에 관한 지출 중에서 고정자산의 가치를 증가시키고, 가용 연수를 증가시키는 지출이다. 자본적 지출과 구분되는 개념으로 고정자산의 가치를 보전하는 데 그치는 지출은 수익적 지출(소비적 경비)이라고 한다. 자본적 지출은 자산에 계상하고, 수익적 지출은 수선비 등의 과목으로 비용에 계상해야 한다. 특정 지출을 자본적 지출로 처리할지, 수익적 지출로 처리할지는 기업의 손익에 직접적인 영향을 미치므로, 이를 명확히 구별하는 것이 매우 중요하다.

운전자본

운전자본은 유동자산에서 유동부채를 차감한 잔액으로 정의된다. 일상적인 영업활동에 필요한 자금으로서 단기부채를 지급하는 데 사용할 단기자산이며, 단기채권자를 보호

(계속)

하기 위한 자금이라고 할 수 있다. 따라서 장기 목적으로 투자되는 자산인 투자자산은 순운전자본에 속하지 않는다. 순운전자본이 중요한 개념으로 여겨지는 이유는 자금 측면에서 기업의 단기지급능력을 나타내는 지표이기 때문이다.

배당금과 주주잉여현금흐름의 차이

주주잉여현금흐름(FCFE)은 기업이 배당금을 지급할 수 있는 금액을 측정하는 기준으로 사용된다. 하지만 실제로 FCFE 전체를 배당으로 지급하는 경우는 없다. 대부분의 기업들은 FCFE보다 적은 금액을 배당으로 지급하고, 일부 기업만 FCFE보다 많은 금액을 배당으로 지급한다. 이러한 차이가 나타나는 이유는 다음과 같다.

❶ 배당 안정성 유지: 배당은 주식 투자자들에게 제공되는 1차적인 현금흐름이다. 따라서 배당을 목적으로 하는 투자자들은 안정적인 배당을 지급하는 기업을 선호하는 경향이 있기 때문에 기업은 순이익의 변동과는 별개로 안정적인 배당을 지급하려고 한다.

❷ 미래 투자를 위한 자금 확보: 기업은 항상 새로운 투자에 대비하여 안정적인 자금을 보유하려고 한다. 주식이나 채권을 발행하여 외부 자금으로 조달할 수도 있지만, 발행 비용이 발생하며, 외부 환경의 영향도 받기 때문에 FCFE 전체를 배당으로 지급하지 않는다.

❸ 배당세율과 자본세율의 차이: 배당세율이 자본세율보다 높으면 기업은 배당을 적게 지급하고 여유 현금을 확보하려고 할 것이다. 이는, 특히 주요 주주들의 소득세율이 높은 경우 두드러진다.

주주잉여현금흐름을 이용한 주식가치의 산정

주주잉여현금흐름(FCFE)을 통한 주식가치의 산정방식은 분자에 들어가는 현금흐름이 배당이 아닌 FCFE라는 것을 제외하면, 배당할인모형과 같다. FCFE를 통한 주식가치 산정의 일반적인 순서는 다음과 같다.

❶ FCFE를 사용하는 것이 적정한지를 판단한다.

❷ 기업의 특성을 고려한 기업의 미래 성장률에 대해 가정한 후, 안정성장모형, 2단계 모형, 3단계 모형, H모형 중 어느 것을 사용할지를 결정한다.

❸ 투입 변수의 추정: FCFE, 할인율, 성장률을 추정한다.

❹ 주식의 가치를 계산한다.

개념점검 3

E전자는 성숙기에 있는 기업으로 FCFE보다 훨씬 적은 금액을 배당으로 지급한다. 또한 재무레버리지는 안정적이다. 현재 E전자의 주식은 3,200원에 거래되고 있다. 다음의 주요 자료를 기반으로 E전자 주식의 가치를 산정하시오.

• 주당 순이익: 500원
• 주당 자본적 지출: 200원
• 주당 감가상각비: 150원
• 주당 추가 운전자본: 100원
• 부채비율: 40%
• 순이익, 자본적 지출, 감가상각비, 추가 운전자본은 매년 6%씩 증가할 것으로 예상
• E전자의 베타는 1.2, 시장수익률은 15%, 10년 만기 국채수익률은 6%

개념점검 4

F증권사에서 세밀히 분석한 결과, [개념점검 3]에서 사용한 지표들 중 몇 가지가 잘못된 것을 발견하였다. 이에 따라 E전자의 기대성장률은 10%, 베타는 1.6으로 조정되었다. 이 경우 E전자의 적정 가격은 얼마이며, E전자의 주식을 매수하는 것이 좋은가?

(2) 기업잉여현금흐름모형

앞에서 설명한 FCFE 모형은 직접적으로 자기자본, 즉 주주 몫의 가치를 측정하는 방법이다. 반면, 기업잉여현금흐름모형(FCFF, free cash flow to firm)은 먼저 기업 전체의 가치를 산정하고, 이후 채권자 몫을 차감하여 주주 몫의 가치를 산정하는 방법이다.

기업잉여현금흐름의 측정

기업잉여현금흐름모형(FCFF)은 주주, 채권자 및 우선주주를 포함하는 기업의 모든 청구권자들에게 귀속되는 현금흐름의 합계이다. FCFF를 구하는 방법은 다음과 같다.

$$FCFF = 영업이익 \times (1 - 법인세율) + 감가상각비 - 자본적 지출 - 운전자본$$

기업잉여현금흐름 방법과 주주잉여현금흐름 방법의 차이

기업잉여현금흐름(FCFF)과 주주잉여현금흐름(FCFE)을 통한 가치평가 시 유의해야 할 점은 다음과 같다.

❶ 현금흐름: FCFF와 FCFE의 차이는 이자비용, 원금상환액, 신규부채 발행금액의 부채와 관련된 현금흐름과 우선주 배당금과 같은 비지분청구권(non-equity claim)에서 발생한다. 자본적 지출과 운전자본을 부채와 자기자본으로 혼합하여 조달하고 원금상환액을 신규부채 발행액으로 조달해서 목표부채수준을 유지하는 경우, FCFF는 항상 FCFE보다 크게 된다.

❷ 성장률: FCFF의 성장률과 FCFE의 성장률을 산정하는 데 다음과 같은 차이점이 있다.

모범답안 3   가치산정

· 자기자본비용: 6%+1.2×(15%-6%)=16.8%
· $FCFE = 500 - ((1-0.4) \times (200-150)) - ((1-0.4) \times 100) = 410$
· 주식가치=(410×1.06)/(0.168-0.06)≒4,000원
현재 주식은 3,200원에 거래되고 있으며, 향후 25% 정도의 추가 상승 여력이 있으므로 매수를 고려하는 것이 좋다.

모범답안 4

자기자본비용=20.4%, FCFE=410원, $\dfrac{410 \times 1.1}{0.204 - 0.1} ≒ 4,300$원
따라서 적극 매수하는 것이 좋다.

$G(FCFE) = ROE \times$ retention ratio(유보율)

$G(FCFF) = ROC \times$ reinvestment ratio(재투자율)

FCFF는 이자비용 지급 전의 현금흐름이기 때문에 기업의 부채비율에 영향을 받지 않지만, FCFE는 이자비용 지급 후의 현금흐름이므로 재무레버리지에 영향을 받는다. 일반적으로 ROC가 세후 이자율보다 높으면, FCFE의 성장률이 FCFF의 성장률보다 높게 나타난다.

❸ 할인율: FCFE 모형은 주주에게 귀속되는 현금흐름이기 때문에 할인율로 자기자본비용을 사용하지만, FCFF 모형은 기업의 모든 청구권자에게 귀속되는 현금흐름이므로 가중평균자본 비용(WACC)을 사용해야 한다.

기업잉여현금흐름을 이용한 주식가치의 산정

기업잉여현금흐름(FCFF)을 통한 주식가치 산정 순서는 주주잉여현금흐름(FCFE) 모형과 유사하다. FCFF 모형은 기업 전체의 가치를 구한 것이므로, 여기서 부채의 시장가치를 차감하여 전체 주주의 가치를 구하고, 이를 발행주식 수로 나누어서 1주당 가치를 구한다. 일반적으로 부채의 시장가치는 장부가치와 큰 차이가 없으므로 편의상 장부가치를 사용한다.

5 주가배수평가모형

상대가치 평가모형으로서 주가배수평가모형은 분석 기업의 주가가 이익, 장부가치(순자산) 또는 주당 매출액의 몇 배의 수준에서 거래되는지를 분석하고, 이를 비교 대상의 기준이 되는 정상적인 배수와 비교하여 고평가 또는 저평가 여부를 판단하는 방법이다. 이를 배수법 (multiple method)이라고도 한다. 많이 사용되는 지표로는 주가수익비율(PER, price earning ratio), 주가장부가비율(PBR, price book value ratio), 주가매출액비율(PSR, price sales ratio)이 있다. 또한 현금흐름에 대한 중요성이 높아지면서 EV/EBITDA, 주가현금흐름 비율(PCFR, price cash flow ratio)의 사용도 늘어나고 있다.

(1) 주가수익비율(PER)

주식시장에서 가장 많이 듣는 용어 중의 하나는 주가수익비율(PER)일 것이다. 가끔 PER가 낮은 기업들을 매수하여 높은 수익을 달성했다는 말을 듣는다. 준강형 효율시장을 검증하는 대표적 실증연구 중 하나가 저PER주들로 구성된 포트폴리오 구성 시 일정기간 후에 초과수익을 얻었는지를 검증하는 것이다. 또한 실무에서는 적정 주가 추정 시 PER를 이용하여 분석한다. 이렇듯 PER는 증권시장 참여자들이 가장 관심을 가지는 지표 중 하나라고 할 수 있다.

의의 및 모형

주가수익비율은 증권시장에서 가장 관심 있는 지표인 이익(earning)을 가격과 연결짓고, 비교가 용이하기 때문에 실무에서 많이 사용되고 있다. 주가수익비율(PER)은 주가를 주당 이익으로 나눈 값으로, 기업이 벌어들이는 한 단위의 이익에 대해 투자자들이 얼마의 대가를 지불하고 있는지를 나타낸다. PER는 동일한 업종에 있는 기업들 간에도 차이가 난다. 예를 들어, 동일한 산업에 속한 A기업과 B기업의 주당 이익은 5,000원인데, A와 B의 주가는 각각 50,000원과 60,000원이다. A기업과 B기업의 주가가 적정가라고 가정한다면, 두 기업의 PER는 각각 10배수, 12배수가 된다. 이는 투자자들이 B기업의 이익의 질이 높기 때문에 B기업의 이익을 높게 평가한 것이다. 주가수익비율을 통한 주식가치의 계산은 주식의 주당 이익(EPS)에 어떤 승수(multiplier)를 곱함으로써 계산된다. 흔히 이때 사용하는 승수를 이익승수(earning multiplier)라고 한다. 이를 식으로 표현하면 식 (7.16)과 같다.

$$V_0 = m_0 \times E_0 \tag{7.16}$$

여기서, V_0: 현재의 주식가치
m_0: 현재의 이익승수
E_0: 현재의 주당 이익

따라서 m_0는 다음과 같이 표현할 수 있다.

$$m_0 = V_0/E_0 \tag{7.17}$$

안정성장모형에 의한 주가평가모형을 식 (7.17)에 대입한다.

$$m_0 = V_0/E_0 = \sum_{t=1}^{\infty} \frac{D_0(1+g)^t/E_0}{(1+k)^t} = \frac{D_1/E_0}{k-g} = \frac{(1-f)(1+f \times r)}{k-f \times r} \tag{7.18}$$

여기서, f: 사내유보율

식 (7.17)과 식 (7.18)에서 m_0는 주가수익비율과 같게 되며, 이의 주된 요소는 배당 성향, 배당성장률, 증권의 위험을 반영한 요구수익률, 그리고 배당성장기간으로 요약할 수 있다. 기업의 재투자수익률이 요구수익률과 같고 성장률이 0일 때 m_0는 항상 $1/k$과 같게 되나, 재투자수익률이 요구수익률보다 크면 m_0는 $1/k$보다 크게 된다.

PER를 해석할 때 주의할 점은 이론적으로 예상이익에 기초한 PER가 의미가 있으며, 과거 이익에 기초한 PER는 별다른 의미가 없다는 점이다. 또한 이익승수는 정상적인 경제여건에서 정상적인 이익이 발생할 때 사용이 가능하며, 특별히 일시적인 상황에 따른 이익 변화에는 사용할 수 없다는 점도 명심해야 한다. 시장 상황이 완만한 성장을 경험하는 정상적인 상황에서, 평균주가수익비율은 15배 전후로 보며, 13배 이하로 떨어지면 시장이 불황이라고

하고, 18배 이상이 되면 호황이라고 평가한다.

이익승수의 결정요인

이익승수는 배당 성향과 배당성장률이 증가할수록 커지고, 요구수익률이 증가할수록 감소한다. 이때 요구수익률은 일반적으로 증권의 위험과 경제 상황에 따라 달라지므로 이익승수도 영향을 받게 되며, 이 관계는 그림 7.4로 설명할 수 있다. 그림과 같이, 증권의 위험이 증가함에 따라 요구수익률은 증가한다.

또한 동일한 위험을 가지는 증권에 대해서도 경제 상황이 달라지면 요구수익률도 달라진다. 즉, 미래에 대한 낙관적 예측이 지배하는 호황시장에서 투자자들은 더 낮은 요구수익률을 요구하게 될 것이다. 반대로 비관적 예측이 지배하는 불황시장에서는 더 높은 요구수익률을 요구하게 된다. 그 결과 위험이 증가함에 따라 이익승수는 감소하겠지만, 동일한 위험을 가지는 증권에 대해서는 시장이 호황일수록 높은 이익승수를 적용하게 되어 결과적으로 주가가 상승하게 되는 것이다.

배당의 성장률 또한 중요한 이익승수의 결정요인이다. 다른 조건이 일정하다고 가정한 경우, 성장률이 높을수록 승수는 상승한다. 또한 성장이 지속되는 기간도 중요한 결정요인이 된다.

그림 7.4 위험과 요구수익률, 위험과 이익승수의 관계

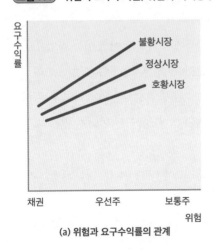

(a) 위험과 요구수익률의 관계

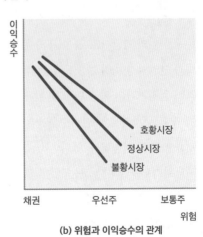

(b) 위험과 이익승수의 관계

배당 성향 또한 중요한 요인이나, 이것을 추정하는 데는 어려움이 따른다. 기업이 공표한 회계자료를 그대로 이용하는 데는 한계가 있으며, 따라서 배당 성향은 이익을 수정한 후의 배당 성향을 이용해야 한다. 또한 배당 성향이 높을수록 기업의 성장에 영향을 주기 때문에 배당 성향을 추정할 때는 종합적인 면을 고려하여 판단해야 한다. 그 밖에 이익승수에 영향을 미치는 요인으로 최고경영자의 자질과 그 기업의 재무 상태 등을 들 수 있다.

주가수익비율을 이용한 이론적 주가 추정

주가수익비율(PER)을 이용하여 이론적 주가를 구하는 방법은 PER에 이익을 곱하여 계산한다. 특정 시점의 추정 주가를 계산하는 방법은 다음과 같다.

$$P_n^* = P/E^* \times E_n \tag{7.19}$$

여기서, P_n^*: n시점의 이론주가
P/E^*: 정상적 주가수익비율
E_n: n시점의 주당 이익

예를 들어, E전자의 다음 기 정상 주가수익비율이 10배이고 예상 주당 이익이 5,000원이라면, 다음 기의 E전자의 이론적인 주가는 $10 \times 5,000 = 50,000$원이 된다. 위 식을 이용하여 이론적인 주가를 추정하기 위한 핵심은, 정상적인 주가수익비율을 추정하는 것이다. 정상적인 주가수익비율을 추정하는 방법은 다음과 같다.

❶ 동종 산업의 평균 PER를 이용하는 방법: 실무에서 가장 많이 쓰이는 방법으로, 영업위험과 영업환경이 비슷한 동종 산업의 평균 PER를 정상적인 PER로 이용한다.

❷ 과거 일정기간의 평균 PER를 이용하는 방법: 과거 일정기간 PER의 평균은 해당 기업에 대한 투자자들의 신뢰수준을 나타내므로 영업환경에 큰 변화가 없는 기업은 과거 평균 PER를 이용할 수 있다.

❸ 배당평가모형을 이용하는 방법: E_1을 추정하고 식 (7.18)에 E_1 대신 E_0을 대입하여 구한다. 이 경우 r, g, P_0를 추정해야 한다.

❹ 회귀분석을 이용하는 방법: 이익승수를 결정하는 요인을 배당성장률, 배당 성향, 그리

투자론

고 위험이라고 가정한 후, 다음과 같은 모형을 설정하여 정상적인 이익승수를 구할 수 있다.

$$\left(\frac{P}{E}\right)_i = \alpha_0 + \alpha_1 \times (g_i) + \alpha_2 \times \left(\frac{d}{e}\right)_i + \alpha_3 \times (\beta_i) + \epsilon_i \qquad (7.20)$$

여기서, $\left(\frac{P}{E}\right)_i$: 일정 시점에서 i회사의 주가수익비율

g_i: i회사의 배당성장률

$\left(\frac{d}{e}\right)_i$: i회사의 배당 성향

β_i: i회사의 체계적 위험

말키엘과 크래그(Malkiel & Cragg, 1970)의 연구에 따르면, 예상대로 성장률과 주가수익비율 사이에는 양(+)의 관계가 성립되며, 배당지급률도 대체적으로 양(+)의 관계가 성립된다. 반면, 체계적 위험이 높을수록 주가수익비율은 낮아지는 사실을 알 수 있다.[5]

(2) 주가장부가비율(PBR)

주식시장에서는 주가수익비율(PER)이 매우 중요한 지표지만, PER 이외에도 많이 사용되는 주가배수평가모형이 있다. 이 중 대표적인 것이 주가장부가비율이다. 주가장부가비율(PBR)은 주가를 주당 장부가로 나눈 값이다. PER가 수익가치에 대한 상대적 주가 수준을 나타내는 지표인 반면, PBR는 주당 장부가치에 대비한 상대적 주가 수준을 측정한 지표이다.

최근 들어 PER 못지않게 PBR의 중요성이 부각되고 있는데, 이는 PER가 변동성이 심하여 투자지표로서의 유용성이 떨어지고, 인플레이션 위험을 헤지(hedge)하는 자산가치의 중요성이 커지고 있기 때문이다. 또한 음(−)의 이익이 발생하는 기업의 경우 PER를 적용할수 없으므로 PBR를 사용한다. PBR를 사용하여 이론적 주가를 추정하는 방법은 PER와 동일하다. 즉, 정상적인 PBR를 추정하고, 여기에 BPS(주당 장부가)를 곱하여 계산한다.

---

5 B. G. Malkiel and J. G. Cragg(1970), "Expectations and the Structure of Share Prices", American Economic Review.

(3) 주가매출액비율(PSR)

벤처기업은 초기에는 이익을 발생시키지 못하고 자산가치도 매우 낮다. 따라서 이러한 기업의 경우에는 PER나 PBR를 적용하여 평가하기 어렵다. 이 경우 유용하게 사용되는 지표가 주가매출액비율이다. 주가매출액비율(PSR)은 매출액에 대한 상대적인 주가수준을 측정하는 지표이다. 이는 매출액의 성장이나 시장점유율의 증가가 장기적으로 이익을 창출하고 성공에 핵심적인 기능을 하는 벤처기업을 평가하는 데 유용하게 사용된다. PSR를 이용하여 이론적인 주가를 계산하는 방법은 앞에서 언급한 PER, PBR와 동일하다. 특히, PSR는 PER나 PBR와 달리, 회계처리방법과 회계조작에 영향을 받지 않는다는 점에서 활용도가 높다.

(4) EV/EBITDA, 주가현금흐름비율(PCFR)

EV/EBITDA 비율은 기업 전체의 가치(enterprise value)를 EBITDA(earning before interest, tax, depreciation & amortization)로 나눈 값이다. 여기서, EV는 주식의 시가총액 (주가 × 발행주식 수)에 순차입금(총차입금−현금과 투자유가증권)을 더한 값이고, EBITDA는 세전 영업이익에 비현금성 항목인 유형·무형 고정자산에 감가상각비를 합한 값이다.

이는 비교적 현금흐름에 가까운 EBITDA에 비해 기업가치가 상대적으로 어느 정도 수준에서 거래되는지를 비교하는 방식이다. EBITDA는 자본구조의 차이가 있는 기업 간의 비교평가에 유용하여 실무에서 많이 사용된다.

주가현금흐름비율(PCFR)은 주가를 주당 현금흐름으로 나눈 비율이다. EV/EBITDA, PCFR는 가치평가에서 현금흐름의 중요성이 커지면서 많이 사용되며, 특히 감가상각비가 비용에서 큰 비중을 차지하고 있는 장치산업의 주식평가에 자주 이용된다.

1 다음 괄호 안을 채우시오.

(1) 주가의 최저수준으로 ( )(이)가 있고, 이는 ( )보다는 높을 수 없다.

(2) 영구성장기업 가정 시 내재가치를 구하기 위해서는 ( ), ( ), ( )(이)가 필요하다.

(3) CAPM을 사용하여 베타계수를 구할 때 고려해야 할 두 가지 요소는 ( )(와)과 ( ) 이다.

(4) 일반적으로 기업은 초기에는 고성장을 하고 이후 성장률이 감소되며, 특정 시점 이후 로는 경제성장률 정도의 성장을 할 것으로 기대된다. 이 기업은 ( )모형을 적용해야 한다.

(5) 운전자본은 유동자산에서 ( )(을)를 차감하여 계산된다.

2 A사는 지난해 1,000원의 이익이 발생하였고 배당률은 40%이다. A사의 정책은 지속적으로 배당을 10%씩 증가시키는 것이다. A사에 투자자들이 요구하는 수익률은 15%이다. A 주식의 내재가치를 구하시오.

3 B사는 지난해 주당 5,000원의 배당을 지급하였다. 증권사가 예측한 B사의 성장률은 3년까지는 25%씩 성장하고, 이후 6년까지는 성장률이 30%씩 감소하며, 그 이후로는 성장률이 5%로 일정할 것으로 예상된다. B사의 자기자본비용은 20%이다. B주식의 내재가치를 구하시오.

4 C회사의 PER는 6배이고, 시장 포트폴리오의 평균 PER는 10배이다. 이 차이를 어떻게 해석할 수 있을까?

5 D사의 주당배당은 매년 5%씩 영구적으로 성장한다.

    (1) 올해 말에 예상 주당 배당이 800원이고 자본화율이 연 10%라면, D사의 현재 주가는 배당모형에 의해 얼마인가?

    (2) 올해 말에 예상 주당 이익이 1,200원이라면 재투자수익률은 어느 정도 되는가?

    (3) 이 회사의 성장잠재력에 대한 현가는 얼마인가?

6 현재 무위험이자율이 10%, 시장 포트폴리오의 기대수익률이 15%, E사의 베타계수가 1.5이다.

    (1) 올해 말에 예상되는 주당 배당이 250원이고 이 회사의 평균성장률이 5%라면, 주당 가격은 얼마인가?

    (2) 현재 주가가 1,800원이라면 기대수익률은 얼마인가?

7 H사는 최근 현금배당 실적이 없으며, 향후 5년간 배당을 지급하지 않을 예정이다. 최근의 EPS가 10,000원이었고 이를 모두 재투자하였다. 앞으로 5년간 이 회사의 재투자수익률은 연평균 20%로 예상되며, 이 기간 동안 모든 이익을 재투자할 계획이다. 6년부터 재투자수익률은 15%로 떨어질 것으로 예상되며, 그때부터 계속 이익의 40%를 현금배당할 예정이다. H사의 필수수익률은 15%라고 가정한다.

    (1) H사의 내재가치는 얼마인가?

    (2) 현재의 주가가 내재가치와 같다면 1년 후의 주가는 얼마인가?

8 I사는 직전 회계연도 말 주당 1,000원의 배당을 실시하였다. 배당은 앞으로 3년간 매년 25%씩 성장한 후, 4년째부터는 5%로 떨어져 계속 유지될 전망이다. I사의 필수수익률은 20%라고 가정한다.

(1) I사의 내재가치를 구하시오.

(2) 현재 주가가 내재가치와 같다면 예상 배당수익률은 얼마인가?

(3) 1년 후 예상 주가는 얼마인가?

9 현재 무위험이자율은 8%, 시장 포트폴리오의 기대수익률은 15%, J사의 베타계수는 1.2이다. J사의 배당지급률은 40%, 최근에 발표된 회사의 주당 이익은 1,000원이며, 현금배당을 실시하였다. J회사의 재투자수익률은 연 20%를 계속 유지할 전망이다.

(1) J사의 주당 내재가치를 계산하시오.

(2) 이 회사의 현재 주가는 10,000원이고, 1년 후에 이 회사의 주가와 내재가치가 같아질 것으로 예상된다. 이 회사에 투자할 경우 1년간 투자수익률을 구하시오.

10 어떤 증권의 현재 시가가 30,000원이다. 그 주식의 필수수익률은 15%, 무위험이자율은 10%, 그리고 시장 포트폴리오의 위험프리미엄은 10%라고 가정한다. 이 주식수익률의 시장 포트폴리오 수익률과의 공분산이 두 배가 될 경우, 이 회사의 주가는 어떻게 변하게 될까? (다만, 다른 변수에는 변화가 없고 이 회사는 매년 일정한 배당을 실시한다고 가정한다.)

11 K상사는 이익 중 40%를 현금배당할 예정이며 재투자수익률이 15%로 예상된다. 이 회사와 비슷한 위험수준에 있는 기업의 필수수익률은 12%이다.

(1) K상사의 이익은 매년 몇 % 성장하는가?

(2) K상사의 적절한 주가수익비율은 얼마인가?

(3) K상사의 기대수익률 중 매매차익의 비율은 몇 %이고, 배당수익률은 몇 %인가?

12 이익승수(earnings multiplier)를 이용한 주식의 기본적 분석모형을 설명하시오.

13 배당 이론 및 정책에 관한 설명으로 적절한 항목만을 모두 선택한 것은?

---

a. 배당의 고객효과이론에 의하면 소득세율이 높은 고소득자는 저배당주를 선호하며, 소득세율이 낮은 저소득자는 고배당주를 선호한다.

b. 안정배당이론에 의하면 기업의 순이익이 급증할 때 배당 성향이 단기적으로 감소하는 경향이 있다.

c. MM의 배당이론(1961)에 의하면 배당정책이 주주의 부에 영향을 미치지 않으며, 주주들은 배당소득과 자본이득을 무차별하게 생각한다.

d. 잔여배당이론에 의하면 수익성이 높은 투자기회를 다수 보유하는 기업의 배당 성향이 낮은 경향이 있다.

e. 현금배당 시 주당 순이익(EPS) 및 부채비율은 변동하지 않으며, 자사주 매입 시 주당 순이익 및 부채비율은 증가한다.

---

① a, e   ② c, d   ③ a, b, c   ④ b, d, e   ⑤ a, b, c, d

14 2021 공인회계사 1차 배당평가모형에 따른 주식가치 평가에 관한 설명으로 적절한 항목만을 모두 선택한 것은?

---

a. 전액 배당하는 무성장 영구기업의 주가수익배수(PER)는 요구수익률과 정($+$)의 관계를 가진다.

b. A기업의 배당성장률(g)은 항상 2%이다. A기업의 현재 이론주가(P_0)가 10,000원, 주식투자자의 요구수익률이 10%일 때, 최근 지급된 배당액(D_0)은 750원보다 적다.

c. 유보율이 0인 무성장 영구기업의 경우 현재 이론주가(P_0)는 주당 순이익(EPS_1)/자기자본비용(k_e)으로 추정할 수 있다.

d. 항상 (일정)성장모형을 통해 주가 추정 시 주주 요구수익률이 성장률보다 작을 경우에 한해 현재 이론주가(P_0)가 추정된다.

e. 배당평가모형은 미래 배당을 현재 가치화한 추정모형이다.

① a, b   ② b, e   ③ c, e   ④ a, c, e   ⑤ a, d, e

15 2021 공인회계사 1차 주식배당에 관한 설명으로 가장 적절하지 않은 것은?

① 정보비대칭하의 불완전자본시장을 가정할 경우 주식배당은 기업 내부에 현금이 부족하다는 인식을 외부에 주는 부정적 효과가 있을 수 있다.

② 주식배당은 유보이익의 영구자본화를 가능하게 한다.

③ 완전자본시장의 경우 주식배당 실시 여부와 관계없이 주주의 부는 불변한다.

④ 주식배당은 주가를 상승시킴으로써 주식거래에 있어 유동성을 증가시킨다.

⑤ 주식배당의 경우 발행비용을 발생시켜 동일한 금액 수준의 현금배당보다 비용이 많이들 수 있다.

16 2022 공인회계사 1차 주가배수모형에 관한 설명으로 가장 적절하지 않은 것은?

① 다른 조건이 일정하다면 요구수익률(또는 자기자본비용)이 낮을수록 PER(주가수익비율)는 높게 나타난다.

② 성장이 없는 기업의 PER는 요구수익률(또는 자기자본비용)의 역수이다.

③ 다른 조건이 일정하다면 보수적인 회계처리를 하는 기업의 PER는 낮게 나타난다.

④ PBR(주가장부가비율)는 ROE(자기자본이익률)와 PER의 곱으로 표현할 수 있다.

⑤ PER, PBR 또는 PSR(주가매출액비율)를 사용하여 주식가치를 상대평가할 수 있다.

17 2022 공인회계사 1차 완전자본시장을 가정할 때, 다음 설명 중 적절한 항목만을 모두 선택한 것은? (단, 자사주는 시가로 매입한다고 가정한다.)

a. 주식배당 및 주식분할 후 자기자본 가치는 하락한다.

b. 현금배당 및 자사주 매입 후 PER(주가수익비율)는 하락한다.

c. 주식배당 및 주식분할 후 EPS(주당 순이익)는 변하지 않는다.

d. 자사주 매입 및 주식병합 후 EPS는 상승한다.

e. 현금배당 및 자사주 매입 후 주주의 부는 상승한다.

① a, b ② a, c ③ b, c ④ b, d ⑤ c, e

18 2024 공인회계사 1차 주주환원정책에 관한 설명으로 가장 적절하지 않은 것은?

① 정보비대칭하에서 경영자의 정보를 투자자들에게 전달하기 위해 배당과 자사주 매입이 이용될 수 있다.

② 기업의 이익이 일시적으로 변동하더라도 주당 배당금을 일정하게 유지하려는 정책을 배당안정화 정책이라고 한다.

③ 자본소득세율이 배당소득세율보다 낮은 상황에서 자사주 매입은 주주의 개인소득세를 절약해주는 역할을 한다.

④ 완전자본시장을 가정할 경우, 주식배당, 주식분할, 자사주 매입 등에 의해 주주의 부는 변하지 않는다.

⑤ 로제프(Rozeff)는 배당 증가 시 외부자금조달비용이 감소하고, 대리인 비용이 증가함에 따라 최적 배당수준이 존재한다고 주장하였다.

1 (1) 주당 청산가치, 대체원가

(2) 미래 현금흐름, 할인율, 성장률

(3) 영업위험, 재무위험

(4) 2단계 배당할인

(5) 유동부채

3 $D_0 = 5,000$

$D_1 = 5,000 \times 1.25 = 6,250$

$D_2 = 5,000 \times 1.25 \times 1.25 = 7,812.5$

$D_3 = 5,000 \times 1.25 \times 1.25 \times 1.25 = 9,765.625$

$D_4 = 5000 \times 1.25 \times 1.25 \times 1.25 \times 1+(0.25 \times 0.7) = 11,474.6094$

$D_5 = 5000 \times 1.25 \times 1.25 \times 1.25 \times 1.175 \times (1+0.25 \times 0.7 \times 0.7) = 12,880.2491$

$D_6 = 5000 \times 1.25 \times 1.25 \times 1.25 \times 1.175 \times 1.1225 \times (1+0.25 \times 0.7 \times 0.7 \times 0.7) = 13,984.7305$

$$\therefore P_0 = \frac{6,250}{1.20} + \frac{7,812.5}{1.20^2} + \frac{9,765.625}{1.20^3} + \frac{11,474.6094}{1.20^4} + \frac{12,880.2491}{1.20^5} + \frac{13,984.7305}{1.20^6}$$

$$+ \frac{13,984.7305 \times 1.05}{0.20 - 0.05} \times \frac{1}{1.20^6} = 64,462.70$$

5 (1) $P_0 = \dfrac{800}{0.1 - 0.05} = 16,000$

(2) $E(EPS_1) \cdot (1-f) = E(DPS_1)$이고,

$E(EPS_1) = 1,200, E(DPS_1) = 800$이다.

$1,200 \cdot (1-f) = 800$이 성립해야 하므로, 사내유보율$(f) = \dfrac{1}{3}$이 된다.

또한 $g = f \cdot r$이므로, $0.05 = \dfrac{1}{3} r$

$\therefore$ 재투자수익률$(r) = 0.15(15\%)$

(3) $PVGO = \dfrac{800}{0.1 - 0.05} - \dfrac{1200}{0.1} = 4,000$

7 (1) $P_0 = \dfrac{D_1}{(1+k)} + \dfrac{D_2}{(1+k)^2} + \dfrac{D_3}{(1+k)^3} + \cdots\cdots$

$D_1 = D_2 = D_3 = D_4 = D_5 = 0$이고,

$EPS_6 = EPS_0(1+g)^6 = EPS_0(1+f\cdot r)^6 = 10{,}000(1+1.0\times0.2)^6 = 29{,}859.84(원)$

$D_6 = EPS_6(1-f) = 29{,}859.84\times(0.4) = 11{,}943.936(원)$

$P_0 = \dfrac{D_1}{(1+k)} + \dfrac{D_2}{(1+k)^2} + \cdots\cdots + \dfrac{D_5}{(1+k)^5} + \dfrac{D_6}{(1+k)^6} + \cdots\cdots$

$ = \dfrac{0}{(1+k)} + \dfrac{0}{(1+k)^2} + \cdots\cdots + \dfrac{0}{(1+k)^5} + \dfrac{D_6}{(1+k)^6} + \cdots\cdots$

$ = \dfrac{1}{(1+k)^5}\left[\dfrac{D_6}{(1+k)} + \dfrac{D_7}{(1+k)^2} + \cdots\cdots\right] = \dfrac{1}{(1+k)^5}[P_5]$

$ = \dfrac{1}{(1+k)^5}\left[\dfrac{D_6}{k-g}\right]$ (∵ 영구히 일정하게 성장)

$ = \dfrac{1}{(1+0.15)^5}\left[\dfrac{11{,}943.93}{0.15-0.09}\right]$ [∵ 6년째부터 $g = f\cdot r = (0.6)\times0.15 = 0.09$]

$ = \dfrac{199{,}065.6}{(1+0.15)^5} = 98{,}970.78514(원)$

또는 $P_0 =$ 성장이 없을 때 주식가치 + 성장기회의 현재 가치 $= \dfrac{EPS_1}{k} + PVGO$이므로,

성장이 없을 때 주식가치 $= \dfrac{10{,}000(1+0.2)}{0.15} = 80{,}000(원)$

$PVGO = \dfrac{NPV_1}{(1+k)} + \dfrac{NPV_2}{(1+k)^2} + \cdots\cdots + \dfrac{NPV_5}{(1+k)^5} + \dfrac{NPV_6}{(1+k)^6} + \cdots\cdots$

한편, $NPV_1 = -EPS_1\cdot f + \dfrac{EPS_1\cdot f\cdot r}{k} = -12{,}000(1.0) + \dfrac{12{,}000(1.0)(0.2)}{0.15}$

$ = \dfrac{-12{,}000+2{,}400}{0.15} = 4{,}000$

$NPV_2 = -EPS_2\cdot f + \dfrac{EPS_2\cdot f\cdot r}{k} = -14{,}400 + \dfrac{2{,}880}{0.15} = 4{,}800$

$NPV_3 = -EPS_3\cdot f + \dfrac{EPS_3\cdot f\cdot r}{k} = -17{,}280 + \dfrac{3{,}456}{0.15} = 5{,}760$

$NPV_4 = -EPS_4\cdot f + \dfrac{EPS_4\cdot f\cdot r}{k} = -20{,}280 + \dfrac{4{,}147.2}{0.15} = 6{,}912$

$$NPV_5 = -EPS_5 \cdot f + \frac{EPS_5 \cdot f \cdot r}{k} = -24{,}883.2 + \frac{4{,}976.64}{0.15} = 8{,}294.4$$

$$NPV_6 = -EPS_6 \cdot f + \frac{EPS_6 \cdot f \cdot r}{k} = -(29{,}859.84)(0.6) + \frac{(29{,}859.84)(0.6)(0.15)}{0.15}$$

$$= -17{,}915.904 + \frac{2{,}687.3856}{0.15} = 0$$

(∵ 재투자수익률과 필수수익률이 같으므로 NPV = 0이다.)

$$NPV_7 = NPV_8 = \cdots\cdots = 0\text{이 된다.}$$

$$\therefore PVGO = \frac{4{,}000}{1.15} + \frac{4{,}800}{1.15^2} + \frac{5{,}760}{1.15^3} + \frac{6{,}912}{1.15^4} + \frac{8{,}294.4}{1.15^5} = 18{,}970.78514\text{(원)}$$

따라서 $P_0 = 80{,}000 + 18{,}970.78514 = 98{,}970.78514$(원)

(2) $P_1 = \dfrac{D_2}{(1+k)} + \dfrac{D_3}{(1+k)^2} + \cdots\cdots$

$$= (1+k)\left[\frac{D_2}{(1+k)^2} + \frac{D_3}{(1+k)^3} + \cdots\cdots\right] = (1+k)\left[\frac{D_1}{(1+k)} + \frac{D_2}{(1+k)^2} + \frac{D_3}{(1+k)^3} + \cdots\cdots\right]$$

(∵ 여기서, $D_1 = 0$이므로 수식에 영향을 미치지 않는다.)

$$= (1+k)[p_0] = (1.15)(98{,}970.78514) = 113{,}816.4029\text{(원)}$$

9 (1) CAPM에 의해

$$k = 0.08 + [0.15 - 0.08](1.2) = 0.164(16.4\%)$$

$$g = f \cdot r = (1-4)(0.2) = 0.12$$

$$EPS_1 = EPS_0(1+g) = 1{,}000(1+0.12) = 1{,}120$$

$$D_1(= DPS_1) = 1{,}120 \times 0.4 = 448$$

$$\therefore P_0 = \frac{448}{0.164 - 0.12} = 10{,}181.81818\text{(원)}$$

(2) $EPS_2 = EPS_0(1+g)^2 = 1{,}000(1+0.12)^2 = 1{,}254.4$

$$DPS_2 = EPS_2(1-f) = 1{,}254.4(1-0.6) = 501.76$$

$$P_1 = \frac{501.76}{0.164 - 0.12} = 11{,}403.63636\text{(원)}$$

또는 영구히 일정하게 성장하는 경우

$$P_1 = P_0(1+g) = 10{,}181.81818(1.12) = 11{,}403.63636\text{(원)}$$

$$\therefore \text{투자수익률}(R_1) = \frac{11{,}463.63636 - 10{,}000 + 448}{10{,}000} = 0.185164(18.5164\%)$$

11 (1) $g = f \cdot r = (1 - 0.4)(0.15) = 0.09(9\%)$

(2) $PER = \dfrac{P_0}{EPS_0} = \dfrac{\dfrac{DPS_1}{k-g}}{EPS_0} = \dfrac{\dfrac{DPS_1}{EPS_0}}{k-g} = \dfrac{\dfrac{EPS_0(1+g)(1-f)}{EPS_0}}{k-g}$

$\qquad = \dfrac{(1+g)(1-f)}{k-g} = \dfrac{(1+0.09)(1-0.6)}{0.12 - 0.09} = 14.5333$

(3) $E(R) = $ 매매차익수익률 + 배당수익률

매매차익수익률 $= \dfrac{P_1 - P_0}{P_0} = \dfrac{P_0(1+g) - P_0}{P_0} = g = 0.09(9\%)$

배당수익률 $= \dfrac{D_1}{P_0} = \dfrac{EPS_0(1+0.09)(0.4)}{P_0} = \dfrac{\dfrac{P_0}{PER}(1+0.09)(0.4)}{P_0}$

$\qquad = \dfrac{1}{PER}(1+0.09)(0.4) = \dfrac{(1+0.09)(0.4)}{14.5333} = 0.03(3\%)$

또는 '주가 = 내재가치'라면, '기대수익률 = 필수수익률'이므로 기대수익률 = 0.12가 된다.

따라서 배당수익률 = 0.12 − 0.09 = 0.03(3%)이다.

CHAPTER 8

채권의 평가

학습목표

☑ 채권의 종류와 특성을 이해할 수 있다.

☑ 채권가격의 결정원리와 시장수익률과의 관계를 이해할 수 있다.

☑ 수익률곡선과 이자율의 기간구조를 이해할 수 있다.

☑ 이자율위험의 의미와 그 측정기법인 듀레이션과 볼록성을 이해할 수 있다.

☑ 소극적·적극적 채권투자관리기법을 이해할 수 있다.

☑ 자산부채종합관리(ALM)와 면역전략을 이해할 수 있다.

1 채권의 종류와 특성

채권(bond)이란 자금의 차입자가 투자자에게 발행하는 채무증서의 일종이다. 통상 채권은 일정한 만기를 가지며, 만기 내에 매 기간마다 약속한 날짜에 발행금리 또는 표면이자율(coupon rate)에 해당하는 이자를 지급한다. 만기 시에는 마지막 기간의 이자와 함께 액면가(par value, face value)에 해당하는 금액을 지급한다. 채권의 이자와 액면 금액을 마지막으로 지급하기로 한 날을 만기일(maturity date)이라고 한다. 채권의 잔여만기는 시간이 지남에 따라 줄어든다. 처음 발행했을 때의 만기가 3년이었다면, 발행 후 1년이 지나면 만기는 2년이 된다. 우리나라의 채권들은 연 1회 또는 연 4회로 나누어서 이자를 지급하나, 미국의 채권들은 6개월마다 이자를 지급하는 경우가 많다.

채권의 종류를 나누는 기준은 다양하다. 먼저 이자지급의 유무와 만기에 따라 구분하면 다음의 세 종류로 구분된다. 첫째, 이표채(coupon bond)는 만기까지 매 기간 일정액의 이자를 지급받고, 만기일에 마지막 기의 이자와 액면금액을 받는 채권이다. 둘째, 무이표채(zero coupon bond) 또는 순수할인채(pure discount bond)는 만기까지 이자지급이 없고, 만기일에 액면금액을 지급받는 채권이다. 무이표채는 발행금리가 0%이다. 셋째, 영구채는 만기가 없으며, 영원히 이자만 지급받는 채권이다.

채권의 종류를 발행자에 따라 구분할 수도 있다. 국공채는 국가나 지방자치단체가 재정적자를 보전할 목적이나 특정 사업에 필요한 자금조달을 위해 발행한 채권이다. 우리나라에서 거래되는 국공채에는 국고채권, 외국환평형기금채권, 국민주택채권, 지역개발공채증권 등이 있다. 회사채는 기업이 일반 대중으로부터 자금을 조달하기 위해 발행한 채권을 말하며, 보통 사채(社債)라고 부르기도 한다. 특수채는 특별법에 의해 설립된 법인이 발행하는 채권을 말한다. 우리나라에서 거래되는 특수채는 한국전력, 도로공사, 수자원공사에서 발행한 채권이나 예금보험공사에서 발행한 예금보험기금채권 등이 있다.

채권에는 여러 가지 부가적인 권리들이 추가될 수 있다. 발행자가 채권의 만기가 도래하기 전에 일정한 가격으로 채권을 매입하여 소각할 수 있는 권리를 계약에 명시할 수 있으며, 이러한 권리를 수의상환권(call provision)이라고 한다. 이때의 매입가격을 수의상환가격(call price)이라고 한다. 경우에 따라 이러한 권리를 발행자가 아닌 투자자가 가질 수도 있으며, 이러한 채권을 수의상환청구채권(put bond)이라고 한다.

전환사채(CB, convertible bond)는 투자자에게 전환 시점의 증권가격에 관계없이 일정 기한 내에 정해진 수의 보통주로 교환할 수 있는 권리가 부여된 채권을 말하며, 신주인수권부사채(BW, bond with warrants)는 신주인수권이 채권에 부가되어 발행된 사채를 말한다. 전환사채는 채권 자체가 보통주로 전환되어 투자자의 추가적인 자금투입이 필요 없지만, 신주인수권부사채는 채권은 그대로 존재하면서 신주인수권만 행사되기 때문에 투자자가 추가적인 주식인수비용을 지불해야 한다.

우선주도 채권과 유사한 측면을 가지고 있다. 특히, 누적적우선주는 사전에 정해진 일정률에 의해 배당을 지급해야 하며, 회사의 실적이 나빠 배당을 지급하지 못하면 다음 해에 배당

을 지급하게 되었을 때 과거에 지급하지 못한 배당을 모두 합산하여 지급해야 한다. 따라서 우선주는 만기가 없는 영구채와 비슷한 성격을 가지고 있다. 경우에 따라 채권의 표면이자율이 고정되지 않고 시장금리에 연동하여 발행될 수 있다. 예를 들어, 표면이자율이 현재의 국채금리에 2%를 더한 금리로 매년 조정된다고 하자. 현재의 국채금리가 3%라면 표면이자율은 5%로 결정된다. 이러한 채권을 변동금리채권(floating rate bond)이라고 한다. 최근에는 역변동금리채권(inverse floater)이라고 하여 시장금리가 상승하면 표면이자율이 하락하고, 시장금리가 하락하면 표면이자율이 상승하는 채권도 발행되고 있다. 또한 채권의 이표율이 기업의 재무적 성과 등에 연결되어 발행되는 자산담보부채권도 발행되고 있다. 한국주택금융공사에서 발행하는 MBS(Mortgage Backed Securities) 또한 자산담보부채권의 일종이다.

재난채권은 재난에 의한 위험을 자본시장으로 이전하는 방법 중 하나로 사용되고 있다. 재난을 대비하는 방법으로는 보험이 가장 널리 사용되고 있으나, 재난채권도 발행된다. 재난채권은 태풍이나 지진과 같은 재난 상황에 대비하기 위한 것이며, 발행금리가 일반채권보다 높으나, 재난 상황이 발생하면 원금과 이자에 대한 지불의무가 연기되거나 면제되는 조건을 포

함한다.

지수연동채권은 채권의 지불금을 특정 지수나 상품가격에 연동하여 발행하는 채권이다. 미국 정부의 TIPS(Treasury Inflation Protected Securities)는 채권의 액면가를 물가지수와 연동한 채권으로, 이자지급액도 물가지수에 비례하여 지급되기 때문에 이 채권의 이자율은 무위험실질이자율로 볼 수 있다.

국제채권은 크게 해외본드(foreign bond)와 유로본드(Eurobond)로 구분된다. 해외본드는 발행자와 발행국이 다른 경우로, 표시통화가 발행국의 통화인 경우를 말한다. 예를 들어, 미국 시장에서 발행되는 해외본드를 양키본드라고 하며, 일본시장에서 발행되면 사무라이본드, 영국시장에서 발행되면 불독본드, 우리나라에서 발행되면 아리랑본드라고 한다.

한편, 표시통화가 발행국의 통화와 다른 경우도 존재한다. 예를 들어, 달러로 발행되면 유로달러본드(eurodollar bonds)라고 하며, 이는 미국 이외의 국가에서 판매되는 달러 표시 채권을 의미한다. 마찬가지로 유로엔본드(euroyen bonds)는 일본 이외의 국가에서 판매되는 엔 표시 채권이다.

② 채권가격과 수익률

(1) 채권의 가격

증권의 가치평가를 위해서는 기대현금흐름을 적절한 할인율을 사용하여 현재 가치로 평가한다. 이는 채권평가에서도 마찬가지이다. 따라서 채권평가의 기본원칙은 미래에 회수될 현금흐름의 현가의 합이 채권의 가격이 된다는 점이다.

우선 모든 만기에 대해 하나의 할인율을 사용할 수 있다고 가정하자. 무위험채권인 경우 매기 말에 지급되는 이자와 만기 시점에서의 액면가액의 현재 가치의 합이 채권매입 시점에서 투자자가 지불하게 될 채권의 가격이 된다. 이를 식으로 표시하면 다음과 같다.

채권가격 = 이자의 현재 가치 + 액면가의 현재 가치

$$B_0 = \sum_{t=1}^{n} \frac{i \times F}{(1 + k_d)^t} + \frac{F}{(1 + k_d)^n} = \sum_{t=1}^{n} \frac{C_t}{(1 + k_d)^t} \tag{8.1}$$

여기서, B_0: 채권의 가격

　　　i: 발행금리 또는 표면이자율

　　　F: 액면가

　　　k_d: 채권의 만기수익률 또는 시중금리

　　　n: 채권의 만기일까지의 기간

　　　C_t: t시점에서 예상되는 현금흐름

예를 들어, 액면가가 10,000원인 10년 만기 채권이 발행금리 10%로 발행되었다면 채권투자자는 매년 말 1,000원의 이자를 지급받고, 10년째 되는 날에는 10,000원의 원금을 상환받게 된다.

현재의 시중금리가 10%일 경우의 채권가격은 어떻게 될지 살펴보자. 채권투자자들은 최소한 시중금리 정도의 수익률을 요구하기 때문에 시중금리가 채권평가 시에 적절한 할인율로 이용된다.

$$B_0 = \sum_{t=1}^{10} \frac{1,000}{1.1^t} + \frac{10,000}{1.1^{10}}$$

$$= 1,000 PVIFA(10\%, 10년) + 10,000 PVIF(10\%, 10년)$$

$$= 1,000(6.1446) + 10,000(0.3855)$$

$$= 10,000$$

여기서 PVIFA(present value interest factor for annuity)는 연금의 현가요인이고, PVIF(present value interest factor)는 현가요인이다. 시중금리가 발행금리와 같을 경우 채권의 가격은 액면금액이 된다. 물론 시중금리가 발행금리와 다를 경우에는 채권의 가격도 변한다. 만약 시중금리가 12%로 상승할 경우에는 채권가격은 8,870원으로 떨어진다.

$$B_0 = 1,000 PVIFA(12\%, 10년) + 10,000 PVIF(12\%, 10년)$$

$$= 1,000(5.6502) + 10,000(0.3220)$$

$$= 8,870$$

시중금리가 상승하면 채권투자자가 받는 현금유입의 현가의 합인 채권가격은 떨어진다. 이 관계에서 채권가격과 시중금리는 역의 관계를 가지고 움직이는 것을 알 수 있다. 표 8.1 을 보면, 만기까지 남아 있는 기간이 동일할 때 시중금리가 상승하면 채권가격이 하락하고, 시중금리가 하락하면 채권가격이 상승하는 것을 알 수 있다. 또한 시중금리의 상승에 따른 가격 하락폭이, 동일한 크기의 시중금리 하락에서 오는 가격 상승폭보다 작다는 사실도 알 수 있다. 따라서 금리가 높아질수록 가격곡선은 그림 8.1 에서 보듯이 평평해지게 된다. 이를 채권의 볼록성(convexity)이라고 한다.

표 8.1 시중금리별 채권가격(발행금리: 10%)

잔여만기	시중금리				
	6%	8%	10%	12%	14%
1	₩10,377	₩10,185	₩10,000	₩9,821	₩9,649
2	₩10,733	₩10,357	₩10,000	₩9,662	₩9,341
3	₩11,069	₩10,515	₩10,000	₩9,520	₩9,071
4	₩11,386	₩10,662	₩10,000	₩9,393	₩8,835
5	₩11,685	₩10,799	₩10,000	₩9,279	₩8,627

(계속)

잔여만기	시중금리				
	6%	8%	10%	12%	14%
6	₩11,967	₩10,925	₩10,000	₩9,178	₩8,445
7	₩12,233	₩11,041	₩10,000	₩9,087	₩8,285
8	₩12,484	₩11,149	₩10,000	₩9,006	₩8,144
9	₩12,721	₩11,249	₩10,000	₩8,934	₩8,021
10	₩12,944	₩11,342	₩10,000	₩8,870	₩7,914

그림 8.1 시장이자율과 채권가격

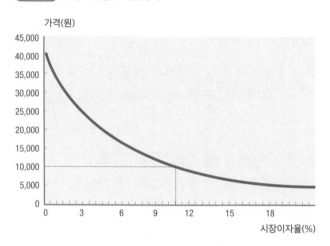

이제 엑셀을 이용하여 채권가격을 구하는 방법을 알아보자. 먼저 시장수익률이 6%일 때 발행금리 10%, 연 1회 이자를 지급하는 채권의 가격을 계산해보자. 엑셀에서는 각 셀에 앞에서 배운 공식을 입력하여 계산할 수 있고, 내장함수를 이용하여 계산할 수도 있다. 먼저 각 셀에 앞에서 넣은 공식을 직접 입력하면 **그림 8.2**와 같이 계산된다.

그러나 공식을 직접 입력하면 수식이 지나치게 길어지게 되므로 엑셀에서 제공되는 함수를 이용하는 것이 편리하다. 먼저 PV라는 함수를 이용하여 계산해보자. PV 함수는 원래 투자액의 현재 가치를 구하는 함수로, 다음과 같이 사용한다.

$$= PV(rate, nper, pmt, fv)$$

그림 8.2 엑셀을 이용한 채권가격 계산(투자론.xlsx 의 '8 - 1 채권가격' sheet)

	A	B	C
1			발행금리 10%에서의 채권가격 (년 1회 이자지급)
2			
3	발행금리	10%	
4	시중금리	6%	
5	잔여만기		수식
6	1	10377.36	=(10000*$B$3)/(1+$B$4)+10000/(1+$B$4)
7	2	10733.36	=(10000*$B$3)*(1/(1+$B$4)^2+1/(1+$B$4))+10000/(1+$B$4)^2
8	3	11069.20	=(10000*$B$3)*(1/(1+$B$4)^3+1/(1+$B$4)^2+1/(1+$B$4))+10000/(1+$B$4)^3
9	4	11386.04	=(10000*$B$3)*(1/(1+$B$4)^4+1/(1+$B$4)^3+1/(1+$B$4)^2+1/(1+$B$4))+10000/(1+$B$4)^4
10	5	11684.95	=(10000*$B$3)*(1/(1+$B$4)^5+1/(1+$B$4)^4+1/(1+$B$4)^3+1/(1+$B$4)^2+1/(1+$B$4))+10000/(1+$B$4)^5
11			
12	(PV함수 사용)		
13	발행금리	10%	
14	시중금리	6%	
15	잔여만기		함수
16	1	10377.36	=PV($B$14,$A16,-10000*$B$13,-10000)
17	2	10733.36	=PV($B$14,$A17,-10000*$B$13,-10000)
18	3	11069.20	=PV($B$14,$A18,-10000*$B$13,-10000)
19	4	11386.04	=PV($B$14,$A19,-10000*$B$13,-10000)
20	5	11684.95	=PV($B$14,$A20,-10000*$B$13,-10000)

여기에서 rate는 시장수익률, nper는 미래 현금흐름의 횟수, pmt는 지급이자 그리고 fv는 만기의 상환금액을 의미한다. pmt와 fv는 PV 함수의 특성상 지급하는 입장에서 지출하는 의미로서 (−)부호를 붙여야 값이 양수로 나오게 된다. 엑셀에서는 다른 셀을 참조하는 방법으로 셀의 위치를 수식 내에서 지정해주면 된다.

그림 8.2를 보면 $B$3이나 $B$4, $A16과 같이 $표시를 하여 다른 셀을 참조하고 있다. $표시는 다른 셀을 참조할 때 절대 위치를 나타내며, 수식을 다른 셀로 복사할 때도 같은 위치를 표시할 수 있도록 해준다.

엑셀의 PRICE 함수를 사용하면 채권 가격을 더 정확하게 계산할 수 있다(그림 8.3). PRICE 함수는 다음과 같이 사용한다.

= PRICE(settlement, maturity, rate, yld, redemption, frequency)

여기에서 settlement는 채권구입일, maturity는 채권만기일, rate는 발행금리, yld는 만기

그림 8.3 PRICE 함수를 이용한 채권가격 계산(투자론.xlsx 의 '8 - 1 채권가격' sheet)

	A	B	C
23			PRICE함수를 이용한 채권가격 계산
24		4.875% Coupon	
25		만기	
26		2024년 2월	
27			
28	구입일(settlement)	2017-03-05	
29	만기일(maturity)	2024-02-05	
30	발행금리(rate)	0.04875	
31	만기수익률(yld)	0.0413	
32	만기상환액(redemption)	100	
33	연간이자지급횟수(frequency)	2	
34			
35			함수와 수식
36	신문고시가격	104.4393272	=PRICE(B28,B29,B30,B31,B32,B33)
37	이자지급후 경과기간	28	=COUPDAYBS(B28,B29,B33,1)
38	이자지급간격	181	=COUPDAYS(B28,B29,B33,1)
39	미지급이자	0.377071823	=(B37/B38)*B30*B32/B33
40	실제지불가격	104.816399	=B36+B39

수익률, redemption은 액면가를 $100라고 할 때의 만기상환액 그리고 frequency는 연간 이자지급횟수를 의미한다. 엑셀에서 PRICE 함수를 사용했을 때 셀에서 #NAME?과 같은 메시지가 나오는 경우가 있다. 이는 엑셀의 추가 기능인 분석도구가 설치되지 않았기 때문이며, [도구 > 추가 기능]에서 분석도구를 설치하면 해결된다.

이 채권을 2017년 3월 5일에 구매했다면 구매일은 2017년 3월 5일이며, 채권만기일은 2024년 2월이다. 발행금리는 4.875%이고, 만기수익률은 4.13%이다. 만기상환액은 전액 지급되므로 100을, 미국국채이므로 연간 이자지급횟수는 2회가 된다. 이렇게 계산한 채권가격은 $104.439이다.

일반적으로 회사채는 액면가에 발행된다. 따라서 주간사는 발행기업과 협의하여 발행금리가 시중금리와 비슷한 수준에서 결정되도록 한다. 이렇게 발행금리가 결정되면 발행시장에서 주간사는 투자자에게 직접 채권을 액면가격으로 판매한다. 그러나 발행금리와 시중금리 간에 차이가 많이 나면 액면가격으로 판매할 수 없다. 일단 채권이 발행된 후에는 유통시장에서 자유롭게 거래된다. 따라서 유통시장에서의 채권가격은 시장의 수요공급에 의해 결정되며, 시중금리와 역의 관계를 가지게 된다. 채권가격이 시중금리와 역의 관계를 가지고 움직인다는 사실은 채권관리에서 유의해야 할 핵심적인 과제이며, 이는 채권의 이자율위험에서 다시 다룰 것이다.

채권의 가격위험을 평가할 때 알아두어야 할 한 가지 일반적인 규칙은 만기까지의 기간이 길수록 금리 변화에 따라 가격이 더욱 민감하게 반응한다는 것이다. **표 8.1**에서 보았듯이, 10%의 시중금리에서 다른 금리 수준으로 변할 때, 만기까지의 기간이 짧을수록 채권가격의 변동폭은 작아진다. 예를 들어, 10% 발행금리의 채권을 액면가에 사서 만기까지 가지고 있다고 하자. 만약 시장금리가 상승한다면 손실을 보게 된다. 다른 투자안을 이용했을 경우 10% 이상의 수익률을 기대할 수 있지만, 채권은 10%의 수익률만을 보장하기 때문이다. 이로 인해 자본손실이 생기게 되며, 채권가격이 하락하는 데 영향을 준다. 만기가 길수록 이러한 손실은 더욱 커지게 되며, 가격하락의 폭이 더 크게 된다. 미국 재정증권과 같은 초단기 채권을 무위험자산으로 보는 것은 채무불이행의 측면에서 안전할 뿐만 아니라 금리변동에 따른 가격 변화의 위험도 작기 때문이다.

(2) 채권의 수익률

만기수익률

투자자들에게는 채권발행 당시의 약정수익률(promised yield)은 큰 의미가 없다. 그 대신 현재의 채권가격, 만기, 만기까지의 수입이자들을 고려한 만기수익률(yield to maturity)을 매우 중요한 투자지표로 이용하고 있다. 만기수익률이란 지금 채권을 매입하여 만기까지 보유할 경우 얻을 수 있는 평균수익률을 의미한다. 채권의 만기수익률을 계산하는 것은 식 (8.1)에서 B_0와 C_i가 주어진 경우 k_d를 구하는 것이다. 채권의 만기수익률은 채권투자의 내부수익률(internal rate of return)과 같은 개념이다. 그러므로 매년 수입이자가 채권의 만기수익률로 재투자된다는 가정하에서 만기 동안의 투자수익률이 된다. 만약 수입이자가 만기수익률로 재투자되지 않으면 만기에 실현되는 실제 수익률은 일정하지 않고 계속 변하게 된다. 이를 재투자이자율위험(reinvestment rate risk)이라고 하며, 이에 대해 다시 자세히 설명할 것이다.

모범답안 1　　발행금리와 시장금리가 같을 경우 채권의 시장가치는 액면가와 동일하게 된다. 발행비용이 없으므로 채권의 발행가는 시장가치와 동일하게 되며, 따라서 액면가 1만 원과 같다.

모범답안 2　　시장금리가 10%일 때 이 채권의 가격은 $400 \times PVIFA(5\%, 10기) + 10,000 \times PVIF(5\%, 10기)$와 같다. 따라서 9,288원이 된다. 또한 시장금리가 8%로 내려가면 이 채권의 발행금리와 시장금리가 같아지므로 이 채권의 가격은 액면가와 같은 10,000원이 된다. 따라서 자본이득은 712원이 된다.

보유기간수익률

채권의 수익률에는 만기수익률 이외에 몇 가지 개념이 존재한다. 첫 번째는 이미 언급한 발행금리로서 채권발행 시 확정된 이자율이다. 두 번째는 보유기간수익률(HPY, holding period yield)이다. 이는 기간 기준으로 1년 또는 1개월간 채권을 보유하였을 때 실제로 얻게 되는 수익률이며, 다음과 같이 구한다.

$$R_t = \frac{B_t - B_{t-1} + I_t}{B_{t-1}} \qquad (8.2)$$

여기서, R_t: 단일기간 보유수익률
      B_t: t시점에서 채권가격
      I_t: $t-1$ 시점에서 t시점까지의 수입이자

이자수익률

이자수익률(current yield)은 연간 수입이자가 채권매입 가격에서 차지하는 비율을 말하며, 주식에서의 배당수익률과 같은 의미이다. 일반적으로 발행금리, 이자수익률, 만기수익률 간에는 그림 8.4 와 같은 관계가 성립된다. 이는 액면가가 10,000원이고 발행금리가 6%, 그리고 만기까지 25년이 남아 있는 채권의 각 수익률 간 관계를 나타낸다. 채권가격이 액면가 이하(가격비가 1 이하)일 때는 만기수익률, 이자수익률, 발행금리 순으로 낮아지고, 채권가격이

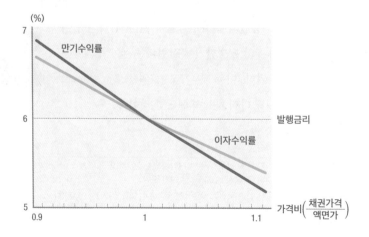

그림 8.4 발행금리, 이자수익률, 만기수익률 간의 관계

투자론

액면가 이상(가격비가 1 이상)일 때는 발행금리가 가장 높고, 만기수익률이 가장 낮다.

수의상환수익률

만기수익률은 채권을 만기까지 보유하는 것을 가정하여 계산된다. 만약 채권에 수의상환권이 포함되어 있어 만기일 이전에 상환된다면 이 채권의 평균적인 수익률은 어떻게 될지 알아보자.

그림 8.5 는 시장금리에 따른 채권가격의 변화를 나타낸 것이다. 위쪽의 선은 액면가 10,000원, 만기 30년인 발행금리 10%의 일반채권이다. 시장금리가 떨어질수록 채권의 가격은 상승하게 된다. 이제 발행금리와 만기가 동일하고, 수의상환가격이 액면가의 110%인 11,000원으로 주어진 채권을 생각해보자. 시장금리가 떨어지면 채권의 가격은 상승하게 되나, 채권의 가격이 수의상환가격보다 높아지면 발행자는 채권을 상환하게 된다. 그림 8.5 의

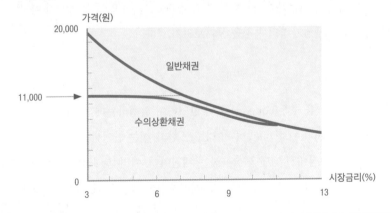

그림 8.5 시장금리에 따른 채권가격 변화

모범답안 3 채권이 액면가보다 낮게 발행(할인발행)될 때는 만기수익률 > 이자수익률 > 발행금리의 관계를 가진다. 반대로, 액면가보다 높게 발행(할증발행)될 때는 만기수익률 < 이자수익률 < 발행금리의 관계를 가진다.

아래쪽 선이 이 수의상환채권을 나타낸다. 시장금리가 올라가면 수의상환위험은 작아지며, 일반채권과 수의상환채권의 가격은 비슷하게 된다. 그러나 시장금리가 떨어지면 두 채권의 가격은 차이가 나게 된다. 매우 낮은 금리에서는 수의상환채권이 수의상환가격으로 상환된다. 수의상환수익률은 만기수익률의 계산에서 만기까지의 기간 대신 수의상환까지의 기간을 사용하고, 액면가 대신 수의상환가격을 사용하여 계산된다. 이는 채권이 수의상환이 가능해지자마자 수의상환이 이루어지는 것을 가정하기 때문에 최초수의상환수익률이라고도 한다.

개념점검 4

삼성전자가 만기와 발행금리가 동일한 두 종류의 채권을 발행하려고 한다. 하나는 수의상환권이 있으며, 다른 하나는 수의상환권이 없다. 두 채권의 발행가격의 관계는 어떻게 되겠는가?

---

(3) 채권의 가격변동

채권은 확정된 이자를 약속하고 있지만, 발행자가 원금 및 이자지급에 대해 확실한 보장을 해주지 않으면 채권투자자는 위험에 직면하게 된다. 대부분의 회사채는 채무불이행위험이 있을 수 있다. 채권발행 당시에 이자지급이 확정되었더라도 기업이 도산하여 지급할 수 없을 가능성이 있으므로 실제 이자와 원금지급 시 불확실성이 존재할 수 있다. 이와는 대조적으로 정부가 발행한 증권은 채무불이행위험이 거의 없다고 볼 수 있어 분석이 용이하다. 따라서 먼저 정부가 발행한 채권가격의 특징을 살펴보고자 한다.

무이표채

채무자들은 가끔 채권을 쿠폰(coupon) 없이 할인하여 발행하는데, 이러한 채권을 무이표채라고 하며, 순수할인채(pure discount bond)라고도 한다. 이는 만기까지의 기간 내에 이자지급을 하지 않고 만기 시점에서 액면을 상환하는 채권이다. 이러한 채권의 투자수익은 모두 매매차익의 형태로 실현된다. 우리나라에서도 재정증권이 가끔 무이표채로 발행되며, 미국국

모범답안 4   채권의 가격은 일반채권 > 수의상환채권의 관계를 가진다.

채는 STRIPS라고 하여 국채의 원금과 이자를 분리하여 무이표채로 거래하는 제도가 시행되고 있다.

무이표채의 수익률과 가격변동은 어떻게 될지 알아보자. 먼저 6개월 만기 단기재정증권이 9,600원에 발행되었다고 가정하자. 여기서 k_d에 대해 풀면 6개월에 4.17%가 된다. 따라서 연율로 환산하면 만기수익률은 8.51%($1.0417^2 - 1 = 0.0851$)가 된다.

$$9,600 = \frac{10,000}{(1 + k_d)}$$

순수할인채의 가격은 시간이 지남에 따라 어떻게 변할까? 만기일에 그 채권은 액면가인 10,000원에 거래될 것이다. 만기일 이전에는 항상 액면가 이하의 가격으로 거래될 것이다. 미래의 10,000원의 현재 가치는 10,000원보다 작기 때문이다. 시간이 지남에 따라 채권의 가격은 정확히 시중금리만큼 상승하게 된다. 예를 들어, 만기가 8개월 남아 있는 재정증권이 있다고 하자. 현재 시중금리는 월 1%라고 가정한다. 오늘 그 재정증권의 가격은 $10,000/1.01^8$으로 9,234.83원이 된다. 다음 달에는 만기가 7개월이 남게 되므로 증권의 가격은 $10,000/1.01^7 = 9,327.18$원이 되어 전 달에 비해 1% 상승한 가격이 된다.

그림 8.6 은 만기가 10년이 남아 있는 무이표채의 가격이 시중금리가 10%일 경우 어떻게 변하는지를 보여준다. 채권가격은 만기일까지 선형함수가 아닌 지수함수 형태로 증가한다.

그림 8.6 무이표채의 잔존만기와 가격

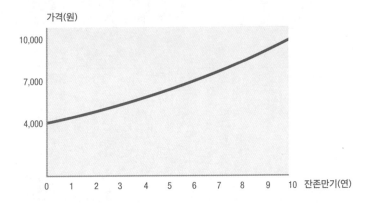

이표채

대부분의 채권은 일반적으로 일정기간마다 확정된 이자를 지급해주는 이표채(coupon bond)로 발행된다. 그러나 채권의 가격은 시중금리와 역의 관계를 가지고 움직이기 때문에 시중금리가 변하면 채권의 가격도 변하게 된다.

이미 표 8.1에서 살펴본 것과 같이, 시중금리가 채권의 발행금리보다 낮으면 채권가격은 액면 이상으로 거래되는데, 이러한 채권을 할증채(premium bond)라고 한다. 반대로 시중금리가 채권의 발행금리보다 높으면 채권의 가격은 액면가 이하로 떨어진 할인채(discount bond)가 된다.

그러나 금리수준이 어떻게 변하든지 만기 시점에서의 채권의 가격은 모두 액면가격이 된다. 이들의 관계를 종합해보면, 이표채는 시중금리의 변화에 따라 채권의 가격이 그림 8.7과 같게 된다.

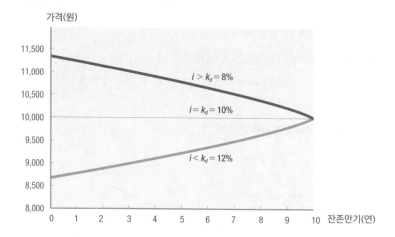

그림 8.7 이표채의 잔존만기와 가격

투자론

3 채권투자의 위험

중앙정부나 지방정부가 재정적자를 보전하기 위해 채권을 발행하듯이 기업도 채권을 발행하여 자금을 조달하는 것이 일반화되어 있다. 2022년 말 우리나라의 채권발행잔액은 총 2,593조 원이며, 이 중 회사채의 발행잔액은 432조 원, 국채와 통안채의 발행잔액은 각각 1,020조 원과 113조 원을 기록했다. 그 밖에 특수채, 금융채, 지방채의 발행잔액은 각각 410조 원, 589조 원, 29조 원일 정도로 우리나라의 채권시장은 양적 규모가 매우 크다.

그러나 우리나라 채권시장은 아직 양적 규모에 비해 질적 발전이 더딘 편이다. 일반 국민들의 채권시장에 대한 관심은 낮고, 각종 언론매체도 주로 주식시장 관련 정보만 제공하며, 채권가격에 영향을 미치는 여러 위험에 관한 정보는 거의 전달하지 않고 있다. 이에 따라 채권투자 시 고려해야 할 위험들에 대해 간략히 살펴보고자 한다.

이자율위험

이자율위험은 이자율의 변화로 인해 채권가격이 변화하기 때문에 발생한다. 채권가격과 이자율은 역의 관계에 있으므로, 시장이자율이 상승하면 채권가격은 하락하여 채권투자자는 평가손이나 매매손실을 보게 된다. 반대로 시장이자율이 하락하면 채권가격은 상승하여 채권투자자는 평가익이나 매매차익을 얻게 된다. 이러한 관계는 그림 8.1 에 잘 나타나 있다.

재투자이자율위험

채권의 만기수익률은 매 기간에 받은 수입이자를 만기수익률로 재투자한다는 가정에서 구해진다. 그러나 채권매입 당시 만기수익률로 항상 재투자할 수 있는 것은 아니다. 만약 수입이자를 재투자하지 않고 소비목적으로 사용한다면 수입이자를 0%로 재투자한다는 의미와 같게 된다. 이 경우 실질만기수익률은 훨씬 낮아진다. 채권을 매입한 후 시중금리가 바뀜에 따라 재투자기회가 달라져 실질만기수익률이 달라질 수 있는 가능성을 재투자이자율위험 (reinvestment rate risk)이라고 한다.

상이한 재투자이자율이 채권의 실질만기수익률에 미치는 영향을 살펴보기로 하자. 표 8.2는 만기일이 20년 남아 있고 발행금리가 8%인 채권을 액면가 10,000원으로 매입한 경우 재투자이자율이 달라짐에 따라 실질만기수익률이 변화하는 것을 나타낸다. 수입이자를 전혀 재투자하지 않으면 실질만기수익률은 4.89%에 불과하지만, 10%로 재투자하면 실질만기수익률이 8.98%가 되는 것을 알 수 있다. 따라서 실질만기수익률 k_d^*는 다음과 같이 구할 수 있다.

$$k_d^* = \left[\frac{i \times F\left\{ \dfrac{(1+r)^n - 1}{r} \right\} + F}{B_0} \right]^{1/n} - 1 \tag{8.3}$$

여기서, i: 발행금리
  F: 액면가액
  r: 재투자이자율
  B_0: 채권가격

표 8.2 재투자이자율위험

재투자이자율 (%)	수입이자분에 의한 수입이자	수입이자	매매차익	총수입이자	실질만기수익률 (k_d^*, %)
0	0	16,000	0	16,000	4.89
5	10,453	16,000	0	26,453	6.68
6	13,428	16,000	0	29,428	7.10
7	16,796	16,000	0	32,796	7.54
8	20,609	16,000	0	36,609	8.00
9	24,928	16,000	0	40,928	8.48
10	29,820	16,000	0	45,820	8.98

채무불이행위험

앞에서 언급했듯이 채무불이행위험이란 채권발행 시 약속한 이자나 원금을 지불하지 못할 위험을 의미한다. 이러한 채무불이행위험은 채권의 수익률에는 어떠한 영향을 미치며, 결과적으로 채권가격에 어떠한 영향을 미치는가? 보통 채무불이행위험은 채권의 질적 평정에 의해 측정되므로, 채권의 질적 평정과 질적 평정이 수익률에 미치는 영향을 살펴보자.

채권의 질적 평정

채권의 질적 평정(quality rating)은 채무불이행의 가능성에 따라 채권발행회사에 등급을 부여하는 것이다. 이때 채무불이행채권이란 예정된 이자지급을 한 번 이상 지연시킨 채권을 말한다. 보통 한 번 이자지급이 지연되더라도 궁극적으로 예정된 이자는 모두 지급되지만, 회사가 완전히 파산하면 원금조차 상환하지 못할 위험이 발생할 수 있다.

미국에서는 Standard & Poor(S&P)나 Moody's 등에서 위원회를 구성하여 채권의 질적 평정을 실시하며, 채권의 안전도에 영향을 미칠 수 있는 재무적 · 비재무적 요인을 평가하여 최종등급을 결정한다. 우리나라에서도 다수의 신용평가회사가 기업의 신용평가 업무를 수행하고 있다.

채권등급 결정요인

채권의 질적 평정 기관들은 채권발행기업 재무비율의 수준과 추세를 분석하여 등급을 매기고 있다. 평가에 이용되는 주요 재무비율은 이자보상비율, 부채비율, 유동성 비율, 수익성 비율, 현금흐름비율 등이 있다. 표 8.3 은 채권의 질적 평정에 의해 주어지는 S&P와 Moody's의 채권등급에 관한 정의이다. 세부적인 등급으로 S&P는 +/ - 를, Moody's는 1, 2, 3을 사용한다.

표 8.3 채권등급의 정의

Moody's	S&P	내용	정의
Aaa	AAA	최고급채권	이자와 원금지급능력이 충분
Aa	AA		
A	A	고급채권	–
Baa	BBB		
Ba	BB	투기성 채권	–
B	B		
Caa	CCC	저급채권	이자와 원금지급이 불확실한 채권
Ca	CC		
C	C		
D	D	채무불이행채권	부도 상태의 채권

재무비율 이외에 채권의 질적 평정에 영향을 미치는 요인으로 담보 여부도 고려하지만, 예상과는 달리 채권등급은 발행회사의 자산가치나 담보로 제공된 자산가치에 크게 영향을 받지 않는다. 그 이유는 첫째, 파산 선고되어 자산이 공매되면 값을 제대로 받지 못하며, 둘째, 자산가치는 공매가치뿐만 아니라 자산의 수익력에 의해 결정되기 때문이다.

또한 채권발행 시 계약서에 기재된 투자자 보호조항은 채권평정에 영향을 미친다. 예를 들어, 채권발행 계약조항에 이번에 발행한 채권이 다른 채권에 비해 열등한 위치에 있다는 내용이 있으면, 이는 후순위채(subordinated or junior bond)라고 부르며, 일반적인 채권보다 위험이 더 큰 채권으로 분류된다. 그 이유는 파산선고 시 우선 선순위채(superior senior bond)에 대한 지급이 이루어진 후에 후순위채에 대한 지급이 이루어지기 때문이다. 이와 대조적으로 채권을 상환하기 위해 감채기금을 적립할 것을 계약조항에 삽입한 채권은 그만큼 위험이 낮아질 것이다.

채권등급의 의미

등급이 높은 채권(high-grade bond)은 등급이 낮은 채권(low-grade bond)에 비해 역사적으로 채무불이행 비율이 낮다. **표 8.4**는 2022년 미국의 S&P가 계산한 채권의 질적 평정수준에 따른 기간별 채무불이행 비율을 나타내고 있다. 이 표에서 신용등급이 CCC인 채권의 경우, 10년 동안 누적부도율이 51.05%라는 것은 CCC등급 채권의 약 51.05%가 10년 내에 부도가 난다는 의미이다. 이를 통해 질적 평정을 파산위험의 지표로 활용할 수 있음을 알 수 있다.

표 8.4 전 세계 기업 평균 누적부도율(2018~2021년, %)

신용등급	1	2	3	4	5	6	7	8	9	10
AAA	0.00	0.03	0.13	0.24	0.34	0.45	0.50	0.58	0.64	0.69
AA	0.02	0.06	0.11	0.20	0.30	0.40	0.48	0.55	0.62	0.68
A	0.05	0.13	0.21	0.32	0.44	0.57	0.73	0.87	1.01	1.15
BBB	0.15	0.41	0.72	1.09	1.48	1.85	2.18	2.50	2.80	3.10
BB	0.60	1.88	3.35	4.81	6.19	7.47	8.57	9.56	10.45	11.24
B	3.18	7.46	11.26	14.30	16.67	18.59	20.10	21.34	22.45	23.50
CCC/C	26.55	36.74	41.80	44.74	46.91	47.95	49.08	49.82	50.48	51.05
투자등급	0.08	0.23	0.40	0.61	0.83	1.05	1.26	1.45	1.63	1.81
투기등급	3.60	6.97	9.86	12.33	14.16	15.75	17.06	18.16	19.14	20.04
전체등급	1.50	2.93	4.17	5.22	6.10	6.83	7.45	7.79	8.43	8.86

자료: S&P Global Ratings Research and S&P Global Market Intelligence's CreditPro.

채권수익률의 채무불이행 위험구조

채권의 질적 평정은 채권을 평가할 때의 할인율에 영향을 미친다. 표 8.5 는 국내 신용평가기관에 의해 결정된 채권등급과 각 채권등급에 속한 채권들의 만기수익률의 관계를 보여준다. 투기성 채권이나 채무불이행채권, 그리고 파산된 채권은 성격상 보통주와 비슷하며, 발행회사의 재무 상태, 채권소유자의 채무 상태, 그리고 매도자나 매입자의 협상력이 이들 위험채권의 가격 또는 수익률을 결정한다. 모든 채권은 평정수준이 낮아질수록 높은 할인율로 평가되므로, 질적 평정은 채권가격 결정에 직접적인 영향을 미친다. 그러나 채권의 평정과 할인율의 관계는 항상 일정한 것은 아니며, 이는 정부의 재정금융정책, 자금의 수요공급 그리고 경기변동 등에 따라 변할 수 있다.

표 8.5 채권등급별 만기수익률(%)

신용등급	3개월	6개월	9개월	1년	3년	5년	10년	20년
AAA	3.58	3.58	3.58	3.58	3.58	3.57	3.99	4.31
AA+	3.59	3.58	3.59	3.59	3.61	3.64	4.26	4.68
AA0	3.59	3.59	3.59	3.59	3.65	3.71	4.60	5.27
AA−	3.62	3.62	3.63	3.62	3.69	3.81	4.97	5.80
A+	3.72	3.84	3.90	3.90	4.13	4.64	5.53	6.23
A0	3.86	4.00	4.07	4.07	4.40	5.08	5.99	6.66
A−	4.09	4.24	4.33	4.34	4.84	5.68	6.51	7.21
BBB+	4.75	5.21	5.61	5.76	7.37	7.62	8.06	8.65
BBB0	5.13	5.71	6.19	6.43	8.42	8.67	9.17	9.82
BBB−	5.80	6.50	7.12	7.41	9.79	10.09	10.59	11.25

자료: 무보증공모회사채 기준, KIS 자산평가(2024. 7. 1. 기준).

수의상환위험

채권의 종류에 따라 발행자는 채권의 만기가 도래하기 전에 일정한 가격으로 채권을 매입하여 소각할 수 있는 권리를 계약서에 명시할 수 있다. 이때 발행자가 지급하는 가격은 채권의 액면가 이상인 경우가 일반적이며, 이는 만기에 가까울수록 액면가에 근접한다.

실제로 수의상환가격은 액면가에 남아 있는 기간까지의 지급이자를 합한 정도의 수준에서 결정된다. 채권발행자가 수의상환권을 보유하려는 이유는 이자율의 변동에 대처하기 위한 것이다. 즉, 이자율이 현저하게 하락할 것으로 예상되는 경우에는 발행자는 이미 발행한 채권을 매입하여 소각하고 보다 낮은 발행금리로 채권을 발행함으로써 기업의 이자비용을 절약할 수 있다. 따라서 채권의 수의상환 가능성(callability)은 발행자에게는 유리하지만, 투자자에게는 불리하다.

수의상환채권의 상환가격이 액면가보다 높더라도, 상환이 이루어지면 투자자들은 계속적인 투자를 위해 새로운 채권을 매입하는 재투자를 해야 한다. 이때의 재투자로 매입하는 새로운 채권은 이전에 투자하던 채권보다 낮은 발행금리로 발행되므로 투자자들의 실질적인 만기수익률은 낮아지는 재투자위험에 직면하게 된다. 이러한 이유로 투자자들은 수의상환 가능성을 지닌 채권에 대해 그렇지 않은 채권보다 낮은 가격을 지불하려고 한다.

인플레이션위험

앞에서 채권투자 시 지급되는 이자와 원금은 명목금리에 의해 지급되는 명목현금흐름이기 때문에, 실질현금흐름은 인플레이션에 의한 영향도 고려해야 한다는 것을 설명하였다. 물가연동국채라고 부르는 국채는 실질 현금흐름을 보장하는 형태로 발행된다. 즉, 인플레이션율에 따라 원금이  나 이자가 변동하여 실질현금흐름을 보장하게 된다. 이러한 물가연동국채는 인플레이션에 대한 방어기능을 가지고 있어 인플레이션방어국채라고도 부른다.

물가연동국채는 1981년 영국에서 'Inflation-linked Gifts'라는 이름으로 최초로 발행되었으며, 캐나다도 1991년 'Real Return Bond'라는 이름으로 발행하였다. 이어 호주, 뉴질랜드, 스웨덴에서도 발행되었으며, 미국에서는 TIPS(Treasury Inflation-Pro tected Securities)라는 이름으로 1997년 발행되었다.[1]

---

1 미국에서 발행되는 TIPS는 두 가지 종류가 있다. 하나는 전형적인 TIPS이고, 다른 하나는 I-Bond이다. 전형적인 TIPS는 일반국채와 동일하게 입찰을 통해 발행수익률이 결정된다. 이 수익률은 만기까지 유지되며, 인플레이션율과 연동되는 것은 TIPS의 원금이다. I-Bond는 원금을 고정하고 이자를 인플레이션율과 연동한 것이다.
TIPS는 일반적으로 발행수익률이 일반국채의 발행수익률보다 낮아 정부의 조달비용을 감소시키며, 투자자들이 장기적인 인플레이션으로부터 보호받을 수 있게 하여 장기투자를 가능하게 하는 효과가 있다. 그러나 디플레이션이 발생할 경우 이자 감소 및 원금 손실을 초래할 수 있으며, 가격의 변동성이 일반채권에 비해 크다는 점이 단점으로 지적되고 있다.

4 수익률곡선과 이자율기간구조

(1) 만기별로 수익률이 다른 경우의 채권가격

이표채의 현금흐름은 여러 개의 순수할인채의 현금흐름의 합으로 표시할 수 있다. 예를 들어, 액면이 10,000원인 10년 만기 채권을 발행금리 10%로 발행하였다면 채권투자자는 매년 말에 1,000원씩의 이자를 지급받고, 10년째 되는 날에는 10,000원의 원금을 상환받게 된다. 이때의 현금흐름을 순수할인채의 현금흐름으로 표현해보면 만기가 1년부터 9년까지의 액면 1,000원인 순수할인채와, 만기가 10년인 액면 11,000원인 순수할인채의 현금흐름이 같게 된다.

이렇게 순수할인채의 조합으로 이표채와 동일한 현금흐름을 만들 수 있게 되므로 순수할인채의 조합을 하나의 증권으로 보면 두 증권의 가격은 같아야 한다. 두 증권의 현재 가격이 다르면 차익거래가 일어날 수 있으며, 이로 인해 두 증권의 현재 가격은 같아지게 된다(일물일가의 원칙). 앞서 본 채권의 가격결정공식은 채권의 잔여만기 전체에 대해 수익률이 일정하다는 가정하에서 도출된 것이다.

이제 만기에 따라 수익률이 서로 다른 경우, 채권의 가격이 어떻게 결정되는지 살펴보자. 우선 순수할인채의 만기에 따라 다음과 같이 가격과 수익률이 형성되어 있다고 가정하자.

표 8.6 순수할인채의 만기와 가격

만기	순수할인채의 가격 (액면가 10,000원)	연 수익률
1년	9,500	5.26%
2년	8,800	6.60%
3년	8,000	7.72%

이제 3년 만기의 액면금액이 10,000원인 이표채가 발행금리 10%로 발행되었다면, 이 이표채는 1년, 2년, 3년 만기의 액면금액이 1,000원인 순수할인채와 3년 만기의 액면금액이

10,000원인 순수할인채의 조합과 가격이 같다. 이제 이표채의 가격을 계산해보자. 먼저 주어진 순수할인채의 가격을 이용하면 다음과 같이 계산된다.

$$1년째의 현금흐름의 현가 = 1,000 \times \frac{9,500}{10,000} = 950$$

$$2년째의 현금흐름의 현가 = 1,000 \times \frac{8,800}{10,000} = 880$$

$$3년째의 현금흐름의 현가 = 11,000 \times \frac{8,000}{10,000} = 8,800$$

$$현가의 합계 = 10,630$$

두 번째로 만기에 상응하는 수익률로 각각의 현금흐름을 할인해도 같은 결과를 얻을 수 있다.

$$1년째의 현금흐름의 현가 = \frac{1,000}{1.0526} = 950$$

$$2년째의 현금흐름의 현가 = \frac{1,000}{(1.0660)^2} = 880$$

$$3년째의 현금흐름의 현가 = \frac{11,000}{(1.0772)^3} = 8,800$$

$$현가의 합계 = 10,630$$

여기에서 주의할 점은, 3년 만기의 순수할인채에 의해 계산된 수익률을 이용하여 이표채의 모든 현금흐름을 할인하면 안 된다는 점이다. 이표채의 가격이 10,630원이라면 만기수익률은 어떻게 될까? 즉, 3년간의 모든 현금흐름을 할인하는 데 사용할 수 있는 하나의 할인율은 존재할까? 물론 존재한다. 그리고 그 값은 7.57%이며, 이 값이 이표채의 만기수익률이다. 이 수익률은 그림 8.6 에서 찾아볼 수 없다. 즉, 만기에 따라 수익률이 다를 경우 채권의 가격은 서로 다른 만기의 순수할인채 수익률로, 각각의 만기에 지급되는 현금흐름을 할인하여 모두 합한 값이다. 채권의 만기수익률은 이렇게 계산된 채권의 가격과 모든 현금흐름을 하나의 할인율로 할인한 값이 일치하도록 해주는 할인율을 의미한다.

(2) 수익률곡선과 선도이자율

만기별로 수익률이 다를 경우 채권의 가격을 어떻게 계산하는지 살펴보았다. 그렇다면 현실은 어떨까? 그림 8.8 은 신용등급과 만기에 따른 만기수익률의 변화를 나타낸 것이다. 이 그림에서 신용등급에 관계없이 만기가 길어짐에 따라 만기수익률이 상승하는 것을 확인할 수 있다.

일반적으로 어떤 일정 시점에서 다른 조건이 일정할 때 채권의 만기까지의 기간의 차이에 따라 채권수익률은 달라진다. 이와 같이 만기까지의 기간과 채권수익률 사이의 관계를 이자율의 기간구조(term structure of interest rate)라고 하며, 흔히 수익률곡선(yield curve)이라고도 부른다. 채권의 이자율은 미래의 현금흐름에 대한 실현 가능성에 대해 투자자들이 가지는 기

그림 8.8 채권등급과 만기에 따른 만기수익률의 변화

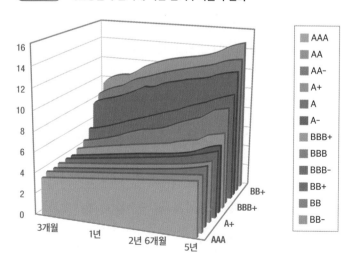

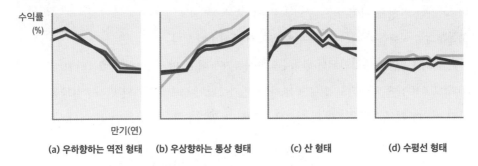

그림 8.9 여러 가지 형태의 수익률곡선

수익률
(%)

만기(연)

(a) 우하향하는 역전 형태   (b) 우상향하는 통상 형태   (c) 산 형태   (d) 수평선 형태

대를 반영한다. 즉, 미래의 현금흐름이 확실하다면 낮은 이자율에 만족하지만, 불확실하다면 높은 이자율을 요구하게 된다. 따라서 이자율의 기간구조는 이러한 투자자들의 기대를 반영한다고 할 수 있으며, 채권의 수익률곡선은 이러한 투자자들의 기대를 그림으로 나타내는 것이다.

수익률곡선의 다양한 형태는 그림 8.9 에서 확인할 수 있다. 이 그림은 만기까지의 기간이 서로 다른 미국 재정증권의 수익률을 그린 것으로, 각각 우하향하는 역전된 수익률곡선, 우상향하는 통상적인 수익률곡선, 산 모양으로 상승하다 하락하는 형태의 수익률곡선, 수평선 형태의 수익률곡선을 나타낸 것이다. 여기에서 사용한 미국 재정증권은 채무불이행위험과 수의상환 가능성이 거의 없으므로, 수익률 차이는 오직 만기까지의 기간 차이에서 발생한다고 할 수 있다. 일반적으로 수익률곡선은 경기의 침체기나 경기가 완만하게 회복되는 시기에는 우상향하는 경향을 보이지만, 경기가 호황이거나 인플레이션 시기에는 우하향하는 경향을 보인다.

현물이자율(spot rate)은 순수할인채의 만기수익률을 의미하며, 수익률곡선은 일반적으로 현물이자율을 이용하여 작성된다. 이표채는 만기와 다른 조건들이 동일하더라도 발행금리에 따라 만기수익률이 달라지므로, 이표채의 만기수익률을 이용하여 작성된 수익률곡선으로 발행금리가 다른 이표채를 평가할 경우 적절한 만기수익률을 정확히 계산할 수 없다.

실제 우리나라에서는 거래되는 순수할인채가 거의 없기 때문에 거래되고 있는 이표채의 가격을 이용하여 순수할인채의 이론적인 만기수익률을 계산한다. 이를 위해 앞서 언급한 순수할인채의 만기수익률을 이용하여 이표채의 가격을 계산하는 방법을 거꾸로 적용한다. 이렇게 각각의 만기별로 만기수익률을 계산하는 과정을 부트스트래핑(bootstrapping)이라고 하며, 이러한 과정을 거쳐 얻은 수익률곡선을 순수수익률곡선(pure yield curve)이라고 한다. 표 8.6 의 수익률들이 이러한 순수수익률곡선을 이루게 된다.

만기가 1년인 순수할인채의 만기수익률이 5.26%이고, 만기 2년의 발행금리 10%인 이표채가 10,630원에 거래되고 있다고 하자. 만기가 2년인 순수할인채의 만기수익률을 S_2라고 하면 이 이표채의 가격은 다음의 식으로 계산되며, 만기수익률의 값은 6.60%이다.

$$\frac{1,000}{1 + 5.26\%} + \frac{11,000}{(1 + S_2)^2} = 10,630$$

여기서, S_2 : 2년 만기 현물이자율

한편, 만기 1년의 순수할인채에 투자한 후 1년 뒤 다시 만기 1년의 순수할인채에 투자하려는 투자자와, 만기 2년의 순수할인채에 투자하려는 투자자를 생각해보자. 현시점에서 두 투자자가 예상하는 2년 후의 현금흐름을 같게 해주는 1년 후부터 2년까지의 순수할인채의 예상만기수익률을 계산할 수 있다. 이 예상만기수익률을 $_1f_2$라고 하면 다음과 같은 식을 세울 수 있다.

$$10,000 \times (1 + 6.60\%)^2 = 10,000 \times (1 + 5.26\%) \times (1 + _1f_2)$$

$_1f_2$는 7.96%이며, 이는 1년 후부터 2년까지 적용되는 이자율로, 선도이자율(forward rate)이라고 한다. 따라서 선도이자율은 투자자가 미래의 어느 단위 기간에 대해 예상 또는 기대하는 미래이자율(future interest rate)을 의미한다.

(3) 기간구조 이론

불편기대이론

불편기대이론은 예상 미래이자율이 현재의 채권가격에서 계산된 선도이자율과 같다는 이론으로, 피셔(Fisher, 1896)에 의해 처음 제기되고, 러츠(Lutz, 1940)에 의해 개발되었다.[2] 선도이자율 계산식을 확장하면 식 (8.4)로 표현할 수 있다.

$$(1 + {}_0R_n)^n = (1 + {}_0R_1)(1 + {}_1f_2)(1 + {}_2f_3)\cdots(1 + {}_{n-1}f_n) \tag{8.4}$$

여기서, ${}_0R_n$: 0시점에서 결정된 n년 만기 채권에 적용되는 실제 금리

$\quad {}_0R_1$: 0시점에서 결정된 1년 만기 채권에 적용되는 실제 금리

$\quad {}_1f_2, {}_2f_3, \cdots, {}_{n-1}f_n$: 0시점에서 기간구조에 내포된 $1, 2, \cdots, n-1$에서 시작되는 1년 만기 채권의 선도이자율

이렇게 계산된 선도이자율과 미래의 기대이자율이 차이가 없다는 것이 불편기대이론이다. 선도이자율의 계산식이 기하평균의 계산식과 같기 때문에, 불편기대이론은 장기채권의 수익률(또는 장기대부이자율)이 현재의 단기이자율과 미래에 기대되는 단기이자율의 기하평균에 의해 결정된다는 것으로 표현하기도 한다. 예를 들어, 2년 만기 채권의 수익률이 10%이고, 3년 만기 채권의 수익률이 12%라면 앞으로 2년 후에 1년간의 시중금리수준은 16.1%에 이를 것으로 예상할 수 있다.

$$ {}_2f_3 = \frac{(1 + 0.12)^3}{(1 + 0.1)^2} - 1 = 0.161 $$

불편기대이론이 주는 중요한 의미는 수익률곡선의 형태가 미래의 단기이자율에 대한 투자자의 기대에 의해 결정된다는 점이다. 현재 이자율수준이 매우 낮아서 모든 투자자들이 미래이자율이 상승할 것으로 예상하면 수익률곡선은 그림 8.10 처럼 우상향할 것이고, 반대로 미래의 이자율이

그림 8.10　불편기대이론에 의한 수익률곡선

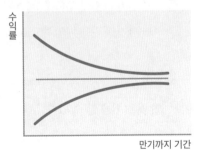

수익률

만기까지 기간

2　Irving Fisher(1896), "Appreciation and Interest", Publications of the American Economic Association, vol. 11, pp. 23-29; F. A. Lutz(1940), "The Structure of Interest Rates", The Quarterly Journal of Economics, pp. 36-63.

하락할 것으로 예상하면 수익률곡선은 우하향하게 될 것이다.

불편기대이론은 투자자가 위험중립형일 때 성립되는 이론으로, 이 경우 어떤 만기의 상품을 매입하더라도 보유기간 동안 연평균 기대수익률은 동일하게 된다. 예를 들어, 다음과 같이 네 가지 상품의 수익률이 주어진다고 가정하자.

만기	만기수익률(%)
1년	4.0
2년	5.0
3년	6.0
4년	6.5

이 기간구조 내에서 선도이자율은 다음과 같다고 하자.

선도이자율	%
$_1f_2$	6.01
$_2f_3$	8.03
$_3f_4$	8.02

만약 투자자의 희망투자기간이 3년이라면 다음과 같은 세 가지 투자전략을 세울 수 있다.

① 3년 만기 채권에 투자한다.
② 1년 만기 채권에 투자하고, 만기 시 1년 만기 채권에 다시 투자한다.
③ 4년 만기 채권을 매입하고, 3년 후에 매각한다.

이 투자전략은 모두 동일한 투자수익률을 제공해준다. 첫 번째 경우는 연평균 투자수익률이 6%인 것을 쉽게 알 수 있다. 두 번째 경우의 연평균 수익률을 계산하면 다음과 같다.

$$\sqrt[3]{(1.04)(1.0601)(1.0803)} - 1 = 0.06$$

세 번째 경우의 연평균 투자수익률은 다음과 같이 구할 수 있다. 문제를 간단히 하기 위해 무이표채인 경우를 살펴보자. 액면이 10,000원이고 만기까지 4년이 남은 무이표채의 현재

가격은 다음과 같다.

$$\frac{10,000}{(1.065)^4} = 7,773(원)$$

3년 후의 가격을 동일한 방법으로 구하면 9,258원(= 10,000/1.0802)이 된다. 이 두 가격으로부터 연평균 수익률을 구해보자.

$$7,773 = \frac{9,258}{(1+R)^3}, \; \therefore r = 0.06$$

이와 같이 불편기대이론이 옳다면 투자자는 어떤 만기의 상품을 매입하든 투자기간 동안의 평균수익률을 동일하게 얻을 수 있다.

유동성 프리미엄이론

불편기대이론이 가지는 중요한 단점은 투자자의 행동을 적절히 반영하지 못한다는 점이다. 이는 불편기대이론이 위험에 대해 중립적(risk-neutral)인 투자자를 전제로 하기 때문이다. 투자자가 먼 미래의 이자율을 예측할수록 불확실성은 커지게 되는데, 이는 유동성 프리미엄이론으로 설명된다.

힉스(Hicks, 1946)는 "이자율의 변화는 단기채권가격보다 장기채권가격에 더욱 큰 영향을 끼치기 때문에 장기채권에 유동성 프리미엄이 존재한다"라고 주장하였다.[3] 다시 말해, 채권의 만기가 길수록 투자자는 투자가치 변화에 대한 위험이 커지기 때문에 가능하면 단기채권을 선호하지만, 발행자는 원금상환불능위험을 줄이기 위해 가능하면 장기채를 발행하려고 한다. 따라서 투자자들이 장기채를 구입하도록 유도하려면, 장기채가 가지는 구조적 약점을 보상할 수 있는 위

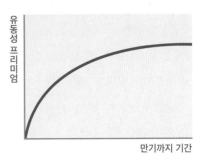

그림 8.11 유동성 프리미엄

(세로축: 유동성 프리미엄, 가로축: 만기까지 기간)

---

3 J. R. Hicks(1946), "Value and Capital", 2nd ed, London: Oxford Univ. Press, pp. 141-145.

그림 8.12 불편기대이론과 유동성 프리미엄의 결합

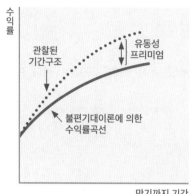
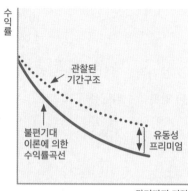

험프리미엄이나 유동성 프리미엄을 제공해야 한다. 이 프리미엄은 현재의 단기이자율과 미래의 예상 단기이자율의 평균보다 높아야 한다. 만약 현재 시점에서 멀어질수록 위험이 증가한다면 유동성 프리미엄은 이 기간의 증가함수가 되나, 체감적으로 증가하는 것이 일반적이다. 유동성 프리미엄을 나타내면 **그림 8.11** 과 같다.

또한 **그림 8.12** 는 유동성 프리미엄이 불편기대이론과 어떻게 결합되는지를 보여준다.

개념점검 6

불편기대이론에 따르면, 투자자들이 원하지 않는 다른 만기의 채권을 보유하도록 하기 위해 추가적으로 필요한 프리미엄은 얼마인가?

시장분할이론

시장분할이론은 채권시장이 몇 가지 중요한 경직성으로 인해 몇 개의 하위시장(submarket)으로 세분되어 있다고 가정한다. 즉, 채권시장의 투자자집단은 각자의 동기에 따라 특정 만기의 채권을 선호한다는 이론이다. 예를 들어, 어떤 투자자는 1~3년 만기 채권을 보유하려 하고, 어떤 투자자는 3~6년 또는 6~9년 만기 채권만을 보유하려 한다는 것이다. 이처럼 채권

모범답안 6　불편기대이론에 따르면 투자자들이 자신들이 원하지 않는 다른 만기의 채권을 보유하도록 하기 위한 프리미엄은 이미 그 채권의 수익률에 반영되어 있으므로 추가적인 프리미엄은 0이다.

시장이 하위시장으로 분할되어 있는 경우 그 만기에 적용할 수익률은 각 만기를 선호하는 집단의 수요·공급에 의해 결정된다.

수익률곡선은 그림 8.13 처럼 연속적이고 일정한 형태를 가지지 않으며, 분할된 시장의 요인에 따라 단속적인 수익률곡

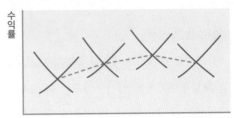

그림 8.13 시장분할이론에 의한 수익률곡선

선을 나타낼 것이다. 즉, 하나의 분할시장에서 단기채권의 수익률곡선이 결정되고, 다른 분할된 시장에서 각각 중기 및 장기채권의 수익률이 결정된다. 시장분할이론의 행태론적 근거는 투자자가 자신의 부채만기와 자산만기를 일치시키려는 헤지(hedge) 수단을 사용한다는 것이다. 또한 금융기관도 가격과 수익률의 불확실한 변화를 헤지하기 위해서 자산 포트폴리오 만기구성을 부채의 만기구성과 어느 정도 일치시키려는 경향이 있다는 것이다. 예를 들어, 일반적으로 단자회사처럼 주로 단기채무를 가지고 있는 기관투자자는 단기채권을 선호하고, 생명보험회사나 연금기금처럼 비교적 장기채무를 가지고 있는 기관투자자는 장기채권을 선호하는 경향이 있다.

또한 채권을 발행하는 기관도 채권만기를 자금 필요에 따라 연계한다. 즉, 공장을 짓는 회사는 공장을 짓는 데 소요되는 자금의 만기를 그 공장에서 얻을 수 있는 기대현금흐름과 일치시키려고 한다. 시장분할이론에서 특정 만기에 대한 이자율은 그 만기를 선호하는 집단 사이에서 수요·공급의 원칙에 의해 결정된다. 다시 말해, 채권자와 채무자는 서로 선호하는 만기가 있으며, 아무리 만기가 다른 증권의 수익률이 매력적일지라도 선호하는 만기에서 이탈하지 않기 때문에 결국 자본시장은 전적으로 만기에 의해 분할된다는 것이다. 반면, 투자자들이 특정 만기를 선호한다고 해도 만기가 다른 채권이 더 큰 프리미엄이나 수익률을 보장해주면, 그 만기를 따라 시장을 이전할 것이라는 견해도 있다. 그러나 이때에도 일반적으로 상당한 크기의 유인책이 있어야 하며, 그렇지 않으면 투자자는 원래 선호한 만기에 머물게 되고, 결국 자본시장은 부분적으로 분할될 것이다.

이상의 세 가지 이론에 대한 실증적 검증이 많이 이루어지고 있으나, 뚜렷하게 결론적인 증거는 아직 주어지지 않고 있다. 이자율의 결정요인은 매우 다양해서 어느 한 가지 요인만

으로는 수익률곡선이 결정되지 않기 때문이다.

기간구조의 해석

기간구조를 불편기대이론과 유동성 프리미엄이론을 이용하여 해석해보자. 불편기대이론에 따르면, 무이표채의 만기수익률은 식 (8.4)와 같이 선도이자율로 표현할 수 있고, 수익률곡선의 분석에 필요한 정보를 얻을 수 있다.

먼저 수익률곡선이 우상향할 경우를 보자. 수리적으로 수익률곡선이 우상향하면 $_nf_{n+1}$은 R_n보다 커야 한다. 즉, 어떤 만기일 n에 대해 선도이자율이 만기수익률보다 크면 수익률곡선이 우상향하게 된다. 이는 만기수익률이 선도이자율의 평균(정확히는 기하평균)이기 때문이다. 예를 들어, 3년 만기 무이표채의 만기수익률이 9%면, 불편기대이론에 따르면 4년 만기 무이표채의 만기수익률은 다음의 공식으로 계산할 수 있다.

$$(1 + R_4)^4 = (1.09)^3 (1 + _3f_4)$$

만약 $_3f_4$가 9%라면 R_4는 9%가 되며, $_3f_4$가 9%보다 크면 R_4도 9%보다 크게 되어 우상향의 수익률곡선이 된다. 즉, $_3f_4$가 10%면 $(1 + R_4)^4 = (1.09)^3(1.10)$이므로 R_4는 9.25%가 된다. 선도이자율은 유동성 프리미엄이론에 따르면 다음과 같이 나타낼 수 있다.

$$f_n = E(R_n) + \text{유동성 프리미엄} \tag{8.5}$$

즉, 선도이자율은 미래의 예상 단기이자율에 투자자들의 투자기간과 일치하지 않는 만기에 투자하도록 하기 위한 유동성 프리미엄을 더한 값으로 표현할 수 있다.

그림 8.14 의 수익률곡선을 보자. 이 수익률곡선은 우상향하는 일반적인 형태이다. 그러나 이를 해석하는 방법은 여러 가지가 있을 수 있다. 예를 들어, 미래의 예상 단기이자율이 일정하고 유동성 프리미엄이 일정할 경우, 선도이자율은 미래의 예상 단기이자율보다 크게 된다. 따라서 수익률곡선은 우상향하게 된다.

한편, 미래의 예상 단기이자율이 하락하는 경우에도 유동성 프리미엄이 만기에 따라 증가하여 선도이자율이 상승하게 될 수도 있다. 이 경우에도 수익률곡선은 우상향하게 된다. 즉, 미래의 이자율이 상승할 것이라는 기대에 의해 수익률곡선이 우상향하게 되지만, 수익률곡

투자론

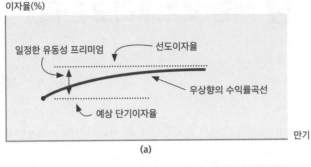

그림 8.14 여러 형태의 수익률곡선의 해석

이자율(%)

일정한 유동성 프리미엄 → 선도이자율
우상향의 수익률곡선
예상 단기이자율

만기

(a)

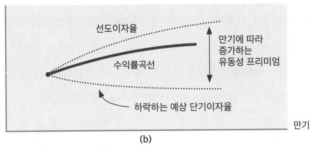

선도이자율
만기에 따라 증가하는 유동성 프리미엄
수익률곡선
하락하는 예상 단기이자율

만기

(b)

선이 우상향한다고 해서 투자자들이 미래의 이자율이 상승할 것으로 기대한다고 해석할 수는 없다. 그러나 수익률곡선이 급경사로 우상향하는 경우에는 이자율 상승이 예상된다고 판단할 수 있다. 실제로 수익률곡선을 이용하여 경기순환을 예측하기도 한다. 장기이자율은 경기가 확장 추세에 있을 때 상승하는 경향이 있으며, 수익률곡선이 급경사인 경우 이듬해에 불황으로 접어들 확률이 훨씬 낮은 것으로 알려져 있다.

개념점검 7

유동성 프리미엄이론에 따르면, 선도이자율 f_2가 10%이고 단기투자자들이 요구하는 유동성 프리미엄이 1%일 때 $E(R_2)$는 얼마인가?

모범답안 7

$f_n = E(R_n) +$ 유동성 프리미엄
$\therefore E(R_2) = 10\% - 1\% = 9\%$

5 채권 포트폴리오 관리

(1) 이자율위험

채권가격과 수익률 간에는 역의 관계가 존재함을 이미 언급하였다. 이처럼 이자율이 변함에 따라 채권가격이 변할 가능성을 채권의 이자율위험(interest rate risk)이라고 한다. 따라서 시중금리가 상승하고 하락하면 채권투자자들은 매매손실을 입거나 매매차익을 얻게 된다. 발행금리와 원금지급이 보장되어 있더라도 보유채권의 가격이 변하기 때문에 채권투자에도 위험이 수반되는 것이다. 왜 시중금리변동에 따라 채권가격이 움직일까? 경쟁시장에서 모든 증권은 적정한 기대수익률이 나오도록 가격이 형성된다. 시중금리가 8%일 때 발행금리가 8%이면 그 채권은 액면가격으로 발행된다. 그러나 시중금리가 9%로 상승하면 발행금리가 8%인 채권을 아무도 액면가에 사지 않을 것이다. 따라서 채권가격은 기대수익률이 9%가 될 때까지 하락해야 한다. 반대로 금리가 7%로 하락하면 모든 투자자가 발행금리가 8%인 채권을 매입하려고 하기 때문에 기대수익률이 7% 정도가 될 때까지 가격은 상승하게 된다.

이자율민감도와 채권가격이론

만기가 긴 채권일수록 이자율변동에 대한 가격의 민감도가 크다. 표 8.7 에는 발행금리가 10%인 채권의 만기수익률과 만기까지의 기간이 상이할 때 가격의 변동률이 계산되어 있다. 표에서 금리가 10%에서 12%로 상승할 때 단기채권의 가격은 1.78% 정도 하락하나, 장기채권의 가격하락률은 훨씬 크다는 것을 알 수 있다. 이표채가 아닌 무이표채의 경우를 예로 들어 다시 계산한 결과가 표 8.8 에 나타나 있다. 표 8.7 과 표 8.8 을 비교하면, 각 만기에서 무이표채의 가격하락률이 더 높음을 알 수 있다. 장기채가 단기채보다 이자율 변화에 더 민감한 가격변동을 보인다는 사실에서, 동일한 만기를 가지고 있는 채권이라도 무이표채의 실질적인 만기가 이표채보다 길다는 사실을 유추해볼 수 있다. 이는 만기까지 남아 있는 기간만으로 장기채와 단기채의 특징을 완벽하게 설명하기 어렵다는 것을 의미한다. 이표채는 일정

표 8.7 이표채의 가격(발행금리: 10%)

만기수익률	$T = 1$년	$T = 5$년	$T = 10$년
10%	10,000	10,000	10,000
12%	9,821.9	9,278.8	8,870.2
가격변동률	1.78%	7.21%	11.30%

표 8.8 무이표채의 가격(발행금리: 10%)

만기수익률	$T = 1$년	$T = 5$년	$T = 10$년
10%	9,090.9	6,209.2	3,855.4
12%	8,928.6	5,674.3	3,219.4
가격변동률	1.79%	8.61%	16.50%

기간마다 이자지급이 이루어지기 때문에, 실질적인 만기는 실제 현금흐름이 이루어진 기간의 평균기간이라고 하는 것이 보다 명확하다. 그러나 무이표채는 만기 시점에서 유일하게 현금흐름이 발생하므로 만기까지 기간 자체가 실질적인 만기의 개념과 동일하다.

앞에서 본 채권가격과 수익률의 관계를 설명하는 채권가격이론은 6개의 정리로 구성된다. 그림 8.15 는 발행금리와 만기, 최초의 만기수익률이 각기 다른 4개의 채권에 대해 만기수익률의 변화에 따른 가격 변화를 나타낸 것이다. 4개의 채권 모두 수익률이 상승하면 채권가격은 하락하고, 그 형태가 볼록한 형태를 보이는 것을 알 수 있다. 볼록한 형태의 그래프는 동일한 정도의 수익률 변화가 있을 때 수익률의 하락이 상승보다 가격에 더 큰 영향을 미친다는 것을 의미한다. 이를 통해 다음 두 개의 정리를 도출할 수 있다.

> **[정리 1]** 채권가격과 수익률은 역의 관계를 가진다. 즉, 수익률이 상승하면 채권가격은 하락하고, 수익률이 하락하면 채권가격은 상승한다.

> **[정리 2]** 채권의 만기수익률이 상승할 때의 가격 변화폭이 같은 크기만큼 하락할 때의 가격 변화폭보다 작다.

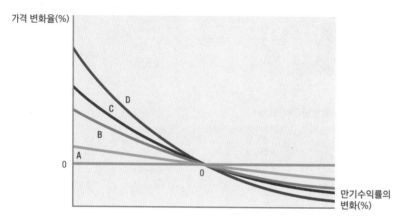

그림 8.15 만기수익률 변화에 따른 채권가격 변화

이제 만기를 제외한 나머지가 동일한 채권 A와 B의 이자율민감도를 살펴보자. 그림 8.15 에서 보듯이 만기가 긴 채권 B가 채권 A보다 가격 변화가 더 큰 것을 알 수 있다.

> **[정리 3]** 장기채권의 가격이 단기채권의 가격보다 이자율 변화에 민감하게 반응한다.

이는 이자율이 상승했을 경우를 생각해보면 쉽게 이해할 수 있다. 이자율의 상승은 곧 채권에 의한 미래 현금흐름을 현재 가치로 할인하는 할인율의 상승을 의미한다. 따라서 먼 미래의 현금흐름의 현재 가치는 가까운 미래의 현금흐름의 현재 가치보다 훨씬 더 작아지게 되고, 먼 미래의 현금흐름의 비중이 큰 장기채권의 가격이 더 크게 떨어지게 된다. 또한 그림에서 채권 B의 만기는 채권 A보다 몇 배나 길지만, 가격 변화의 폭은 그에 못 미치는 것을 볼 수 있다. 즉, 이자율 변화에 대한 민감도는 만기까지의 기간이 길어짐에 따라 증가하지만, 그 크기는 기간의 증가분에 비해 적게 증가함을 볼 수 있다.

> **[정리 4]** 수익률 변화에 대한 채권가격의 민감도는 만기까지의 기간이 길어짐에 따라 체감하면서 증가한다.

채권 B와 C는 발행금리만 다르고, 나머지 조건은 동일한 채권이다. 이 경우 발행금리가 낮은 채권 C가 채권 B보다 훨씬 이자율 변화에 민감한 것을 볼 수 있다.

> **[정리 5]** 이자율위험은 채권의 발행금리와 역의 관계를 가진다. 발행금리가 낮은 채권의 가격은 발행금리가 높은 채권의 가격에 비해 이자율의 변화에 훨씬 민감하다.

채권 C와 D는 최초의 만기수익률만 다르고, 나머지 조건은 동일한 채권이다. 최초의 만기수익률이 낮은 채권 D가 최초의 만기수익률이 높은 채권 C보다 이자율 변화에 더 민감한 것을 볼 수 있다.

> **[정리 6]** 수익률변화에 대한 채권가격의 민감도는 채권의 최초 만기수익률과 역의 관계를 가진다.

위의 여섯 가지 정리 중 앞의 다섯 가지는 말킬(Malkiel, 1962)이 정리했기 때문에 '말킬의 채권가격정리'라고 불린다.[4] 마지막 정리는 호머와 리보위츠(Homer & Liebowitz, 1972)에 의해 정리되었다.[5]

(2) 듀레이션과 볼록성

듀레이션

만기 이전에 이자지급이 이루어지는 채권의 경우 실질적인 만기의 개념을 분명히 하기 위해 약속된 현금흐름이 지급되는 평균만기의 개념이 이용된다. 이자율민감도는 만기까지의 기

---

4 Burton G. Malkiel(1962), "Expectation, Bond Prices, and the Term Structure of Interest Rates", The Quarterly Journal of Economics, pp. 197-218.

5 Sidney Homer and Martin L. Leibowitz(1972), "Inside the Yield Book: New Tools for Bond Market Strategy", Englewood Cliffs, NJ: Prentice Hall.

간에 비례하여 커지기 때문에 이 개념은 이자율이 변할 때 가격의 민감도 측정에 이용된다. 1938년 매콜레이(F. Macaulay)는 채권의 만기까지의 평균기간(average term to maturity)을 측정하여 가격의 이자율민감도 측정에 활용하였다. 이를 듀레이션(duration)이라고 한다. 채권의 듀레이션이란 이자와 원금이 지급되는 기간의 가중평균을 의미하며, 여기서 이용되는 가중치는 각 기간에 실현되는 현금흐름의 현가가 채권가격에서 차지하는 비율이 된다. 매콜레이의 듀레이션 계산식은 다음과 같다.

$$D = \frac{\sum_{t=1}^{n} \dfrac{CF_t \times t}{(1 + k_d)^t}}{\sum_{t=1}^{n} \dfrac{CF_t}{(1 + k_d)^t}} \qquad (8.6)$$

여기서, D: 듀레이션
CF_t: t시점에서 발생되는 현금흐름
n: 만기일까지의 기간
k_d: 만기수익률

예를 들어, 발행금리가 8%이고 만기수익률이 10%, 액면가액이 10,000원인 채권의 만기가 4년 남아 있는 경우 듀레이션을 구해보자.

기간	현금흐름		현가요소	현재 가치
1	800		0.90909	727.272
2	800	✕	0.82645	661.160
3	800		0.75131	601.048
4	10,800		0.68301	7,376.508
합계				9,365.988

듀레이션은 현금흐름이 실현되는 기간을 매기 실현되는 현금흐름의 현가가 총현가에서 차지하는 비율을 가중치로 한 가중평균기간이므로 다음과 같이 구할 수 있다. 무이표채는 만기 시점에서 단 한 번 현금흐름이 실현되기 때문에 순수할인채의 듀레이션은 항상 만기까지의 기간과 동일하다.

기간		가중치	듀레이션
1		0.07765(= 727.272/9,365.988)	0.07765
2	×	0.07059(= 661.160/9,365.988)	0.14118
3		0.06417(= 601.048/9,365.988)	0.19251
4		0.78758(= 7,376.508/9,365.988)	3.15032
가중평균기간			3.56166

듀레이션은 채권투자관리에서 최소한 다음 세 가지 이유로 인해 매우 중요한 개념으로 인식된다. 첫째, 포트폴리오의 실질적인 평균만기를 측정하는 척도이다. 둘째, 채권 포트폴리오의 이자율위험을 헤지할 수 있는 도구로 인식된다. 셋째, 듀레이션은 포트폴리오의 이자율 민감도의 한 척도이다. 이미 장기채권의 가격이 단기채권보다 이자율 변화에 더 민감함을 지적하였다. 듀레이션은 이러한 관계를 설명하는 데 이용된다. 특히, 이자율이 변할 때 채권가격의 변화율은 이자율의 변화와 다음과 같은 관계가 있다.

$$\frac{\Delta B}{B} = -D\left[\frac{\Delta(1 + k_d)}{1 + k_d}\right] \tag{8.7}$$

채권가격의 변화율은 $(1 + k_d)$의 변화율에 듀레이션을 곱한 수치와 같다. 채권가격의 변동성은 채권의 듀레이션에 비례하므로, 듀레이션은 이자율위험의 척도와 동일한 의미를 가진다. 다시 말하면, 두 채권의 듀레이션이 같으면 일정 비율의 금리 변화에 대한 가격변동률이 같게 된다. 앞의 예에서 발행금리가 8%인 4년 만기 채권이 시중금리가 10%일 때 가격이 9,365.988원이고, 듀레이션이 3.56166년인 것을 알았다. 만기까지의 기간이 3.56166년 남아 있는 무이표채의 가격은 7,121.53원이 된다. 시중금리가 12%로 상승할 경우 이표채의 가격은 8,784.92원, 무이표채의 가격은 6,678.86으로 떨어져 두 채권 모두 금리하락으로 인한 가격하락률은 6.2%가 된다. 이를 식 (8.7)을 이용하여 증명해보면, 가격하락률은 $3.56166 \times (0.02/1.10) = 6.5\%$가 되어 위에서 증명한 값과 거의 유사하나, 이자율의 변화폭이 클 경우 식 (8.7)에서 계산된 가격 변화율은 정확한 값이 아니라, 개략치이다.

식 (8.7)을 조금 더 간단히 표현하기 위해 수정 듀레이션(Modified Duration)이라는 개념을 사용하기도 한다. 수정 듀레이션은 $D^* = D/(1 + k_d)$로 정의하므로, 식 (8.7)은 다음과 같이 쓸 수 있다.

$$\frac{\Delta B}{B} = -D^* \Delta k \tag{8.8}$$

채권관리에서 듀레이션은 매우 중요한 개념이므로 듀레이션의 몇 가지 규칙을 살펴보자.

> **[규칙 1]** 무이표채의 듀레이션은 만기까지의 기간과 동일하다.

무이표채는 만기일 시점에 액면가만큼 상환되는데, 그 이전에는 지급이자가 없기 때문이다. 따라서 동일 만기 이표채의 듀레이션은 무이표채의 듀레이션보다 짧다.

> **[규칙 2]** 만기가 일정하면 발행금리가 낮을수록 듀레이션은 길어진다.

이 규칙은 발행금리가 높으면 투자한 채권의 가격이 실질적으로 빨리 회수되는 결과를 가져오기 때문에 일어난 현상이다.

> **[규칙 3]** 발행금리가 일정하면 만기까지의 기간이 많이 남아 있을수록 채권의 듀레이션은 길어진다.

액면 또는 액면 이상의 프리미엄부로 발행된 채권의 경우 만기까지 기간이 길수록 듀레이션이 길어진다. 흥미로운 점은 만기까지 기간이 길어질수록 듀레이션이 반드시 증가하지는 않는다는 점이다. 시중금리에 비해 발행금리가 낮아 크게 할인되어, 거래되는 채권은 만기가 길수록 듀레이션이 줄어들 수도 있다. 그러나 실제 거래되는 채권의 듀레이션은 만기까지 기간이 길수록 증가한다.

[그림 8.16]은 발행금리가 상이한 여러 채권의 만기까지의 기간과 듀레이션의 관계를 나타낸다. 무이표채의 듀레이션은 항상 만기까지의 기간과 동일하다. 그러나 이표채의 경우 만기까지 기간이 1년 늘어남에 따라 듀레이션은 1년보다 짧게 늘어난다. 또한 [그림 8.16]은 발행금리가 15%로 동일한 두 채권이 만기수익률이 다르면 듀레이션은 다르다는 사실도 보여

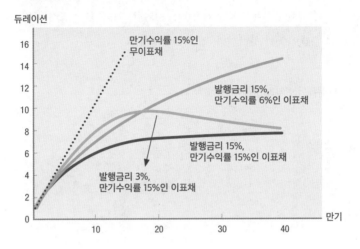

그림 8.16 만기수익률에 따른 듀레이션

준다. 즉, 만기수익률이 낮은 채권일수록 듀레이션은 길어진다.

[규칙 4] 이표채의 듀레이션은 다음과 같이 구할 수 있다.

$$\frac{1 + k_d}{k_d} - \frac{(1 + k_d) + T(C - k_d)}{C[(1 + k_d)^T - 1] + k_d} \qquad (8.9)$$

여기서, C: 발행금리
T: 현금흐름이 발생한 횟수
k_d: 만기수익률

앞의 예에서 발행금리가 8%, 만기가 4년 그리고 만기수익률이 10%인 채권의 듀레이션은 위 식에 의해서도 3.56166년으로 계산되어 동일한 수치가 도출된다.

$$\frac{1.1}{0.1} - \frac{(1.1) + 4(0.08 - 0.01)}{0.08[(1.1)^4 - 1] + 0.1} = 3.56166$$

듀레이션은 채권에 따라 크게 달라진다. 표 8.9 는 만기수익률이 6개월에 4%이고, 이자지급이 1년에 2번 이루어지는 채권의 듀레이션을 [규칙 4]에 의해 계산한 것이다. 듀레이션은 발행금리가 높아질수록 짧아지고, 만기까지 기간이 길어질수록 길어진다. 표 8.9 와 식 (8.7)

에 의하면 이자율이 8%에서 8.1%로 증가할 경우, 발행금리가 6%이고 만기가 20년이 남아 있는 채권의 가격은 1.01%(= 10.922 × 0.001/1.08)가 하락한다. 그러나 발행금리가 10%인 경우 채권가격은 0.91%가 하락한다.

표 8.9 이표채의 듀레이션(최초 만기수익률: 8%)

만기까지 기간	발행금리(연)			
	6%	8%	10%	12%
1	0.985	0.980	0.976	0.972
5	4.361	4.218	4.095	3.990
10	7.454	7.067	6.772	6.451
20	10.922	10.292	9.870	9.568
무한대	13.000	13.000	13.000	13.000

채권의 시간개념으로서 듀레이션은 만기까지 기간보다 투자자에게 훨씬 유용한 정보를 제공해준다. 만기일이 단지 최종지급일의 정보만 제공하는 반면, 듀레이션은 실현되는 현금흐름의 크기와 실현시기가 모두 고려된 개념이기 때문이다. 앞에서도 지적한 것과 같이, 듀레이션은 채권의 이자율위험척도로서 유용하게 이용된다.

이제 엑셀을 이용하여 듀레이션을 계산해보자. 먼저 만기수익률이 6%, 발행금리가 15%이고, 연 1회 이자를 지급하며, 만기가 5년 남은 채권이 있다고 가정하자. 듀레이션을 계산하는 일반식을 사용하기 위해서는 각각의 현금흐름의 현재 가치를 계산한 다음 채권가격으로 나눠 가중치를 계산하고, 거기에 기간을 곱해야 한다. **그림 8.17**은 듀레이션을 계산하는 일반

그림 8.17 일반식에 따른 듀레이션의 계산(**투자론.xlsx** 의 '8 - 2 듀레이션' sheet)

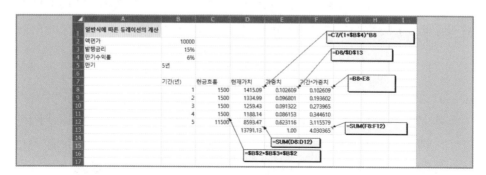

그림 8.18 DURATION 함수를 이용한 듀레이션의 계산(투자론.xlsx 의 '8 - 2 듀레이션' sheet)

	A	B	C	D	E
19	함수를 이용한 듀레이션의 계산				
20	구입일(settlement)	2005-03-05			
21	만기일(maturity)	2010-03-05			
22	발행금리(coupon)	15%			
23	만기수익률(yld)	6%			
24	연간이자지급횟수(frequency)	1			
25	듀레이션	4.03036501	=DURATION(B20,B21,B22,B23,B24)		

식을 사용한 것이다.

채권의 만기가 긴 경우 이 식으로 계산하기에는 너무 많은 작업이 필요하므로 엑셀에서 제공되는 DURATION 함수를 이용하는 것이 편리하다.

$$= DURATION(settlement, maturity, coupon, yld, frequency)$$

여기에서 settlement는 채권구입일, maturity는 채권만기일, coupon은 발행금리, yld는 만기수익률, frequency는 연간 이자지급횟수를 의미한다. 그림 8.18 은 DURATION 함수를 이용하여 듀레이션을 계산한 것으로 앞에서 계산한 것과 같은 결과를 보여준다.

개념점검 8

노후를 대비하기 위해 채권투자를 하려고 한다. 만기가 긴 채권에 투자할 경우 어떤 위험에 노출되는가?

볼록성

듀레이션은 이자율민감도의 측정에 유용한 도구로 사용되고 있다. 그러나 듀레이션은 채권가격에 대한 이자율의 영향을 근사적으로 나타낼 뿐이므로, 이자율의 변화가 클 경우 듀레이션만으로는 가격 변화를 충분히 설명하기 어려울 수 있다. 즉, 그림 8.19 와 같이 이자율의 변화가 클수록 듀레이션만으로는 가격 변화를 충분히 설명할 수 없는데, 이는 가격과 수익률

모범답안 8　장기채에 투자할 경우 먼저 이자율위험에 노출된다. 특히, 장기채는 단기채에 비해 이자율민감도가 크기 때문에 이자율이 변화할 경우 그 가치가 크게 변동된다. 또한 수입이자의 재투자는 재투자 시의 시장이자율에 영향을 받기 때문에 재투자이자율위험에도 노출된다.

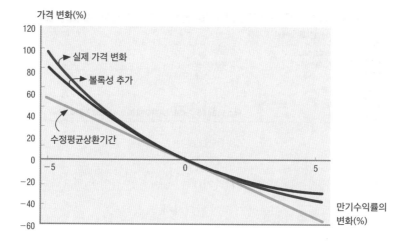

그림 8.19 듀레이션과 볼록성을 이용한 가격 변화율의 근사

간의 관계가 비선형적인 곡선 형태를 띠기 때문이다. 따라서 이를 좀 더 잘 나타내기 위해 볼록성(convexity)이라는 개념을 도입하며, 이에 따라 식 (8.8)은 다음과 같이 바뀐다.

$$\frac{\Delta B}{B} = -D^* \Delta k + \frac{1}{2} \times Convexity \times (\Delta k)^2 \qquad (8.10)$$

액면가 \$1,000, 30년 만기, 8% 발행금리의 채권이 최초 만기수익률이 8%로 판매되었다고 하자. 만기수익률과 발행금리가 같으므로 이 채권은 액면가인 \$1,000에 판매된다. 이 채권의 수정 듀레이션은 11.26년이고, 볼록성은 212.4이다. 수익률이 10%로 상승하면 채권가격은 18.85% 감소한 \$811.46로 하락하게 된다. 듀레이션만으로 하락률을 계산하면 다음과 같다.

$$\frac{\Delta B}{B} = -D^* \Delta k = -11.26 \times 0.02 = -0.2252 = -22.52\%$$

따라서 실제 하락률보다 훨씬 큰 하락률이 예측된다. 한편 듀레이션과 볼록성을 함께 사용하면 다음과 같다.

투자론

$$\frac{\Delta B}{B} = -D^*\Delta k + \frac{1}{2} \times Convexity \times (\Delta k)^2$$

$$= -11.26 \times 0.02 + \frac{1}{2} \times 212.4 \times (0.02)^2 = -0.1827 = -18.27\%$$

듀레이션과 볼록성을 함께 사용하면 듀레이션만 사용할 때보다 실제 하락률에 훨씬 가까운 값을 얻을 수 있다. 구체적으로 볼록성은 다음과 같이 계산된다.

$$Convexity = \frac{1}{B \times (1+k_d)^2} \times \sum_{t=1}^{T}\left[\frac{CF_t}{(1+k_d)^t}(t^2+t)\right]$$

(3) 소극적 채권투자관리

소극적 투자관리자는 채권가격이 적정하게 결정되어 있다고 보며, 채권 포트폴리오의 위험관리만을 중시한다. 통상 투자자가 처한 환경에 따라서 위험은 두 가지 측면으로 분류된다. 은행과 같은 금융기관은 이자율변동으로부터 현재의 순자산가치 또는 순시장가치를 보호하려고 하며, 연금·기금과 같은 투자자들은 일정한 기간이 지난 후 투자목표를 달성하려고 한다. 즉, 연금과 같은 기관은 포트폴리오의 미래가치를 보호하는 데 더 관심을 가진다. 그러나 은행이나 연금 등에 공통적으로 중요한 것은 이자율위험이다. 이자율이 변함에 따라 기업의 순자산가치나 미래의 지급채무는 변한다. 따라서 이들은 이러한 위험을 조절할 수 있는 방안을 강구하려고 한다. 이는 포트폴리오의 만기구조를 조정함으로써 이자율위험을 관리할 수 있다. 면역(immunization)기법이란 금리변동으로부터의 위험을 헤지(hedge)할 수 있는 전략이다. 이러한 면역기법을 이용하여 어떻게 위험관리를 할 수 있는지 살펴보자.

순자산가치 면역

대부분 은행의 자산과 부채의 만기는 매우 상이하다. 은행의 부채는 일반적으로 수신이어서 만기가 매우 짧으며 듀레이션도 짧다. 반면, 은행여신의 만기는 일반적으로 수신보다 길다. 그러므로 은행자산은 부채에 비해 금리변동에 대해 훨씬 높은 위험에 직면하게 된다. 금리가 상승하면 은행은 순자산가치의 하락을 경험하게 될 것이다.

1970년대 이후 은행 포트폴리오 전략으로 자산 - 부채관리(ALM, asset - liability manage -

ment)기법이 많이 이용되고 있다. ALM 기법의 하나인 갭관리(gap management)는 자산과 부채의 듀레이션 차이를 조절하는 방법이다. 대출금리를 시중금리에 연동시키는 것이 금리위험을 헤지할 수 있는 한 가지 방법이다. 변동금리부대출은 실질적으로 자산의 듀레이션을 줄이는 효과가 있다. 반면, 부채 측면에서는 만기가 확정된 양도성예금증서(CD)를 판매함으로써 부채의 만기를 늘리는 효과가 있으며, 듀레이션갭을 줄이는 결과를 가져온다.

이자율변동으로부터 위험을 완전히 헤지하기 위한 또 다른 방법은 자산의 듀레이션과 부채의 듀레이션을 일치시키는 것이다. 은행의 부채와 자산의 규모는 거의 비슷하므로 듀레이션이 같으면 이자율의 변화는 자산과 부채의 가치 변화에 비슷한 영향을 주어, 이자율 변화가 순자산가치에 크게 영향을 주지 않게 된다. 그러므로 순자산가치 면역(net worth immunization)은 포트폴리오의 듀레이션을 0으로 맞추는 것이다. 듀레이션을 0으로 유지하면 금리 변화로부터 순자산가치를 보호할 수 있다. 이러한 갭관리의 구체적 모형을 예시하면 다음과 같다.

$$D_A - w \times D_B = 0 \tag{8.11}$$

여기서, A: 총자산
B: 총부채
D_A: 자산 포트폴리오의 듀레이션
D_B: 부채 포트폴리오의 듀레이션
$w = \dfrac{\text{부채}}{(\text{부채} + \text{자본})}$

목표일 면역

약속된 지급의무의 듀레이션과 동일하게 투자의 듀레이션을 유지하는 것을 목표일 면역(target date immunization)이라고 한다. 이는 채권 포트폴리오의 듀레이션은 포트폴리오를 구성하는 개별 채권 듀레이션의 가중평균이라는 사실을 이용한다.

연금관리자가 만 2년 후에 1,000,000원을 지급해야 할 채무를 지고 있다고 가정하자. 단 한 번의 지급이 이루어지므로 부채의 듀레이션은 2년이다. 이 채무지급에 대비하여 두 종류의 채권투자를 고려하고 있다. 하나는 발행금리가 8%이고 액면이 10,000원이며 만기까지의 기간이 3년 남아 있는 채권이다. 다른 하나는 발행금리가 7%이고 만기까지의 기간이 1년 남아 있는 채권이다. 현재 시중금리가 10%라고 가정하면, 3년 만기 채권의 가격은 9,502.5원이고 듀레이션은 2.78년이다. 1년 만기 채권의 가격은 9,727.3원이고 듀레이션은 1년이다. 한 가지 방법은 1년 만기 채권을 매입한 후, 1년 후에 다시 또 다른 1년 만기 채권에 투자하는 것이다. 그러나 이 경우 위험이 수반된다. 만약 1년 후의 이자율이 떨어지게 되면 1년 후 채권에 재투자할 때 재투자이자율위험이 발생하게 된다. 또 다른 방법은 3년 만기 채권에 투자한 후 2년 후에 매각하는 것이다. 이 경우에도 위험이 발생될 수 있다. 만약 2년 후 금리가 상승하게 되면 채권매각 시점에서 채권가격이 하락하기 때문에 이자율위험에 직면하게 된다. 이러한 위험에 대한 한 가지 해결방안은 투자자금의 일부를 1년 만기 채권에, 그리고 나머지를 3년 만기 채권에 투자하는 것이다. 면역기법이 이용되면 다음 두 식을 만족시키는 투자비율을 구하면 된다.

$$w_1 + w_3 = 1.0$$

$$(w_1 \times 1) + (w_3 \times 2.78) = 2.0$$

여기서, w_1: 1년 만기 채권에 대한 투자비율
w_3: 3년 만기 채권에 대한 투자비율

즉, 자산 포트폴리오의 듀레이션이 부채의 듀레이션인 2년이 되도록 만드는 것이다. 이 두 식으로부터 $w_1 = 0.4382$, $w_3 = 0.5618$이 구해진다. 이 경우 포트폴리오 관리자는 완전히 면역된 포트폴리오를 구성하기 위해서 $\frac{1,000,000}{1.1^2} = 826,446$원이 필요하다. 이 금액 중에서 $826,446 \times 0.4382 = 362,149$원을 1년 만기 채권에 투자하고, $826,446 \times 0.5618 = 464,297$원을 3년 만기 채권에 투자하면 된다. 1년 만기 채권과 3년 만기 채권의 현재 가격이 각각 9,727.3원과 9,502.5원이므로 1년 만기 채권은 $37.23\left(=\frac{362,149}{9,727.3}\right)$주, 3년 만기 채권은 $48.86\left(=\frac{464,297}{9,502.5}\right)$주를 매입하게 된다.

면역으로 어떠한 결과가 나타날까? 만약 시중금리가 상승하게 되면 3년 만기 채권을 2년 후에 매각할 때 나타나는 매매손실이, 1년 만기 채권을 팔아 재투자할 때 상승한 재투자이자율에 의해 정확히 상쇄된다. 마찬가지로 금리가 하락할 경우 1년 만기 채권의 재투자이자율위험이 3년 만기 채권을 2년 후 매각할 때 매매차익이 생겨 상쇄된다. 그러므로 채권의 가치가 미래 금리 변화로부터 전혀 영향을 받지 않게 된다. 표 8.10에는 포트폴리오 가치가 시중금리의 변동에 거의 영향을 받지 않는다는 사실이 나타나 있다.

표 8.10 면역 포트폴리오

구분	시중금리		
	9%	10%	11%
1년 만기 채권 재투자 시 2년째 가치 $[10,700 \times 37.23(1+k_d)]$	434,213	438,197	442,181
3년 만기 채권의 2년째 가치			
• 1년 후에 받을 수입이자 재투자 $[800 \times 48.86(1+k_d)]$	42,606	42,997	43,388
• 2년째 받을 수입이자 $[800 \times 48.86]$	39,088	39,088	39,088
• 2년째 매각가격 $[10,800 \times 48.86/(1+k_d)]$	484,117	479,716	475,395
2년째 포트폴리오 가치	1,000,024	999,998	1,000,052

이제 엑셀을 사용하여 이 예제를 계산해보자. 먼저 가격과 듀레이션을 계산해보면, 가격은 엑셀의 PV 함수, 듀레이션은 본문의 식을 사용한다. 계산값을 소수점 아래 두 자리로 제한하기 위해 ROUND 함수를 이용한다. 그다음 해 찾기를 사용하여 투자비중을 계산한다. 해 찾기 기능을 찾을 수 없으면 [도구 < 추가 기능]을 선택하여 '해 찾기 추가 기능'을 설치하면 된다. 해 찾기 기능을 이용하기 위해 먼저 3년 만기 채권의 투자비중을 값을 바꿀 셀로 지정

그림 8.20 엑셀을 이용한 면역 포트폴리오의 구성(투자론.xlsx 의 '8 - 3 채권면역' sheet)

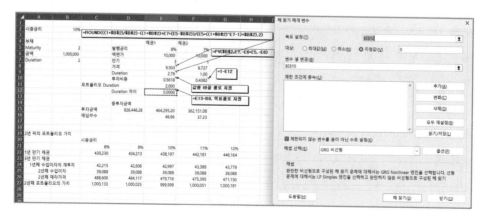

투자론

한다. 1년 만기 채권의 투자비중은 3년 만기 채권의 투자비중에 의해 자동으로 결정되므로 값을 바꿀 셀로 지정할 필요가 없다. 그리고 목표 셀은 포트폴리오의 듀레이션과 부채의 듀레이션의 차이를 계산하는 새로운 셀로 설정하고, 그 값을 지정값 0과 같도록 만들어야 한다. 이렇게 해 찾기를 이용하여 포트폴리오의 듀레이션과 부채의 듀레이션의 차이가 0이 되도록 해주는 투자비중을 찾으면 그림 8.20에서 보듯이 앞에서와 같은 결과를 얻게 된다.

채권면역의 한계

❶ **포트폴리오 재구성 필요**

채권의 듀레이션은 항상 일정하지 않고 시중금리의 변화에 따라 변한다. 앞의 예에서 3년 만기 채권의 듀레이션을 정확하게 계산하면 시중금리가 10%인 경우 2.777년이고, 시중금리가 9%로 하락하면 2.78년, 11%로 상승하면 2.774년으로 줄어든다. 따라서 시중금리가 변함에 따라 포트폴리오는 항상 완전히 면역되지 않는다.

시중금리의 변화에 따라 듀레이션이 달라지므로 채권관리자는 부채의 듀레이션과 일치되도록 계속해서 포트폴리오를 재구성(rebalancing)해야 한다. 더욱이 시중금리가 변하지 않더라도 시간이 지남에 따라 듀레이션은 만기가 줄어든 것보다 적게 줄어든다. 지급채무가 초기에 면역되었더라도 시간이 지나면 자산과 부채의 듀레이션이 서로 다른 비율로 줄어들게 된다. 포트폴리오 재구성이 이루어지지 않으면 자산과 부채의 듀레이션이 일치되지 않아 완전히 면역되지 않는다. 시중금리가 변할 때마다, 또는 금리는 변하지 않더라도 시간에 지남에 따라 포트폴리오 관리자는 지속적으로 포트폴리오를 재구성해야 한다.

예를 들어, 7년 후에 19,487원을 지급해야 할 채무가 있다고 하자. 현재 시중금리가 10%면 그 부채의 현가는 10,000원이 된다. 현재 3년 만기 무이표채와 매년 1,000원을 지급하는 영구채가 있다고 하자. 이 경우 각각의 듀레이션은 3년과 11년이 된다. 포트폴리오의 듀레이션은 포트폴리오를 구성하는 개별 채권 듀레이션의 가중평균이다. 부채의 듀레이션이 7년이므로 포트폴리오의 듀레이션이 7년이 되도록 투자비율을 구한다. 3년 만기 무이표채의 투자비율을 w라고 하면 다음 식이 성립한다.

$$w \times 3 + (1 - w) \times 11 = 7\text{년}$$

$$\therefore w = \frac{1}{2}$$

따라서 5,000원을 3년 만기 무이표채에 투자하고, 나머지 5,000원을 만기가 없는 채권(이 채권은 영원히 매년 500원의 수입이자가 발생)에 투자한다. 이렇게 하면 포트폴리오는 완전한 면역이 이루어진다. 다음 해에 이자율이 변하지 않더라도 포트폴리오 재구성이 필요하다. 부채의 현가가 11,000원이 되면 자산가치도 11,000원이 된다. 즉, 무이표채의 가치는 5,500원이고 만기가 없는 채권에서는 500원의 이자수입이 있다. 영구채의 가격은 계속 5,000원으로 유지된다. 그러나 포트폴리오 구성비는 바뀌어야 한다. 무이표채의 듀레이션이 2년으로 줄어들고 부채의 듀레이션도 6년으로 줄어들기 때문이다.

$$w \times 2 + (1 - w) \times 11 = 6\text{년}$$

$$\therefore w = \frac{5}{9}$$

따라서 무이표채에 6,111.11(= 11,000 × 5/9)원을 투자해야 한다. 이를 위해 만기가 없는 채권에서 받은 수입이자 500원과 그 채권을 111.11원에 팔아, 611.11원을 무이표채에 추가로 투자해야 한다. 실제로 포트폴리오를 재구성할 때는 거래비용이 발생하므로 지속적으로 재구성하기는 어렵다.

❷ **채무불이행위험과 수의상환위험**

면역전략은 모든 채권이 약속된 날짜에 약속한 현금흐름을 지급한다는 가정에서 이루어진다. 즉, 채권의 채무불이행위험이 없고 수의상환위험이 없다고 가정한다. 포트폴리오가 채무불이행 가능성이나 수의상환 가능성이 있을 때는 완전한 면역이 이루어지지 않는다.

❸ **비수평수익률곡선**

면역전략은 수익률곡선이 수평인 경우와 수익률곡선이 변하더라도 수평 이동한다는 가정하에 세워진 것이다. 그러나 현실적으로 수익률 곡선은 항상 수평이 아니며, 변화할 때도 수평이동하지 않는 경우가 많다. 예를 들어, 1년 만기 채권과 3년 만기 채권의 출발 시점에서 수익률이 각각 10%와 10.5%일 수 있고, 1년이 지난 후 1년 만기 채권수익률은 1%, 3년 만기 채권수익률은 0.8% 떨어질 수 있다. 이 경우 단기채권의 가격변동폭이 훨씬 커진다. 이러한 상황에서는 포트폴리오 면역이 완전히 이루어지지 않는다. 만약 현금일치(cash matching)전략을 따르면 수평이 아닌 수익률곡선이 어떻게 움직이든지 관계없이 면역이 완전히 이루어질 수 있다. 이는 매기 채권으로부터의 수입 규모가 그 기의 현금지급 규모와 동일한 채권을 매입하면 달성된다. 이러한 현금일치전략 포트폴리오를 전용 포트폴리오(dedicated portfolio)라고도 한다. 전용 포트폴리오의 경우 수입이자가 바로 지급되기 때문에 재투자이자율위험이 없다. 더구나 채권을 만기 이전에 팔 필요가 없으므로 이자율위험도 없다. 이 전략에서 가장 간단한 방법은 지급채무와 만기가 동일한 무이표채를 매입하는 것이다.

개념점검 9

매매비용이 비싸지면 현금일치전략과 면역전략 중 어느 전략을 사용하는 것이 유리한가?

채권지수펀드

채권지수펀드란 기본적으로 주식시장지수를 추종하는 지수펀드와 비슷한 개념이다. 즉, 채권시장 전체를 측정하는 지수가 있다면, 그 지수를 구성하는 종목들의 조합을 그대로 따르는 채권 포트폴리오를 구성하여 투자하는 것이다. 따라서 소극적으로 시장 평균의 성과를 올리기 위해 적합한 투자전략이라고 할 수 있다.

국내에서는 채권지수가 주로 채권평가회사에 의해 제공되고 있으며, 국채선물시장에서는 조건에 맞는 국채로 바스켓을 구성하여 가상 현물지수를 만들어 사용하고 있다. 그러나 미국은 채권지수가 수천 종의 채권들로 구성되며, 구성되는 채권의 거래가 쉽지 않다는 점이 주식시장의 지수펀드와 다르다. 또한 지속적으로 채권들이 만기 상환되고 신규로 발행되기 때문에 이를 지속적으로 추종해야 하므로 포트폴리오의 재구성이 계속 요구되기도 한다.

모범답안 9   현금일치전략을 사용하면 포트폴리오를 재구성할 필요가 없으므로, 매매비용을 절약할 수 있다. 따라서 매매비용이 증가하면 현금일치전략을 사용하는 것이 유리하다.

(4) 적극적 채권투자관리

적극적 투자관리(active or aggressive bond portfolio strategy)는 채권시장이 완전히 효율적이지 않다는 신념에 기반을 둔다. 구체적인 방법은 저평가되어 있는 채권을 특정 시점에 매입하는 전략을 구사하는 것이다. 대표적인 몇 가지 방법을 소개하고자 한다.

호라이즌 분석

이자율을 예측해서 높은 수익률을 올리는 한 가지 방법이 호라이즌 분석(horizon analysis)이다. 이 기법을 이용한 분석가는 특정 보유기간을 설정한 후, 그 보유기간 말의 수익률을 예측한다. 보유기간 말에서 채권의 만기가 주어지므로 그 시점에서의 수익률을 수익률곡선에서 읽고, 이를 이용하여 그 시점에서의 채권의 가격을 계산해낸다. 그다음 그때까지의 수입이자와 예상된 매매차익을 계산하여 보유기간수익률을 계산한다.

예를 들어, 발행금리가 10%이고 만기가 20년이며 1년에 2번씩 이자를 지급하는 채권의 만기수익률은 9%이다. 그 채권의 가격은 10,920.1원이다. 5년의 보유기간을 설정한 분석가는 5년째 채권가격과 그동안 수입이자의 재투자 금액을 계산한다. 그 시점에서 채권의 만기는 15년이므로 5년 후 시점에서 15년 만기 채권의 수익률을 추정하기 위해 5년 후 채권가격을 계산한다. 수익률이 8%로 예측된다면 5년 후 채권가격은 11,729.2원이다.

$$500 \times PVIFA(4\%, 30) + 10,000 \times PVIF(4\%, 30) = 11,729.2$$

따라서 5년간의 매매차익은 809.1원이 된다. 또한 매기의 수입이자가 5년간 재투자될 것이므로, 재투자이자율이 예측되어야 한다. 6개월의 재투자이자율이 4%라고 가정해보자. 5년간 재투자된 금액의 미래가치는 6,003.1[= 500 × FVIFA(4%, 10)]원이 된다. 5년 동안 채권으로부터의 총수입은 809.1 + 6,003.1 = 6,812.2원이며, 5년간 보유수익률은 6,812.2/10,921.1 = 0.624(62.4%)가 된다. 분석가는 여러 채권을 이와 동일한 절차로 분석한 후, 가장 높은 예상 보유기간수익률을 제시하는 채권을 선택한다.

채권스왑

미래 채권수익률이 예측되면 채권의 보유기간수익률이 추정된다. 채권스왑(bond swap)의 목적은 채권을 적극적으로 교환하여 더 높은 투자수익률을 올리는 것이다. 즉, 과대평가된 채권을 과소평가된 채권으로 교환하는 것이다. 이는 채권시장에서 단기간에 채권가격이 적정 수준에 이를 것이라는 믿음에서 이루어진다.

스왑에는 여러 형태가 있다. 발행금리, 만기, 신용수준 등이 비슷한 채권이 순간적으로 서로 다른 가격으로 거래될 수 있다. 이러한 현상은 동일조건의 새로운 채권이 대량으로 발행되는 경우처럼 일시적으로 시장의 수요·공급에 불균형이 생겨 발생한다. 이 경우 비싼 채권을 매각하고, 싼 채권을 매입하게 되는데, 이를 동종채권과의 교환(substitution bond swap) 또는 대체스왑이라고 한다.

이종채권과의 교환(intermarket spread swap)은 발행조건이나 채무불이행위험이 다른 두 채권의 가격이 균형 상태에서 벗어날 때 상호교환하는 것이다. 예를 들어, 회사채와 국채 간의 수익률 차이(spread)가 너무 커서 앞으로 줄어들 예정이라면 투자자들은 국채를 매각하고 회사채를 매입할 것이다. 이자율 예상 스왑(interest rate anticipation swap)은 이자율 예측에 기초하여 투자전략을 수립하는 것이다. 앞으로 금리 하락이 예상되면 듀레이션이 긴 채권을 매입하고, 금리의 상승이 예상되면 듀레이션이 짧은 채권을 매입한다.

순수한 수익률 획득 스왑(pure yield pickup swap)은 매매차익을 높이기 위한 스왑이 아니라, 만기수익률이 높은 채권을 보유함으로써 수익률을 극대화하는 전략이다. 이를 위해 투자자들은 기꺼이 이자율위험을 감당하려고 한다. 채권투자소득에는 일반적으로 세금이 부과된다. 따라서 투자자들은 세금을 감안하여 세후투자수익률을 높여야 한다. 자기의 소득세율을 고려하여 과세채권과 비과세채권, 이표채와 무이표채를 선별하여 투자하는 것을 세금스왑(tax swap)이라고 한다.

조건부 면역

적극적 관리와 소극적 관리를 동시에 수행하는 방법 중 하나는 조건부 면역(contingent immunization)이다. 이는 앞으로 결과가 좋으리라 예상되면 적극적 관리를 하고, 미래 전망이 좋지 않으면 포트폴리오를 즉시 면역시키는 소극적 관리를 추구하는 것을 말한다. 또한 포트폴리오 가치의 하한선을 두고, 하한선보다 높은 경우에는 적극적 관리를 하다가 하한선에 도달하면 소극적 관리로 전환하여 최소한의 성과를 유지할 수 있도록 만들 수 있다.

1 만기가 15년이 남아 있고, 발행금리가 14%인 채권의 액면가가 10,000원이다. 시중금리가 21%인 경우 채권의 가격을 구하시오.

2 액면금액 10,000원, 3년 만기, 표면이자율 연 16%(이자는 매 분기 말 지급)로 발행된 회사채가 있다. 만기일까지의 잔존기간이 5개월 남은 현시점에서 이 회사채의 만기수익률이 연 12%이면, 이 채권의 이론가격은 얼마인가?

3 다음 어느 채권의 연평균 실질수익률이 높은지 판정하시오.
  A. 액면이 100,000원이고 3개월 만기 재정증권을 97,645원에 매입한 경우
  B. 액면이 10,000원이고 발행금리가 10%, 만기가 1년인 채권으로 이자지급을 6개월마다 한 경우

4 투자기간이 1년인 경우, 다음 세 가지 유형의 채권을 고려하고 있다. 세 가지 채권 모두 채무불이행위험이 동일하며 만기가 10년 남아 있다. 첫 번째 채권은 만기에 10,000원을 지급해주는 무이표채이다. 두 번째 채권은 발행금리가 8%이고 1년에 한 번 이자를 지급한다. 세 번째 채권은 발행금리가 10%이고 1년에 한 번 이자를 지급한다.
  (1) 현재의 시중금리가 8%일 때 각 채권의 가격을 구하시오.
  (2) 1년 후에도 금리가 8%로 유지될 경우 각 채권의 가격은 어떻게 변하겠는가? 1년 후에 매각할 경우 1년간의 납세 전 투자수익률을 구하시오. 또한 소득세율이 30%인 경우 납세 후 투자수익률을 구하시오.

5 "BBB 등급의 회사채 수익률과 AAA 등급의 회사채 수익률 사이의 스프레드가 최근 벌어지고 있다." 이 문장의 의미를 설명하시오.

6 만기가 상이한 채권의 수익률이 다른 이유를 (1) 불편기대이론 (2) 유동성 프리미엄이론 및 (3) 시장분할이론으로 설명하시오.

7 액면가가 10,000원인 무이표채의 무위험채권 수익률이 다음과 같다.

만기(연)	만기수익률
1	10%
2	11%
3	12%

(1) 1년 후와 2년 후 1년 만기 선도이자율수준을 불편기대이론으로 추정하시오.

(2) 1년 후와 2년 후 가격을 구하시오.

(3) 투자자의 자금운용기간은 2년이다. 가능한 한 모든 투자대안을 나열하고, 불편기대이론으로 각각의 투자수익률을 계산하시오.

8 이자율의 기간구조이론 중 불편기대이론을 설명하고, 불편기대이론에 근거하여 다음 물음에 답하시오.

은행이 3년 만기 대여금에 대해서는 10%의 이자를 요구하고, 5년 만기에 대해서는 12%의 이자를 요구한다면 현시점에서 앞으로 3~5년까지의 연평균 이자율은 얼마인가?

9 발행금리가 6%, 만기가 3년, 액면가가 10,000원, 그리고 시중금리가 6%인 채권의 듀레이션을 구하시오. 또한 시중금리가 10%인 경우의 듀레이션을 구하시오.

10 MBA 학생인 김 군은 2년 후 1,000,000원의 납부금이 필요하다. 채권의 현재 만기수익률은 8%이다.
(1) 김 군의 납부금의 현가와 듀레이션을 구하시오.
(2) 김 군의 채무를 면역시키려면 몇 년 만기의 무이표채가 필요한가?

11 K군은 현재 투자운용을 목적으로 1,000,000원을 보유하고 있다. 목표상환기간은 10년이며, 다음 두 종류의 채권을 고려하고 있다. 하나는 만기가 5년인 무이표채이고, 다른 하나는 액면으로 발행된 현재 이자수익률이 5%인 만기가 없는 채권이다.
(1) 투자전략을 수립하시오.
(2) 다음 연도에 듀레이션이 9년으로 줄어들 때의 투자전략을 수립하시오.

12 듀레이션이 3.5년인 채권이 있다. 만기수익률이 8.0%에서 8.3%로 상승할 경우 채권의 가격 변화율을 구하시오.

13 동종채권과의 교환과 이종채권과의 교환을 비교·설명하시오.

14 K씨는 만 2년 후에 대학원 박사과정에 진학할 계획이다. 2년 후에 입학할 경우 2,000,000 원의 현금이 필요하여 지금 채권에 투자하려고 한다. 현재 두 종류의 채권이 있는데, 한 채권은 액면이 10,000원이고 발행금리가 8%인 3년 만기 채권이다. 다른 하나는 액면이 10,000원이고 발행금리가 7%인 1년 만기 채권이다. 앞으로 예상되는 이자율 변동을 완전 헤지하고 2년 후 정확히 2,000,000원을 사용할 수 있도록 면역기법을 이용하여 포트폴리오를 구성하시오. (단, 시중금리는 10%라고 가정한다.)

15 "사채의 발행금리가 높을수록 수익률 변화에 대한 가격 변화율은 작아진다." 이 문장의 의미를 설명하시오.

16 현재 시중금리는 7%이며, A회사는 표면이자율 5%인 3년 만기 회사채를 발행하려고 한다. 이 회사채의 듀레이션과 이자율탄력성을 구하시오.

17 2020 공인회계사 1차 채권에 관한 설명으로 적절한 항목만을 모두 선택한 것은?

a. 현재 시점($t = 0$)에서 수익률곡선이 우상향할 경우, t년 현물이자율 $_0i_t$보다 t기의 선도이자율 $_{t-1}f_t$가 더 높다.

b. 현재의 우상향 수익률곡선이 향후 변하지 않을 경우, 수익률곡선 타기 채권투자전략으로 추가적인 자본이득을 얻을 수 있다.

c. 액면가, 만기, 만기수익률(YTM)이 동일한 일반사채의 경우, 이표이자율이 작을수록 볼록성이 커진다. 따라서 무이표채의 볼록성은 이표채보다 크다.

d. 다른 조건이 동일할 경우, 일반사채의 듀레이션보다 수의상환조건이 있는 채권의 듀레이션이 일반사채의 듀레이션보다 상환청구권이 있는 채권의 듀레이션이 작다.

e. 고정이자부 채권으로 구성된 자산 포트폴리오의 듀레이션은 2.5이고 시장가치는 1,400억 원이다. 고정이자부 부채 포트폴리오의 시장가치가 1,000억 원일 경우, 순자산의 가치를 이자율위험에 대하여 완전면역화하는 부채 포트폴리오의 듀레이션은 3.5이다.

① a, b   ② c, d   ③ a, c, d   ④ b, d, e   ⑤ a, b, c, e

18 2020 공인회계사 1차 현재 시점($t = 0$)에서 1년 현물이자율($_0i_1$)은 6%, 2년 현물이자율($_0i_2$)은 9%, 1년 후 1년 동안의 유동성 프리미엄($_1l_2$)은 1.5%이다. 유동성 선호이론이 성립할 경우, 1년 후 1년 동안의 기대이자율($E(_1i_2)$)에 가장 가까운 것은? (단, 소수점 아래 다섯째 자리에서 반올림하여 계산하시오.)

① 10.58%   ② 11.50%   ③ 12.08%   ④ 13.58%   ⑤ 14.50%

19 2021 공인회계사 1차 금융시장에서 만기 및 액면금액이 동일한 채권 A와 채권 B가 존재하고 이 채권들의 액면이자율과 현재($t = 0$) 시장가격이 다음 표에 제시되어 있다. 다음 표의 자료를 이용하여 $_0i_4$가 현재($t = 0$) 시점에서 4년 만기 현물이자율일 때 $(1 + _0i_4)^4$은 얼마인가? (단, 액면이자는 연 1회 지급한다.)

구분	채권 A	채권 B
만기	4년	4년
액면금액	10,000원	10,000원
액면이자율	10%	20%
현재 시장가격	8,000원	11,000원

① 1.5 ② 1.75 ③ 2.0 ④ 2.25 ⑤ 2.5

20 2021 공인회계사 1차 채권 듀레이션에 관한 설명으로 가장 적절하지 않은 것은?

① 무이표채의 경우 만기가 길어지면 듀레이션이 증가한다.

② 목표시기와 듀레이션을 일치시키는 채권 포트폴리오를 보유하면 목표시기까지 이자율의 중간 변동에 대해 면역이 되므로 채권 포트폴리오를 조정할 필요가 없다.

③ 목표시기면역전략 수행에 있어서 다른 조건이 동일할 때 시간이 경과함에 따라 채권 포트폴리오의 듀레이션을 감소시키는 조정이 필요하다.

④ 다른 조건이 동일할 때 연간 이자지급횟수가 증가하면 채권의 듀레이션은 감소한다.

⑤ 영구채의 듀레이션은 시장이자율과 연간 이자지급횟수에 의하여 결정된다.

21 2022 공인회계사 1차 현재 시점($t = 0$)에서 1년 만기 현금이자율($_0r_1$)은 6%, 2년 만기 현물이 자율($_0r_2$)은 8%이다. 다음 설명 중 적절한 항목만을 모두 선택한 것은? (단, 차익거래는 없다고 가정하며, % 기준으로 소수점 아래 셋째 자리에서 반올림하여 계산한다.)

a. 1년 후 1년간의 선도이자율($_1f_2$)은 10.04%이다.

b. 기대가설(expectation hypothesis)에 의하면 1년 후 단기이자율($_1r_2$)은 현재 시점 1년 만기 현물이자율보다 상승할 것으로 기대된다.

c. 유동성 선호가설(liquidity preference hypothesis)에 의하면 유동성 프리미엄($_1L_2$)이 3% 일 경우 1년 후 단기이자율($_1r_2$)은 현재 시점 1년 만기 현물이자율보다 하락할 것으로 기대된다.

① a   ② a, b   ③ a, c   ④ b, c   ⑤ a, b, c

22 2022 공인회계사 1차 채권의 투자전략에 관한 설명으로 가장 적절하지 않은 것은?

① 목표시기 면역전략에 의하면 채권의 듀레이션이 목표투자기간보다 짧은 경우에는 이자율 변동에 따른 투자자의 가격위험이 재투자위험보다 크다.

② 순자산가치 면역전략에 의하면 자산과 부채의 듀레이션을 조정하여 자산가치 변동액과 부채가치 변동액의 차이가 영(0)이 되면 순자산가치는 이자율변동과 관련 없이 일정하게 된다.

③ 채권의 채무불이행위험이나 수의상환위험은 면역전략을 통해서 제거되지 않는다.

④ 듀레이션만을 이용하는 면역전략은 채권가격과 이자율 간의 비선형 관계를 반영하지 못한다.

⑤ 현재의 수익률곡선이 우상향의 모양을 가지며 투자기간 동안 그 형태가 변화하지 않을 것으로 예측되는 경우, 투자자는 수익률곡선 타기 전략을 사용하여 자본이득을 얻을 수 있다.

23 2023 공인회계사 1차 채권의 투자관리전략에 관한 설명으로 가장 적절한 것은?

① 이자율이 하락할 것으로 예상될 때 만기가 같은 채권의 경우 표면이자율이 낮은 채권을 매도하고 표면이자율이 높은 채권을 매입하는 것이 유리하다.

② 채권가격이 하락할 것으로 예상될 때 만기가 짧고 표면이자율이 높은 채권을 매도하고 만기가 길고 표면이자율이 낮은 채권을 매입하는 것이 유리하다.

③ 신용등급이 높은 채권과 낮은 채권 간의 수익률 차이가 커질 것으로 예상될 때 수익률이 높은 채권을 매도하고 수익률이 낮은 채권을 매입하는 것이 유리하다.

④ 경기가 불황에서 호황으로 전환될 때 회사채를 매도하고 국채를 매입하는 것이 유리하다.

⑤ 동일한 위험과 만기를 갖는 동종채권들이 일시적으로 서로 다른 가격으로 거래될 때 높은 수익률의 채권을 매도하고 낮은 수익률의 채권을 매입하는 것이 유리하다.

24 2023 공인회계사 1차 현재 시장에 액면금액이 100,000원으로 동일한 채권들의 만기와 시장가격, 그리고 표면이자율은 다음과 같다.

채권	만기	시장가격	표면이자율
A	1년	90,909원	0%
B	2년	79,719원	0%
C	3년	100,000원	12%

다음의 설명 중 가장 적절하지 않은 것은? (단, 거래비용은 없으며, 기대가설이 성립한다고 가정한다. 소수점 첫째 자리에서 반올림한다.)

① 1년 만기 현물이자율은 10%이다.

② 1년 후 시점의 1년 만기 선도이자율은 14%이다.

③ 채권 B를 기초자산으로 하는 1년 만기 선물의 균형가격은 87,719원이다.

④ 채권 C를 100개 매입한다고 가정하면 채권 A와 채권 B로 구성한 포트폴리오를 이용하여 19,436원의 차익거래이익을 얻을 수 있다.

⑤ 채권 C의 균형가격은 97,089원이다.

25 2024 공인회계사 1차 채권의 듀레이션(duration)에 관한 설명으로 가장 적절하지 않은 것은? (단, %는 소수점 셋째 자리에서 반올림한다.)

① 듀레이션은 채권보유자가 채권으로부터의 현금흐름을 통하여 자신의 투자액을 회수하는 데 소요되는 가중평균회수기간으로 해석할 수 있다.

② 만기수익률이 20%이며 매년 말에 이자를 지급하는 영구채(perpetual bond)의 듀레이션은 12년이다.

③ 만기수익률이 20%이며 매년 말에 이자를 지급하는 이표채 A의 듀레이션은 5년이다. 동 채권의 만기수익률이 21%로 상승하는 경우 듀레이션을 이용하여 추정한 채권의 가격 변화율은 (−)4.17%이다.

④ 무이표채(zero coupon bond)의 듀레이션은 채권 만기와 동일하다.

⑤ 이표채(coupon bond)의 듀레이션은 채권 만기보다 짧은 것이 일반적이나, 항상 그렇지는 않다.

1 $B_0 = (1,400)PVIFA_{21\%,15년} + (10,000)PVIF_{21\%,15년} = 1,400(4.489) + 10,000(0.057) = 6,854.6(원)$

3 A. $97,645 = \dfrac{100,000}{(1 + r_{3개월})}, (1 + r_{3개월}) = 1.02412, r_{3개월} = 0.02412$

$(1 + r_{1년}) = (1 + 0.02412)^4 = 1.1, \therefore r_{1년} = 0.1(10\%)$

또는 $\left(\dfrac{100,000}{97,645}\right)^4 - 1 = 1.02412^4 - 1 = 1.1 - 1 = 0.1(10\%)$

B. $10,000 = \dfrac{500}{(1 + r_{6개월})} + \dfrac{10,500}{(1 + r_{6개월})^2}$ 이므로 $r_{6개월} = 5\%$ 이다.

$(1 + r_{1년}) = (1 + .05)^2 = 1.1025, \therefore r_{1년} = 0.1025(10.25\%)$

$\therefore$ 실질수익률은 B가 높다.

5 "BBB 등급의 회사채 수익률과 AAA 등급의 회사채 수익률 사이의 스프레드가 최근 벌어지고 있다."
이는 BBB 등급 회사채의 채무불이행위험의 증가율이 AAA 등급 회사채의 채무불이행위험의 증가율
보다 높다는 것을 의미한다.

7 (1) $(1 + {}_0R_2)^2 = (1 + {}_0R_1)(1 + {}_1f_2)$ 이고,

무이표채의 경우 'YTM = 현물이자율'이므로

$(1.11)^2 = (1.1)(1 + {}_1f_2)$

$\therefore {}_1f_2 = 0.120090$

$(1 + {}_0R_3)^3 = (1 + {}_0R_1)(1 + {}_1f_2)(1 + {}_2f_3) = (1 + {}_0R_2)^2(1 + {}_2f_3)$ 이므로

$(1.12)^3 = (1.11)^2(1 + {}_2f_3)$

$\therefore {}_2f_3 = 0.140271$

(2) 〈현재의 가격〉

• 만기 1년 채권: $B_0 = (10,000)PVIF_{10\%,1년} = 10,000(0.90909) = 9,090.9$

• 만기 2년 채권: $B_0 = (10,000)PVIF_{11\%,2년} = 10,000(0.81162) = 8,116.2$

• 만기 3년 채권: $B_0 = (10,000)PVIF_{12\%,3년} = 10,000(0.71178) = 7,117.8$

〈1년 후 가격〉

• 만기 1년 채권: $B_1 = 10,000$

• 만기 2년 채권: $B_1 = \dfrac{10,000}{1.12009} = 8,927.854$

- 만기 3년 채권: $B_1 = \dfrac{10,000}{(1.12009)(1.140271)} = 7,829.5896$

〈2년 후 가격〉

- 만기 1년 채권: 해당 없음

- 만기 2년 채권: $B_2 = 10,000$

- 만기 3년 채권: $B_2 = \dfrac{10,000}{1.140271} = 8,769.8451$

(3) 〈대안 1〉 1년 만기 무이표채에 1년간 투자, 1년째 1년 만기 무이표채에 1년간 재투자

〈대안 2〉 2년 만기 무이표채에 2년간 투자

〈대안 3〉 3년 만기 무이표채에 2년간 투자(2년째 매각)

〈대안 1〉 1년째 수익률: $9,090.9 = 10,000/(1 + {}_0R_1)$ $\therefore {}_0R_1 = 0.1$

2년째 수익률: $8,927.854 = \dfrac{10,000}{(1 + {}_1f_2)}$ $\therefore {}_1f_2 = 0.12009$

$\therefore$ 2년간 투자수익률: $(1.1)(1.12009) - 1 = 1.2321 - 1 = 0.2321(23.21\%)$

연평균수익률 $= \sqrt{1.2321} - 1 = 0.11(11\%)$

〈대안 2〉 2년간 투자수익률: $7,117.8 = \dfrac{8,769.8451}{(1 + {}_0R_2)^2}$

$(1 + {}_0R_2)^2 = 1.2321$

$\therefore$ 2년간 투자수익률 $= 0.2321(23.21\%)$

연평균수익률 $= \sqrt{1.2321} - 1 = 0.11(11\%)$

〈대안 3〉 2년간 투자수익률: $8,116.2 = \dfrac{10,000}{(1 + {}_0R_2)^2}$

$(1 + {}_0R_2)^2 = 1.2321$

$\therefore$ 2년간 투자수익률 $= 0.2321(23.21\%)$

연평균수익률 $= \sqrt{1.2321} - 1 = 0.11(11\%)$

불편기대이론하에서는 모든 대안이 동일한 투자수익률을 발생시킨다.

9 식 (8.6)에서 분모를 계산해보면

$k = 6\%$인 경우

기간	현금흐름×현가요소	현가
1	600 × 0.943396	566.0376
2	600 × 0.889996	533.9976
3	10,600 × 0.839619	8,899.9614
계		약 10,000

$k = 10\%$인 경우

기간	현금흐름×현가요소	현가
1	600 × 0.90909	545.454
2	600 × 0.82645	495.870
3	10,600 × 0.75131	7,963.886
계		약 9,005.21

분자를 계산해보면,

$k = 6\%$인 경우

기간		현금흐름×현가요소	현가
1	×	600 × 0.943396	566.0376
2		600 × 0.889996	1,067.9952
3		10,600 × 0.839619	26,699.8842
계			28,333.917

$k = 10\%$인 경우

기간		현금흐름×현가요소	현가
1	×	600 × 0.90909	545.454
2		600 × 0.82654	991.740
3		10,600 × 0.75131	23,891.658
계			25,428.852

$$\therefore k = 6\%\text{인 경우 평균상환기간}(D) = \frac{28,333.917}{10,000} = 2.8334(\text{년})$$

$$k = 10\%\text{인 경우 평균상환기간}(D) = \frac{28,428,852}{9,005.21} = 2.8238(\text{년})$$

11 (1) A: 만기 5년인 무이표채

B: 액면발행된 이자수익률이 5%인 만기가 없는 채권

A는 규칙 1에 따라 '평균상환기간(D_A) = 만기(5년)'이다.

B는 평균상환기간이 $T \rightarrow \infty$인 경우에 해당되므로,

$$D_B = \frac{1 + k_d}{k_d} = \frac{1 + 0.05}{0.05} = 21(년)이다.$$

[단, 만기가 없으므로 '채권수익률(k_d) = 이자수익률'이 된다.]

목표상환기간이 10년이므로,

$5 \cdot w_A + 21 \cdot w_B = 10, w_A + w_B = 1$이 성립해야 한다.

$\therefore w_A = 0.6875, w_B = 0.3125$이다.

따라서 A의 투자금액: $1,000,000 \times 0.6875 = 687,500$(원)

　　　　 B의 투자금액: $1,000,000 \times 0.3125 = 312,500$(원)

(2) $D_A = 4$년, $D_B = 21$년이 되고, 목표상환기간이 9년이므로

$4 \cdot w_A + 21 \cdot w_B = 9, w_A + w_B = 1$이 성립해야 한다.

$\therefore w_A = 0.705882, w_B = 0.294118$이다.

따라서 A의 투자금액: $1,000,000 \times 0.705882 = 705,882$(원)

　　　　 B의 투자금액: $1,000,000 \times 0.294118 = 297,118$(원)

13 동종채권과의 교환은 발행금리, 만기, 신용수준 등이 비슷한 채권이 순간적으로 서로 다른 가격으로 거래될 때 가격이 비싼 채권을 매각하고 가격이 저렴한 채권을 매입하는 것을 말한다. 이 현상은 동일한 조건의 새로운 채권이 대량으로 발행되는 경우나 일시적으로 시장의 수요와 공급의 불균형이 생길 때 발생한다.

이종채권과의 교환은 발행조건이나 채무불이행위험이 다른 두 채권의 가격이 균형 상태에서 벗어날 때 상호교환하는 것이다. 예를 들어, 회사채의 국채 간의 수익률 차이(spread)가 너무 커서 앞으로 줄어들 예정이라면 투자자들은 국채를 매각하고 회사채를 매입할 것이다.

15 "사채의 발행금리가 높을수록 수익률 변화에 대한 가격 변화율은 작아진다." 이는 발행금리가 높을수록 듀레이션은 짧아지며, 듀레이션이 짧아지면 이자율 탄력성이 낮아지는 것을 의미한다.

CHAPTER 9

파생상품의 평가

학습목표

☑ 선물의 의의와 필요성을 이해할 수 있다.

☑ 선물을 활용한 투자전략을 이해할 수 있다.

☑ 기대이론에 따른 선물가격의 결정을 이해할 수 있다.

☑ 옵션시장과 옵션계약의 특성을 이해할 수 있다.

☑ 옵션전략에 따른 수익(payoff)과 이익(profit)을 도출할 수 있다.

☑ 옵션가치를 계산하고, 옵션가치에 영향을 미치는 요인을 이해할 수 있다.

☑ 스왑계약의 의미와 종류를 이해할 수 있다.

☑ 이자율파생상품, 신용파생상품 등 기타 파생상품의 의미를 이해할 수
있다.

1 선물의 평가

(1) 선물계약과 선물시장

선물계약

선물계약(futures contract)은 거래상대방(선물매입자와 매도자)이 미리 정해 놓은 일정 시점(delivery date)에 품질 · 규격 등이 표준화된 일정량의 특정 상품을 현재 약정한 가격(futures price)으로 매매하기로 계약하고, 만기일에 현물에 대한 인수도를 하거나 만기일 이전에 반대매매(reversing trade)를 통해 완료시키는 계약을 말한다.

선물계약의 대상이 되는 상품은 주가지수, 개별주식, 통화, 금리, 농산물, 천연자원 등 다양하며, 거래조건이 표준화되어 있어 누구든지 선물계약에 쉽게 참여할 수 있다. 선물거래에 참여하는 투자자는 크게 헤저(hedger)와 투기자(speculator)로 구분된다. 투기자는 자신이 매입한 것보다 높은 가격으로 매각함으로써 매매차익을 실현시키기 위해 선물을 매매하는 사람을 말한다. 일반적으로 투기자는 상품을 직접 생산하거나 정상적인 영업과정에서 상품을 사용하는 사람들이 아니다. 반면, 헤저는 선물시장에서의 가격변동으로 인한 위험을 헤지(hedge)하기 위해 선물매매에 참여하는 사람들이며, 보통 상품의 생산자나 영업목적으로 해당 상품을 이용하는 사람들이다. 예를 들어, 밀 선물을 생각해보자. 한 농부가 밀 생산 시점에 인도될 밀 선물가격이 부셸(bushel)당 \$4.00임을 인지하고, 그 가격에 만족한다고 가정해보자. 농부는 수확기까지 기다렸다가 현물시장에서 밀을 판매할 수도 있다. 그럴 경우 그는 수확기까지 기다리는 사이에 밀가격이 \$3.00까지 떨어질 수 있는 위험을 감수해야 한다. 따라서 상품선물을 매도함으로써 판매가격을 \$4.00에 고정할 수 있으며, 이로 인해 가격하락에서 오는 위험을 제거할 수 있다.

단기간에 가격변동으로부터 이익을 얻으려는 선물매매인을 투기자로 분류한다. 앞으로 밀의 가격이 부셸당 \$1.00 상승할 것으로 예상한 사람이 있다고 가정하자. 그 사람은 당장 밀을 매입하여 창고에 보관한 후, 밀의 가격이 예상한 만큼 상승하면 밀을 매도하여 이익을 실현할 수 있다. 그러나 그 대신 부셸당 $4.00의 선물계약을 매입할 수도 있다. 만기 시 선물가격이 예상대로 $5.00에 이르면 밀 선물을 $5.00에 매도함으로써 부셸당 $1.00의 이익을 실현할 수 있다. 밀 선물계약의 한 단위는 5,000부셸이므로 이 과정에서 $5,000의 이익을 볼 수 있다. 만약 선물계약을 매입하는 시점에서 $1,000의 증거금만 납부했다고 가정하면, 실질적으로 밀의 가격은 25% 상승했으나, 투기자의 투자수익률은 500%가 된다.

선물계약과 선도계약의 차이

선도계약(forward contract)은 선물계약과 성격이 유사하나, 경제적 기능 면에서 다른 점이 있다. 선도계약은 미리 정해 놓은 일정 시점에 특정 상품을 현재 약정한 가격(forward price)으로 매매하기로 계약을 맺고, 계약의 만기일에 현물에 대한 인수도가 이루어지는 계약을 말한다. 정의에서 살펴본 것과 같이 선물계약과 선도계약은 다음과 같은 측면에서 차이점이 있다.

❶ 선물거래는 매입자와 매도자가 조직화된 시장에 집합하여 매입 또는 매도하려는 가격과 금액을 공개발성호가(open outcrying) 방식으로 결정한다. 반면, 선도거래는 특정한 장소가 없이 거래상대방이 장외시장에서 직접계약에 의해 거래를 체결한다. 따라서 선물거래에서 거래당사자는 실제로 거래상대방을 알지 못하나, 선도거래에서는 거래상대방을 확인한 후 거래가 이루어진다. 우리나라에서는 한국거래소의 파생상품시장에서 선물거래가 이루어진다.

❷ 선물거래에서는 거래단위, 가격변동폭 단위, 거래 대상의 품질 등 모든 거래조건이 표준화(standardization)되어 있는 데 반해, 선도거래에서는 모든 것이 거래쌍방 간의 협상에 의해 결정된다.

❸ 선도거래에서는 동일거래에 대한 가격이 단 한 번 형성되나, 선물거래에서는 가격이 매일매일 끊임없이 형성되며, 하루에 변할 수 있는 가격제한폭을 두어 투기성이 최대한 억제되도록 하고 있다.

❹ 선물시장에서는 일일정산(daily clearing or marking to market) 제도가 도입되어 매일 종가에 따라 결제되고, 새로운 계약이 체결된다. 예를 들어, 오늘 금에 대한 선물계약이

1,000원에 체결될 경우, 다음 날 종가가 1,100원으로 상승하면 매도자가 매입자에게 차액 100원을 지불하고 그 계약은 1,100원으로 다시 맺어진다. 매일 종가에 따른 이러한 결제가 만기일까지 지속된다. 실제로 거래쌍방 간에 현금이 직접 수수되는 것은 아니며, 증거금계정을 통해 장부상으로 결제된다. 반면, 선도거래는 매일 종가에 따라 결제되는 것이 아니라, 만기일에 대상품의 현물가격과 선도가격 차이가 매매상대방의 손익으로 처리·계상된다.

⑤ 선물거래에서는 결제기관이 개입하여 거래이행을 보증해줌으로써 거래상대방에 대한 신용위험이 발생하지 않으며, 결제기관은 거래상대방에게 일정비율의 개시증거금(initial margin)과 유지증거금(maintenance margin) 납부를 요구한다. 반면, 선도거래에서는 전적으로 매매당사자 간의 신용도에 의해 거래이행이 보증되므로 거래상대방에 대한 신용도를 각자가 평가해야 하며, 일반적으로 증거금이 요구되지 않는다.

⑥ 인도 시점에서 선도거래는 대부분 실물인도가 이루어지고 있으나, 선물거래에서는 총거래 중 5% 이하만 실물인도가 이루어지고 있다.

⑦ 일반적으로 선물시장은 공적규제기관과 자율규제기관에 의해 규제되나, 선도시장은 자율규제기관에 의해 규제된다. 미국선물시장의 공적규제기관에는 CFTC(commodity futures trading commission)와 NFA(national futures association) 등이 있다. 우리나라에서는 선물시장을 금융위원회가 관리·감독하고 있으며, 금융위원회 산하 증권선물위원회에서 사전심의를 하고 있다.

⑧ 선물계약은 만기일이 특정일(예: 2024년 12월, 2025년 3월 등)로 표준화되는 반면, 선도계약은 특정한 개월 수로 정해진다(예: 계약일로부터 3개월, 4개월 등).

⑨ 한국거래소 파생상품시장에서 거래되는 선물상품은 코스피200 선물, 미니코스피200 선물, 섹터지수 선물, 코스닥150 선물, 코스피200 변동성지수선물, 개별 주식선물, 3/5/10/30년 국채선물, 미국달러/엔/유로/위안 선물, 금선물, 돈육선물 등이 있다.

표 9.1 한국거래소 파생상품시장 선물상품명세

구분	코스피200 선물	미니코스피200 선물	코스닥150 선물
기초자산	코스피200지수	코스피200지수	코스닥150지수
거래단위	코스피200 선물가격 × 25만 (거래승수)	미니코스피200 선물가격 × 5만(거래승수)	코스닥150 선물가격 × 10,000(거래승수)
결제월	3, 6, 9, 12월	매월	3, 6, 9, 12월
상장결제월	3년 이내 7개 결제월(3, 9월: 각 1개, 6월: 2개, 12월: 3개)	연속 6개월(분기월 2개, 비분기월 4개)	총 7개[분기월(3, 9월) 2개, 반기월(6월) 2개, 연월(12월) 3개]
가격표시	코스피200 선물수치(포인트)	미니코스피200 선물수치(포인트)	코스닥150 선물수치(포인트)
호가가격단위	0.05포인트	0.02포인트	0.10포인트
최소가격변동금액	12,500원 (25만 원 × 0.05포인트)	1,000원 (5만 × 0.02포인트)	1,000원 (10,000 × 0.1포인트)
거래시간	08:45~15:45(최종거래일 08:45~15:20)		
최종거래일	각 결제월의 두 번째 목요일(공휴일인 경우, 순차적으로 앞당김)		
최종결제일	최종거래일의 다음 거래일		
결제방법	현금결제		
가격제한폭	기준가격 대비 각 단계별로 확대 적용(08:45~09:00에는 1단계만 적용) ① ±8% ② ±15% ③ ±20%		
정산가격	최종 약정가격(최종 약정가격이 없는 경우, 선물이론정산가격)	• 분기월: 코스피200 선물의 정산가격(호가가격단위 미조정) • 비분기월: 코스피200 선물의 정산가격 산출방식을 차용한 자체 가격	–
기준가격	전일의 정산가격	• 분기월: 코스피200 선물의 기준가격(호가가격단위 조정) • 비분기월: 미니코스피200 선물의 전일 정산가격	–
단일가격경쟁거래	개장 시(08:30~08:45) 및 거래종료 시(15:35~15:45)		
필요적 거래중단 (circuit breakers)	현물가격 급변으로 매매거래 중단 시 선물거래 일시중단 및 단일가로 재개		

(계속)

구분	3년국채선물	미국달러선물	금선물
기초자산	표면금리 5%, 6개월 단위 이자지급방식의 3년 만기 국고채 표준물	미국달러화(USD)	순도 99.99% 이상의 금지금
거래단위	액면 1억 원	US $10,000	100g
결제월	3, 6, 9, 12월	분기월 중 12개, 그 밖의 월 중 8개	1년 이내의 7개 결제월(짝수월 6개와 홀수월 중 1개)
상장결제월	6월 이내의 2개 결제월	총 20개(1년 이내 매월, 1년 초과 매 분기월 상장)	–
가격표시	액면 100원당 원화(백분율방식)	US $1당 원화	1g당 원화
호가가격단위	0.01포인트	0.10원	10원
최소가격변동금액	10,000원(1억 원 × 0.01 × 1/100)	1,000원 (US $10,000 × 0.10원)	–
거래시간	09:00~15:45 (최종거래일 09:00~11:30)	09:00~15:45 (최종거래일 09:00~11:30)	09:00~15:45 (최종거래일 09:00~15:20)
최종거래일	결제월의 세 번째 화요일(공휴일인 경우, 순차적으로 앞당김)	결제월의 세 번째 월요일(공휴일인 경우, 순차적으로 앞당김)	각 결제월의 세 번째 수요일
최종결제일	최종거래일의 다음 거래일	최종거래일로부터 기산하여 3일째 거래일	–
결제방법	현금결제	인수도결제	현금결제
가격제한폭	기준가격 대비 ±1.5%	기준가격 대비 ±4.5%	기준가격 대비 ±10%
단일가격경쟁거래	개장 시(08:30~09:00) 및 최종거래일 이외의 거래종료 시(15:35~15:45)	개장 시(08:30~09:00) 및 거래종료 시(15:35~15:45), 최종거래일 거래종료 시(11:20~11:30)	–

자료: 한국거래소 파생상품시장

선물계약의 특징은 이미 언급한 것과 같이 표준화가 가능하다는 점이다. 선물거래소에서는 가격을 제외한 선물계약의 모든 조건을 정한 후에 거래가 이루어진다. 선물매입자와 매도자 또는 그들의 대리인이 거래소 안에 설치된 매장에서 거래를 체결하면 매도자에게는 실물을 인도할 의무, 매입자에게는 실물을 매입할 의무가 발생한다. 가격은 계약단위당으로 표시되므로, 밀 5,000부셸을 부셸당 $4.00에 거래하기로 계약을 맺었다면 거래금액은 $20,000가 된다.

선물시장

선물시장의 경제적 기능을 살펴보면 다음과 같다. 첫째, 선물시장에서 형성되는 선물가격은 현재의 상품 수급과 미래의 수급에 대한 정보뿐만 아니라 헤저 및 투기자들의 예측도 반영하고 있다. 그러므로 선물가격은 인도일까지 계속 변동·조정되어 미래의 현물가격까지 반영하는 가격예시 기능을 가지게 된다. 이로 인해 상품가격의 급등락을 방지할 수 있고, 상품의 수요자와 공급자가 선물가격 추이에 따라 스스로 수급을 조절할 수도 있다. 둘째, 선물시장에 참여함으로써 가격변동위험을 회피할 수 있다. 가격하락위험에 처해 있는 사람들은 선물시장에서 거래되고 있는 상품 중에서 자신이 보유하고 있는 상품이나 그와 유사한 상품에 대한 선물을 매도한다. 반면에, 가격상승위험에 처해 있는 사람들은 필요한 상품에 대한 선물계약을 매입함으로써 가격변동위험을 최대한 회피할 수 있다. 이러한 위험전가 기능이 선물시장의 가장 중요한 기능 중 하나라고 할 수 있다. 셋째, 현물시장에서의 시장조성자(market maker)가 선물거래에 참여함으로써 재고량의 위험을 감소시킬 수 있고, 현물시장에서의 과잉수급을 보다 많이 흡수할 수 있으므로 현물시장에서의 유동성이 증가될 수 있다. 즉, 수요와 공급이 균형을 이루지 못할 때 거래가 중단되지 않고, 언제든지 매매하고 싶을 때 매매할 수 있는 시장유동성을 제공한다.

이상에서 살펴본 선물시장의 경제적 기능뿐만 아니라, 선물시장의 투기성이 많은 논란이 되고 있다. 특히, 주가지수선물 등 금융선물은 다음과 같은 측면에서 투기성이 매우 높다고 할 수 있다. 첫째, 현물시장에 비해 선물시장에서의 투자는 자본이 거의 필요하지 않다. 즉, 선물계약은 미래에 거래하겠다는 현재의 약속이기 때문에 현물시장에서처럼 자본이 필요하지 않다. 선물시장에서 거래 시 거래이행보증을 위한 증거금으로 재정증권 같은 국채가 이용되고, 국채에 대한 이자는 원소유자인 선물거래 당사자에게 지급되기 때문에 선물거래의 기회비용은 거의 0에 가깝다. 둘째, 현물시장에 비해 거래비용이 매우 낮다. 이로 인해 현물시장에서 투자하기 전에 선물시장에서 미리 시험적으로 투자해볼 수 있고, 그 결과에 따라 현물시장에서의 투자의사결정을 할 수 있다. 셋째, 현물시장에서의 투자는 현재 가격을 기초로 결정되는 데 반해, 선물시장에서는 미래의 현물가격에 대한 현재의 기대치에 의해서 결정된다. 넷째, 선물시장은 현물시장과 달리 제로섬게임(zero-sum game)이다. 즉, 거래비용을 무시하면 매도자와 매수자의 이익과 손실을 합하면 항상 0이 된다. 이러한 특성으로 인해 많은 투자자들은 선물시장을 겜블링(gambling)과 유사한 투기장으로 인식하게 된다.

결제기관

대부분의 선물거래에는 선물매도자에게는 매입자, 선물매입자에게는 매도자의 역할을 해주는 결제기관(clearing house)이 개입한다. 그림 9.1 은 결제기관이 거래상대방의 파트너로서 어떻게 중개인 역할을 수행하는지 보여준다.

밀에 대한 선물거래의 예를 들어 보자. 7월분 밀 선물거래 첫날에 B는 S로부터 밀 5,000부셸을 부셸당 $4.00에 매입하기로 계약을 체결했다[실제로는 B의 거래회사를 위한 장내 브로커(floor broker)와 S의 거래회사를 위한 장내 브로커가 매장(pit)에서 만나 가격을 협상함]. B와 S가 계약을 체결하면 즉시 결제기관이 개입하여 거래를 분리한다. 즉, B와 S는 더 이상 직접 거래를 하지 않으며, 이후 밀을 S로부터 인수하여 B에게 인도할 책임은 결제기관에게 넘어간다. 이 시점에서 7월분 밀 선물의 미결제약정이 1개 발생된다.

이 시점에서 다른 조치가 취해지지 않으면, 결제기관은 매우 큰 위험에 직면하게 될 것이다. 예를 들어, 7월까지 밀의 가격이 부셸당 $5.00로 상승하고 S가 인도를 거부한다면 어떻게 될까? 결제기관은 현물시장에서 $25,000(= 5,000 × $5.00)에 밀을 매입하여 B에게 인도해야 한다. B로부터 $20,000(= 5,000 × $4.00)밖에 받지 못하기 때문에 결제기관은 $5,000의 손실을 보게 될 것이다. 반대로 밀의 가격이 부셸당 $3.00로 하락한 경우, B는 현물시장에서 $15,000면 살 수 있는 밀에 대해 $20,000을 지불해야 한다. 만약 B가 $20,000에 밀을 매입하는 것을 거부하면 어떻게 될까? 이 경우에 결제기관은 S로부터 인수한 밀을 인도할 수 없게 된다. 그 대신 현물시장에서 $15,000를 받고 팔게 됨으로써 $5,000의 손실을 보게 된다. 이러한 손실로부터 결제기관을 보호하기 위해 다음과 같은 조치를 취한다.

그림 9.1 결제기관의 역할

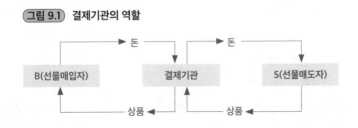

❶ 선물매입자나 매도자 모두에게 개시증거금을 부과한다.

❷ 매일 매입자와 매도자의 증거금 계정을 정산(marking to market)한다.

❸ 매입자와 매도자 모두에게 매일 유지증거금을 부과한다.

개시증거금

선물을 매입하거나 매도하기 위해서는 투자자들은 중개회사(brokerage firm)에 상품계좌를 개설해야 한다. 이 계좌는 증권회사 내에서 다른 현물계정이나 신용계정과 분리 · 보관되어야 한다. 선물계약이 체결되면 매입자와 매도자는 개시증거금(initial margin)을 납부해야 하며, 개시증거금은 거래의 의무를 수행하기에 충분한 정도가 되어야 한다. 개시증거금은 보통 선물계약 금액의 5~15% 수준에서 결정된다. 예를 들어, 부셸당 $4.00에 5,000부셸을 인도하는 선물계약 금액은 $20,000이다. 따라서 개시증거금이 계약금액의 5%인 경우에 선물매입자나 매도자는 $1,000의 개시증거금을 납부해야 한다. 이 증거금은 현금 또는 현금등가물(재정증권 등)로 이루어진다. 개시증거금이 결제기관에게 약간의 보호막이 되어주기는 하나, 완전한 보호막이 되지는 못한다. 앞에서 설명한 것과 같이 밀의 가격이 부셸당 $5.00로 상승하면 결제기관의 손실은 $5,000가 되어 개시증거금 $1,000는 일부분에 불과하게 된다. 이로 인해 일일정산과 유지증거금의 필요성이 대두된다.

일일정산

일일정산을 이해하기 위해 부셸당 $4.00로 5,000부셸을 인도하는 선물계약의 매입자와 매도자의 경우를 다시 살펴보자. 거래 개시 이틀째에 7월물 밀의 종가가 부셸당 $4.10가 되었다고 가정하자. 이 경우에 S는 밀의 가격이 $4.00에서 $4.10로 상승함에 따라 $500의 손실을 보았고, B는 $500의 이익을 보았다. 따라서 S의 자본금은 $500가 감소하고, B의 자본금은 $500가 증가한다. 개시증거금이 $1,000였다면, S의 자본금은 $500가 되고, B의 자본금은 $1,500가 된다. 이렇게 투자자의 상품구좌에 선물가격의 종가 변화를 반영하여 조정시키는 과정을 일일정산(daily clearing or marking to market)이라고 한다.

이러한 재조정과정의 한 부분으로서, 결제기관은 매일 기존 선물계약의 종가를 새로운 선물계약의 매입가격으로 설정하여 새로운 계약으로 대체한다. 일반적으로 선물매입자 상품구좌나 매도자 상품구좌의 자본금은 개시증거금에 선물계약의 미결제약정 이익을 더하고, 손실을 차감한 수치가 된다. 이익이나 손실은 매일 바뀌므로 자본금의 규모도 매일 바뀐다. 앞의 예에서 7월물 밀 선물계약가격이 $4.10로 상승 후 다시 $3.95로 떨어졌다면, B는 $750[= 5,000 × (4.10 − 3.95)]의 손실을, S는 $750의 이익을 실현한다. 계정이 재평가되면, B의 자본금은 $1,500에서 $750로 떨어지고, S의 자본금은 $500에서 $1,250로 증가하게 된다.

개념점검 1

결제기관에서 일일정산의 결과로 인한 순유입액 또는 순유출액은 얼마인가?

유지증거금

투자자들은 자본금 규모가 개시증거금의 일정 비율 이상이 되도록 노력해야 한다. 보통 유지증거금은 개시증거금의 75~80% 수준이다. 이 수준이 충족되지 않으면, 투자자들은 중개인으로부터 추가증거금 납부요구(마진콜, margin call)를 받게 된다. 이는 자본금 규모가 개시증거금 수준이 되도록 추가 납부하라는 의미이다. 만약 투자자가 이에 응하지 않으면, 중개인은 반대매매를 통해 투자자의 선물계약을 마감시킨다.

앞의 7월물 밀 선물계약을 다시 예로 들어 보자. 투자자가 $1,000를 개시증거금으로 납부하였고, 계약 다음 날에 밀 선물가격이 부셸당 $4.10로 상승했다고 가정하자. B의 자본금은 $1,500가 되고, S의 자본금은 $500가 된다. 만약 유지증거금이 개시증거금의 80% 수준이라면, B와 S는 매일 계좌에 최소한 $800의 자본금이 있어야 한다. B의 자본금은 이 수준 이상이므로, 특별한 조치를 취할 필요가 없다. 실제로 B는 $700의 현금을 인출하여 사용할 수 있다. 그러나 S의 자본금은 유지증거금 이하로 내려갔으므로 $500의 추가증거금 납부요구를 받게 된다. S가 추가납부 요구에 응하지 않으면, 중개인은 S를 대신하여 7월물 밀 선물계약을 매입함으로써 반대매매에 들어간다. 그 결과, S는 계정잔액 $500를 받고 거래를 마감할 수 있다. S는 처음에 $1,000를 증거금으로 납부했으므로 $500의 손실을 입게 된다.

모범답안 1　　결제기관의 모든 계약에서 순포지션(net position)은 0이다. 매입포지션과 매도포지션의 수가 정확히 일치하기 때문에 일일정산의 결과 순유입액 또는 순유출액은 없다.

반대매매

앞의 예에서 다음 날 B는 7월물 밀 선물가격이 $4.15로 상승한 것을 알았다고 가정하자. 전날 종가가 $4.10였으므로 부셸당 $0.05의 추가이익을 보게 된다. 만약 B가 밀 선물가격이 더 이상 올라가지 않을 것으로 예상한다면, 그는 제3자에게 7월물 밀 선물계약을 $4.15에 매각할 것이다. 이 경우 B는 반대매매를 한 것이다. 이 시점에서 결제기관이 개입됨으로써 B가 얻을 혜택을 알아볼 수 있다. 정상적으로 S는 7월에 밀 5,000부셸을 인도할 책임을 지고, 결제기관은 그것을 다시 B에게 인도할 책임을 지게 된다. 그러나 이제 B는 7월물 밀 선물계약에 매입자와 매도자로서의 포지션을 모두 가지고 있다. 결제기관은 B의 계정에서 7월물 밀 선물계약을 결제하여 즉시 두 포지션을 삭제한다. 일단 B가 반대매매를 하게 되면 그는 개시증거금 $1,000와 이익 $750[= (4.15 − 4.00) × 5,000]를 모두 인출할 수 있다. 종가가 상승하면 선물매입자는 이익을 보고, 선물매도자는 손실을 본다. 반대로 종가가 하락하면 선물매도자가 이익을 얻게 된다.

미결제약정

미결제약정이란 체결된 선물계약 중에서 인도월에 가서 인도 또는 인수해야 할 계약건수(누적분)를 의미한다(선물매입과 매도가 따로 계산되지 않고 매입계약이나 매도계약 한쪽만 계산된다). 그러므로 어느 시점에서의 미결제약정 수는 선물매도자가 인도해야 할 건수를 의미하며, 이는 선물매입자가 인수해야 할 건수와 같게 된다. 선물계약의 거래가 개시되는 순간 미결제약정 수는 0이다. 시간이 지남에 따라 선물계약의 증가로 미결제약정 수는 늘어난다. 그러나 대부분의 거래자들은 일반적으로 계약만기 이전에 계약 상태를 정리한다. 즉, 만기일에 실물을 인수도하는 대신 만기일 이전에 반대매매를 통해 계약을 완료하여 이익을 실현하는 경우가 많다.

선물거래에서 실제 상품의 인수도는 상품 종류에 따라 다르지만, 보통 계약의 1~3%에 불과하다. 주가지수선물은 실물 인수도가 일어날 수 없다. 주가지수와 선물매입가격과의 차이에 일정 금액을 곱한 만큼이 만기일에 현금으로 결제된다. 그러므로 미결제약정 수는 시간이 지남에 따라 증가하다가 계약만기일이 가까워짐에 따라 줄어드는 양상을 보인다.

가격제한폭

각국 선물거래소는 전일 종가를 기준으로 각 상품별로 하루 가격의 최대 등락폭을 설정하여 급격한 가격변동에 따른 혼란을 방지하려고 노력하고 있다. 이러한 가격제한폭은 각 상품에 따라 다르다. 감독 당국이 가격제한폭을 두는 주된 이유는 거래자들이 새로운 정보에 과잉반응할 경우 투자자들을 보호하기 위한 것이다. 흥미로운 것은 개시증거금이 가격제한폭에 거래규모를 곱한 수준에서 결정된다는 점이다. 밀 선물의 경우 단위당 가격제한폭은 $0.2이지만, 개시증거금은 보통 $1,000(= 5,000 × 0.2)이다. 그러므로 밀의 가격이 투자자에게 불리한 방향으로 가격제한폭까지 도달하면, 투자자는 개시증거금 이상을 잃지 않게 된다. 그러나 가격이 급격히 하락한 경우 투자자가 바로 반대매매에 들어가지 못하는 상황이 일어날 수 있다.

위칭데이

선물이나 옵션과 같은 파생상품의 거래규모가 증가하면서 언론에 트리플 위칭데이, 쿼드러플 위칭데이와 같은 표현이 종종 등장하고 있다. 위칭데이(witching day)라는 용어는 선물이나 옵션과 같은 파생상품의 만기일에 파생상품과 현물의 포트폴리오를 청산하거나 포지션을 변경하면서 현물시장에 대량의 매물이 나오거나 현물시장의 변동성이 커지는 경우가 자주 발생하기 때문에 붙여진 이름이다. 보통 지수선물과 지수옵션의 만기일이 겹치는 경우에는 더블 위칭데이라고 부르며, 지수선물과 지수옵션, 개별 주식옵션의 만기일이 겹치는 경우에는 트리플 위칭데이라고 부른다. 우리나라는 2008년 개별 주식선물의 만기일까지 더해지면서 쿼드러플 위칭데이가 되었다.

(2) 선물전략
만기 시점에서의 선물가치

선물의 가격은 만기에 가까워질수록 기초자산의 현물가격에 수렴하게 된다. 또한 만기 시점에서의 선물가격은 기초자산의 현물가격과 같거나 매우 근접하게 된다. 그 이유를 차익거래를 이용해서 설명하면 다음과 같다.

만기 시점에서 선물가격이 현물가격보다 높다고 가정하자. 이 경우 투자자들은 다음과 같은 전략을 이용하여 차익거래를 실현할 수 있다.

❶ 선물계약을 매도한다.
❷ 기초자산을 매입한다.
❸ 매입한 기초자산을 인도한다.

이러한 전략을 통해 선물가격과 현물가격의 차이만큼의 이익을 얻을 수 있게 된다. 투자자들이 이러한 차익거래기회를 활용할수록 선물가격은 하락하게 된다. 반대로 선물가격이 현물가격보다 낮은 경우 기초자산을 매입하고자 하는 기업은 선물계약을 매입하고 인도를 기다리는 것으로, 현재 가격보다 더 낮은 가격으로 기초자산을 매입할 수 있다. 따라서 선물가격은 상승하며, 만기에 가까워질수록 선물가격과 현물가격은 같거나 매우 근접하게 된다.

헤징전략과 투기전략

선물시장에는 투기자와 헤저(hedger)가 존재한다. 투기자는 선물계약을 활용하여 미래의 가격흐름으로부터 이익을 얻고자 투기적 전략을 사용하며, 헤저는 미래의 가격변동으로부터 보호받기 위해 헤징(hedging)전략을 사용하게 된다. 투기자들은 가격 상승을 예상한다면 매입포지션을 취하고, 가격 하락을 예상한다면 매도포지션을 취하게 된다.

투기자들은 왜 직접 기초자산에 투자하지 않고 선물시장을 이용할까? 그 이유는 다음의 몇 가지로 설명할 수 있다. 첫째, 선물시장의 거래비용이 훨씬 적기 때문이다. 둘째, 선물시장에서는 레버리지(leverage)효과를 이용할 수 있기 때문이다. 즉, 거래를 하기 위해서는 개시증거금과 유지증거금이 필요하며, 이 금액들은 실제 거래금액에 비해 훨씬 적다. 예를 들어, 개시증거금이 10%인 선물계약에서 10%의 이익을 얻었다고 하자. 선물계약 크기가 100만 원이라면 개시증거금으로 10만 원이 필요하며, 선물계약을 통한 이익이 10만 원이므로 투자대비 이익률은 100%에 달하게 된다. 이러한 레버리지효과로 인해 투기자들이 선물시장을 선호하게 된다.

한편, 헤저들은 미래의 가격흐름으로 인한 위험을 제거하는 것이 주목적이므로, 현재 포트폴리오의 가치를 일정하게 유지하려고 한다. 따라서 헤징전략은 현재 보유 중인 포트폴리오에서 손실이 발생하면 선물계약에서는 이익이 발생하여 이익과 손실이 서로 상쇄되도록 만들어준다. 예를 들어, 국채포트폴리오를 보유한 투자자라면 국채가격이 하락할 경우 보유 포트폴리오에서 손실이 발생된다. 이 경우 국채선물을 이용하여 헤징을 하려면, 국채선물에 대해 매도포지션을 취한다. 따라서 국채가격이 하락하면 이익이 발생하여 보유 포트폴리오의 손실을 상쇄할 수 있다. 반대로 국채가격이 상승하면 국채선물에 대한 매도포지션에서 손실이 발생하지만, 이는 보유 포트폴리오의 이익으로 상쇄된다.

베이시스

자산의 선물가격과 현물가격의 차이를 베이시스(basis)라고 한다.

$$베이시스 = 선물가격 - 현물가격$$

선물계약을 매도하고 동시에 그 자산을 매입한 투자자의 경우 베이시스가 작아질수록 이익을 보게 된다. 이 현상은 선물가격이 떨어지거나 현물가격이 상승할 때(또는 이 현상이 동시에 일어날 때) 나타나는 현상이다. 선물가격이 떨어지면 선물매도자는 이익을 얻고, 현물가격이 상승하면 자산을 직접 보유한 사람이 이익을 얻게 된다. 반대로 선물계약을 매입하고 동시에 자산을 공매한 투자자는 베이시스 크기가 커지면 이익을 얻게 된다.

베이시스 크기가 확대되거나 축소됨으로 인해 투자자에게 이익이나 손실이 발생할 수 있는 위험을 베이시스위험(basis risk)이라고 한다. 투자자가 만기일까지 두 포지션을 보유하고 있으면, 만기일에는 현물가격과 선물가격이 같게 되어 베이시스가 0이 되므로 아무 위험이 없으나, 만기일 이전에 결제하는 경우에는 베이시스 위험이 발생한다.

베이시스의 크기가 위험을 헤지하려는 투자자에게 주는 영향은 헤지의 종류(매입헤지 또는 매도헤지)와 시장의 종류(정상시장과 역조시장)에 따라 달라진다. 정상시장[(normal market), 콘탱고(contango)][1]에서 매도헤지를 하는 경우 베이시스가 축소되면 이익이 발생한다. 자산가격이 하락하고 베이시스가 축소되면 선물시장에서의 이익이 현물시장에서의 손

---

1 콘탱고(contango): 선물가격이 현물가격보다 높은 시장을 말한다.

실보다 크므로 전체적으로 이익이 발생하고, 자산가격이 상승하고 베이시스가 축소되면 선물시장에서 손실이 현물시장에서의 이익보다 적게 되어 전체적으로 이익이 발생한다. 역조시장[(inverted market), 백워데이션(backwardation)][2]에서 매도헤지를 한 경우에 베이시스가 축소되면 손실이 발생한다. 가격이 하락하고 베이시스가 축소되면 선물시장에서의 이익이 현물시장에서의 손실보다 적게 되어 전체적으로 손실이 발생하고, 가격이 상승하고 베이시스가 축소되면 선물시장에서의 손실이 현물시장에서의 이익보다 크게 되어 전체적으로 손실이 발생한다.

현물-선물 패러티

앞에서 선물계약을 이용하여 기초자산의 가치 변화에 대한 헤징이 가능하다는 점을 확인하였다. 만약 완벽하게 헤징이 된다면 이것은 기초자산과 선물로 이루어진 포트폴리오가 위험이 전혀 없음을 의미한다. 따라서 헤징된 포트폴리오의 수익률은 다른 무위험자산에 투자한 것과 동일하게 무위험이자율과 같아야 한다. 무위험이자율보다 높은 수익률을 얻을 수 있다면 차익거래가 가능하므로, 결국 무위험이자율보다 높은 수익률은 얻을 수 없다.

주식 포트폴리오를 생각해보자. 주식 포트폴리오의 최초 투자금액이 S_0이고 헤징을 위해 매도포지션을 취할 선물계약의 가격이 F_0, 주식 포트폴리오의 배당을 D라고 하면, 완벽하게 헤징이 될 경우 주식 포트폴리오의 최종가치는 $F_0 + D$가 된다. 이 경우 수익률은 $\frac{(F_0 + D) - S_0}{S_0}$이며, 이는 무위험이자율과 같아야 하므로 다음과 같은 방정식이 성립한다.

$$\frac{(F_0 + D) - S_0}{S_0} = r_f$$

$$F_0 = S_0(1 + r_f) - D = S_0(1 + r_f - d)$$

여기서 d는 포트폴리오의 배당수익률로 D/S_0로 정의된다. 이 관계를 현물-선물 패러티(parity)라고 부른다. 선물계약기간이 T기간이라면 위의 식은 다음과 같이 쓸 수 있다.

$$F_0 = S_0(1 + r_f - d)^T$$

---

2 백워데이션(backwardation): 현물가격이 선물가격보다 높은 시장을 말한다.

스프레드

특정 상품에 대한 선물계약에서 일부는 매입자의 입장을 취하고, 만기가 다른 선물계약에 대해서는 매도자의 입장을 동시에 취하는 것을 스프레드(spread) 전략이라고 한다. 이와 같은 입장을 취하는 주된 이유는 두 선물가격 차이로부터 이익을 얻기 위함이다. 스프레드 거래자는 두 가지 선물계약의 가격이 적절하지 않고 가격 차이가 변할 것이라고 예상한다. 따라서 상대적으로 저평가되어 있다고 생각되는 선물계약을 매입하고, 고평가되어 있다고 생각되는 선물을 매도한다. 스프레드 거래자의 이익이나 손실은 두 가지 선물가격의 절대적인 변화가 아니라, 상대적인 변화에 의해 결정된다. 투기거래자는 단순하게 선물을 매입하거나 매도하여 이익을 보려고 하나, 스프레드 거래자는 위험을 감소시키기 위해 거래한다.

스프레드 거래에서는 각각의 선물가격이 중요한 것이 아니라, 두 선물계약가격 사이의 관계가 중요하다. 스프레드 주문은 두 개의 별도 매입·매도 주문이 아닌, 하나의 스프레드 주문으로 이루어져야 한다. 매입·매도 주문이 동시에 처리되지 않으면, 어떤 주문이 먼저 처리되는지에 따라 단순한 선물매입 또는 선물매도 계약이 성립된다. 스프레드의 경우 위험이 감소하므로 증거금은 단순한 매입이나 매도에 비해 낮다.

[(3) 선물가격]

기대이론

기대이론(expectation theory of futures prices)이란 선물계약의 현재 가격은 미래 인도일의 현물가격에 대한 기대치와 같다는 이론이다.

$$F_0 = E(S_T)$$

여기서, F_0: 만기일이 T인 선물가격
　　　S_T: T시점의 현물가격

보관비용이 발생하지 않는 재정증권에 대한 금리선물의 경우 기대이론에 의해 선물가격은 다음과 같이 표현할 수 있다.

$$F_0 = S_0(1 + R_f)^T$$

여기서, S_0: 현재의 현물가격
R_f: 무위험이자율

또는 연속적 형태의 경우 $F_0 = S_0 \cdot e^{R_f \cdot T}$와 같다. 이러한 관계는 앞에서 살펴본 현물-선물 패러티와 같은 결과이다. 기대이론이 옳다면 선물거래로부터 기대이익이나 기대손실이 발생하지 않는다. 증거금을 무시하면 인도일에 F_0로 특정자산을 매입하기로 한 선물매입자는 어떤 기대이익을 실현하지 못한다. 선물매입자의 기대이익은 $[E(S_T) - F_0]$인데, 이 값은 0이기 때문이다. 선물매도자도 동일한 결과를 얻게 된다. 여기에서 선물매도자의 이익은 $[F_0 - E(S_T)]$이다. 이 이론은 투자자들이 위험중립형임을 전제로 하기 때문에 위험에 대한 보상을 요구하지 않는다. 이 가정의 배경은 다양한 자산에 분산 투자할 경우 선물계약이 포트폴리오

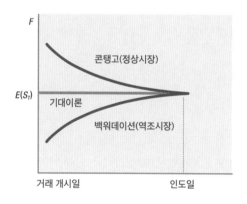

그림 9.2 인도일에서의 선물가격

위험에 미치는 영향은 그리 크지 않을 것이라는 점이다. 그림 9.2 는 기대현물가격이 일정하다고 가정할 때 기대이론에 의한 선물가격의 변화를 나타낸다.

백워데이션

케인즈(John M. Keynes)는 기대이론이 선물가격을 정확히 설명해주지 못한다고 느꼈다. 대부분의 상품시장에는 위험을 분산하려는 자연적인 헤저들이 있을 것이다. 예를 들어, 밀을 생산하는 농부들은 밀가격 하락으로부터 위험을 제거하려고 한다. 이들은 밀 선물거래에서 선물을 매도하게 된다. 선물을 매도하려면 투기자들이 매입자로 참여해야 한다. 선물매입자가 일정한 기대이익을 보상해주어야 이들이 거래에 참여할

것이다. 즉, $[E(S_T) - F_0] > 0$의 상태가 되어야 거래가 성립된다. 백워데이션 (backwardation) 상태에서 선물가격은 기대현물가격보다 낮고, 인도일에 선물가격은 현물가격과 같아진다. 즉, $F_T = S_T$이다.

콘탱고

헤저는 상품의 공급자뿐만 아니라 상품의 수요자도 될 수 있다. 예를 들어, 밀가루 생산업자는 일정한 가격으로 밀을 구입하려고 할 것이다. 이들이 선물매입자가 되려면 투자자가 선물매도자가 되어야 한다. 투기자들을 선물거래에 끌어들이려면 그들에게 기대이익이 0보다 큰 기회를 제공해 주어야 한다. 즉, $F_0 > E(S_T)$가 되면 선물매도자는 이익을 얻게 된다. 콘탱고 (contango) 상태에서는 선물가격이 계속 하락하여 인도일에 현물가격에 수렴하게 된다.

포트폴리오 이론과 선물가격

앞에서 언급한 세 가지 이론에 따르면, 투기자들은 그들이 감당하는 위험에 대한 적절한 보상만 이루어지면 선물시장에 기꺼이 뛰어들 것으로 보인다. 위험프리미엄을 결정하는 위험의 개념을 재정립하기 위해 포트폴리오 이론이 선물가격 결정에 이용되고 있다. 예를 들어, 현금배당을 하지 않는 주식이 있다고 가정하자. 오늘의 주가는 미래 현금흐름의 현가로 다음과 같이 정의할 수 있다.

$$S_0 = \frac{E(S_T)}{(1+k)^T} \tag{9.1}$$

여기서, S_0: 현재의 주가
$E(S_T)$: T시점에서의 기대주가
K: 주식의 필수수익률

현물-선물 패러티 관계로부터 다음 식을 얻을 수 있다.

$$S_0 = \frac{F_0}{(1+R_f)^T} \tag{9.2}$$

위 두 식의 우변은 같아야 하므로 다음 식이 유도될 수 있다.

$$F_0 = E(S_T)\left(\frac{1+R_f}{1+k}\right)^T \tag{9.3}$$

식 (9.3)에서 보면 주식의 베타가 양(+)인 경우, k는 R_f보다 크기 때문에 F_0는 $E(S_T)$보다 작음을 알 수 있다. 이는 체계적 위험이 양(+)의 값을 가지는 경우 선물매입자의 기대수익률은 0보다 높음을 의미한다. 선물매입자는 $[E(S_T) - F_0]$만큼의 이익(또는 손실)을 볼 수 있다. S_T에 양(+)의 체계적 위험이 수반되면 선물매입자도 그 정도의 위험을 경험하게 된다. 잘 분산된 포트폴리오를 보유한 투자자는 위험에 대한 대가로 양(+)의 기대수익률이 예상될 때 선물을 매입할 것이다. 듀사크(Dusak, 1973)[3]는 CAPM을 선물가격결정에 응용하여 정교한 모형을 유도하였다. CAPM 모형은 다음과 같다.

$$E(R_i) = R_f + [E(R_m) - R_f]\frac{Cov(R_i, R_m)}{\sigma_m^2} \tag{9.4}$$

여기서, $E(R_i)$: i자산의 기대수익률

R_f: 무위험이자율

σ_m^2: 시장 포트폴리오 수익률의 분산

$Cov(R_i, R_m)$: i자산과 시장 포트폴리오 수익률 간의 공분산

S_{i0}를 i 자산의 현재 현물가격, $E(S_{iT})$를 인도일이 T시점인 기대가격이라고 하면 다음 식이 유도된다.

$$E(R_i) = \frac{E(S_{iT}) - S_{i0}}{S_{i0}} \tag{9.5}$$

식 (9.4)와 식 (9.5)를 결합하여 정리하면 다음과 같은 확실성등가모형이 유도된다.

$$S_{i0} = \frac{E(S_{iT}) - [E(R_m) - R_f]S_{i0}\beta_i}{1 + R_f}$$

$$\beta_i = \frac{Cov(R_i, R_m)}{\sigma_m^2} \tag{9.6}$$

식 (9.3)으로부터 단일기간을 가정할 경우 선물가격은 현물가격에 미래가치요인을 곱한 수치와 같음을 알 수 있다.

$$F_{i0} = S_{i0}(1 + R_f)$$

---

3 K. Dusak(1973), "Futures Trading and Investor Returns: An Investigation of Commodity Market Risk Premiums", Journal of Political Economy, pp. 1387-1406.

투자론

식 (9.6)의 양변에 $(1 + R_f)$를 곱하여 정리하면 다음과 같다.

$$F_{i0} = S_{i0}(1 + R_f) = E(S_{iT}) - [E(R_m) - R_f]S_{i0}\beta_i \qquad (9.7)$$

즉, 선물가격은 기대현물가격에서 선물의 체계적 위험에 기초한 위험프리미엄을 차감한 금액이 된다. 이러한 CAPM 접근법은 선물거래에서 체계적 위험의 중요성을 고려했으나, 보관비용 등은 고려되지 않은 단점이 있다.

(4) 선물의 응용

주가지수선물의 응용

주가지수선물은 매우 널리 사용되고 있다. 우리나라에서도 KOSPI200 지수선물이 현물시장을 흔든다는 왝더독(wag-the-dog) 현상[4]에 대한 기사가 종종 보도되며, 프로그램 매매로 인해 주가지수가 상승하거나 하락했다는 분석기사도 자주 볼 수 있다. 이렇게 주가지수선물이 널리 사용되는 이유 중 하나는 선물을 이용하면 현물을 보유하지 않고도 보유하고 있는 것과 같은 효과를 낼 수 있기 때문이다. 즉, 선물을 이용하면 현물을 사고팔지 않고도 지수의 흐름을 이용할 수 있도록 해주기 때문이다. 이러한 지수선물의 특성을 이용하면 시장 포트폴리오를 보유하지 않고도 지수선물에 대해 매수포지션을 취하여 시장 포트폴리오를 보유한 것처럼 합성할 수 있다. 이 전략은 현물을 사고파는 것보다 거래비용이 적게 들기 때문에 시장지수를 대상으로 매매를 하는 투자자들에게 훨씬 매력적이다.

예를 들어, KOSPI200 지수에 투자하려는 투자자가 있다고 가정하자. 이 투자자에게는 세 가지 투자안이 존재할 수 있다. 첫 번째는 KOSPI200 지수를 구성하는 종목들에 대해 지수구성비율에 맞추어 매입하는 투자안이다. 두 번째는 KOSPI200 지수를 추종하도록 만들어진 펀드나 ETF 상품을 매입하는 투자안이다. 마지막으로 KOSPI200 지수선물과 국채를 매입하는 투자안이다. 이 중 세 번째 투자안은 다음과 같이 만들 수 있다.

---

4 현물과 선물을 동시에 거래하는 프로그램 매매는 두 가격 차이(시장 베이시스)에 따라 움직이게 된다. 이때 선물시장의 분위기에 따라 프로그램 매매가 출몰하여 시장을 움직이는 경우 "꼬리가 몸통을 흔든다"라는 의미로 '왝더독'(wag-the-dog)이라고 표현한다.

❶ 목표하는 투자규모만큼 KOSPI200 지수선물을 매입한다. KOSPI200 지수선물은 지수에 25만 원을 곱한 값으로 거래되므로 지수에 100만 원을 곱한 규모를 투자하려면 지수선물을 4개 매입하면 된다.

❷ 선물 만기 시점에서의 지불금액을 맞추기 위해 국채를 매입한다. 매입금액은 만기 시점에 지수선물의 매입가격을 지급할 수 있는 규모이면 된다.

이제 주가지수선물을 이용하여 헤징전략을 수립해보자. 예를 들어, KOSPI200 지수가 120이라고 가정하자. 지수가 117로 하락하면 이는 2.5%의 하락을 의미한다. 또한 보유 중인 포트폴리오의 베타가 0.8이라면 이로 인해 0.8 × 2.5% = 2%의 손실이 예상된다. 포트폴리오의 규모가 300억 원이라면 6억 원의 손실이 예상되는 것과 같다. 따라서 시장변동에 대한 포트폴리오 가치의 민감도는 KOSPI200 지수의 3포인트 변동에 대해 6억 원이 된다. 이를 헤지하기 위해 지수선물을 이용하면 포트폴리오 가치 하락 시 지수선물에서 발생하는 이익이 이를 상쇄해줄 수 있다.

이러한 비보호된 포지션의 위험을 상쇄하기 위해 필요한 헤지수단의 개수를 헤지비율(hedge ratio)이라고 하며, 헤지비율은 포트폴리오의 가치변동분을 1단위 선물계약의 이익으로 나누어 계산할 수 있다. 따라서 위의 경우 포트폴리오의 가치변동분은 6억 원, 1단위 선물계약의 이익은 3포인트 × 25만 원 = 75만 원이므로 헤지비율은 다음과 같다.

$$H = \frac{60,000}{75} = 800$$

즉, 800개의 선물계약에 대해 매도포지션을 취하면 보유 중인 포트폴리오의 위험을 상쇄할 수 있다.

개념점검 2

투자자가 주가지수선물을 이용하여 실제 주식 포트폴리오를 헤지하려고 하면 어떤 위험이 있는지 답하시오.

통화선물과 응용

외환시장에서 직접 미국 달러를 매입하는 대신 1년 만기 미국 달러 선물을 매입한다고 가정하자. 선물이기 때문에 당장 현금이 지출되지 않아 그 금액으로부터 이자수익을 올릴 수 있다. 반면, 미국 달러화에서 얻을 수 있는 이자를 포기해야 한다. 이때 포기할 이자수입이 주가지수선물에서의 배당과 같은 역할을 한다. 우리나라의 무위험이자율을 R_K, 미국의 무위험이자율을 R_U라고 하면 다음과 같은 관계식이 성립된다.

$$\frac{F_0}{(1 + R_K)} = S_0 - PV(\text{미국 달러로부터의 수입이자})$$

$$PV = \frac{S_0 \times R_U}{(1 + R_U)}$$

$$F_0 = S_0 \left(\frac{1 + R_K}{1 + R_U} \right) \tag{9.8}$$

이 관계를 이자율패러티라고 부른다. 예를 들어, 현재 달러환율이 1,020원이고, 우리나라의 무위험이자율이 5%, 미국의 무위험이자율이 4%인 경우 1년 만기 외화선물의 가격은 1,029.80원이 된다.

$$F_0 = 1,020 \left(\frac{1.05}{1.04} \right) = 1,029.80\text{원}$$

통화선물에서도 지수선물과 동일하게 헤징전략을 사용할 수 있다. 특히, 우리나라와 같이 해외수출에 의존하는 경제에서는 많은 수출기업이 환위험에 노출되어 있는데, 이를 헤지하기 위해 통화선물을 이용한 헤징전략이 유용할 수 있다. 헤징전략은 보유 포트폴리오의 손실을 헤징수단의 이익을 통해 상쇄하는 것을 목적으로 한다. 이러한 헤징전략의 특성상 보유 포트폴리오에 이익이 발생하면 헤징수단에서는 손실이 발생하여 이익과 손실이 서로 상쇄된다. 그러나 이러한 특성을 충분히 이해하지 못한 경우, 헤징수단에서 손실이 발생했을 때 책임자가 징계를 받는 등의 문제가 발생하는 사례도 종종 있다.

모범답안 2 주가지수와 실제 포트폴리오가 완벽하게 같이 움직이지 않는다는 위험이 존재한다. 즉, 주가지수선물을 이용하여 주가지수의 움직임에 대해서는 완벽하게 헤지할 수 있지만, 주가지수선물과 실제 보유 포트폴리오의 가치 사이에는 베이시스 위험이 여전히 존재한다.

금리선물

채권, 양도성예금증서(CD) 등 고정수익증권에 대해 거래된 선물을 금리선물이라고 한다. 이는 이들의 가격이 현재와 미래의 금리 변화에 크게 영향을 받기 때문이다. 특히, 이들 증권의 가격은 이자율의 기간구조에 크게 영향을 받는다. 이자율의 기간구조 이론 중에서 기대이론에 의하면 선물가격은 다음과 같이 구할 수 있다.

$$F_0 = \frac{(1 + R_n)^n}{(1 + R_{n-1})^{n-1}} - 1 \tag{9.9}$$

여기서, F_0: 선물가격
R_n: n년 만기 금융상품의 현물이자율

상품선물

상품선물은 금융선물보다 더 복잡하다. 선물을 매입하면 지급을 지연할 수 있으므로 그 금액으로부터 이자수익이 발생한다. 또한 당장 상품을 매입하지 않기 때문에 상품의 보관비용이나 상품의 부패로 인한 손실을 줄일 수 있다. 반면, 상품을 현물시장에서 매입하면 바로 사용할 수 있으므로 만족할 수 있으나, 선물을 매입할 경우 즉시 사용하는 데서 오는 만족을 포기해야 한다. 이를 종합하여 상품선물의 균형가격을 구해보면 다음과 같다.

$$\frac{F_0}{(1 + R_f)} = S_0 + PV(\text{보관비용}) - PV(\text{편의수익}) \tag{9.10}$$

실제 보관비용이나 편의수익(convenience yield)의 현재 가치를 구하기는 어렵다. 그러나 선물가격의 할인가격과 현물가격과의 관계에서 이들의 현가를 추론해볼 수 있다.

2 옵션의 평가

(1) 옵션계약과 옵션시장

옵션계약

옵션(option)이란 특정 자산을 약정된 가격으로 일정 기일이나 그 이전에 사고팔 수 있는 권리를 말한다. 여기에서 특정 자산을 기초자산(underlying asset), 약정된 가격을 행사가격(exercise price), 일정 기일을 만기(maturity)라고 한다. 또한 살 수 있는 권리를 콜옵션(call option), 팔 수 있는 권리를 풋옵션(put option)이라고 정의한다. 다시 말해, 콜옵션은 특정 자산을 약정된 가격으로 일정 기일이나 그 이전에 살 수 있는 권리를 의미한다. 예를 들어, 삼성전자 주식을 6월 말이나 그 이전에 50,000원에 살 수 있는 권리를 콜옵션이라고 하며, 50,000원에 팔 수 있는 권리를 풋옵션이라고 한다.

옵션은 권리이기 때문에 콜옵션 투자자가 반드시 행사해야 할 의무는 아니다. 즉, 시가가 행사가격보다 높으면 콜옵션 투자자는 권리를 행사하여 이익을 실현하며, 시가가 행사가격보다 낮을 경우에는 권리를 행사하지 않고 직접 시장에서 기초자산을 구입한다. 이렇게 옵션 만기일까지 행사되지 않은 옵션은 더 이상 가치를 가지지 못한다. 옵션의 매입가격을 옵션 프리미엄(option premium)이라고 하며, 이는 옵션가격(option price)을 의미한다. 옵션은 권리이며, 그 권리를 행사하여 이익을 볼 수 있는 기회가 부여되므로 가격을 가지게 되는 것이다.

콜옵션의 경우 옵션 프리미엄은 옵션 발행자가 행사 시점에서 시가 이하의 행사가격으로 자산을 팔아야 되는 것에 대한 보상으로 지급되는 가격이다. 자산의 시가가 행사가격보다 낮아 옵션이 행사되지 않으면, 옵션 발행자는 옵션 프리미엄만큼의 이익을 보게 된다.

풋옵션은 특정 자산을 약정된 가격으로 일정 기일이나 그 이전에 팔 수 있는 권리이다. 예를 들어, 행사가격이 50,000원인 삼성전자 주식에 대해 발행된 풋옵션을 가지고 있다면, 그 투자자는 행사일에 시가가 50,000원 이하더라도 삼성전자 주식을 1주에 50,000원에 팔 수 있다. 콜옵션은 기초자산의 가격이 상승해야 옵션 투자의 이익이 증가하나, 풋옵션은 기초자산의 가격이 하락해야 옵션 투자의 이익이 증가한다.

옵션이나 선물을 파생증권(derivative security) 또는 파생상품이라고 부른다. 또한 이들 가치는 기초자산 가치로부터 창출되기 때문에(예: 삼성전자에 대해 발행된 옵션가치는 삼성전자 주가에 의해 결정됨) 옵션과 선물을 조건부 청구권(contingent claim)이라고 부른다. 옵션 투자자가 그 권리를 행사함으로써 이익이 실현되는 옵션의 상태를 내가격(in-the-money)이라고 한다. 반면, 행사해도 이익이 실현되지 않는 옵션의 상태를 외가격(out-of-the-money)이라고 한다.

콜옵션의 경우 기초자산의 시가가 행사가격보다 높을 때 '내가격' 상태가 되어 옵션 투자자는 옵션을 행사하여 이익을 실현할 수 있다. 반면, 기초자산의 시가가 행사가격보다 낮을 때 콜옵션은 '외가격' 상태가 된다. 풋옵션의 경우에는 기초자산의 시가가 행사가격보다 낮을 때 '내가격' 상태가 되고, 기초자산의 시가가 행사가격보다 높을 때 '외가격' 상태가 된다.

옵션시장

옵션시장이 개설되어 있는 나라에서 실제 옵션거래는 장외시장(OTC, over-the-counter market)이나 제도화된 거래소시장에서 거래된다. 거래소시장에서 거래되는 옵션의 경우, 보통 만기일이나 행사가격 등이 표준화되어 있다.

우리나라에서는 2005년 1월 27일에 선물거래소, 증권거래소, 코스닥시장을 통합하여 설립된 한국거래소(KRX)의 파생상품시장본부에서 옵션거래를 담당하고 있다. 국내에서 거래되는 옵션상품에는 주가지수옵션, 개별 주식옵션, 통화옵션이 있다. 주가지수옵션은 코스피200옵션과 미니코스피200옵션이 있고, 개별주식옵션은 2002년 1월 삼성전자, 현대자동차, 포스코, 국민은행, 한국전력, KT, SK텔레콤의 7종목을 시작으로, 2024년 11월 현재 58개 종목이 상장되어 거래되고 있다. 통화옵션으로는 미국달러옵션 상품이 있다.

미국식 옵션과 유럽식 옵션

미국식 옵션(American option)은 옵션 투자자들이 만기일이나 그 이전에 언제든지 유리하다고 판단될 때 권리를 행사할 수 있는 옵션이다. 반면, 유럽식 옵션(European option)은 오직 만기일에만 행사가 허용된 옵션을 의미한다. 미국식 옵션은 유럽식 옵션보다 투자자에게 재량권이 더욱 많이 부여되기 때문에 가격이 일반적으로 더 높게 형성된다. 유럽식 옵션은 행사일이 확정되어 있기 때문에 가격평가모형을 더 쉽게 유도할 수 있다. 한편, 아시안 옵션(Asian option)은 유럽식 옵션과 성격이 같지만, 만기 시의 행사가격이 미리 정해져 있지 않고 계약기간 동안 기초자산가격의 산술평균 또는 가중평균이 행사가격으로 이용된다.

옵션결제회사

옵션의 발행자(매도자)와 투자자(매입자) 사이에 개입하여 옵션의 거래를 원활하게 해주는 역할을 하는 기관은 옵션결제회사(OCC, options clearing corporation)이다. 즉, OCC가 매입자와 매도자 사이에 개입하여 옵션 매도자에게는 매입자로서, 옵션 매입자에게는 매도자의 역할을 하게 된다. 그러므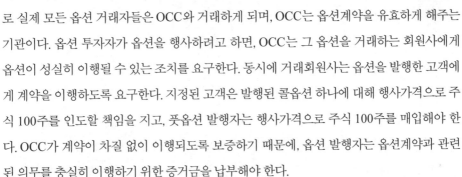
로 실제 모든 옵션 거래자들은 OCC와 거래하게 되며, OCC는 옵션계약을 유효하게 해주는 기관이다. 옵션 투자자가 옵션을 행사하려고 하면, OCC는 그 옵션을 거래하는 회원사에게 옵션이 성실히 이행될 수 있는 조치를 요구한다. 동시에 거래회원사는 옵션을 발행한 고객에게 계약을 이행하도록 요구한다. 지정된 고객은 발행된 콜옵션 하나에 대해 행사가격으로 주식 100주를 인도할 책임을 지고, 풋옵션 발행자는 행사가격으로 주식 100주를 매입해야 한다. OCC가 계약이 차질 없이 이행되도록 보증하기 때문에, 옵션 발행자는 옵션계약과 관련된 의무를 충실히 이행하기 위한 증거금을 납부해야 한다.

　만약 기초주식을 보유한 상태에서 콜옵션을 발행한 경우, 요구되는 증거금의 크기는 보통 시가와 행사가격의 차이로 결정된다. 적립한 증거금이 요구증거금보다 작을 때, 옵션 발행자는 추가증거금 납부요구(margin call)를 받게 된다. 반면, 옵션 투자자는 증거금을 납부할 필요가 없다. 투자자는 이익이 생길 것으로 판단될 때에만 권리를 행사하면 되므로 미래에 손해를 볼 가능성이 없기 때문이다. 옵션 매입 후에 투자자는 매입가격 이상의 위험부담은 지지 않는다. 증거금은 때로는 투자자의 포트폴리오 내에 있는 증권으로 대체되기도 한다. 옵션이 발행된 주식을 소유하고 있는 콜옵션 발행자는 그 주식을 거래원 계정에 넣어둠으로써 증거금을 만족시킬 수 있다. 투자자가 콜옵션을 행사하면 해당 주식이 즉시 인도된다. 만약 기초주식을 보유하고 있지 않으면, 증거금은 기초주식가격 정도이거나 옵션의 내/외가격 정도가 될 것이다.

주식 이외의 기초자산에 대해 발행된 옵션

선진국 자본시장에서는 주식 이외의 기초자산에 대해 발행된 옵션이 활발히 거래되고 있으며, 주가지수옵션, 통화옵션, 금리옵션 등이 있다. 주식옵션과 달리, 주가지수옵션(stock index option)은 행사 시점에서 실물의 이동이 없는 것이 특징이다. 즉, 콜옵션 발행자는 실제로 주가지수를 인도하지 않으며, 풋옵션 발행자는 주가지수를 매입하지 않는다. 대신에 현금 결제만 이루어진다. 옵션 행사로 이익이 발생하면, 그 이익에 해당되는 현금을 주가지수옵션 투자자에게 지급한다. 이때 실제 이익은 실제 지수와 행사가격과의 차이로 계산된다.

우리나라 종합주가지수에 대해 옵션이 발행되어 있다고 가정하자. 행사가격이 1,000이라고 가정할 때, 행사 시점에서 실제 주가지수가 1,050인 경우, 콜옵션 투자자는 25만 원에 계약단위를 곱한 금액을 현금으로 받게 된다. 우리나라에서는 한국거래소(KRX)의 유가증권시장에 상장된 주식 200종목의 시가총액을 기준으로 산출된 KOSPI200 지수(산출 기준 시점: 1990년 1월 3일)를 기초자산으로 하는 코스피200옵션 상품과 거래승수를 낮춘 미니코스피200옵션 상품이 유럽식으로 거래되고 있다.

통화옵션(currency option)이란 일정 기한 내에 특정 통화를 일정한 가격으로 사고팔 수 있는 권리를 의미한다. 만약 6월 말에 미화 1달러를 1,000원에 살 수 있는 권리인 콜옵션이 있다고 가정하자. 행사일에 실제 환율이 1,020원이라면, 콜옵션 투자자는 20원에 계약단위를 곱한 만큼의 이익을 볼 수 있다. 우리나라에서는 한국거래소의 파생상품시장에서 미국 달러옵션 상품이 유럽식 옵션으로 거래되고 있다. 금리옵션은 특정한 재정증권이나 회사채, CD 등 고정수익증권의 수익률변동을 예상하여 발행된 옵션을 말한다.

옵션가치

❶ 콜옵션

콜옵션(call option)은 행사가격으로 일정 시점 또는 그 이전에 기초자산을 살 수 있는 권리를 말한다. 예를 들어, 삼성전자 주식에 대해 발행된 콜옵션의 행사가격이 50,000원이고, 행사 시점에서 삼성전자 주식의 가격이 60,000원이라면 옵션 투자자는 권리를 행사하여 삼성전자 1주를 50,000원에 사서 60,000원에 팔면 1주에 10,000원의 수익을 얻게 된다. 만약 삼성전자 주가가 40,000원이면 투자자는 행사를 하지 않을 것이다. 따라서 행사 시점에서 콜옵션의 가치는 옵션을 행사할 때 콜옵션 투자자가 얻을 수 있는 이익과 같으므로 다음과 같이 표현할 수 있다.

$$콜옵션\ 투자자의\ 수익 = S_T - X, S_T \geq X일\ 경우$$
$$0, S_T < X일\ 경우$$

여기서, S_T: 행사 시점에서 기초자산가격
　　　X: 행사가격

위 식에서 보면 옵션 투자수익은 음수일 수 없다는 것을 알 수 있다. 콜옵션은 기초자산의 가격이 행사가격보다 높을 때만 행사하고, 기초자산가격이 행사가격보다 낮으면 행사할 필요가 없기 때문이다. 이 경우 옵션 투자자의 비용은 처음 권리를 살 때 지불한 콜옵션가격이 될 것이다. 앞에서 예를 든 삼성전자 주식에 대한 콜옵션의 행사 시점에서의 가치는 기초자산가격에 따라 다음과 같다.

삼성전자 주가	40,000	50,000	60,000	70,000
옵션가치	0	0	10,000	20,000

행사 시점에서 콜옵션의 가치는 기초자산가격이 1원씩 증가함에 따라 정확하게 1원씩 증가하는 것을 알 수 있다. 이를 그림으로 나타내면 그림 9.3 의 실선과 같다. 그림에서 실선은 만기일에서의 옵션의 가치를 나타낸다. 콜옵션 투자자의 이익(profit)은 수익(payoff)에서

그림 9.3 콜옵션 투자자의 수익과 이익 그래프

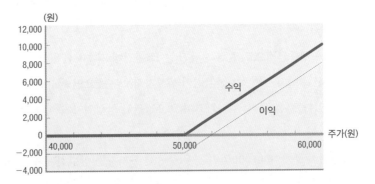

옵션매입 시 지출한 옵션가격을 뺀 차액이 된다. 예를 들어, 삼성전자 주식의 콜옵션을 2,000원에 매입했다고 가정하자. 콜옵션의 이익 그래프는 (그림 9.4)의 점선이 된다. 행사 시점에서 삼성전자 주가가 50,000원 이하이면 투자자는 2,000원의 손실을 보게 된다. 그러므로 투자자 입장에서 손익분기점 주가는 52,000원이 된다.

반대로, 콜옵션 발행자는 기초자산의 가격이 높을수록 손해를 보게 된다. 콜옵션 투자자가 옵션을 행사하면 발행자는 시가보다 낮은 행사가격을 받고 기초자산을 팔아야 한다.

$$콜옵션\ 발행자의\ 수익 = -(S_T - X), S_T \geq X일\ 경우$$
$$0, S_T < X일\ 경우$$

콜옵션 발행자는 기초자산의 가격이 행사가격 이하이면 콜옵션 판매가격만큼의 이익을 보게 되나, 기초자산가격이 행사가격 이상으로 상승하면 손실을 입게 된다. (그림 9.4)에서 실선은 콜옵션 발행자의 수익(payoff), 점선은 이익(profit)을 나타낸다.

(그림 9.4) 콜옵션 발행자의 수익과 이익 그래프

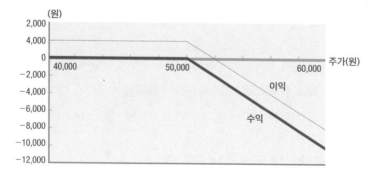

❷ 풋옵션

풋옵션(put option)은 행사가격으로 일정 시점 또는 그 이전에 기초자산을 팔 수 있는 권리를 말한다. 이 경우 옵션 투자자는 기초자산가격이 행사가격보다 높으면 행사할 필요가 없으며, 낮아야 행사할 수 있다. 예를 들어, 행사가격이 50,000원인 삼성전자 주식의 풋옵션이 있다고 가정하자.

만기일에 삼성전자 주가가 40,000원인 경우 풋옵션 투자자는 삼성전자 주식을 40,000원에 매입하여 바로 옵션을 행사하면 10,000원의 수익을 올릴 수 있다. 행사 시점에서 풋옵션의 가치는 다음과 같다.

$$\text{풋옵션 투자자의 수익} = X - S_T, S_T \leq X\text{일 경우}$$
$$0, S_T > X\text{일 경우}$$

그림 9.5에서 실선은 풋옵션 투자자의 수익, 점선은 이익을 나타낸다. 삼성전자 주가가 50,000원 이상이면 투자자는 옵션을 행사하지 않아 옵션의 가치는 0이지만, 옵션 매입 시 지불한 가격만큼 손실을 보게 된다. 또한 주가가 50,000원 이하이면 옵션을 행사하여 수익을 얻게 되며, 이익은 수익에서 옵션가격을 차감한 잔액이다.

그림 9.5 풋옵션 투자자의 수익과 이익 그래프

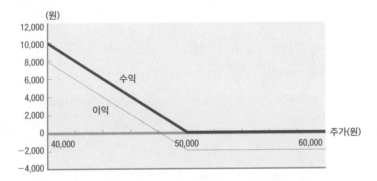

개념점검 3

그림 9.5의 상황에서 풋옵션 발행자의 수익과 이익 그래프를 그리시오.

모범답안 3

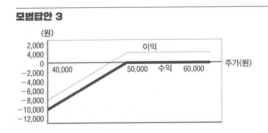

❸ 옵션투자와 주식투자

콜옵션은 주식시장의 전망이 좋을 것으로 예상될 때 활용하는 투자안이다. 반대로 풋옵션은 주식시장의 전망이 나쁠 때 활용하는 투자안이다. 마찬가지로 앞으로 시장전망을 좋지 않게 보는 투자자는 콜옵션을 발행할 것이고, 시장전망을 좋게 보는 투자자는 풋옵션을 발행할 것이다. 옵션의 가치는 주가 움직임에 의해 결정되기 때문에 옵션매입은 주식매매의 대체수단으로 인식될 수 있다.

투자자는 왜 기초자산을 직접 매입하지 않고 옵션을 매입할까? 어떤 투자자가 3,000,000원을 투자하려고 한다. 현재 한국전력의 주가는 30,000원이고 한국전력 주식에 대해 발행된 6개월 만기 콜옵션의 행사가격은 27,500원이며 콜옵션의 가격은 4,000원이라고 가정하자. 또한 6개월 무위험이자율은 5%이고 앞으로 6개월 이내에 한국전력은 배당을 실시하지 않는다고 가정할 때, 다음의 세 가지 포트폴리오를 생각해보자.

- 포트폴리오 A : 한국전력 주식 100주 매입
- 포트폴리오 B : 행사가격이 27,500원인 한국전력 콜옵션 750개 매입
- 포트폴리오 C : 한국전력 콜옵션을 100개 매입하고, 나머지 2,600,000원을 5%의 무위험자산에 투자

6개월 후 한국전력 주가에 따른 각 포트폴리오의 가치는 다음과 같다.

한국전력 주가(원)	26,000	28,000	30,000	32,000	34,000
포트폴리오 A(원)	2,600,000	2,800,000	3,000,000	3,200,000	3,400,000
포트폴리오 B(원)	0	375,000	1,875,000	3,375,000	4,875,000
포트폴리오 C(원)	2,730,000	2,780,000	2,980,000	3,180,000	3,380,000

세 가지 포트폴리오 모두 투자금액은 3,000,000원이므로 투자수익률을 계산하면 다음과 같다.

한국전력 주가(원)	26,000	28,000	30,000	32,000	34,000
포트폴리오 A(%)	−13.3	−6.7	0.0	6.7	13.3
포트폴리오 B(%)	−100.0	−87.5	−37.5	12.5	62.5
포트폴리오 C(%)	−9.0	−7.3	−0.7	6.0	12.7

이 수익률을 그림으로 나타내면 (그림 9.6)과 같다. 포트폴리오 B와 C의 수익률을 주식투자인 포트폴리오 A와 비교해보면, 옵션투자의 경우 두 가지 특징이 발견된다. 첫 번째, 옵션에는 레버리지(leverage) 효과가 있다. 포트폴리오 B와 A의 수익률을 비교해보자. 주가가 떨어지면 주식에 투자하는 포트폴리오 A의 수익률은 완만하게 떨어지나, 옵션투자

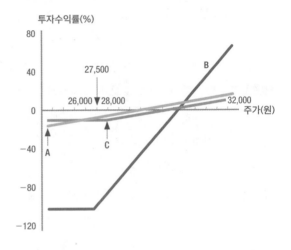

(그림 9.6) **포트폴리오 A, B, C의 투자수익률**

인 포트폴리오 B는 수익률이 급격히 떨어진다. 반면, 주가가 상승할 경우 주식투자에 비해 옵션투자의 수익률은 급격히 상승한다. 이는 (그림 9.6)에서 포트폴리오 B의 기울기가 포트폴리오 A에 비해 훨씬 가파른 것을 통해 알 수 있다.

두 번째, 옵션에는 보험의 성격이 내재되어 있다. 무위험자산과 옵션과의 포트폴리오인 C의 경우, 그 가치가 2,730,000원 이하로 떨어지지는 않는다. 포트폴리오 C는 최악의 상태에서도 수익률은 −9%이나, 주식투자의 경우 회사가 도산하면 투자수익률은 −100%이다. 그러나 포트폴리오 C는 보험의 효과가 있는 대신 주가가 상승할 경우 포트폴리오 A에 비해 수익률이 낮다는 단점도 있다.

(2) 옵션전략

콜옵션과 풋옵션을 결합하면 다양한 수익 형태를 만들어낼 수 있다. 콜옵션과 풋옵션을 결합한 대표적인 옵션전략 몇 가지를 소개한다.

방어적 풋

특정 주식에 투자한 후 항상 일정 수준 이상의 수익을 유지하고자 할 경우, 어떠한 투자전략을 세워야 할까? 주식에만 투자할 경우에는 위험이 매우 높아서 투자자금 전부를 상실할 수도 있다. 따라서 주식에 투자하면서 동시에 그 주식에 대해 발행한 풋옵션을 매입해보자. 표 9.2 에는 이러한 포트폴리오의 행사 시점에서 가치가 계산되어 있다.

방어적 풋(protective put)은 주가가 어떻게 움직이든지 포트폴리오의 가치를 풋옵션 행사가격만큼 보장하게 된다. 이는 주가가 행사가격 이하로 떨어지더라도 행사가격으로 팔 수 있기 때문이다. 그림 9.7(c) 는 방어적 풋의 수익 및 이익 그래프이다. 실선은 수익을, 점선은 풋 매입가격과 주식 매입가격을 공제한 이익 그래프이다. 이 그림을 보면 손실 가능액은 매우 제한적임을 알 수 있다. 방어적 풋은 주가가 하락할 때 손실을 일정 수준에 묶어둘 수 있는 보험효과를 가지고 있기 때문에, 일종의 포트폴리오 보험(portfolio insurance)이라고 할 수 있다.

표 9.2 방어적 풋의 가치

구분	$S_T \leq X$	$S_T > X$
주식의 가치	S_T	S_T
풋옵션의 가치	$X - S_T$	0
방어적 풋의 가치	X	S_T

커버드 콜

기초주식 1주를 매입과 동시에 그 주식에 대해 콜옵션을 발행하는 것을 커버드 콜(covered call)이라고 한다. 콜옵션 투자자가 콜옵션을 행사할 때 팔 수 있는 기초주식을 가지고 있기 때문에 커버드 콜이라고 불린다. 대신에 기초주식을 가지지 않고 콜옵션을 발행하면, 그 옵션을 언커버드 콜(uncovered call 또는 naked call)이라고 부른다. 행사 시점에서 커버드 콜의 가치가 표 9.3 에 제시되어 있다. 그림 9.8(c) 는 커버드 콜의 수익 및 이익을 나타낸 그래프이다. 행사 시점에서 주가가 행사가격인 X보다 낮으면 포트폴리오 가치는 S_T가 되고, S_T가 X보다 높으면 포트폴리오 가치는 X가 된다. 점선은 이익을 나타낸다.

표 9.3 커버드 콜의 가치

구분	$S_T \leq X$	$S_T > X$
주식의 가치	S_T	S_T
콜옵션의 가치	0	$-(S_T-X)$
커버드 콜의 가치	S_T	X

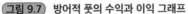

그림 9.7 방어적 풋의 수익과 이익 그래프   그림 9.8 커버드 콜의 수익과 이익 그래프

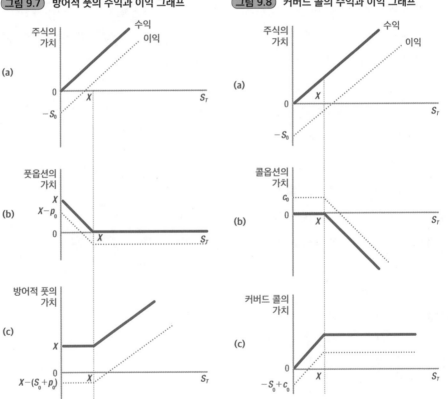

스트래들

스트래들(straddle)은 동일한 기초자산을 대상으로 발행된 행사가격과 만기일이 모두 동일한 콜옵션 하나와 풋옵션 하나를 동시에 매입하는 것을 의미한다. 스트래들은 주가의 기복이 행사가격을 중심으로 매우 심할 것으로 예상하나, 어느 방향으로 움직일지 확신하지 못하는 투자자에게 유용한 투자전략이다.

예를 들어, 특정 소송사건에 계류 중인 회사가 있다고 가정하자. 그 소송에서 이기면 회사의 주가는 행사가격의 2배 수준까지 오를 것으로 예상되며, 소송에서 패할 경우 주가는 반으로 떨어질 것으로 예상된다. 그러나 스트래들을 보유하고 있으면 소송사건 결과에 관계없이 이익을 올리게 된다. 이러한 스트래들의 가

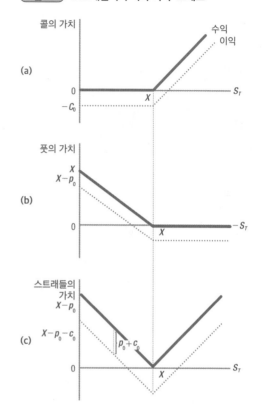

그림 9.9 스트래들의 수익과 이익 그래프

치가 표 9.4 에 계산되어 있으며, 스트래들의 수익 및 이익 그래프가 그림 9.9(c) 에 제시되어 있다.

표 9.4 스트래들의 가치

구분	$S_T \leq X$	$S_T > X$
콜의 가치	0	$S_T - X$
풋의 가치	$X - S_T$	0
스트래들의 가치	$X - S_T$	$S_T - X$

그림 9.9(c) 를 보면, 주가가 행사가격과 같을 때 스트래들의 수익이 0이 되는 경우를 제외하고 스트래들의 수익은 항상 0보다 크다. 행사 시점에서 스트래들의 수익이 음(−)이 되지

투자론

는 않더라도 투자자가 이익을 올리기 위해서는 스트래들의 수익이 옵션매입가격보다 높아야 한다. 그림 9.9(c)에서 점선이 이익을 나타낸다. 주가가 행사가격에서 크게 벗어나지 못하면 스트래들은 손실이 발생한다.

스트립(strip)과 스트랩(strap)은 스트래들이 변형된 것이다. 스트립은 동일한 주식에 대해 발행되며, 만기와 행사가격이 동일한 하나의 콜옵션과 두 개의 풋옵션이 결합된 것이다. 스트립은 주가의 변동이 클 것으로 예상되며, 특히 하락이 더 클 것으로 예상될 때 유용한 포트폴리오이다. 스트립의 이익 그래프는 그림 9.10과 같다.

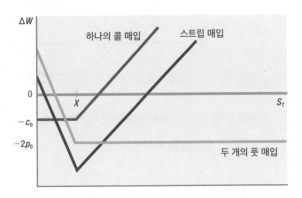

그림 9.10 스트립의 이익 그래프

스트랩은 동일한 주식에 대해 발행되며, 만기와 행사가격이 동일한 두 개의 콜옵션과 하나의 풋옵션이 결합된 것이다. 스트랩은 주가의 변동이 클 것으로 예상되며, 특히 상승이 더 클 것으로 예상될 때 유용한 포트폴리오이다. 이를 그림으로 나타내면 그림 9.11과 같다.

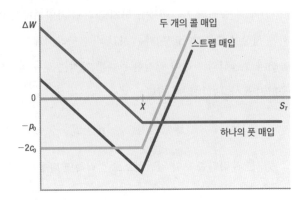

그림 9.11 스트랩의 이익 그래프

스프레드

스프레드(spread)는 동일한 자산에 대해 발행되나, 행사가격 또는 만기일이 상이한 두 개 이상의 옵션(두 개 이상의 콜옵션, 두 개 이상의 풋옵션, 또는 콜옵션과 풋옵션)이 결합된 것이다. 수직스프레드(vertical spread)는 옵션을 하나 매입하면서 행사가격이 다른 옵션을 발행하는 것이다. 수평스프레드(horizontal spread)는 옵션을 하나 매입하고 만기일이 상이한 또 하나

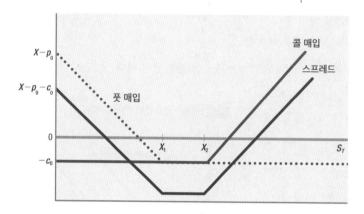

그림 9.12 스프레드의 이익 그래프

의 옵션을 발행하는 것이다. 풋옵션의 행사가격이 콜옵션의 행사가격보다 낮은 스프레드의 이익 그래프가 그림 9.12 에 나타나 있다.

풋-콜 패러티

앞서 어떤 두 증권의 미래 현금흐름이 같으면, 두 증권의 가격은 동일해야 한다는 것을 배웠다. 만약 두 증권의 가격이 동일하지 않다면 차익거래의 기회가 생기며, 이러한 차익거래기회는 시장이 효율적이라면 빠른 시간 내에 사라지게 된다. 풋-콜 패러티(put-call parity)는 콜옵션과 풋옵션의 가격이 일정한 관계를 가지는 것을 말한다. 풋-콜 패러티를 연속복리를 사용하여 표시하면 아래와 같다.

$$c_0 - p_0 = S_0 - X \times e^{-R_f \times T} \qquad (9.11)$$

풋-콜 패러티를 보다 일반적으로 정리하면 다음과 같다.

$$p_0 = c_0 - S_0 + PV(X) + PV(dividends)$$

(3) 옵션평가

옵션의 내재가치와 시간가치

옵션의 가격은 옵션이 외가격 상태여도 값이 0보다 크다. 이는 미래의 행사 시점까지 기초자산의 가격이 상승하여 내가격 상태로 바뀔 가능성이 있기 때문이다. 현재 시점에서 옵션이 행사되었을 때의 가치인 $S_0 - X$를 내재가치(intrinsic value)라고 하며, 등가격이나 외가격 상태에서 옵션의 내재가치는 0이다. 옵션의 실제 가격과 내재가치의 차이를 옵션의 시간가치(time value)라고 부른다.

옵션의 시간가치는 화폐의 시간가치(time value of money)와는 다른 개념이다. 옵션의 시간가치는 옵션의 행사 시점이 현재가 아닌 미래이기 때문에 발생하며, 이는 기초자산의 가격변동 가능성에서 비롯된다. 즉, 옵션의 내재가치가 0보다 커질 수 있다는 가능성으로 인해 옵션의 시간가치가 존재한다고 볼 수 있다. 그리고 옵션의 시간가치는 옵션이 내가격 상태일 때는 점차 작아지게 된다. 또한 현재의 주가가 행사가격보다 높을수록 $S_0 - PV(X)$에 수렴하게 된다. 그림 9.13 은 만기 이전의 옵션가치를 그래프로 나타낸 것이다.

그림 9.13 만기 이전의 옵션가치

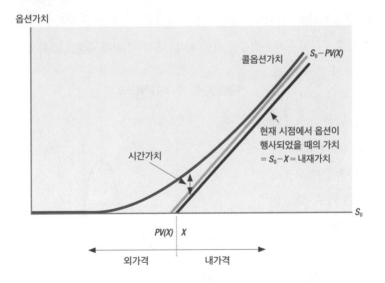

옵션의 가격결정에 영향을 미치는 요인

옵션의 가격에 영향을 미치는 요인에는 다음의 여섯 가지가 있다. 기초자산을 주식이라고 가정하면, 현재의 주가, 행사가격, 만기까지의 기간, 주가의 분산(변동성), 무위험이자율, 그리고 주식의 배당률이다. 먼저, 쉽게 이해하기 위해 옵션이 만기일에만 행사될 수 있는 유럽형 옵션이라고 가정하자.

첫째, 기초자산의 가격인 주가를 보자. 행사가격과 만기일이 주어질 경우, 기초자산의 가격이 높을수록 이 기초자산에 대해 발행된 콜옵션의 가격도 높아진다. 그러나 주가가 행사가격보다 낮더라도 옵션의 가격은 양(+)이 되는데, 이는 투자자들이 만기일에 주가가 행사가격을 상회할 기회가 있다고 믿는 한 옵션은 가치가 있기 때문이다. 이러한 가치를 옵션의 시간가치라고 부른다. 둘째, 행사가격이 낮을수록 콜옵션의 가격은 상승한다. 이는 행사가격이 낮을수록 만기일에 시장가격이 행사가격을 상회하여 행사될 가능성이 커지기 때문이다. 셋째, 만기일이 길수록 콜옵션가격은 상승한다. 그 이유는 만기일이 길수록 주가가 행사가격을 상회할 가능성이 크기 때문이다. 한편, 만기일이 무한정인 콜옵션의 가격은 행사가격과 관계없이 주가와 같게 되는데, 이러한 옵션은 결코 행사되지 않을 것이기 때문이다. 넷째, 기초자산의 가격이나 수익률의 분산이 클수록 콜옵션의 가격은 상승하게 된다. 이는 분산이 클수록 주가가 행사가격을 상회할 가능성이 커지기 때문이다. 콜옵션은 조건부 청구권이므로 옵션소유자는 만기일에 주가가 행사가격을 상회해야 이익을 얻게 된다. 그림 9.14 와 같이 주가의 확률분포가 서로 상이한 주식에 대해 각각 발행된 옵션을 생각해보자. 두 개의 주가분포는 평균값은 같지만, 분산이 다르다. 만약 행사가격이 X로서 동일하다면 어느 것이 유리할까? 콜옵션은 주가가 행사가격을 상회해야 이익을 볼 수 있기 때문에, 분산이 큰 주식에 대해 발행된 옵션을 선

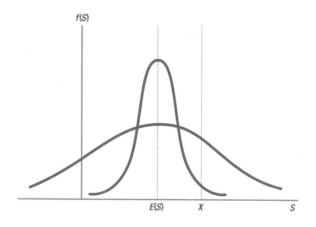

그림 9.14 주가의 확률분포

$f(S)$

$E(S)$ X S

호하는 것이 당연하다. 다섯째, 무위험이자율이 상승할수록 콜옵션가격은 상승하게 된다. 이는 무위험이자율이 오를수록 행사가격의 현재 가치를 감소시켜 실제적인 행사가격의 인하 효과를 가져오기 때문이다. 마지막으로, 만약 기초자산이 행사일 이전에 현금배당을 실시한다면 옵션 투자자는 현금배당을 받지 못하고 주가는 떨어지므로 콜옵션가격도 떨어지게 된다.

이상의 관계를 종합하면, 기초자산인 주식의 가격을 S, 행사가격을 X, 기초주식수익률의 분산을 σ^2, 만기일을 T, 그리고 무위험이자율을 R_f라고 할 경우, 유럽식 콜옵션의 가격 c와의 관계를 표 9.5 와 같이 정리할 수 있으며, 다음과 같은 함수로 표시할 수 있다.

표 9.5 **옵션가격에 영향을 미치는 요인들**

다음 요인이 상승할 때	콜옵션의 가격 변화	풋옵션의 가격 변화
주식가격(S)	상승	하락
행사가격(X)	하락	상승
기초주식수익률의 분산(σ^2)	상승	상승
만기일까지의 기간(T)	상승	경우에 따라 다름
무위험이자율(R_f)	상승	하락
배당률	하락	상승

$$c = f(S, X, \sigma^2, T, R_f)$$

또한 c는 다음의 관계를 가진다.

$$\frac{\delta c}{\delta S} > 0, \frac{\delta c}{\delta X} < 0, \frac{\delta c}{\delta \sigma^2} > 0, \frac{\delta c}{\delta T} > 0, \frac{\delta c}{\delta R_f} > 0$$

유럽식 풋옵션의 경우 위 요인들이 옵션가격에 미치는 영향은 다음과 같다. 첫째, 행사가격과 만기일이 주어진 상태에서 현재의 주가가 높을수록 풋옵션의 가격은 낮아진다. 풋옵션은 팔 수 있는 권리이므로 시장가격이 행사가격보다 낮아야 이득을 얻는 조건부 청구권이다. 따라서 현재의 주가가 높을수록 만기일이 도래했을 때 행사가격이 시장가격보다 높을 확률이 작아져 옵션가치가 떨어지게 된다. 둘째, 행사가격이 높을수록 풋옵션의 가격은 높아진다. 행사가격이 높을수록 만기일에 행사가격이 시장가격보다 높을 확률이 크기 때문이다. 셋째, 만기일과 풋옵션과의 관계는 일반적으로 만기일이 길수록 주가 변화의 가능성이 크기 때문에 풋옵션의 가격도 올라간다. 그러나 콜옵션처럼 분명하지는 않다. 왜냐하면 만기가 길수록 행사가격의 현재 가치가 작아져서 풋옵션가격이 낮아지는 효과도 있기 때문이다. 넷째, 기초주식의 가격분산이 클수록 풋옵션의 가격은 상승한다. 분산이 크다는 것은 가격변동이 크다는 것을 의미하므로 큰 이익을 얻을 확률이 높기 때문이다. 다섯째, 풋옵션가격은 무위험이자율과 반대 방향으로 움직인다. 무위험이자율이 높을수록 행사가격의 현재 가치가 감소하여 실제적인 행사가격의 인하효과를 가져오기 때문이다. 여섯째, 기초주식이 행사일 이전에 현금배당을 실시하면 주가의 하락으로 인해 풋옵션가격은 상승한다.

이상의 관계를 종합하면 풋옵션의 가격 p와의 관계를 표 9.5 와 같이 정리할 수 있으며, 다음과 같은 함수로 표시할 수 있다.

$$p = f(S, X, \sigma^2, T, R_f)$$

$$\frac{\delta p}{\delta S} < 0, \ \frac{\delta p}{\delta X} > 0, \ \frac{\delta p}{\delta \sigma^2} > 0, \ \frac{\delta c}{\delta T} \ ? \ 0, \ \frac{\delta p}{\delta R_f} < 0$$

이항분포에 의한 옵션평가

이항분포(binomial distribution)에 의한 옵션평가모형은 주식가격의 변화에 대한 간단한 가정에서 출발한다. 먼저, 주식가격이 옵션 만기에 두 개의 값만 가지는 상황을 가정한다. 즉, 현재의 주가보다 오른 가격이나 내린 가격으로만 변화한다고 가정한다. 이 가정은 지나치게 간단하여 실제로 사용될 수 있을지 의심할 수도 있다. 그러나 이항분포를 확장하고 여러 단계를 도입하는 과정을 거쳐 개발된 도구들을 실제로 여러 금융기관에서 사용하고 있다.

예제를 통해 이항분포에 의한 옵션평가모형을 살펴보자. A전자의 주가가 연초 현재 10,000원이면 연말의 주가는 100% 상승하여 20,000원이거나($u = 2$), 50% 하락하여 5,000원($d = 0.5$)이 될 수 있다. 이 주식에 대한 콜옵션이 행사가격 12,500원, 만기는 1년으로 발행되었다고 하자. 무위험이자율은 8%이다. 콜옵션 만기인 연말에 콜옵션 보유자는 주가하락 시 수익은 0, 주가상승 시 수익은 7,500원을 얻게 된다. 이러한 투자와 수익을 나무구조로 표시하면 다음과 같다.

투자론

주가

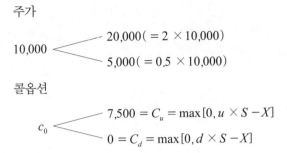

$$10,000 \diagdown \begin{array}{l} 20,000 \, (\, = 2 \times 10,000) \\ 5,000 \, (\, = 0.5 \times 10,000) \end{array}$$

콜옵션

$$c_0 \diagdown \begin{array}{l} 7,500 = C_u = \max[0, u \times S - X] \\ 0 = C_d = \max[0, d \times S - X] \end{array}$$

이제 주식과 콜옵션을 이용하여 무위험 포트폴리오를 구성해보자. 무위험 포트폴리오는 앞에서 설명한 것과 같이, 확실한 수익이 보장되고, 그에 따라 수익률로 무위험이자율을 사용하는 포트폴리오를 말한다. 주식 1개를 매입하고 콜옵션 m개를 발행하여 무위험 포트폴리오를 만든다면 투자와 수익을 다음과 같이 표시할 수 있다.

$$10,000 - mc_0 \diagdown \begin{array}{l} 20,000 - m \times 7,500 \\ 5,000 - m \times 0 \end{array}$$

무위험 포트폴리오는 주가의 상승·하락과 무관하게 수익이 일정해야 하므로, 다음과 같은 식이 성립한다.

$$20,000 - m \times 7,500 = 5,000 - m \times 0$$

$$m = \frac{20,000 - 5,000}{7,500} = 2$$

따라서 2개의 콜옵션을 발행하면 무위험 포트폴리오를 구성할 수 있다. 이때 포트폴리오의 투자와 수익은 다음과 같은 값을 가진다.

$$10,000 - 2c_0 \diagdown \begin{array}{l} 20,000 - 2 \times 7,500 = 5,000 \\ 5,000 - 2 \times 0 = 5,000 \end{array}$$

무위험 포트폴리오는 수익률이 무위험이자율과 같으므로 연말의 수익인 5,000원을 무위험이자율로 할인한 값이 투자금액과 같아야 한다. 따라서 다음과 같은 식이 성립한다.

$$\frac{5,000}{(1+8\%)} = 4,630 = 10,000 - 2c_0$$

$$c_0 = \frac{(10,000 - 4,630)}{2} = 2,685$$

따라서 콜옵션의 가격은 2,685원이 된다.

한편, 미래의 현금흐름이 같은 증권이나 포트폴리오의 가치는 동일해야 하지만, 차익거래의 기회가 없다는 점을 이용하여 동일한 미래 현금흐름을 제공하는 포트폴리오를 생각해보자. 먼저, 주식 1개를 매입하고 만기에 5,000원이 되는 대출을 받았다고 가정하자. 이 경우 이 포트폴리오의 만기수익은 주가가 상승하면 15,000원, 하락하면 0원이 된다. 현재 시점에서 이 포트폴리오를 구성하는 데는 주식매입에 10,000원, 실제 대출금액은 무위험이자율 8%를 감안할 때 4,630원이 되며(만기에 4,630원의 원금과 370원의 이자를 합쳐 5,000원을 갚게 된다), 따라서 실제 이 포트폴리오의 초기 투자금액은 5,370원이 된다. 이 포트폴리오의 만기 수익을 보면 2개의 콜옵션을 보유하는 것과 같은 것을 확인할 수 있다.

따라서 이 포트폴리오의 초기 투자금액인 5,370원이 2개의 콜옵션의 매입비용과 같아야 차익거래의 기회가 없게 되므로 콜옵션의 가격은 2,685원이 된다. 이러한 방식으로 동일한 미래 현금흐름을 가지는 포트폴리오를 구성하는 기법을 복제(replication)라고 하며, 옵션이나 여러 파생상품의 가격을 결정하는 데 많이 사용된다. 2단계 이항분포 옵션가격결정모형에서 콜옵션의 가치는 다음과 같다.

$$C = \frac{p \times C_u + (1-p) \times C_d}{r}$$

$$p = \frac{r-d}{u-d},\ 1-p = \frac{u-r}{u-d}$$

참고로, 주식의 상승 가능성과 하락 가능성이 콜옵션의 가격에 아무 영향을 미치지 않는 것을 볼 수 있다. 즉, 콜옵션의 가격은 기초주식의 주가가 상승할 확률 또는 하락할 확률과 무관하게 결정된다. 따라서 투자자들이 기초주식의 주가가 상승할 확률에 대해 서로 상이한 예측을 하더라도 콜옵션의 가격에는 영향을 주지 않는다. 또한 콜옵션의 가격은 일반투자자들의 위험에 대한 태도와 관계없이 결정된다. 다만, 모든 투자자가 부의 극대화를 추구하기 때문에 차익의 기회는 주어지지 않는다. 그리고 CAPM과 달리, 옵션가격은 기초주식가격의 확률적 변동에 따라 결정될 뿐, 시장 포트폴리오의 구체적 역할이 요구되지 않는다. 또한 앞의 식을 보면 콜옵션의 가격이 기댓값의 형태로 표현되었으며 p값이 확률과 유사해 보이는 것을 볼 수 있다. 그러나 p값은 r, u, d와 같이 주어진 값에 의해 결정되기 때문에 가성확률(pseudo probability)이라고 부른다. 이러한 모형을 3단계, 더 나아가 T단계로 확장한 이항분포 옵션가격결정모형에서 콜옵션의 가격은 다음과 같다.

$$C = \frac{p^2 \times C_{uu} + p(1-p) \times C_{ud} + (1-p)p \times C_{du} + (1-p)^2 \times C_{dd}}{r^2}$$

$$= \frac{\sum_{n=0}^{2} C_n p^n (1-p)^{2-n} \max[0, u^n \times d^{2-n} \times S - X]}{r^2}$$

$$C = \frac{\sum_{n=0}^{T} C_n p^n (1-p)^{T-n} \max[0, u^n \times d^{T-n} \times S - X]}{r^T}$$

　주식은 매일 거래되므로 이항분포 옵션가격결정모형을 이용하는 것은 실제 상황을 지나치게 단순화한 것으로 볼 수 있다. 따라서 이항분포모형을 확장하여 중간에 여러 단계를 두거나, 상승·하락 외에 보합의 단계를 추가하기도 한다. 또한 단계별로 '상승 후 하락'과 '하락 후 상승'이 만나거나 만나지 않는 경우 등 다양하게 확장된 모형을 사용하고 있다.

　엑셀을 사용하여 이항분포 옵션가격결정모형(이하 '이항모형')을 만들어보자. 예를 들어, 현재주가는 30,000원, 행사가격은 35,000원, $u = 1.2, d = 0.67$, 무위험이자율은 10%라고 가정하자. 먼저, 가성확률 p를 계산한다(가성확률을 이용하여 계산하는 것이 훨씬 편리하다). r은 (1 + 무위험이자율)이다. 가성확률은 $p = (r-d)/(u-d)$로 산출하며, 만기의 콜옵션가치는 다음과 같이 계산된다.

$$C = \max(주가 - 행사가격, 0)$$

이제 1단계 전의 콜옵션가치는 다음과 같이 2단계 콜옵션가격의 식으로 계산한다.

$$C = \frac{p \times C_u + (1-p) \times C_d}{r}$$

그림 9.15 엑셀을 이용한 이항모형(**투자론.xlsx** 의 '9 - 1 이항분포' sheet)

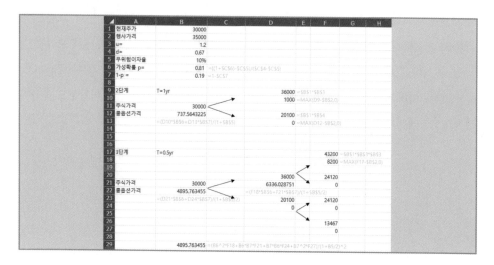

3단계 이항모형의 경우 반년마다 단계가 있는 것으로 가정하여 무위험이자율의 1/2을 사용하여 r을 (1 + 무위험이자율/2)로 계산한다. 이 방법으로 계산하면 **그림 9.15** 와 같이 계산된다.

블랙-숄즈 옵션가격결정모형

이항분포에 의한 옵션가격결정모형은 주가의 변동이 불연속적이며 실현 가능한 주가를 두가지로 국한하는 매우 큰 제약 상태에서 유도되었다. 이와 같은 주가 변화에 대한 제한을 완화하기 위해 블랙과 숄즈((Black & Scholes, 1973)[5]는 주가의 변동을 브라운운동(Brownian motion)으로 가정하여 옵션가격의 연속적 모형을 개발하였다. 블랙-숄즈 콜옵션가격결정모형은 다음과 같다.

---

5 F. Black and M. Scholes(1973), "The Pricing of Options and Corporate Liabilities", Journal of Political Economy, 81(May/June), pp. 637-659.

$$C = S \times N(d_1) - X \times e^{-R_f T} \times N(d_2)$$

$$d_1 = \frac{\ln(S/X) + R_f \times T}{\sigma\sqrt{T}} + \frac{1}{2}\sigma\sqrt{T}$$ (9.12)

$$d_2 = d_1 - \sigma\sqrt{T}$$

여기서, C : 콜옵션가격

　　　X : 기초주식의 가격

　　　R_f : 무위험이자율

　　　T : 만기까지의 기간(연)

　　　σ : 기초주식수익률의 표준편차(연율)

　　　$N(d)$: 표준정규분포로부터 추출된 값이 d보다 작을 확률

다음 상황에서 콜옵션의 가격을 평가해보자.

- 주가(S) : 10,000

- 행사가격(X) : 9,500

- 무위험이자율(R_f) : 0.10

- 만기까지의 기간(T) : 0.25(1/4년)

- 표준편차(σ) : 0.25

먼저, d_1과 d_2를 계산한다.

$$d_1 = \frac{\ln(10,000/9,500) + 0.10(0.25)}{0.5\sqrt{0.25}} + \frac{1}{2}(0.5)\sqrt{0.25} = 0.43$$

$$d_2 = 0.43 - 0.5\sqrt{0.25} = 0.18$$

엑셀함수 NORMSDIST를 활용하여 $N(d_1)$과 $N(d_1)$를 다음과 같이 구할 수 있다.

$$N(0.43) = 0.6664$$

$$N(0.18) = 0.5714$$

콜옵션의 가치는 식 (9.12)에 의해 다음과 같이 계산된다.

$$C = 10{,}000 \times 0.6664 - 9{,}500 \times e^{(-0.10)(0.25)} \times (0.5714)$$
$$= 6{,}664 - 5{,}294 = 1{,}370원$$

블랙-숄즈모형을 활용할 때는 다음과 같은 현실적인 한계점을 인식해야 한다. 첫째, 옵션평가모형 유도를 위한 가정이 매우 제한적이라는 것이다. 둘째, 평가모형에서 S, X, T, R_f는 관측된 수치지만, σ는 추정된 수치이기 때문에 추정오차가 있을 수 있다. 블랙-숄즈 콜옵션 가격결정모형을 이용하면 풋옵션가격결정모형도 쉽게 유도된다. 풋-콜 패러티에 의해 콜옵션가격(c)과 풋옵션가격(p)은 다음의 관계를 가지며, 이를 통해 p를 구할 수 있다.

$$c - p = S - X \times e^{-R_f T}$$

$$
\begin{aligned}
p &= c - S + X \times e^{-R_f T} \\
&= S \times N(d_1) - X \times e^{-R_f T} N(d_2) - S + X \times e^{-R_f T} \\
&= S[N(d_1) - 1] - X \times e^{-R_f T}[N(d_2) - 1] \\
&= X \times e^{-R_f T}[1 - N(d_2)] - S[1 - N(d_1)] \\
&= X \times e^{-R_f T} N(-d_2) - S \times N(-d_1)
\end{aligned}
$$

위 식을 이용하여 풋옵션가격을 구해보자.

$$p = 9{,}500 e^{(-0.10)(0.25)} N(-0.18) - 10{,}000 N(-0.43)$$
$$= 635원$$

이제 엑셀을 이용하여 블랙-숄즈 옵션가격결정모형에 의한 콜옵션가격을 계산해보자. 엑셀에서는 내장함수로 표준정규분포의 값을 계산할 수 있으므로 손쉽게 블랙-숄즈 옵션가격결정모형을 이용할 수 있다. 그림 9.16 에서 보듯이 자연로그는 LN( ), 제곱근은 SQRT ( ) 함수를 사용하면 되며, 표준정규분포의 값은 NORMSDIST( ) 함수를 이용하면 된다.

그림 9.17 은 여러 변수가 변할 때 콜옵션가격의 변화를 나타낸다. 현재 주가, 표준편차, 무위험이자율, 만기까지의 기간이 증가할수록 콜옵션의 가격이 상승하며, 행사가격이 증가할수록 콜옵션의 가격이 하락하는 것을 확인할 수 있다.

그림 9.16 엑셀을 이용한 블랙 - 숄즈 모형(투자론.xlsx 의 '9 - 2 블랙숄즈' sheet)

	A	B	C
1	현재주가	10000	
2	행사가격	9500	
3	무위험이자율	10%	
4	만기까지 기간(년)	0.25	
5	표준편차	0.5	
6	분산	0.25	
7	배당률	0%	
8			
9	d1	0.430173178	=(LN(B1/B2)+B3*B4)/(B5*SQRT(B4))+0.5*B5*SQRT(B4)
10	d2	0.180173178	=B9-B5*SQRT(B4)
11	N(d1)	0.666465164	=NORMSDIST(B9)
12	N(d2)	0.571491692	=NORMSDIST(B10)
13	BS C=	1369.527274	=B1*B11-B2*(EXP(-B3*B4))*B12
14	BS P=	634.9714381	=B2*(1-B12)*EXP(-B3*B4)-B1*(1-B11)
15			
16	내재가치 C	500	=MAX(B1-B2,0)
17	시간가치 C	869.5272739	=B13-B16
18			
19	내재가치 P	0	=MAX(B2-B1,0)
20	시간가치 P	634.9714381	=B14-B19

그림 9.17 각 변수의 변화에 따른 콜옵션가격의 변화(투자론.xlsx 의 '9 - 2 블랙숄즈' sheet)

	E	F	G	H	I	J	K
1	표준편차	콜옵션가격	현재주가	콜옵션가격	시간가치		
2		1369.527274		1369.527274	869.5272739		
3	0.10	747.8466713	8000	368.9964502	368.9964502		
4	0.15	792.7283023	8500	552.6310253	552.6310253		
5	0.20	857.9266923	9000	781.8700559	781.8700559		
6	0.25	933.9017532	9500	1055.276176	1055.276176		
7	0.30	1015.918041	10000	1369.527274	869.5272739		
8	0.35	1101.565925	10500	1720.102099	720.1020992		
9	0.40	1189.522284	11000	2101.921957	601.9219575		
10	0.45	1279.006182	11500	2509.864091	509.8640907		
11	0.50	1369.527274	12000	2939.118941	439.1189413		
12	0.55	1460.761084	12500	3385.401096	385.4010958		
13	0.60	1552.482987	13000	3845.042669	345.042669		
14	0.65	1644.531243	13500	4315.003144	315.0031437		
15	0.70	1736.78525	14000	4792.82682	292.8268202		
16	0.75	1829.152225	14500	5276.572562	276.5725617		
17	0.80	1921.558739	15000	5764.733348	264.7333479		
18							
19	행사가격	콜옵션가격	시간가치	무위험이자율	콜옵션가격	만기까지기간	콜옵션가격
20		1369.527274	869.5272739		1369.527274		1369.527274
21	8000	2383.201436	383.201436	2%	1265.519896	0.1	953.9183612
22	8500	2007.051966	507.0519662	3%	1278.30936	0.2	1246.755948
23	9000	1668.390118	668.3901176	4%	1291.160245	0.3	1482.468352
24	9500	1369.527274	869.5272739	5%	1304.072057	0.4	1687.041763
25	10000	1110.817027	1110.817027	6%	1317.044295	0.5	1871.057305
26	10500	890.89305	890.89305	7%	1330.076453	0.6	2040.080806
27	11000	707.0657851	707.0657851	8%	1343.168016	0.7	2197.475576
28	11500	555.7723927	555.7723927	9%	1356.318466	0.8	2345.462254
29	12000	433.0006321	433.0006321	10%	1369.527274	0.9	2485.600692
30	12500	334.6396941	334.6396941	11%	1382.793909	1	2619.03804
31	13000	256.7393937	256.7393937	12%	1396.117832	1.1	2746.64839
32	13500	195.6792614	195.6792614	13%	1409.498498	1.2	2869.11685
33	14000	148.2606317	148.2606317	14%	1422.935357	1.3	2986.992938
34	14500	111.7395246	111.7395246	15%	1436.427852	1.4	3100.725957
35	15000	83.81824233	83.81824233	16%	1449.975423	1.5	3210.689289

(4) 선물과 옵션

투자자들은 옵션과 선물을 혼동하는 경우가 있다. 옵션은 기본적으로 권리이기 때문에 행사 시점에서 투자자에게 불리한 상황이 발생하면 투자자는 그 권리를 포기하면 되며, 그 이상의 어떠한 책임도 질 필요가 없다. 그러나 선물계약은 의무이기 때문에 선물거래의 상대방은 자신의 의무를 반드시 이행해야 할 책임이 있다.

그림 9.18 은 만기일에서 콜옵션의 매입자와 발행자의 수익과, 선물매입자와 매도자의 수익 그래프를 보여준다. 그림 9.18(a) 에서 기초자산의 가격에 관계없이 행사 시점 콜옵션의 매입자에게는 손실이 전혀 발생하지 않는 것을 알 수 있다. 또한 행사 시점에서 옵션 발행자에게는 이익이 전혀 생기지 않는다. 다만, 옵션 매입 시 옵션 프리미엄만이 매입자의 손실이 될 수 있고, 매도자의 이익이 될 수 있다.

그러나 선물의 경우에는 다른 결과가 발생한다. 그림 9.18(b) 에서 보면 선물매입자는 인도월에 자산의 가격에 따라 이익을 볼 수도 있고 손실을 볼 수도 있다. 선물매입자의 이익은 매도자의 손실과 같고, 매입자의 손실은 매도자의 이익과 같게 된다. 계약가격이 높을수록 선물매입자의 손실이 발생할 가능성이 커질 것이다.

특정 자산에 대해 옵션의 발행은 허용되지만, 선물거래는 허용되지 않는 경우가 많다. 이 경우 옵션을 이용하여 선물과 동일한 효과를 볼 수 있다. 동일한 자산에 대해 발행한 콜옵션을 하나 매입하면서 그 콜옵션의 행사가격과 만기일이 동일한 풋옵션 하나를 발행해보자. 그 결과가 그림 9.19 에 나타나 있다. 그러나 콜옵션이나 풋옵션의 가격에 따라 순현금흐름이 0

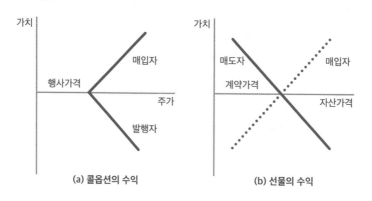

그림 9.18 콜옵션과 선물의 수익 그래프

(a) 콜옵션의 수익

(b) 선물의 수익

이 아닐 수 있다. 이때 투자자는 차입이나 대여를 함으로써 선물매입 시의 현금흐름과 동일한 입장을 취할 수 있다. 이러한 콜옵션 매입과 풋옵션 발행으로 선물매입과 현금흐름을 동일하게 만드는 것을 합성선물(synthetic futures)이라고 한다.

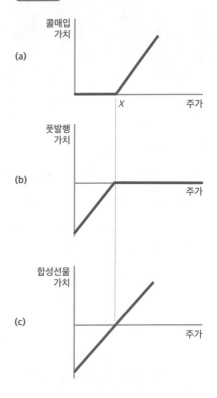

그림 9.19 합성선물 매입

또한 선물과 옵션을 결합한 선물옵션(futures option or option on futures)도 사용되고 있다. 이는 기초자산이 선물계약인 옵션으로, 옵션의 행사일은 선물의 인도일과 같게 된다. 선물의 매입자는 자산가격이 상승하면 이익을 얻고, 자산가격이 하락하면 손실을 입게 된다. 따라서 선물 콜옵션을 매입한 투자자는 선물계약에 대한 기초자산의 가격이 상승하면 옵션을 행사하여 선물계약을 가지게 되므로 이익을 보게 된다. 반면, 기초자산의 가격이 하락하면 옵션을 행사하지 않고 옵션에 대한 프리미엄만 포기하면 된다.

한편, 선물매도자는 선물계약에 대한 기초자산의 가격이 하락하면 이익을 보고, 가격이 상승하면 손실을 보게 된다. 그러나 선물풋옵션을 매입하면 선물계약에 대한 기초자산의 가격이 하락할 때 옵션을 행사하여 이익을 볼 수 있으며, 가격이 상승하면 옵션을 행사하지 않고 프리미엄만 포기하면 된다.

3 스왑계약

스왑의 의미

스왑(swap)이란 두 기업이 미리 약정한 대로 미래에 현금흐름을 교환하는 계약을 말한다. 따라서 스왑에서는 현금흐름이 지급되는 날짜와 현금흐름의 규모를 계산하는 방법이 명시되어 있다. 널리 사용되는 스왑의 종류로는 서로 다른 통화를 교환하는 통화스왑(currency swap)과 고정금리와 변동금리를 교환하는 금리스왑(interest rate swap)이 있다.

선도계약은 스왑의 간단한 예로 간주될 수 있다. 2024년 3월 1일에 어떤 기업이 1년 후에 온스당 300달러에 100온스의 금을 매입하기로 하는 선도계약을 체결했다고 가정하자. 이 기업은 1년 후 금을 매입하자마자 즉시 매도할 수 있다. 따라서 이 선도계약은 기업이 2025년 3월 1일에 3만 달러를 지급하고 $100S$를 받는 스왑과 같다. 여기서 S는 2025년 3월 1일의 온스당 금의 현물가격이 된다. 선도계약이 미래의 한 시점에서 현금흐름을 교환하는 계약인 반면, 스왑은 일반적으로 미래의 여러 시점에서 현금흐름을 교환하는 계약이다.

금리스왑

여러 형태의 금리스왑 중 기본형 금리스왑에 대해 알아보자. 기본형 금리스왑은 스왑계약의 양 당사자가 한쪽은 원금에 대해 약정된 고정금리이자를

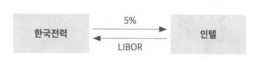

그림 9.20 금리스왑의 구조

수년간 지급하고, 다른 한쪽은 동일한 기간 동안 동일한 원금에 대해 변동금리이자를 지급하기로 계약하는 형태이다.

금리스왑 계약에서는 변동금리로 런던은행 간 대출금리인 LIBOR를 많이 사용한다. LIBOR(London interbank offered rate)는 유로통화시장에서 은행이 다른 은행의 예금에 대해 지급하는 이자율을 말한다. 1개월 LIBOR는 1개월 예금에 대해 지급하는 이자율이며, 3개월

LIBOR는 3개월 예금에 대해 지급하는 이자율이다. LIBOR는 은행 간 거래에서 결정되며, 은행 간 시장에서 자금의 수요와 공급이 일치하도록 수시로 변하게 된다. 또한 LIBOR는 국제금융시장에서 변동금리 대출의 기준금리로 이용된다.

이제 2024년 3월 5일에 시작되는 한국전력과 인텔 간의 3년 만기 스왑을 예로 금리스왑에 대해 구체적으로 살펴보자. 그림 9.20 에서 보듯이 한국전력은 인텔에게 1억 달러의 원금에 대해 연간 5%의 이자를 지급하기로 되어 있고, 인텔은 한국전력에게 같은 원금에 대해 6개월 LIBOR로 이자를 지급하기로 하였다. 그리고 이자는 6개월마다 교환된다. 첫 번째 이자교환은 계약을 체결한 지 6개월 후인 2024년 9월 5일에 이루어진다. 한국전력은 인텔에게 250만 달러의 이자를 지급해야 하며, 이는 원금 1억 달러에 대한 6개월간의 이자로, 연리 5%에 따른 이자의 절반에 해당한다. 인텔은 한국전력에게 2024년 9월 5일 기준으로 6개월 전인 3월 5일의 LIBOR를 원금 1억 달러에 적용한 금액만큼 이자를 지급한다. 2024년 3월 5일 현재 6개월 LIBOR가 연 4.2%라고 하면, 인텔은 한국전력에게 0.5 × 0.042 × 1억 달러 = 210만 달러를 지급하게 된다. 첫 번째로 교환되는 금액은 계약시점의 LIBOR에 의해 결정되기 때문에 금액결정 시 불확실성이 존재하지 않는다.

두 번째 이자교환은 계약을 체결한 지 1년 후인 2025년 3월 5일에 이루어진다. 한국전력은 인텔에게 첫 번째와 마찬가지로 250만 달러를 지불한다. 동시에 인텔은 한국전력에게 2025년 3월 5일 기준으로 6개월 전인 2024년 9월 5일의 6개월 LIBOR를 원금 1억 달러에 적용한 금액의 이자를 지불하게 된다. 2024년 9월 5일의 6개월 LIBOR가 연 4.8%라고 하면, 인텔은 한국전력에게 0.5 × 0.048 × 1억 달러 = 240만 달러를 지급하게 된다. 이 스왑계약의 경우 전체적으로 6번의 이자교환이 이루어지며, 한국전력이 인텔에게 지급하는 고정이자지급액은 항상 250만 달러이다.

한편, 인텔이 한국전력에게 지급하는 변동이자지급액은 이자지급일 6개월 전의 6개월 LIBOR에 기초하여 계산된다. 일반적으로 금리스왑에서는 거래일방이 거래상대방에게 이자지급액의 차이를 결제하는 방식이 사용된다. 따라서 첫 번째 이자교환일인 2024년 9월 5일에는 한국전력이 인텔에게 40만 달러(250만 달러 − 210만 달러)를 지급하며, 두 번째 이자교환일인 2025년 3월 5일에는 한국전력이 인텔에게 10만 달러(250만 달러 − 240만 달러)를 지급하게 된다.

표 9.6과 표 9.7은 이 스왑의 전체적인 이자지급 스케줄을 보여준다(미래 LIBOR를 안다고 가정). 표 9.6은 한국전력 입장에서의 스왑의 현금흐름이다. 1억 달러의 원금은 이자를 계산할 때만 이용되며 실질적으로 교환되지 않는다. 이러한 이유로 원금을 명목원금(notional principal)이라고 부른다. 원금을 스왑의 만기에 교환하더라도 거래의 본질이 변화하는 것은 아니다. 즉, 변동금리를 지급하든 고정금리를 지급하든 원금은 동일하며, 스왑의 만기 시점에 원금을 서로 교환하는 것은 두 기업에게 아무런 재무적 가치를 제공하지 않는다.

표 9.6 한국전력의 현금흐름

교환일	6개월 LIBOR(%)	변동현금흐름(유입)	고정현금흐름(유출)	순현금흐름
2024. 3. 5.	4.20			
2024. 9. 5.	4.80	+2.10	−2.50	−0.40
2025. 3. 5.	5.30	+2.40	−2.50	−0.10
2025. 9. 5.	5.50	+2.65	−2.50	+0.15
2026. 3. 5.	5.60	+2.75	−2.50	+0.25
2026. 9. 5.	5.90	+2.80	−2.50	+0.30
2027. 3. 5.	6.40	+2.95	−2.50	+0.45

표 9.7 한국전력의 현금흐름(원금 포함)

교환일	6개월 LIBOR(%)	변동현금흐름(유입)	고정현금흐름(유출)	순현금흐름
2024. 3. 5.	4.20			
2024. 9. 5.	4.80	+2.10	−2.50	−0.40
2025. 3. 5.	5.30	+2.40	−2.50	−0.10
2025. 9. 5.	5.50	+2.65	−2.50	+0.15
2026. 3. 5.	5.60	+2.75	−2.50	+0.25
2026. 9. 5.	5.90	+2.80	−2.50	+0.30
2027. 3. 5.	6.40	+102.95	−102.50	+0.45

그러나 표 9.7을 보면 흥미로운 점을 발견할 수 있다. 변동금리채권의 경우 이자율은 적용되는 기간 초에 결정되며, 이에 따라 이자는 기간 말에 지급된다. 따라서 세 번째 열은 변동금리 채권에 대해 매입포지션을 취한 경우의 현금흐름과 같으며, 네 번째 열은 고정금리채권에 대해 매도포지션을 취한 경우의 현금흐름과 같다. 이에 따라 스왑은 고정금리채권과 변동금리채권을 서로 교환하는 것으로 간주할 수 있으며, 이를 스왑의 가치평가에 이용할 수 있다.

기업들이 스왑을 사용하는 이유는 자산이나 부채를 원하는 형태로 변형할 수 있기 때문이다. 위의 예에 앞서 한국전력이 변동금리차입을 하고 있다고 가정하자. 기존의 변동금리차입 조건이 LIBOR + 10bp(basis point, 즉 LIBOR + 0.1%)로 1억 달러를 차입했다고 가정하면 위의 스왑을 통해 한국전력은 다음과 같은 세 가지 현금흐름을 주고받게 된다.

❶ 외부대출자에게 LIBOR + 10bp의 이자를 지급한다.
❷ 스왑계약에 따라 인텔로부터 LIBOR의 이자를 지급받는다.
❸ 스왑계약에 따라 인텔에게 5%의 이자를 지급한다.

이 세 가지 현금흐름을 종합하면 한국전력은 인텔에게 5.1%의 고정금리이자를 지급하는 것과 같은 결과를 얻게 된다. 즉, 스왑계약을 통해 한국전력은 LIBOR + 10bp의 변동금리차입을 5.1%의 고정금리차입으로 변형할 수 있게 된다. 또한 한국전력이 고정금리이자를 얻는 자산을 가지고 있는 경우에도 스왑계약을 통해 변동금리자산으로 변형할 수 있게 된다. 이러한 스왑계약은 스왑당사자들이 고정금리차입과 변동금리차입에서 각각 비교우위에 있기 때문에 이를 활용하는 것으로 설명할 수 있다.

예를 들어, A기업은 고정금리로 차입할 때 비교우위를 가지며, B기업은 변동금리로 차입할 때 비교우위를 가진다고 가정하자. 그러나 A기업이 변동금리로 차입하기를 원해도 고정금리로 차입해야 하는 경우가 있고, B기업이 고정금리로 차입하기를 원해도 변동금리로 차입해야 하는 경우도 발생된다. 따라서 A와 B기업은 스왑계약을 통해 부채를 변형하여 본래의 목적을 달성할 수 있게 된다.

이러한 스왑계약은 보통 기업들 간에 직접 이루어지기보다는 은행이나 기타 금융기관과 같은 중개기관을 통해 이루어지며, 이 과정에서 중개기관들은 3~4bp 정도의 마진을 얻게 된다. 이러한 마진은 계약의 상대방 기업이 채무를 이행할 수 없는 경우에도 금융기관이 스왑계약을 이행해야 하는 위험에 대해 보상의 성격을 띤다. 그림 9.21 은 금융기관을 통해 이루어지는 스왑계약의 예이다.

그림 9.21 금융기관이 참여하는 경우의 스왑계약

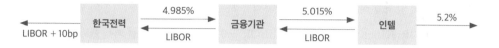

통화스왑

통화스왑은 한 나라의 통화를 기준으로 한 차입원금 및 이자액과, 다른 나라의 통화를 기준으로 한 차입원금 및 이자액을 교환하는 스왑 형태를 말한다. 금리스왑과 가장 다른 점은, 통화스왑은 두 개의 통화로 표시된 원금을 시작 시점과 만료 시점에서 교환한다는 점이다. 원금은 보통 시작시점의 환율기준으로 거의 비슷하게 결정된다. 예를 들어, 대한항공과 BP(British Petroleum)가 2024년 2월 1일에 체결한 5년 만기 통화스왑을 생각해보자. 이때 대한항공은 달러화로 연 4%의 고정금리를 지급하고 BP로부터 파운드화로 연 8%의 고정금리를 받는 것으로 계약하였다. 이자는 1년에 한 번 지급되며, 원금은 1천5백만 달러와 1천만 파운드이다. 이러한 통화스왑은 두 통화의 이자율이 고정되어 있기 때문에 고정-고정 통화스왑(fixed-for-fixed currency swap)이라고 부른다. 그림 9.22 는 이 스왑계약을 나타낸 것이다.

표 9.8 은 스왑계약을 통해 대한항공이 주고받는 현금흐름을 보여준다. 계약 시작 시점에

그림 9.22 통화스왑의 구조

서 대한항공은 1천5백만 달러를 지급하고 1천만 파운드를 받는다. 그다음 스왑계약 만료 시점까지 매년 60만 달러(1천5백만 달러 × 4%)를 받고 80만 파운드(1천만 파운드 × 8%)를 지급하

게 된다. 마지막으로 만료 시점에서 1만 파운드의 원금을 지급하고 1천5백만 달러의 원금을 받게 된다.

표 9.8	대한항공의 현금흐름		
교환일	달러화 현금흐름(백만 달러)	파운드화 현금흐름(백만 달러)
2024. 2. 1.	−15.00	+10.00
2025. 2. 1.	+0.60	−0.80
2026. 2. 1.	+0.60	−0.80
2027. 2. 1.	+0.60	−0.80
2028. 2. 1.	+0.60	−0.80
2029. 2. 1.	+15.60	−10.80

이러한 통화스왑은 한 나라의 통화로 차입한 부채를 다른 나라의 통화로 차입한 부채로 변형하거나, 자산을 변형하는 데 이용된다. 예를 들어, 대한항공이 1천5백만 달러의 미국 달러화 표시채권을 연 4%의 이자율로 발행했다고 가정하자. 통화스왑을 통해 대한항공은 연 8%의 이자율로 1천만 파운드를 차입한 것과 같은 효과를 얻게 된다. 원금의 초기 교환을 통해 채권발행 대금을 달러화에서 파운드화로 전환했으며, 이후에도 원리금을 달러화에서 파운드화로 전환해주기 때문이다. 통화스왑도 금리스왑과 동일하게 스왑당사자가 각각 다른 통화시장에서 비교우위를 가지고 있기 때문에 이를 활용하는 것으로 설명할 수 있다.

스왑의 평가

스왑은 고정금리채권과 변동금리채권의 교환으로 간주할 수 있다. 따라서 스왑의 가치는 고정금리채권과 변동금리채권 가격의 차이로 볼 수 있다. 고정금리채권의 가치는 일반적인 채권가격 계산과 같으며, 변동금리채권의 가격은 액면과 변동금리로 계산된 다음번 이자지급액의 현재 가치와 같다.

예를 들어, 액면 1억 달러에 대해 6개월 LIBOR를 지급하고 6개월 복리 8%로 지급받는 스왑계약을 생각해보자. 남은 이자지급일은 3개월, 9개월, 15개월 후이다. 이 스왑계약은 만기가 15개월 남았으며, LIBOR는 연속복리로 3개월 10%, 6개월 10.5%, 15개월 11%이다. 지난번 이자지급일의 6개월 LIBOR는 6개월 복리로 10.2%였다. 이 경우 고정금리채권의 가격은 9,824만 달러이다.

$$B_{fix} = 4e^{-0.1 \times 3/12} + 4e^{-0.105 \times 9/12} + 104e^{-0.11 \times 15/12}$$

$$= \$9{,}824만$$

또한 변동금리채권의 가격은 1억 251만 달러이다.

$$B_{fl} = 5.1e^{-0.1 \times 3/12} + 100e^{-0.1 \times 3/12}$$

$$= \$1억 251만$$

따라서 스왑의 가치는 이들의 차이인 −427만 달러이다. 이 경우 스왑계약의 상대방은 +427만 달러의 가치를 가지게 된다. 즉, 변동금리를 지급받고 고정금리를 지급하는 상대방은 스왑의 가치가 (+)가 된다.

스왑은 미래의 여러 시점에서 현금흐름을 교환하게 된다. 이에 비해 선도계약은 미래의 특정 시점에서 현금흐름을 교환하게 된다. 따라서 스왑은 서로 다른 시점에서 현금흐름을 교환하는 여러 선도계약으로 구성된다고 볼 수 있다. 이렇게 스왑과 동일한 현금흐름을 가지는 다른 자산들을 이용하여 스왑의 가치를 평가할 수 있다. 선도계약을 이용한 평가와 그 밖의 더 자세한 내용은 파생상품에 대한 다른 교재를 참고하기를 바란다.

4 기타 파생상품들

(1) 이자율파생상품

이자율파생상품은 수익이 이자율 수준에 따라 결정되는 상품을 말한다. 이자율파생상품의 사례로 캡, 플로어, 역변동금리채권에 대해 살펴보자.

캡(cap)과 플로어(floor)는 금리가 일정 수준 이상 올라가거나 내려갈 때의 차이로부터 이득이 발생하는 형태의 금리옵션이다. 캡은 금리의 상한선을 지정하며, 플로어는 금리의 하한선을 지정한다. 예를 들어, 금융기관이 기업에게 변동금리대출을 제공할 경우 금리가 지나치게 높아지면 기업은 이자지급 부담이 커지고, 반대로 금리가 지나치게 낮아지면 금융기관은 이자수입 감소의 부담을 지게 된다. 이 경우 기업이 금리 캡을 매입하면 금리가 지나치게 높아져도 일정 수준으로 금리를 유지할 수 있는 효과를 얻을 수 있으며, 금융기관이 금리 플로어를 매입하면 금리가 낮아져도 일정 수준으로 금리를 유지할 수 있는 효과를 얻을 수 있다.

역변동금리채권(inverse floater)은 기준금리가 상승하면 이자를 적게 받게 되는 채권을 말한다. 예를 들어, 발행금리가 (10% − 1년 만기 국채수익률)인 역변동금리채권이 있다고 가정하자. 1년 만기 국채수익률이 4%라면 이 채권은 10% − 4% = 6%의 이자율로 이자를 지급하게 된다. 만약 1년 만기 국채수익률이 7%로 상승하면 이자율은 3%로 떨어지게 된다. 이러한 채권은 만기가 같은 고정금리채권보다 이자율의 변화에 훨씬 민감하며, 시장금리의 상승으로 인한 가격하락도 함께 겪게 된다.

역변동금리채권은 일반 고정금리채권의 현금흐름을 두 개의 파생상품으로 나누어 만들어낼 수 있다. 즉, 고정금리채권을 변동금리채권과 역변동금리채권으로 나눈 후, 두 채권의 현금흐름의 합을 고정금리채권의 현금흐름과 일치시키면 가능하다. 역변동금리채권의 듀레이션은 보통 매우 길기 때문에 앞에서 본 면역전략을 장기부채에 대해 실행하려는 투자자나 금리하락에 배팅하는 투기적인 투자자들에게 매력적인 상품이다.

(2) 신용파생상품

신용위험(credit risk)이란 발행자나 차입자의 신용 변화에 따른 위험을 말한다. 신용 변화는 발행자나 차입자의 채무불이행위험이 변화하거나 부도 상태에 빠지는 것을 통칭하며, 이 경우 투자자나 채권자는 손실 발생의 가능성이 변화하게 된다. 은행은 이러한 신용위험에 대비하여 자본금을 일정 수준 이상으로 쌓아야 하기 때문에 신용위험에 대해 민감하게 대응하고 있다. 또한 신용위험을 헤지하기 위해 여러 가지 활동을 하고 있으며, 그중 하나가 신용파생상품이다. 여기에서는 이러한 신용파생상품의 사례를 몇 가지 알아보고자 한다.

신용디폴트스왑

신용디폴트스왑(CDS, credit default swap)은 기초자산의 부도에 대비한 보험 또는 풋옵션의 기능을 한다. 그림 9.23 과 같이 신용위험을 매도하는 쪽에서는 신용위험을 매입하는 쪽에 일정한 프리미엄을 지불하고 부도 위험으로부터 보호를 받게 된다. 즉, 부도가 발생하면 손실금액 또는 약정금액을 보전받게 되나, 부도가 발생하지 않으면 아무 금액도 지급받지 못한다.

그림 9.23 신용디폴트스왑(CDS)의 구조

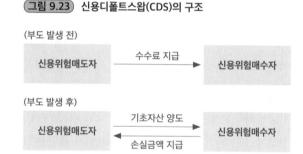

총수익스왑

총수익스왑(TRS, total return swap)은 그림 9.24 와 같이 신용위험매도자가 기초자산의 모든 현금흐름을 신용위험매수자에게 주고, 사전에 약정한 현금흐름을 받는 형태로 이루어진다. 따라서 기초자산의 자산가치가 상승하면 신용위험매수자가 유리해지며, 가치가 하락해도 신용위험매도자는 사전에 약정한 현금흐름을 수령할 수 있다. 대부분의 경우 기초자산의 시장가치를 측정하기 어렵기 때문에 자산가격의 상승·하락분에 대한 교환은 스왑의 만기 시점에서 이루어진다. 이때의

그림 9.24 총수익스왑(TRS)의 구조

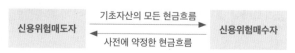

자산가치를 P_T, 스왑약정 시의 자산가치를 P_0라고 하면, $P_T - P_0$ 값이 양(+)일 경우 신용위험 매수자가 차익분을 받고, 음(−)일 경우 신용위험매도자가 손실분을 지급받게 된다. 이 형태는 결국 신용위험매수자가 기초자산에 대해 합성매입포지션을 취한 것과 동일한 효과를 가진다.

스프레드 옵션

스프레드 옵션(spread option)은 기초자산을 회사채와 국채 간 수익률 스프레드로 설정하고, 행사가격을 선도 스프레드(forward spread)로 설정한 옵션이다. 따라서 옵션의 만기 시점에서 실제 스프레드가 이보다 크면 옵션매입자가 이익을 얻게 된다. 이때의 이익은 다음과 같이 계산된다.

$$이익 = \max(0, \text{실제 스프레드} - \text{선도 스프레드}) \times \text{수정 듀레이션} \times \text{명목금액}$$

기업의 부도위험이 증가하면 신용등급은 하락하며, 이에 따라 실제 스프레드는 커지고 회사채의 가격은 하락하게 된다. 이때 스프레드 옵션을 매입한 경우 옵션을 행사하여 이에 따른 손실을 보전받을 수 있다.

부채담보부증권

부채담보부증권(CDO, collateralized debt obligation)은 금융회사가 보유한 대출 또는 채권 포트폴리오를 담보로 발행된 일종의 유동화 증권으로, 선순위 채권, 후순위 채권 및 주식 (equity tranche)의 세 부분으로 크게 나뉘어 발행된다. 증권화의 대상이 되는 기초자산이 대

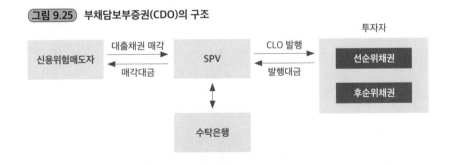

그림 9.25 부채담보부증권(CDO)의 구조

출인 경우 CLO(collateralized loan obligation)라고 하며, 채권인 경우에는 CBO(collateralized bond obligation)라고 한다. 이를 통해 금융회사가 가지고 있는 기존 포트폴리오의 신용위험을 투자자들에게 이전할 수 있게 된다.

신용위험이 현실화되면 일차적으로 주식, 다음은 후순위채권에서 손실을 부담하며, 그 이상의 손실이 발생한 경우 선순위채권 보유자들도 손실을 부담하게 된다. 선순위채권은 일반적으로 저위험–저수익의 특징을 가지며, 후순위채권은 고위험–고수익의 특징을 가진다. 가장 위험이 높은 주식 부분은 일반적으로 기초자산을 보유한 금융회사가 떠안는 경우가 많다.

1 K군은 부셸당 1,750원에 5,000부셸을 인도하는 옥수수 선물계약을 4개 매입하였다. 개시 증거금은 계약금의 3%이며, 유지증거금은 개시증거금의 80% 수준이 요구된다.

(1) K군은 개시증거금으로 얼마를 납부해야 하는가?

(2) 선물가격이 부셸당 1,850원으로 상승하면 K군의 자본금은 얼마인가?

(3) 선물가격이 1,600원으로 하락하면 K군의 자본금은 얼마인가? 또한 추가 증거금 납부 요구를 받게 되는가?

2 한국선물거래소는 B사의 주식을 선물대상증권으로 새로이 지정하였다. B사는 현금배당 을 실시하지 않는다. 선물계약은 1년 후 주식 1,000주를 인도할 것으로 되어 있다. 현재 무 위험이자율은 6%이다.

(1) 현재 B사의 주가가 12,000원일 경우 선물가격은 얼마인가?

(2) B사의 주가가 순간 3% 하락하면 선물가격은 어떻게 변하며, 투자자의 증거금 계정에 는 어떠한 변화가 일어나는가?

(3) 이 선물거래의 증거금이 1,200,000원이라면 투자자의 투자수익률은 얼마인가?

3 대주, 옵션, 선물계약 그리고 선도계약을 비교·설명하고 각각의 경제적 기능을 설명하 시오.

4 A회사 주가는 최근 큰 변화를 보이지 않았으나, 앞으로 3개월 동안 주가의 변동폭이 상당히 클 것으로 예상된다. 현재의 주가는 10,000원이며, 행사가격이 10,000원이고 만기가 3개월인 이 회사의 콜옵션가격은 1,000원이다.

    (1) 무위험이자율이 10%일 경우 행사가격이 10,000원이고, 만기가 3개월인 이 회사의 풋옵션가격을 구하시오.

    (2) 주가의 향방을 모르는 상태에서 투자이익을 올리기 위한 투자전략을 수립하시오.

5 블랙-숄즈의 식을 이용하여 다음과 같은 특징을 가지고 있는 콜옵션과 풋옵션의 가격을 계산하시오.

    • 만기까지 기간: 6개월   • 주식수익률의 표준편차: 50%(연)

    • 행사가격: 50,000원   • 주가: 50,000원

    • 무위험이자율: 10%

6 현재 주가가 25,000원인 회사주식에 대해, 행사가격이 25,000원, 만기가 6개월인 콜옵션의 가격은 2,130원이다(이 회사는 현금배당을 실시하지 않음). 동일조건으로 발행된 풋옵션의 가격은 1,390원이라고 가정하자. 6개월 후에 확실하게 지급될 25,000원의 현가를 계산하시오.

7 행사가격이 10,000원이고 만기기간이 1년인 콜옵션을 발행하려고 한다. 기초주식은 배당을 실시하지 않으며 현재 가격은 10,000원이다. 앞으로 주가가 만기일에 12,000원이 될 확률은 50%이고, 8,000원이 될 확률은 50%이다. 또한 무위험이자율은 10%라고 가정한다.

    (1) 이항분포모형으로 콜옵션가격을 구하시오.

    (2) 이항분포모형과 블랙-숄즈의 모형을 비교·설명하시오.

8 현재의 주가가 3,600원이고 행사가격이 4,000원이며, 만기까지의 기간이 3개월 남아 있는 콜옵션이 있다. 무위험이자율이 5%이고, 이 주식의 수익률의 표준편차가 0.5라고 가정할 때, 이 콜옵션의 적정 가격을 계산하시오.

9 콜옵션의 가격결정에 영향을 미치는 변수들을 설명하시오.

10 스왑에 대한 다음 설명 중 가장 잘못된 것은?

① 스왑은 두 거래당사자 간 미래 현금흐름을 교환하는 계약으로 일련의 선도거래 또는 선물계약을 한 번에 체결하는 것과 유사한 효과를 가진다.

② 스왑은 표준화된 상품인 선물, 옵션과 같이 거래소에서 거래되지 않고, 스왑딜러 및 브로커의 도움을 얻어 주로 장외에서 거래가 이루어진다.

③ 금리스왑은 미래 일정 기간 동안 거래당사자 간 명목원금에 대한 변동금리이자와 고정금리이자금액만을 교환하는 거래로서 원금 교환은 이루어지지 않는다.

④ 통화스왑은 미래 일정 기간 동안 거래당사자 간 서로 다른 통화로 표시된 채무의 원금에 대한 이자금액만을 교환하는 거래로서 원금 교환은 이루어지지 않는다.

⑤ 스왑은 두 거래당사자 간 필요에 따라 다양하게 설계될 수 있는 장점이 있어 금리 또는 환위험관리를 위해 적절하게 사용될 수 있다.

11 2020 공인회계사 1차 다음 상황에 관한 설명으로 가장 적절하지 않은 것은?

투자자 갑은 현재 주가가 45,000원인 주식 A 1주를 보유하고 있다. 투자자 갑은 '만기일인 한 달 후에 주식 A의 가격이 50,000원 이상이면 1주를 50,000원에 투자자 갑으로부터 매입할 수 있고 50,000원 미만이면 매입하지 않아도 되는 옵션'을 투자자 을에게 7,000원에 매도하였다.

---

① 투자자 갑은 투자자 을에게 콜옵션을 매도하였다.

② 이 옵션은 현재 외가격 상태에 있다.

③ 이 옵션의 내개가치(intrinsic value)는 5,000원이다.

④ 이 옵션의 시간가치(time value)는 7,000원이다.

⑤ 이 옵션의 행사가격은 50,000이다.

12 2020 공인회계사 1차 1기간 이항모형을 이용하여 기업 A의 주식을 기초자산으로 하는 유럽형 콜옵션의 이론적 가격을 평가하고자 한다. 현재 이 콜옵션의 만기는 1년이고, 행사가격은 10,000원이다. 기업 A의 주식은 배당을 하지 않으며, 현재 시장에서 10,000원에 거래되고 있다. 1년 후 기업 A의 주가가 12,000원이 될 확률은 60%, 8,000원이 될 확률은 40%이다. 현재 무위험이자율이 연 10%라고 할 때, 이 콜옵션의 이론적 가격에 가장 가까운 것은?

① 1,360원　　② 1,460원　　③ 1,560원　　④ 1,660원　　⑤ 1,760원

13 2021 공인회계사 1차 주식 A는 배당을 하지 않으며, 현재 시장에서 4,000원에 거래되고 있다. 1년 후 이 주식은 72.22%의 확률로 5,000원이 되고, 27.78%의 확률로 3,000원이 된다. 주식 A가 기초자산이고 행사가격이 3,500원이며 만기가 1년인 유럽형 풋옵션은 현재 200원에 거래되고 있다. 주식의 공매도가 허용되고 무위험이자율로 차입과 대출이 가능하며 거래비용과 차익거래기회가 없다면, 1년 후 항상 10,000원을 지급하는 무위험자산의 현재 가격에 가장 가까운 것은?

① 9,000원　　② 9,200원　　③ 9,400원　　④ 9,600원　　⑤ 9,800원

14 2021 공인회계사 1차 배당을 지급하지 않는 주식 A의 현재 가격은 10달러이다. 현재 환율은 1달러당 1,100원이고, 달러화에 대한 무위험이자율은 1%이며, 원화에 대한 무위험이자율은 3%이다. 주식 A를 1년 후에 원화로 구입하는 선도계약이 가능할 때, 선도가격에 가장 가까운 것은? (단, 무위험이자율로 차입과 대출이 가능하고, 공매도가 허용되며, 거래비용과 차익거래기회가 없다.)

① 10,786원　　② 11,000원　　③ 11,110원　　④ 11,330원　　⑤ 11,443원

15 2022 공인회계사 1차 배당을 하지 않는 A기업의 현재 주식가격은 10,000원이다. A기업의 주식을 기초자산으로 하는 만기 1년, 행사가격 10,000원인 유럽형 옵션이 현재 시장에서 거래되고 있다. 1년 후 A기업의 주식가격이 12,000원이 될 확률은 40%, 8,000원이 될 확률은 60%이다. 현재 무위험이자율이 10%이며, 이 옵션의 가격결정은 1기간 이항모형을 이용한 무위험 헤지 포트폴리오를 구성하여 구한다. 다음 중 가장 적절하지 않은 것은? (단, 소수점 아래 둘째 자리에서 반올림하여 계산한다.)

① 풋옵션의 균형가격은 654.6원이다.

② 콜옵션의 균형가격은 1,363.6원이다.

③ 주식 1개 매입 시 콜옵션 2개 매도로 헤지한다.

④ 풋옵션의 델타는 (－)0.5이다.

⑤ 콜옵션의 델타는 0.5이다.

16 2022 공인회계사 1차 선물에 관한 설명으로 가장 적절하지 않은 것은?

① 선물가격과 현물가격의 차이를 베이시스(basis)라고 하는데 만기일이 가까워지면 베이시스는 점점 작아지고 만기일에는 선물가격과 현물가격이 같게 된다.

② 현물 – 선물 등가식(spot – futures paraty)이 성립하는 경우 효율적인 시장에서는 차익거래의 기회가 존재하지 않는다.

③ 선물가격은 보유비용(cost of carry)만큼 현물가격과 차이가 발생하는데 이때의 보유비용에는 현물구입자금에 대한 기회비용인 이자비용뿐만 아니라 현물의 보관비용도 포함된다.

④ 선물가격이 미래의 기대현물가격보다 높게 형성되었다가 만기일에 접근하면서 기대현물가격에 일치해 간다는 가설은 정상적 백워데이션(normal backwardation) 가설이다.

⑤ 명목이자율이 국내보다 높은 외화의 경우 균형 상태에서 원/외화 선물환율이 현물환율
보다 낮다.

17 2023 공인회계사 1차 주식 A는 현재 주가가 30,000원이고 주식 A를 기초자산으로 하는 만기
2년인 선물계약이 37,000원에 거래되고 있다. 주식 A는 배당금을 지급하지 않으며, 현물
및 선물의 거래에 따른 거래비용 또는 보유비용이 없다. 무위험이자율 10%로 대출과 차입
을 할 수 있을 때 (a) 차익거래전략과 (b) 차익거래이익에 가장 가까운 것은?

	(a) 차익거래전략	(b) 차익거래이익
①	주식매입 + 선물매도 + 차입	700원
②	주식매입 + 선물매도 + 대출	4,000원
③	주식매입 + 선물매도 + 차입	4,000원
④	주식매입 + 선물매도 + 대출	700원
⑤	주식공매 + 선물매입 + 대출	4,000원

18 2024 공인회계사 1차 옵션에 관한 설명으로 가장 적절하지 않은 것은?
① 이항모형에 의한 옵션가격 산출 시 주가상승확률이나 위험프리미엄은 고려되지 않
는다.
② 보호풋(protective put) 전략은 기초자산을 보유한 투자자가 향후 자산가격이 하락할 경
우를 대비하여 풋옵션을 매입하는 전략이다.
③ 유럽형 콜옵션의 델타(delta)는 내가격에서보다 외가격에서 더 크다.
④ 무위험이자율이 높아지면 풋옵션의 가격은 하락하고 콜옵션의 가격은 상승한다.

⑤ 다른 조건이 같다고 할 때, 배당을 지급하는 주식을 기초자산으로 하는 유럽형 콜옵션의 가격은 무배당 주식을 기초자산으로 하는 유럽형 콜옵션 가격보다 낮거나 같다.

19 2024 공인회계사 1차 W기업의 주식을 기초자산으로 하는 유럽형 콜옵션과 유럽형 풋옵션이 존재한다. 현재 이 콜옵션과 풋옵션은 각각 1년의 만기와 1,000원의 행사가격을 가지고 있다. W기업의 주식은 현재 시장에서 1,000원에 거래되고 있으며, W기업은 동 주식에 대하여 배당금을 지급하지 않는다. 1년 후 동 주식의 주가가 1,100원이 될 확률은 80%이고, 900원이 될 확률은 20%라고 한다. 현재 무위험이자율은 연 5%이다. 1기간 이항모형을 이용할 때, 동 콜옵션의 이론가격과 동 풋옵션의 이론가격에 가장 가까운 것은? [단 풋 − 콜 등가식(put − call parity)이 성립한다.]

① 콜옵션: 71.43원, 풋옵션: 47.62원

② 콜옵션: 47.62원, 풋옵션: 23.81원

③ 콜옵션: 71.43원, 풋옵션: 23.81원

④ 콜옵션: 47.62원, 풋옵션: 47.62원

⑤ 콜옵션: 71.43원, 풋옵션: 19.62원

1 (1) 총선물계약금액: 4계약 × 5,000부셸/계약 × 1,750원/부셸 = 35,000,000(원)

∴ 개시증거금 = 총계약금 × 개시증거금률 = 35,000,000 × 0.03 = 1,050,000(원)

(2) 가격이 상승했으므로 선물매입자 K는 이익을 얻었다.

이익금 = (1,850 − 1,750) × 5,000 × 4 = 2,000,000(원)

∴ K의 자본금 = 1,050,000 + 2,000,000 = 3,050,000(원)

(3) 가격이 하락하면 선물매입자 K는 손실을 입으므로

손실금 = (1,750 − 1,600) × 5,000 × 4 = 3,000,000(원)

∴ K의 자본금 = 1,050,000 − 3,000,000 = − 1,950,000(원)

또한 유지증거금수준은 1,050,000 × 0.8 = 840,000원이며

K의 자본금이 유지증거금 수준 이하이므로 개시증거금 수준에 따라

3,000,000원의 추가증거금 납부요구를 받게 된다.

3 선물계약(futures contract)은 거래상대방(선물매입자와 매도자)이 미리 정해 놓은 일정 시점 (delivery date)에 품질, 규격 등이 표준화된 일정량의 특정 상품을 현재 약정한 가격(futures price)으로 매매하기로 계약을 맺고, 이 계약의 만기일에 현물에 대한 인수도를 하거나 만기일 이전에 반대매매(reversing trade)를 통해 완료시키는 계약을 말한다.

반면, 선도계약은 미리 정해 높은 일정 시점에 특정 상품을 현재 약정한 가격(forward price)으로 매매하기로 계약을 맺고, 계약의 만기일에 현물에 대한 인수도가 이루어지는 계약을 말한다. 정의에서 살펴본 것과 같이 선물계약과 선도계약은 다음과 같은 측면에서 차이점이 있다.

① 선물거래는 매입자와 매도자가 조직화된 시장에 집합하여 매입 또는 매도하려는 가격과 금액을 공개발성호가(open outcrying) 방식으로 결정한다. 반면, 선도거래는 특정한 장소가 없이 거래상대방이 장외시장에서 직접계약에 의해 거래를 체결한다. 따라서 선물거래에서의 거래당사자는 실제로 거래상대방을 알지 못하나, 선도거래에서는 거래상대방을 확인한 후 거래가 이루어진다.

② 선물거래에서는 거래단위, 가격변동폭 단위, 거래 대상의 품질 등 모든 거래조건이 표준화 (standardization)되어 있는 데 반해, 선도거래에서는 모든 것이 거래쌍방 간의 협상에 의해 결정된다.

③ 선도거래에서는 동일거래에 대한 가격이 단 한 번 형성되나, 선물거래에서는 가격이 매일매일 끊임없이 형성되며, 하루에 변할 수 있는 가격제한폭을 두어 투기성이 최대한 억제되도록 하고 있다.

④ 선물시장에서는 일일정산(daily clearing or marking to market) 제도가 도입되어 매일 종가에 의해 결제되고, 새로운 계약이 체결된다. 반면, 선도거래는 매일 종가에 의해 결제되는 것이 아니라, 만기일에 대상품의 현물가격과 선도가격 차이가 매매상대방의 손익으로 처리 · 계상된다.

⑤ 선물거래에서는 결제기관이 개입하여 거래이행을 보증해줌으로써 거래상대방에 대한 신용위험이 발생하지 않으며, 결제기관은 거래상대방에게 일정비율의 개시증거금(initial margin)과 유지증거금(maintenance margin) 납부를 요구한다. 반면, 선도거래에서는 전적으로 매매당사자 간의 신용도에 의해 거래이행이 보증되므로 거래상대방에 대한 신용도를 각자가 평가해야 하며, 일반적으로 증거금이 요구되지 않는다.

⑥ 인도 시점에서 선도거래는 대부분 실물인도가 이루어지고 있으나, 선물거래에서는 총거래 중 5% 이하만 실물인도가 이루어지고 있다.

⑦ 일반적으로 선물시장은 공적 규제기관과 자율규제기관에 의해 규제되나, 선도시장은 자율규제에 의해 규제된다.

⑧ 선물계약은 만기일이 특정일로 표준화되는 반면, 선도계약은 특정한 개월 수로 정해진다.

⑨ 선물과 옵션의 차이점은 옵션은 기본적으로 권리이기 때문에 행사 시점에서 투자자에게 불리한 상황이 발생하면 투자자는 그 권리를 포기하면 되며, 그 이상의 어떠한 책임도 질 필요가 없다. 그러나 선물계약은 의무이기 때문에 선물거래의 상대방은 자신의 의무를 반드시 이행해야 할 책임이 있다.

5 $S = 50,000, X = 50,000, R_f = 0.1, T = 0.5, \sigma = 0.5$

$$d_1 = \frac{\ln(S/X) + R_f T}{\sigma\sqrt{T}} + \frac{1}{2}\sigma\sqrt{T}$$

$$= \frac{\ln(50,000/50,000) + (0.1)(0.5)}{(0.5)\sqrt{0.5}} + \frac{1}{2}(0.5)\sqrt{0.5} = 0.318198$$

$$d_2 = d_1 - \sigma\sqrt{T} = 0.318198 - (0.5)\sqrt{0.5} = -0.035355$$

$$N(d_1) = N(0.318198) = 0.6248$$

$$N(d_2) = N(-0.035355) = 0.4859$$

$$\therefore C = S \cdot N(d_1) - X \cdot e^{-R_f \cdot T} N(d_2)$$

$$= (50,000)(0.6248) - (50,000) \cdot e^{-(0.1) \cdot (0.5)}(0.4859)$$

$$= 8{,}129.88(\text{원})$$

풋-콜 패러티에 따라

$$P = 8{,}129.88 - 50{,}000 + 50{,}000 \cdot e^{-0.05}$$

$$= 5{,}691.352358(\text{원})$$

또는 $P = X \cdot e^{-R_f \cdot T} N(-d_2) - S \cdot N(-d_1)$

$$= (50{,}000) \cdot e^{-0.05} N(0.035355) - (50{,}000) N(-0.318198)$$

$$= (50{,}000) \cdot e^{-0.05} (0.5141) - (50{,}000)(0.3752)$$

$$= 5{,}691.352357(\text{원})$$

7 (1) 콜옵션가격 계산

$$C = (p \times C_u + (1-p) \times C_d)/r$$

$$p = \frac{r-d}{u-d} = \frac{1.1 - 0.8}{1.2 - 0.8} = 0.75$$

$$1 - p = 0.25$$

$$C_u = \max[0, (12{,}000 - 10{,}000)] = 2{,}000$$

$$C_d = \max[0, (8{,}000 - 10{,}000)] = 0$$

$$\therefore C = \frac{p \times C_u + (1-p) \times C_d}{r} = \frac{0.75 \times 2{,}000 + 0.25 \times 0}{1.1} = 1{,}363.64(\text{원})$$

(2) 먼저, 이항분포에 의한 옵션평가모형은 옵션만기 시점에서 주식가격이 두 개의 값만 가진다는 가정에서 출발한다. 즉, 미래의 주가가 현재의 주가보다 일정한 가격으로 오르거나 내리는 상황만을 가정하는 것이다. 이러한 이항분포에 의한 옵션평가모형의 가정은 지나치게 간단하여 실제로 사용될 수 있을지 의심할 수도 있다. 그러나 이항분포를 두 단계에 국한하지 않고 여러 단계로 확장하면서 이를 바탕으로 새로운 도구들이 개발되었다. 현재 여러 금융업체에서 이러한 확장된 이항분포를 활용한 옵션평가모형이나 이를 응용한 모델들을 실제로 사용하고 있다.

반면, 블랙-숄즈 옵션가격결정모형은 주가의 변동을 브라운 운동으로 가정하여 옵션가격이 연속적이라는 전제에서 출발하는 모형이다. 이는 주가변동이 불연속적이고 실현 가능한 주가를 두 가지로 국한하는 이항분포에 의한 모형과는 상반된다. 블랙 – 숄즈 모형은 실무에서 널리 사용되지만, 몇 가지 한계를 가진다. 첫째, 옵션평가모형 유도를 위한 가정이 매우 제한적이라는 점이다. 둘째, 평가모형에서 S, X, T 및 R_f는 관측된 수치이나, σ는 추정된 수치이기 때문에 추정오차가 있을 수 있다는 점이다.

9 콜옵션의 가격결정에 영향을 미치는 요인

① 기초자산의 가격(S): 행사가격과 만기일이 주어질 경우 기초주식의 가격이 높을수록 이 기초주식에 대해 발행된 콜옵션의 가격도 높아진다. 그러나 주가가 행사가격보다 낮더라도 옵션의 가격은 양이 되는데, 이는 투자자들이 만기일에 주가가 행사가격을 상회할 수 있는 기회가 있다고 믿는 한 옵션은 가치가 있기 때문이다.

② 행사가격(X): 행사가격이 낮을수록 콜옵션의 가격은 상승하는데, 이는 행사가격이 낮을수록 만기일에 시장가격이 행사가격을 상회하여 행사할 가능성이 커지기 때문이다.

③ 만기(T): 만기일이 길수록 옵션가격은 상승하는데, 그 이유는 만기일이 길수록 주가가 행사가격을 상회할 가능성이 크기 때문이다. 한편, 만기일이 무한정인 콜옵션의 가격은 행사가격과 관계없이 주가와 같게 되는데, 이러한 옵션은 결코 행사되지 않을 것이기 때문이다.

④ 분산(σ^2): 기초주식의 가격 또는 수익률의 분산이 클수록 콜옵션의 가격은 상승하게 된다. 이는 분산이 클수록 주가가 행사가격을 상회할 가능성이 커지기 때문이다.

⑤ 무위험이자율(R_f): 무위험이자율이 상승할수록 콜가격은 상승하게 된다. 이는 무위험이자율이 오를수록 행사가격의 현재 가치를 감소시켜 실제적인 행사가격의 인하효과를 가져오기 때문이다.

위의 관계를 종합하면 다음 식과 같다.

$$C = f(S, X, \sigma^2, T, R_f)$$

CHAPTER 10

대체투자자산의 이해

학습목표

☑ 전통적인 투자자산과 대체투자자산을 구분할 수 있다.

☑ 대체투자자산의 종류를 파악하고, 특징을 설명할 수 있다.

☑ 대체투자자산별 투자전략을 설명할 수 있다.

1 대체투자자산의 이해

1장에서 투자철학의 중요성을 언급하면서 국민연금의 기금운용 원칙과 자산운용 프로세스에 대해 간략히 살펴보았다. 또 이러한 자산운용 프로세스와 투자론 교재를 연계하여 학습함으로써 미래의 펀드매니저로서 투자론을 공부하는 학생들이 기금운용의 기초를 다질 것으로 기대하였다. 공적연금으로서 국민연금의 중요성은 차치하더라도, 국민연금이 투자하고 있는 자산군 중 최근에 비중이 증가하고 있는 대체투자자산에 대해 살펴보는 것은 기금운용에 요구되는 포트폴리오 구성 등 자산배분전략을 수립하는 데 도움이 될 것이다.

대체투자자산(alternative investment asset)은 새롭게 등장한 투자 대상을 통칭하는 용어로, 특히 주식, 채권 등 전통적인 투자자산에 비해 고위험 · 고수익 특성을 나타내는 투자 대상 자산군을 말한다. 구체적인 대체투자자산의 대상은 부동산(real estate), 원자재 등 일반상품(commodity), 사회간접시설 등 인프라스트럭처(intrastructure), 선박, 상대가치(relative

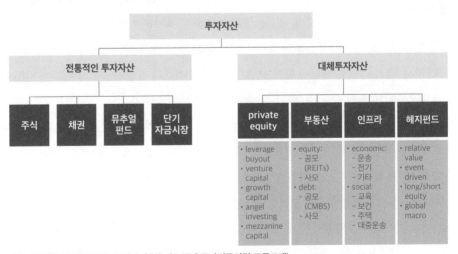

그림 10.1 자산에 따른 투자상품 분류

자료: 금융투자협회(2024), 투자자산운용사 2(금융투자전문인력 표준교재).

value), 이벤트 드리븐(event driven), 주식 롱숏(equity long/short), 글로벌 매크로(global macro) 등의 차익거래 또는 헤지전략 등이 있다. 이러한 대상에 투자하는 펀드에는 헤지펀드, 부동산펀드, 일반상품펀드, 인프라스트럭처펀드, PEF(private equity fund), 신용구조화 상품(credit structure) 등이 있다.

대체투자자산은 전통적인 투자자산과는 다른 몇 가지 특징을 가진다. 첫째, 대체투자자산은 새롭게 등장한 투자안이므로 전통적인 투자자산과 대체투자자산의 상관관계가 대체로 낮다. 4장에서 투자위험을 줄이기 위해 포트폴리오를 구성한다고 언급하였다. 즉, 포트폴리오를 구성하여 투자위험을 줄일 수 있는데, 이는 포트폴리오에 포함되는 자산 사이의 상관관계가 낮을수록 효과가 크다. 따라서 전통적인 투자자산과의 낮은 상관관계를 가지는 대체투자자산을 포트폴리오에 포함하여 포트폴리오 분산효과를 기대할 수 있다. 둘째, 대체투자자산은 대체로 유동성이 낮기 때문에 대체투자자산 투자로부터 유동성 프리미엄(liquidity premium)을 얻을 수 있다. 보통 사고팔기 쉽고 현금화가 쉬운 자산을 유동성(liquidity)이 높은 자산이라고 한다. 대체투자자산에 포함되는 비상장기업, 부동산, 인프라 등은 보통 유동성이 낮은 투자자산이다. 이러한 자산에 투자할 경우, 투자자는 추가로 유동성 프리미엄을 기대하게 된다. 따라서 대체투자자산은 유동성이 낮아 현금화가 어렵기 때문에 투자자는 대체투자자산에 투자할 때 추가적인 유동성 프리미엄을 추구할 수 있다. 셋째, 대체투자자산은 정보의 비효율성을 이용하여 투자하는 자산이다. 일반적으로 주식, 채권 등 전통적인 투자자산은 공개시장에서 거래되므로 의무적인 공시나 그 밖에 시장에서 요구하는 정보 공개의 제약에 따라 시장참여자에게 정보의 확산이 빠르게 이루어지며, 이는 가격에 즉각 반영될 수 있다. 반면, 대체투자자산은 시장정보를 주로 활용하는 개인의 접근성에 한계가 있으며, 자산에 대한 정보가 제한된 비상장주식이나 부동산, 인프라 자산 등에 투자하는 자산이므로 정보의 비효율성이 존재한다. 따라서 대체투자자산은 이러한 정보의 비효율성을 활용하여 높은 위험조정수익률(risk-adjusted return)을 얻을 수 있다. 위험조정수익률은 투자안의 수익률을 고려할 때 해당 투자안의 위험을 반영한 수익률을 의미하며, 서로 다른 자산의 목표수익률이 같아도 위험수준이 낮은 자산의 위험조정수익률이 더 높게 된다. 즉, 대체투자자산은 목표수익률이 같은 전통자산에 비해, 정보의 비효율성을 바탕으로

높은 위험조정수익률을 추구할 수 있다. 요약해보면, 대체투자자산은 전통적인 투자자산에 비해 포트폴리오 분산투자효과를 누리면서도, 추가적인 유동성 프리미엄과 높은 위험조정수익률을 추구할 수 있다.

표 10.1 전통적인 투자자산과 대체투자자산의 수익 및 위험요소 비교

구분	전통적인 투자자산	대체투자자산
수익요소	• market performance • 자산배분	• 운용자의 운용능력 • 위험관리
위험요소	• 시장위험 • 신용위험	• 유동성위험 • mark to market risk • 운용역 위험

자료: 금융투자협회(2024), 투자자산운용사 2(금융투자전문인력 표준교재).

우리나라는 자본시장법 시행 이후 다양한 대체투자자산의 펀드상품이 본격적으로 개발되면서 규모가 점차 확대되고 있다. 국민연금의 경우, 포트폴리오 다변화를 위한 관련 법규정 개정의 영향도 있겠지만, 대체투자자산의 투자규모가 꾸준히 확대되고 있는 것을 확인할 수 있다. 국민연금 전체 기금 포트폴리오에서 대체투자자산의 비중은 2019년 약 11.5%에서 2024년 약 16.0%(잠정치)로 증가되었다. 반면, 같은 기간 국내주식에 대한 투자 비중은 약 18.0%에서 약 13.6%로 감소되었으며, 국내채권의 투자 비중도 약 43.6%에서 약 29.3%로 감소되었다. 이와 더불어, 해외주식의 투자 비중은 약 22.6%에서 약 33.7%로, 해외채권의 투자 비중은 약 4.1%에서 약 7.2%로 증가되었다. 2024년 국민연금 기금 포트폴리오의 총투자금액이 약 1,150조 원이라는 것을 고려할 때, 각 투자자산에 대한 투자금액을 짐작하는 것은 그리 어렵지 않을 것이다.

한편, 국민연금이 투자하는 대체투자자산은 사모투자, 부동산, 인프라 등이 있으며, 각각의 투자 비중 또한 시기에 따라 투자전략을 반영하여 변화하였다. 2019년 국민연금은 부동산에 대체투자자산의 약 37.0%를 투자하고, 사모투자에 약 34.9%를 투자하였다. 그러나 2024년(2분기)에는 각각 약 30.7%로 축소하거나, 약 43.3%로 확대하였다. 국민연금 기금 포트폴리오의 투자자산별 세부 투자 비중은 (그림 10.2)와 같다. 다음 절에서 국민연금의 기금 포트폴리오에 포함되어 있는 대체투자자산인 사모투자, 부동산, 인프라 외에 헤지펀드와 기

타 대체투자자산에 대해서 간략히 살펴보자.

그림 10.2 국민연금 기금 포트폴리오의 투자자산별 투자비중 추이

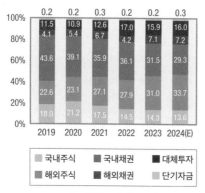

(a) 기금포트폴리오 추이

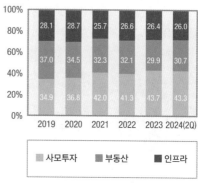

(b) 대체투자자산 포트폴리오 추이

자료: 국민연금 기금운용본부

2 대체투자자산의 종류와 특징[1]

앞서 언급했듯이, 국민연금의 기금 포트폴리오에 포함되어 있는 대체투자자산은 사모투자, 부동산, 인프라 등이 있다. 그 밖에도 헤지펀드, 특별자산 펀드, 신용구조화상품 등이 활발히 거래되는 대체투자자산이다. 한편, 대체투자자산이 전통적인 투자자산 외에 새롭게 등장한 투자자산이라는 정의를 고려할 때, 앞으로 새로운 대체투자자산은 계속 등장할 것이고, 현재 거래되고 있는 대체투자자산은 전통적인 투자자산이 될 수도 있다.

여기에서는 현재 활발히 거래되고 있는 대체투자자산으로서 사모투자, 부동산 투자, 인프라 투자, 헤지펀드, 특별자산 펀드에 대해 소개한다.

사모투자

사모투자 또는 PEF(private equity fund)는 비상장기업이나 성장이 정체되어 사업 또는 지배구조의 개선이 필요한 기업에 투자한 후, 해당 기업의 주요 경영사항에 대한 의사결정에 참여하거나 구조조정 등을 통해 기업가치를 높인 다음, 기업공개(IPO) 또는 M&A 등을 통해 투자가치를 회수하여 그 수익을 투자자들에게 분배하는 펀드를 말한다. 전통적인 의미에서 PEF는 개인적인 신뢰관계를 바탕으로 특정한 소수의 투자자로부터 자금을 모집하고, 비공개시장에서 투자 대상을 물색하여 협상 등의 과정을 거쳐 투자하며, 장외 매각 등을 통해 투자한 자금을 회수하는 펀드이다.

PEF는 투자 대상, 투자방법, 투자규모 등에 따라 다양하게 구분할 수 있는데, 대표적으로 바이아웃 펀드, 벤처캐피털, 기타 PEF 등이 있다. 바이아웃 펀드(buyout fund)는 기업의 사업확장, 분할, 회생 등에 수반되는 자금을 조달하거나 이미 성숙기에 진입한 사업의 인수 등을

---

1 각 대체투자자산에 대한 내용은 투자자산운용사 2(금융투자전문인력 표준교재, 금융투자협회, 2024년)를 참고하여 재구성하였다. 보다 자세한 내용은 전게서를 참고할 수 있다.

목표로 조성되는 펀드이다. 벤처캐피털(venture capital)은 제품개발 중인 회사 등 사업이 본궤도에 진입하기 전 단계의 기업에 주로 투자하는 펀드이다. 기타 PEF에는 부실채권 및 담보 부동산에 투자하여 수익을 내는 펀드인 일명 벌처펀드(vulture fund)가 있다.

표 10.2 투자 대상에 따른 PEF의 분류

구분	세분류	내용
바이아웃 펀드	turnaround	재무 또는 영업 측면에서 부실한 기업을 회생시키기 위한 투자(구조조정펀드)
	LBO, MBO	제3자 또는 현 임직원들의 회사인수를 위한 투자로서 레버리지를 이용
	replacement capital	구주를 기존 주주로부터 대량 매입하는 형식
벤처캐피털	seed capital	회사 설립 전에 연구개발 등에 대한 투자
	start-up and early stage	회사 설립 초기 단계의 벤처기업에 대한 투자
	mezzanine	IPO 전 단계에 있는 벤처기업의 CB 등에 대한 투자
기타	distressed fund	부실채권 및 담보 부동산에 저가 투자하여 수익을 내는 펀드(vulture fund)
	fund of funds real estate fund	다른 사모펀드에 투자하거나 부동산에 투자

자료: 금융투자협회(2024), 투자자산운용사 2(금융투자전문인력 표준교재).

PEF는 일반적으로 무한책임사원(GP, general partner)과 유한책임사원(LP, limited partner)으로 구성된 합자회사(limited partnership)로 운용된다. GP는 펀드를 설립하고 투자와 운영을 책임지는 무한책임 사원으로, PEF 전문운용사, 은행계 자회사 등이 그 기능을 수행한다. LP는 PEF에 투자한 금액의 범위 안에서만 책임을 지는 유한책임사원으로, 연기금, 회사연금, 은행, 보험, 재단 등이 있다. GP와 LP로 결합된 PEF는 통상 1개 기업에 대해 펀드규모의 10~15% 범위에서 투자하는 등 분산투자를 기본으로 한다. 또 PEF는 투자 시 세제 또는 위험관리 등의 필요에 따라 특수목적기구(SPC)를 설립하여 투자하기도 한다.

투자에 따른 운용수익은 GP와 LP가 투자비율에 따라 분배한다. GP가 당초 LP에게 제시한 수익률(hurdle rate)을 초과 달성한 경우에는 초과이익 중 일정비율(대체로 20% 내외)을 GP에게 먼저 성과보수로 지급하고, 나머지 금액은 GP와 LP의 투자비율에 따라 재분배한다. 한편, GP는 PEF 운용에 따른 수수료로 매년 펀드규모의 1.5~2.5%를 지급받는다.

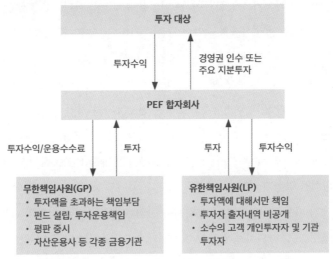

그림 10.3 PEF의 일반 구조

투자 대상

투자수익

경영권 인수 또는
주요 지분투자

PEF 합자회사

투자수익/운용수수료

투자

투자

투자수익

무한책임사원(GP)
· 투자액을 초과하는 책임부담
· 펀드 설립, 투자운용책임
· 평판 중시
· 자산운용사 등 각종 금융기관

유한책임사원(LP)
· 투자액에 대해서만 책임
· 투자자 출자내역 비공개
· 소수의 고객 개인투자자 및 기관
  투자자

자료: 금융투자협회(2024), 투자자산운용사 2(금융투자전문인력 표준교재).

사모투자는 일반적으로 '인수 대상 기업 선정 → 구조화(structuring) → 사원모집 및 회사 설립 → 자금조달 → 기업실사(due diligence) 및 인수 대상 기업 인수 → 기업가치 제고 → 투자회수(exit)'의 과정으로 이루어진다. **그림 10.4**에서 납입과 투자 단계는 통상 6개월~3년, 개발 단계는 약 3~5년, 그 이후 회수에는 1~3년이 소요된다.

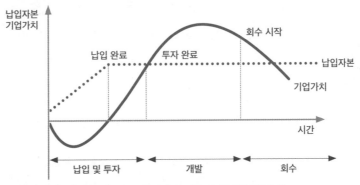

그림 10.4 사모투자 프로세스

납입자본
기업가치

납입 완료

투자 완료

회수 시작

납입자본

기업가치

시간

납입 및 투자

개발

회수

자료: 금융투자협회(2024), 투자자산운용사 2(금융투자전문인력 표준교재).

PEF는 인수 대상 기업으로 저평가된 기업을 물색하거나 소개받은 후, 경영을 장악하여 경영개선을 통해 기업가치가 상승할 수 있는 기업을 주로 선정한다. 이 기업에는 경기변동에 영향을 덜 받는 기업, 안정된 성장과 수익의 창출이 기대되는 기업 등이 있다.

인수 대상 기업을 선정한 후에는 거래참여자들 사이의 역할을 분담하는 구조화(structuring)과정을 거친다. 사모투자의 구조화에는 outright buyout, joint venture, joint acquisition 등의 형태가 있다. outright buyout은 원보유자가 기업 또는 사업부를 SPC를 통해 매각하는 방식이다. joint venture는 원보유자가 기업 또는 사업부를 매각하고 지분 투자하는 방식이며, joint acquisition은 원보유자가 전략적 투자자를 이용하여 기업 또는 사업부를 매각하는 방식을 말한다.

구조화 단계가 마무리되면 PEF 운용회사는 상업은행 등 일반투자자와 파트너십 계약을 통해 PEF를 조성하고, 자회사로 SPC를 설립하게 된다. SPC는 자금조달을 위해 인수 대상 기업의 자산 등을 담보로 은행, 보험회사 등 금융회사로부터 차입하는 선순위채권을 발행하거나, 고수익채권 또는 전환사채, 신주인수권부사채 등 후순위채권을 발행할 수도 있다. 채권발행으로도 부족한 인수자금은 보통주, 우선주 등을 발행하여 조달한다. 조달된 자금을 바탕으로 회계법인과 법무법인을 통해 인수 대상 기업의 회계, 법무, 시장, 전략, 기술, 환경, 인력 등 경영 전반에 대한 실사(due diligence)를 거친 후 SPC를 통해 기업을 인수한다.

보통 기업을 인수한 뒤에는 원활한 구조조정을 위해 대상 기업의 상장을 폐지하기도 한다. PEF는 인수한 기업에 대해 재무구조개선, 장기발전전략 수립 및 시행 등을 통해 가치를 제고하여 투자회수(exit)를 저울질한다. 일반적인 투자회수수단으로는 일반기업이나 다른

PEF에 매각하는 방식, IPO를 통해 거래소시장에 상장하는 방식, 유상감자나 배당 등 재자본화(recapitalization)하는 방식, PEF를 공개시장에 상장하는 방식 등이 있다. 기본적으로 사모투자도 EBITDA 및 현금흐름의 증가, 기업가치 제고 등을 통해 주주이익의 극대화를 추구한다.

부동산 투자

부동산 금융은 부동산을 대상으로 한 금융으로, 주택금융과 수익형 부동산에 대한 금융으로 나눌 수 있다. 대표적인 주택금융에는 담보대출이 있으며, 수익형 부동산에 대한 금융은 부

동산이 창출하는 현금흐름을 전제로 자금을 조달하는 부동산증권과 부동산 개발금융으로 구분된다.

대표적인 부동산 증권에는 자산담보부증권, 주택저당증권, REITs 등이 있다. 자산담보부증권(ABS, asset backed securities)은 보유하고 있는 자산을 담보로 증권화하는 것을 말한다. 자산의 현금흐름에 착안하여 이를 자산의 소유자로부터 분리한 후, 특수목적회사(SPV, special purpose vehicle 또는 SPC, special purpose company)인 유동화전문회사에 양도하고, 유동화전문회사는 그 자산을 담보로 ABS를 발행한다. ABS의 발행을 통해 조달된 자금을 자산보유자에게 전달하면 자산의 증권화를 통한 유동화가 이루어진다.

자산유동화는 금융회사나 일반기업이 외상매출금, 대출채권, 부동산저당채권 등 업무상 가지고 있는 보유자산을 기초로 채권과 주식을 발행하는 것이다. 유동화과정을 통해 자산보유자는 조기에 현금흐름을 창출하여 유동성위험을 회피할 수 있고, 투자자는 다양한 상품에 투자할 수 있으므로 여러 포트폴리오를 구성하여 분산투자를 할 수 있다. ABS의 일종인 주택저당증권(MBS, mortgage backed securities)은 주택자금으로부터 발생하는 채권과 채권의 변제를 위해 담보로 확보하는 저당권을 기초자산으로 발행한 증권을 말한다. ABS와의 차이점은 MBS를 전문적으로 유동화하는 중개기관이 존재한다는 점이다. 자산보유자, 즉 주택저당대출을 수행하는 기관은 자금대출을 통한 채권과 담보로 확보된 저당권을 유동화회사 또는 유동화 중개기관에 매각하고, 이들은 MBS를 발행하여 투자자로부터 자금을 조달한다.

REITs(real estate investment trusts)는 다수의 투자자로부터 자금을 모아서 이 자금을 부동산 및 관련 사업에 투자한 후, 투자자에게 배당을 통해 이익을 분배하는 회사로, 「부동산투자회사법」에 근거하여 설립된다. 부동산 소유지분(real estate equity ownership) 또는 주택저당담보증권에 투자하거나, 부동산 관련 대출(mortgage loan) 등을 통해 운용하여 얻은 수익을 투자자에게 되돌려주는 방식으로 운영된다. REITs의 지분은 증권시장에 상장됨으로

그림 10.5 ABS 및 MBS의 발행 구조

자료: 금융투자협회(2024), 투자자산운용사 2(금융투자전문인력 표준교재).

써 유동성을 확보하며, 일반투자자들도 소액의 자금으로 부동산 투자가 가능하다.

「부동산 투자회사법」에 의한 부동산 투자회사는 국토교통부장관의 설립인가를 받아 상법상 주식회사 형태로 설립되며, 통상 REITs라고 불린다. REITs는 자기관리형 REITs, 위탁관리형 REITs, 기업구조조정 REITs로 구분된다. 자본시장법상의 부동산펀드와 부동산 투자회사법상의 REITs는 모두 환매가 불가능한 폐쇄형으로만 설정할 수 있다. 따라서 수익자는 거래소를 통해 투자회사의 수익, 투자신탁의 수익증권 및 부동산 투자회사의 주식을 매각하여 자금을 회수할 수 있다.

한편, 우리나라의 자본시장법상 부동산펀드는 펀드재산의 50%를 초과하여 부동산 및 부동산 관련 자산에 투자하는 펀드를 말하며, 투자신탁과 투자회사 등 자본시장법상 규정된 모든 법적 형태로 설정·설립이 가능한데, 주로 투자신탁형이 대부분을 차지하고 있다.[2]

부동산증권과는 달리, 부동산 개발금융(PF, project financing)은 사업자와 법적으로 독립된 프로젝트로부터 발생하는 미래 현금흐름을 상환 재원으로 자금을 조달하는 금융기법을 말한다. 모기업(차주)의 담보 또는 신용에 근거하는 기존의 기업금융(corporate financing)과 달리, 부동산 PF는 사업에서 발생하는 미래 현금흐름을 분석하고 평가한 후, 이를 담보로 대출이나 투자를 시행한다. PF는 기존의 일반적인 대출과 달리, 프로젝트의 출자자(기업금융에서는 주주)나 차주에 대해 상환청구권을 가지지 않는 대신 프로젝트 관련 자산 및 미래 현금흐름에 원리금 회수의 대부분을 의존한다.

PF 투자를 위해서는 프로젝트 관련 전문가들의 기술적·경제적 평가가 선행되어야 하며, 대출 또는 투자계약 이후에도 전문가들에 의한 지속적인 사후관리가 필요하다. PF의 만기구

그림 10.6 REITs의 업무 흐름도

자료: 금융투자협회(2024), 투자자산운용사 2(금융투자전문인력 표준교재).

---

2 부동산펀드는 부동산 외에 ① 부동산을 기초자산으로 하는 파생상품, ② 부동산 개발과 관련된 법인에 대한 대출, ③ 부동산의 개발, ④ 부동산의 관리 및 개량, ⑤ 부동산의 임대 및 운영, ⑥ 부동산 관련 권리(지상권, 지역권, 전세권, 임차권, 분양권 등)의 취득, ⑦ 부동산을 담보로 한 금전채권의 취득, ⑧ 부동산과 관련된 증권 등으로 재산을 운용할 수 있으며, 운용 형태에 따라 임대형, 대출형, 개발형, 경매형·공매형 등으로 구분한다.

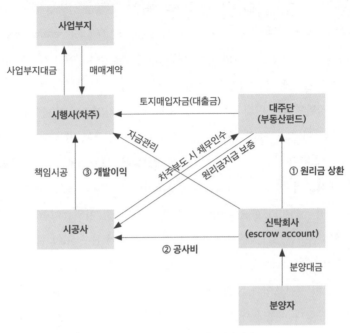

그림 10.7 부동산 PF의 일반구조

사업부지

사업부지대금 ↑ ↓ 매매계약

토지매입자금(대출금)
시행사(차주) ← 대주단 (부동산펀드)

자금관리

책임시공 ③ 개발이익 차주부도 시 채무인수 원리금지급 보증 ① 원리금 상환

시공사 ← 신탁회사 (escrow account)

② 공사비

분양대금 ↑

분양자

주) 자금인출순서는 ① 원리금 상환, ② 공사비, ③ 개발이익 순이다.
자료: 금융투자협회(2024), 투자자산운용사 2(금융투자전문인력 표준교재).

조는 대부분 장기적이며, 프로젝트 관련 계약서의 종류가 많고 복잡하여 이에 대한 세심한 검토와 법적인 안전장치 및 구속력에 세심한 주의가 필요하다. 또한 프로젝트와 관련하여 차주와 대주, 재무자문(finance adviser), 법무법인(law firm), 기술자문(technical adviser), 시공사, 자재공급자, 상품구매자 등 프로젝트 관련 담당자가 많으므로 이들에 대한 관리가 필수적으로 수반된다.

부동산 투자의 성과를 측정하는 방법에는 비율방식과 현금흐름 예측에 의한 성과분석 등이 있다. 단위면적당 가격, 수익환원율, 지분배당률, 부채부담능력비율 등 비율방식은 간편하다는 장점이 있다. 현금흐름 예측을 바탕으로 하는 순현재가치법, 수익성지수법, 내부수익률법 등은 좀 더 엄밀한 투자성과의 분석을 제공한다.

비율을 사용한 투자성과 측정 중 단위면적당 가격을 활용하는 방법은 특정 부동산에 대한 투자의 타당성을 평가하기 위해 단위면적당 가격을 다른 부동산과 비교하는 것이다. 단위면적당 비교를 위해서는 비교 대상 건물이 동질적이며, 동일한 수익창출 및 재매각 가능성을 가지고 있다는 가정이 전제되어야 한다. 또는 유사한 건물을 신축할 경우 단위면적당 단가를 비교하는 방법을 활용할 수도 있다. 수익환원율(capitalization rate)은 초년도 NOI(net operation income)와 매도호가 간의 비율로 측정된다. 예를 들어, 인근 건물이 100억 원에 매각되었는데, 매각된 건물의 NOI가 약 11억 원이었다면, 수익환원율은 11%(11억 원/100억 원)가 된다. 수익환원율은 미래의 임대수입 또는 매각가격의 상승잠재력을 충분히 반영하지 못한다는 단점이 있으나, 최근에 매각된 비교 가능한 건물과 비교하여 매입가격의 적정성을 평가하는 데 많이 사용되는 지표이다. 지분배당률은 초년도 세전 현금흐름을 최초 투자액으로 나눈 비율로서, 현재 자본이익률의 근사치이다. 투자자의 최초 투입액은 건물 매입가에서 차입금을 뺀 금액이다. 예를 들어, 매입가액이 100억 원, 차입금이 50억 원, 초년도 세전 현금흐름이 5억 원이면, 지분배당률은 10%[5억 원/(100억 원 − 50억 원)]가 된다. 부채부담능력비율(DCR, debt coverage ratio)은 NOI와 차입상환액의 비율로서, 대출의 위험을 측정하기 위해 널리 쓰이는 지표이다. NOI가 시간 경과에 따라 변동할 때 투자자는 일반적으로 초년도 NOI를 사용한다. 예를 들어, NOI가 5억 원, 차입상환액이 4억 원이면 DCR는 1.25(5억 원/4억 원)가 된다.

한편, 현금흐름 예측에 의한 투자성과 측정법은 투자보유기간 전체에 걸친 현금흐름을 고려하는 투자성과 측정방법으로, 재무관리 수업 중 자본예산기법에서 공부한 순현재가치, 수익성지수, 내부수익률법 등이 해당된다. 순현재가치(NPV, net present value)는 미래 현금흐름으로부터 NPV를 계산한 후, 최초 투자액을 차감하여 계산한다. 투자로부터 현금흐름의 현가와 투입된 투자액을 초과하는 금액의 차이인 NPV가 (+)인 경우, 이는 투자의 현재 가치가 투자액을 상회한다는 의미이다. 부동산 투자의 순현재가치는 할인율에 의해 결정되며, 할인율은 부동산 투자의 위험을 반영하여 투자자가 요구하는 최소수익률(hurdle rate) 이상이어야 한다. 즉, NPV는 기회비용 개념으로, 해당 투자안이 최소한 비교 가능한 다른 투자만큼 성과를 달성해야 한다는 의미를 가진다. 수익성지수(PI, profitability index)는 현재 가치를 최초 투자액으로 나눈 것으로, 수익성지수가 1보다 크면 NPV가 최초 투자액보다 크다는 의미이다. 내부수익률법(IRR, internal rate of return)은 미래 현금흐름의 현가를 최초 현금투입과 일치시키는 할인율을 의미한다. 일반적으로 부동산 수익률이 저당 차입의 실질금리보다 높을 것으로 기대되는데, 그 이유는 자본투자자가 대출자보다 더 많은 위험을 부담하기 때문이다. 또 조정 내부수익률(adjusted IRR)을 활용할 수도 있다. 이는 단순 IRR와 달리, 현금유입액을 재투자하는 것을 가정하여 구한다. 가정한 재투자수익률이 IRR보다 낮을 때는 항상 조정 IRR가 단순 IRR보다 낮다. 조정 IRR은 매각까지 투자의 전 기간을 고려한 평균수익률로서, IRR와 재투자수익률과의 가중평균값이라고 할 수 있다.

부동산 개발사업은 토지를 매입한 후 관련 관청으로부터 사업 관련 인허가 절차를 완료한 뒤 분양하고, 착공 및 준공 후에 입주하면서 마무리되는 단계로 진행된다. 이때 PF는 사업 인허가를 획득한 단계부터 투입되어 준공과 함께 마무리되는 것이 일반적이지만, 상황에 따라 분양이 잘 이루어지지 않는 경우 준공 후까지 연장되는 경우가 있다. 결국 부동산 금융에서 가장 중요한 것은 분양이 얼마나 원활하게 이루어지는지와 이에 따른 분양수입금이 어느 정도 수준인지이다. 그리고 원만한 분양을 위해서는 분양 대상 부동산이 실제로 존재해야 하므로 부동산 완공에 대한 위험도 관리해야 한다. 또한 전체적인 사업 진행에 따른 자금관리 위험도 함께 검토해야 한다.

인프라 투자

인프라 투자(infrastructure investment)는 국가 또는 사회경제의 기반이 되는 구조 및 시설, 즉 인프라 자산에 투자하는 것을 말한다. 인프라 자산(infrastructure)은 흔히 사회간접자본(SOC, social overhead capital)과 혼용되기도 하는데, 도로, 발전소, 지하철, 상하수도 시설 등 일상생활에 꼭 필요하며 없어서는 안 되는 기반시설을 통칭한다. 인프라 자산은 수요가 안정적이고 가격이 비탄력적이어서 경기변동의 영향을 크게 받지 않는다는 장점이 있다. 따라서 인프라 투자는 안정적인 현금흐름 창출이 가능하며, 경기변동에 영향을 적게 받을 수 있는 투자처라고 할 수 있다. 또한 인프라 자산도 다른 실물자산과 마찬가지로 인플레이션과 연동되어 현금흐름이 결정되는 경우가 많아, 인플레이션 헤지가 가능하다는 장점을 가진다.

인프라 자산은 자산의 속성, 규제 여부, 건설 완료 여부 및 위험과 수익률에 따라 다양하게 구분할 수 있다. 인프라 자산의 속성에 따라, 전기, 가스 및 수도 등 유틸리티(utility), 교통, 에너지 등의 경제적 인프라와, 교육시설, 의료시설, 교정시설 등의 사회적 인프라로 구분한다. 특히, 최근에는 에너지 인프라 자산 투자가 활발히 이루어지고 있는데, 에너지 인프라 투자는 에너지 자원을 채굴(upstream) 및 운송 · 보관하거나(midstream) 정제 · 분배하는 (downstream) 시설에 투자하는 것을 말한다. 또 정부의 규제 여부에 따라 'regulated 자산', 'non - regulated 자산'으로 구분한다. regulated 자산은 정부가 일정한 수익이나 비용을 보전해주거나 정부의 규제로 진입장벽이 높은 인프라 자산을 말한다. non - regulated 자산은 정부가 일정 수익이나 비용을 보전하지 않고 자산에 대한 규제가 거의 없는 자산을 말한다. 인프라 자산은 건설 완료 여부에 따라 건설 중(예정)인 자산, 운영 중인 자산으로도 구분한다. 건설 중인 자산에 투자하는 것을 'green field' 투자, 운영 중인 자산에 투자하는 것을 'brown field' 투자라고 한다. green field 투자는 이미 운영 중인 자산에 비해 위험이 큰 대신 목표수익률이 높아 자산가치 상승에 따른 자본이익을 추구할 수 있고, brown field 투자는 안정적인 배당수익을 확보할 수 있다. 이 외에도 인프라 자산은 위험과 수익률에 따라 core, core plus, value added, opportunistic으로 구분하기도 한다. 지분투자를 기준으로 기대되는 수익률은 core가 6~8%, core plus가 8~10%, value added가 10~15%, opportunistic이 15% 이상이다.

헤지펀드

헤지펀드(hedge fund)는 다양한 전략을 사용하여 절대수익(absolute return)을 추구하는 펀드를 말한다. 이는 제한된 수의 투자자로부터 사모방식으로 투자자금을 모집한 후, 펀드매니저의 실적을 내세워 이익에 대해 높은 인센티브 수수료를 부과하고 고수익을 추구하는 사모펀드이다. 헤지펀드의 주요 특징으로는 ① 적극적으로 운용되는(active managed) 사모펀드, ② 저위험/고수익을 위해 공매도, 레버리지, 파생상품 등 다양한 투자수단을 활용(제한이 없는 투자 유니버스), ③ 높은 성과보수 부과(최우수 운용인력을 유인), ④ 절대수익률 추구(벤치마크가 무위험이자율), ⑤ 고수익보다 자본 보존과 꾸준한 수익률 추구, ⑥ 규제가 적은 반면, 투명성은 낮음, ⑦ 설정과 환매가 비교적 자유롭지 못함, ⑧ 제한된 수의 적격투자자(주로 기관)에게 허용, ⑨ 주로 합자회사 형태 등을 들 수 있다.

무엇보다도 헤지펀드는 전통자산 투자와 달리 공매도전략 사용, 레버리지 활용, 차익거래 전략을 사용한다는 점에 큰 차이가 있다. 전통적 투자의 경우 싼 가격에 사서 비싼 가격에 파는 전략(long only)을 사용하는데, 이러한 전략은 매입한 자산의 가치가 하락하면 손실을 보고, 자산의 가격이 다시 반등할 때까지 기다려야 한다는 단점이 있다. 이때 공매도전략을 활용하면 현물이 없는 상태에서 매도하고 나중에 현물을 매입자에게 되돌려주어 수익을 달성할 수 있다. 또 레버리지를 활용하여 투자 시 투자금액보다 더 높은 수익을 올릴 수 있다. 예를 들어, A주식에 투자하면 한 달에 20%의 수익을 기대할 수 있다고 가정하자. 투자원금이 100만 원밖에 없을 때는 한 달에 최대 20만 원의 수익을 달성할 수 있다. 반면, 레버리지를 활용하여 은행으로부터 한 달에 5%의 이자율로 900만 원을 대출받아 총 1,000만 원을 A주식에 투자하면, 한 달 후 200만 원의 수익을 달성할 수 있다. 한 달간 은행이자로 45만 원을 지불하더라도 155만 원의 수익을 얻을 수 있다.

차익거래는 어떤 상품의 가격이 시장 간 다른 가격으로 거래될 때, 싼 가격으로 거래되는 시장에서 매입하고 비싸게 거래되는 시장에서 매도함으로써 차익을 실현하는 거래를 말한다. 즉, 무위험과 무비용으로 확실한 이익을 얻을 수 있는 거래가 가능하다. 헤지펀드 또한 이렇게 시장 간 거래가격 차이를 활용하여 수익을 실현할 수 있다.

헤지펀드 투자의 장점 중 하나는 시장의 변동성을 활용하여 절대수익을 추구할 수 있다는 점이다. 시장변동성이 클 때, 특히 하락장이 예상되면 공매도전략을 활용할 수 있고, 장단기 금리 변동을 이용하여 낮은 금리의 상품을 매입하고 높은 금리의 상품을 공매도하는 차익거래전략을 활용할 수도 있다. 즉, 헤지펀드는 단순한 투자전략(long only)만을 사용하는 전통적인 투자자산에 비해 다양한 전략을 활용할 수 있어 변동성 장세에서도 절대수익을 추구할 수 있다. 이러한 전략은 헤지펀드가 전통적인 투자자산과 낮은 상관관계를 가지는 데 기여한다. 다른 대체투자자산과 동일하게 헤지펀드 또한 전통자산과의 상관관계가 낮아 포트폴리오 분산투자 효과를 기대할 수 있다. 또한 헤지펀드는 부동산이나 인프라 등 다른 대체투자자산에 비해 투자회수에 걸리는 시간이 상대적으로 짧아, 높은 유동성을 가진다. 이는 금융상품에 직접 투자할 수 있는 헤지펀드의 투자전략과도 관련된다.

한편, 헤지펀드는 투자 형태에 따라 개별 헤지펀드(single hedge fund), 재간접 헤지펀드(fund of hedge fund)로 구분하며, 유동성에 따라 일반헤지펀드, UCTIS 헤지펀드[3], 유동성

---

3   UCTIS 헤지펀드: 유럽연합의 공모펀드 공통 규제체계인 UCITS(undertakings for the collective investment in transferable securities, 양도성 증권을 투자 대상으로 하는 집합투자기구)의 지침에 따라 등록되어 판매되는 헤지펀드로, 주별 환매가 가능하여 높은 유동성을 제공한다.

플랫폼 헤지펀드[4] 등으로 구분한다. 또한 투자전략에 따라 차익거래전략, Event Driven 전략, 주식 롱숏전략, 방향성 전략, 재간접 헤지펀드전략 등으로도 구분한다. 여기서는 투자전략에 따른 헤지펀드에 대해 조금 더 살펴보자.

차익거래전략은 공매도와 차입을 일반적으로 사용하며, 시장의 비효율성 및 구분된 시장에서의 가격 불일치에 기초한 차익거래기회를 통해 수익을 추구한다. 이 전략은 시장 전체의 움직임에 대한 노출(exposure)을 회피하여 시장 변동성에 중립화(neutralization)하는 것을 목표로 한다. 대표적으로 전환사채 차익거래, 채권 차익거래, 주식시장중립형 등이 있다. 전환사채 차익거래(convertible arbitrage)는 전환사채와 주가 간의 가격 불일치 발생 시 대부분 전환사채는 기초주식의 가격변동에 상관없이 가격 차이로부터 이익을 취할 가능성을 극대화한다. 또 채권 차익거래(fixed income arbitrage)는 채권 등 금융상품 간 가격 차이에 주목하여 가격이 합리적 수준으로 수렴하는 과정에서 수익을 추구하는 전략이다. 이는 공사채, 자산담보증권, 스왑 등 파생상품에 주로 투자하여 채권 간의 상대적 가치평가의 비효율성 또는 예상되는 스프레드 변화를 이용하여 수익을 추구한다. 주식시장중립형(equity market neutral)은 동일한 규모의 롱포지션과 숏포지션을 통해 개별 주식가격의 움직임과 주식시장 전체의 상관관계를 나타내는 지표인 베타를 중립화하여 시장의 움직임과 상관없이 절대수익률을 실현하는 것을 목표로 한다.

Event Driven 전략은 상황에 따라 공매도와 차입을 사용하며, 위험을 적극적으로 취하는 전략이다. 기업의 합병, 사업 개편, 청산 및 파산 등 기업 상황에 영향이 큰 사건을 예측하고, 이에 따라 발생하는 가격변동을 이용하여 수익을 창출하는 방법으로, 부실채권투자, 위험/합병 차익거래로 구분한다. 부실채권투자(distressed securities investment)는 파산신청 중이거나 파산 상태에서 회복하거나 단기적 파산선언이 예상되는 등 재무적으로 어려움을 겪고 있는 기업의 주식이나 채권에 투자하는 것이다. 부실기업을 대상으로 하는 주식시장은 비조직적이고 비유동적이며, 확실한 매수가격이 존재하지 않는 시장이므로 전통적 투자자들은 부실기업의 증권매입을 기피한다. 그러나 헤지펀드는 유동성 제공자의 역할을 하며 이러한 시장에서 기회를 포착하려고 한다. 위험/합병 차익거래(risk/merger arbitrage)는 위험이 내재

---

4 유동성 플랫폼 헤지펀드: 유동성 플랫폼을 활용한 헤지펀드 투자는 사적 계약으로 조성된 펀드로, 투자자 맞춤형 환매가 가능하여 유동성이 높다.

된 차익거래로, 보통 기업합병과 관련하여 기업인수를 시도하는 기업의 주식을 공매도하며, 동시에 매수대상 기업의 주식을 매입하는 거래이다. 합병 차익거래의 주목적은 시장중립 포지션을 유지하면서 지속적인 수익을 발생시키는 것이다. 투자기간은 대부분 단기이며, 합병 차익거래의 스프레드는 보통 1년 안에 이익을 실현할 수 있어 자금의 회전율이 상대적으로 높다. 합병 차익거래의 주요 위험은 감독기관 규제로 인한 거래의 결렬, 거래조건에 대한 미합의, 주주의 반대 및 예상치 못한 사태의 발생 등이 있다.

방향성 전략은 위험을 적극적으로 감수하며, 상황에 따라 차입과 공매도를 사용하는 전략이다. 이 전략은 시장위험을 헤지한 종목 선택으로 수익을 극대화하기보다는 증권이나 시장의 방향성에 따라 매매기회를 포착하는 기법이다. 포지션을 늘리거나 수익을 제고하기 위해 차입을 적극적으로 이용하기도 하는데, 여기에는 주식의 롱숏, 글로벌 매크로, 이머징마켓 헤지펀드 등이 포함된다.

주식 롱숏(equity long/short)전략은 대표적인 차익거래전략이나, 개별 주식의 방향성을 기대하며, 롱숏의 백분비율을 달리함으로써 방향성 전략으로도 사용한다. 즉, 차익거래전략의 롱숏 전략과 상이한 형태의 롱숏 전략을 사용할 수 있다. 주식 롱숏전략은 가격 상승이 기대되는 종목에 롱 포지션, 가격 하락이 기대되는 종목에 숏 포지션을 취하여 시장변동성을 축소하고 이익을 추구한다. 이는 롱과 숏의 비중에 따라 롱 편중형(long-biased), 숏 편중형(short-biased)으로 구분한다. 글로벌 매크로(global macro)는 금리, 경제정책, 인플레이션 등과 같은 요인을 고려하여 전 세계 경제 추세를 예측하고 포트폴리오를 구성하는 투자전략이다. 이는 개별 기업의 증권가치보다는 전체 자산가치의 변화로부터 투자수익을 추구한다. 펀드는 헤지를 하지 않고 경제 추세나 특정한 사건에 영향을 받는 시장 방향에 대한 예측을 근거로 시장 방향성에 투자한다. 즉, 가치변동이 나타나기 전에 이를 예상하여 차입을 통해 포지션을 매입한 후, 예상되는 가격변동이 발생하기를 기다리는 방식이다. 이는 예측에 대한 방향성과 시기에 따라 성과가 좌우된다. 특정 시장이나 상품에 전문화되어 있지 않으며, 전 세계의 여러 시장 및 상품에 투자하고 수익률의 제고와 시장 포지션의 확보를 위해 파생상품이나 차입을 이용하므로 수익률과 위험이 다른 전략에 비해 큰 편이다. 이머징마켓 헤지펀드(emerging market hedge fund)는 주로 신흥시장에서 거래되는 모든 증권에 대해 포지션을 취한다. 신흥시장은 선진국 시장보다 비효율적이고 유동성이 낮다. 이머징마켓 국가는 일반

적으로 공매도를 이용하지 않으므로 주로 매수전략을 사용한다. 또한 시장위험을 헤지할 수 있는 선물시장이 존재하지 않는 경우 주식스왑이나 워런트 같은 장외상품을 이용하기도 한다.

자금을 여러 개의 헤지펀드에 배분하여 투자하는 재간접 헤지펀드(fund of hedge fund)는 어느 특정 헤지펀드에 투자하는 것이 아니라, 보통 15~30개의 헤지펀드 포트폴리오에 투자한다. 현재 재간접 헤지펀드는 연금펀드, 장학기금, 보험회사와 고액 순자산 보유 개인들이 선호하는 펀드 투자수단이다. 이 펀드는 위험분산(risk diversification), 구매의 적정성(affordability), 접근의 용이성(accessibility), 전문가에 의한 운용(professional management), 사전 자산배분(built-in asset allocation) 등의 장점을 가지고 있다. 재간접 헤지펀드는 자산 종류를 선택하는 것이 아니라, 펀드운용자를 선택하여 투자하기 때문에 투자자들에게 높은 위험분산효과를 제공하며, 하나의 헤지펀드에 모든 자산을 투자하는 경우보다 수익의 변동성을 줄여준다. 그러나 재간접 헤지펀드의 운용자는 보통 운용자산의 1%로 정해져 있는 운용보수와 투자성과의 10%인 성과보수 외에 보수반환(retrocession), 킥백(kickback) 및 유지보수(trailing fee) 등의 서비스 수수료를 부과하므로 수수료가 이중으로 부과된다는 단점이 있다. 또한 일반적으로 유연한 환매정책을 가지는 경우가 많지만, 하위펀드 운용자를 통제할 수 없다는 단점도 있다.

특별자산 펀드

펀드재산을 주로 특별자산에 투자하는 펀드인 특별자산 펀드, CDS(credit default swap), TRS(total return swap), CDO(collateralized debt obligation) 등 신용파생상품도 대체투자자산으로 구분할 수 있다. 신용파생상품은 파생금융상품 관련 교재에서 다룰 것이므로, 여기서는 특별자산 펀드에 대해서만 간략히 살펴보자.

특별자산 펀드는 주로 상품자산(commodity)을 투자 대상으로 하며, 여기서 실물자산은 농산물, 축산물, 임산물, 광산물, 에너지에 속하는 물품 및 이 물품을 원료로 하여 제조하거나 가공한 물품, 그 밖에 이와 유사한 것을 의미한다. 실물자산은 주식, 채권과 달리 물가가 오르면 동반 상승하는 인플레이션 헤징효과가 있기 때문에 전통적인 투자 대상에 실물자산 펀드를 추가하면 효율적인 포트폴리오 구성이 가능하다.

주식이나 채권과 같은 자본자산은 미래 현금흐름의 순현재가치로 평가할 수 있다. 즉, 기대현금흐름과 할인율은 자본자산의 가치를 측정하는 데 주요 요소이다. 그러나 실물자산은 주식이나 채권과 같이 지속적인 수익에 대한 권리는 제공되지 않는다. 결과적으로 실물자산은 순자산가치로 평가되지 않으며, 이자율은 그 가치를 결정하는 데 영향이 작다. 자본자산과 달리 실물자산의 다른 특징은 실물시장의 성격에서 알 수 있다. 세계적으로 실물자산시장은 모두 달러로 표시된다. 또한 실물자산의 가치는 글로벌시장의 지역적인 불균형보다는 수요와 공급의 불균형에 의존한다.

실물자산은 주로 공산품의 원자재나 식량으로 사용되며, 공급이 제한적인 것이 특징이다. 최근 몇 년간 중국, 인도 등 이머징마켓의 높은 경제성장에 따라 가격이 크게 상승하면서 실물자산에 대한 투자가 많은 관심을 받고 있다. 그러나 실물자산은 보관, 운송, 평가, 유동성, 처분방법 등의 측면에서 직접 실물자산에 투자하는 상품으로 연결하는 데 제약사항이 많아 상품으로 개발된 사례는 많지 않다. 실물자산과 관련된 선물 등 파생상품시장에 투자하는 펀드와, 실물자산과 관련된 비즈니스를 주로 영위하는 기업의 주식에 투자하는 펀드가 시장에 선보여 왔다. 그러나 이러한 기업의 주식은 주식시장 움직임에 영향을 많이 받으며, 실물자산의 가치가 직접적으로 기업의 주가에 영향을 미치지는 않기 때문에 일반적으로 말하는 분산투자의 효과를 누리기에는 한계가 있다.

현재 우리나라에서는 직접적인 실물자산에 대한 투자보다는 실물자산 관련 기업에 투자하는 주식형 펀드 형태 또는 실물에 투자하는 SPC의 지분에 투자하는 형태, 선물시장 등 파생상품을 통해 실물에 투자하는 펀드 등이 특별자산 펀드로 개발되어 판매되고 있다.

현재 국내에서 선보인 특별자산 펀드는 ① 실물자산에 직접 투자하는 펀드, ② 실물자산 관련 해외펀드에 재간접 형태로 투자하는 펀드(fund of funds), ③ 실물자산을 기초로 하는 선물이나 ETF(상장지수 펀드)에 투자하는 펀드(파생상품 펀드 또는 ETF 투자펀드), ④ 상품지수에 연동하는 파생상품 펀드, ⑤ 실물자산 관련 사업을 영위해 실물자산의 가격변동에 영향을 받는 회사의 주식에 투자하는 펀드(주식형 펀드) 등이 있다.

실물자산에 직접 투자하는 것은 복잡한 구조와 다양한 검토사항, 그리고 경험 부족 등 여러 제약이 있어 매우 어렵다. 이에 따라 관련 지수상품이나 주식형 펀드로 운영되는 경우가 많다. 그러나 실물자산에 직접 투자하는 상품의 요구가 증가하고 있어 향후 직접적인 실물자산 관련 상품들이 개발될 가능성은 높다.

표 10.3 실물자산 펀드의 투자 형태

구분	주요 내용
실물자산 펀드	• 직접 실물자산에 투자(예: 와인펀드) • 실물자산은 해외 수탁회사에서 보관 • 해외 전문가를 통한 운용자문
재간접 펀드	• 다양한 실물자산 관련 해외펀드에 분산하여 투자 • 해외에 설정된 실물 관련 주식형 펀드에 투자 • 실물 관련 지수를 추적하는 ETF에 투자
실물자산 인덱스/구조화상품 (structured product)	• 실물자산을 기초로 하는 지수선물에 투자하는 펀드 또는 지수수익에 연동되어 수익이 결정되는 장외파생상품(note)에 투자 • 다양한 기초자산을 대상으로 상품화
실물자산 관련 기업에 투자하는 주식형 펀드	• 실물자산 관련 사업을 영위하는 회사(금광채굴회사, 귀금속 유통회사, 금보유회사, 농산물 가공회사, 토지보유기업 등) • 광업주 펀드, 에그리 비즈니스(agribusiness), 천연자원 펀드 등

자료: 금융투자협회(2024), 투자자산운용사 2(금융투자전문인력 표준교재).

1 전통적인 투자자산과 달리 대체투자자산이 가지는 대표적인 특징 세 가지를 설명하시오.

2 대체투자자산을 전통적인 투자자산과 함께 포트폴리오에 포함하면 어떠한 장점이 있는지 설명하시오.

3 PEF는 GP와 LP의 합자회사 형태로 설립된다. GP와 LP의 특징에 대해 설명하시오.

4 PEF에서 인수 대상 기업으로 고려할 수 있는 기업의 특징에 대해 설명하시오.

5 부동산 PF에 내재된 위험을 나열하시오.

6 부동산펀드와 REITs의 공통점에 대해 설명하시오.

7 인프라 투자자산이 다른 대체투자자산과 다른 특징은 무엇인지 설명하시오.

8 헤지펀드는 일반적인 대체투자자산과 달리 고수익보다는 자본보존과 꾸준한 수익률을 추구한다. 그 이유에 대해 설명하시오.

9 2023 공인회계사 1차 선택권부증권의 가치평가에 관한 설명으로 가장 적절한 것은?
① 신주인수권부사채의 경우 만기일에 신주 1주를 인수할 수 있는 신주인수권의 가치는 신주인수권 행사 전 주가를 기초자산으로 하고 행사가격이 신주 1주당 인수가격인 일반 콜옵션의 만기가치와 같다.
② 수의상환사채의 가치는 일반사채의 가치에서 수의상환권가치인 콜옵션의 가치를 뺀 것과 같다.
③ 전환사채의 만기일에 전환가치가 일반사채의 가치보다 크다면 전환권을 행사할 필요가 없으므로 전환사채의 가치는 일반사채의 가치와 같다.
④ 전환사채의 현재 가치는 일반사채의 가치보다 작을 수 있다.
⑤ 상환청구권부사채의 가치는 일반사채의 가치에 상환청구권가치인 풋옵션의 가치를 뺀 것과 같다.

1 유동성, 공매도, 레버리지, 차익거래, 상관관계 등

3 GP는 펀드를 설립하고 투자와 운영을 책임지는 무한책임사원으로, PEF 전문운용사, 은행계 자회사 등이 있다. LP는 PEF에 투자한 금액의 범위 안에서만 책임을 지는 유한책임사원으로, 연기금, 회사연금, 은행, 보험, 재단 등이 있다.

5 토지확보위험, 사업위험, 인허가위험, 시공위험, 분양성 검토, 대출금상환재원 등 부동산 PF 단계별로 위험이 존재한다.

7 인프라 자산은 수요가 안정적이고 가격에 비탄력적인 특징이 있어 경기변동에 큰 영향을 받지 않는다는 장점이 있다.

9 ②

PART 4

투자과정과 투자성과관리

앞에서 우리는 실제 금융시장에서 거래되는 다양한 투자자산의 평가방법과 투자전략에 대해 살펴보았다. 아무리 이론에 부합하는 평가가 이루어지더라도 실제 투자자산을 선택하는 것은 매우 어려운 일이다. 복잡다단한 금융시장에서 합리적으로 투자자산을 선택하기 위해서는 해당 자산이 포함된 경제와 산업에 대한 분석, 개별자산의 재무제표 분석이 필수적이다. 포트폴리오 관리자는 이러한 과정을 거쳐 투자자산을 운용하고, 그 성과를 평가해야 한다.

4편에서는 투자자산이 포함된 경제 및 산업분석, 개별자산의 기본적인 재무제표 분석방법을 살펴보고, 포트폴리오 관리에 필요한 투자관리절차, 투자성과의 평가, 그 과정에 수반되는 위험관리의 개념을 소개한다.

CHAPTER 11

경제분석과 산업분석

학습목표

☑ 기본적 분석의 체계를 이해할 수 있다.

☑ 주식가치에 영향을 미치는 주요 거시경제 변수를 이해할 수 있다.

☑ 산업의 구조와 수명주기가 이익에 미치는 영향을 이해할 수 있다.

☑ 산업의 경쟁강도를 결정하는 요인을 이해할 수 있다.

1 기본적 분석의 체계

주식에서 기본적 분석(fundamental analysis)이란 해당 주식의 내재가치(intrinsic value)를 찾아 시장가격(market price)과 비교하는 것으로, 주식시장에서 과소평가 또는 과대평가된 주식을 분석하는 과정이다. 기본적 분석을 하기 위해서는 주식의 내재가치를 구해야 하며, 주식을 포함한 자산의 일반적인 가치평가는 식 (11.1)과 같이 해당 자산으로부터 기대되는 미래 현금흐름을 위험을 반영하는 할인율로 할인하여 결정한다.

$$V_0 = \sum_{t=1} \frac{CF_t}{(1+k)^t} \tag{11.1}$$

주식은 분자의 현금흐름이 기업이 벌어들이는 이익에 의해서 결정되며, 기업의 이익은 기업이 생산하는 제품 또는 서비스의 판매량, 가격 그리고 원가 등에 의해 영향을 받는다. 판매량, 가격, 원가 등은 거시적으로 세계경제와 국내경제의 상황에 따라 영향을 받으며, 미시적으로는 기업이 속한 산업적 요인과 기업의 경쟁력에 의해 영향을 받는다. 기업의 이익에 영향을 미치는 변수에는 다음과 같은 요인들이 있다.

❶ 경제적 변수: 많은 경제적 요소 중에서, 특히 GDP 성장률, 고용, 인플레이션, 이자율수준, 재정정책과 통화정책 등이 중요하다. 이들은 기업의 매출액과 매출원가에 관여하여 이익에 영향을 준다.

❷ 산업적 변수: 해당 기업이 속해 있는 산업의 수요성장률, 산업 간의 경쟁구조, 해당 산업이 수명주기의 어느 시점에 있는지 등은 기업의 매출액과 가격에 영향을 미치며, 궁극적으로 기업의 이익에도 영향을 미치게 된다.

❸ 기업적 변수: 경제 여건이 좋고 유망한 산업에 속한 기업이라도, 모든 기업이 투자가치가 있는 것은 아니다. 같은 산업 내에서도 개별 기업의 경쟁력, 생산성, 효율성에 따라

이익 창출능력은 크게 다르게 나타난다.

분모의 할인율도 이익과 동일하게 기업이 속한 국가경제의 상황, 산업적 상황 그리고 기업 고유의 상황에 따라 다르게 나타난다. 요약하면, 기업의 가치는 기대이익과 할인율에 의해 결정되는데, 이것을 추정하기 위해서는 경제적 요인, 산업적 요인 그리고 기업 고유의 요인 순으로 분석해야 올바르게 추정할 수 있다. 기본적 분석에서는 그림 11.1과 같이 하향식 (top-down)으로 경제-산업-기업분석(economy-industry-company analysis)의 방법을 사용한다.

그림 11.1 **기본적 분석의 체계**

일반적인 기업분석과정

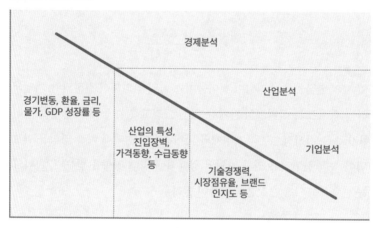

② 경제분석

앞에서 언급했듯이 증권분석의 첫 번째 단계는 경제분석이다. 경제분석은
투자결정을 위해 향후 국민경제의 전반적인 흐름에 대해 분석하는 것이
다. 경제분석은 증권 선택의 문제와도 관련이 있지만, 우선적으로 어떤 자
산으로 포트폴리오를 구성할 것인가 하는 포트폴리오 자산배분 문제와 관련이 있다. 예를 들
어, 1억 원으로 구성된 포트폴리오가 있다고 가정하자. 다음의 두 가지 상황에서 어떠한 형태
로 자산배분을 하겠는가? 단, 투자 대상은 채권과 주식으로 한정되어 있다.

- 상황 1: 향후 세계경제가 소비 심리의 약화와 고유가로 인해 경제성장률이 예상보다
  못할 것으로 전망된다.
- 상황 2: 소비 심리가 살아나고 실업률이 감소하여 경기가 호전될 것으로 예상된다.

직관적으로 상황 1이 예측되면 주식보다는 채권에 대한 투자 비중을 늘리려고 할 것이고,
상황 2가 예측되면 반대의 자산배분 형태를 취하려고 할 것이다. 어느 주식을 선택할 것인가
는 그다음 단계의 문제다. 경제분석 시에는 다음과 같은 변수들을 고려한다.

(1) 세계경제

경제분석의 첫 단계는 세계경제에 대한 분석에서 출발한다. 최근 세계경제의 가장 큰 특징은
국제화로, 이제 한 나라의 경제성과는 세계경제와 밀접한 관련이 있다고 할 수 있다. 특히, 우
리나라와 같이 수출의존도가 큰 나라일수록 기업의 수출 전망과 해외 수요 그리고 경쟁기업
과의 가격경쟁력 등이 경제에 큰 영향을 미치며, 결과적으로 세계경제와의 동조화현상이 나

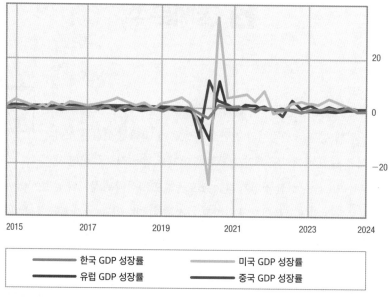

그림 11.2 한국과 주요국의 GDP 성장률 추이(2015~2024년, %)

2015   2017   2019   2021   2023   2024

——— 한국 GDP 성장률	——— 미국 GDP 성장률
——— 유럽 GDP 성장률	——— 중국 GDP 성장률

자료: https://tradingeconomics.com

타난다. **그림 11.2**를 보면, 세계경제의 글로벌화가 심화되면서 한국경제와 미국을 비롯한 주요국의 GDP 성장률이 같은 방향으로 움직이는 것을 확인할 수 있다.

(2) 국내거시경제

국내거시경제는 국내에서 활동하는 모든 기업에 적용되는 상황이다. 일반적으로 기업의 이익에 영향을 미치는 중요한 변수들은 국내총생산(GDP), 이자율, 인플레이션, 환율, 무역수지, 정부 정책 등을 들 수 있다. 국내거시경제를 잘 예측함으로써 상대적으로 뛰어난 투자성과를 올릴 수 있다.

국내총생산과 주가

국내총생산(GDP, Gross Domestic Product)은 한 나라가 생산한 재화와 서비스의 총생산 규모를 나타내는 것으로, 그 나라의 경제성장률과 국민소득을 측정하는 기준이 된다. 국내총생산

그림 11.3   GDP 성장률과 종합주가지수

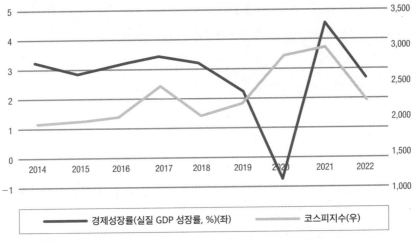

자료: 통계청

이 급속히 증가한다는 것은 경제가 확장 국면에 접어들며, 기업의 매출이 큰 폭으로 늘어나는 것을 의미한다. 따라서 국내총생산과 주가는 양(+)의 상관관계를 가지는 것으로 파악할 수 있다. 그림 11.3 은 국내총생산 성장률과 주가지수와의 관계를 나타낸다. 그림에서 국내총생산 성장률과 주가지수는 대체로 같은 방향으로 움직이고 있음을 확인할 수 있다.

고용

실업률(unemployment rate)은 전체 노동인구 중에서 아직 일자리를 구하지 못하고 있는 사람들의 비율을 말한다. 경제가 활성화되기 위해서는 소비가 이루어져야 하는데, 소비의 원천이 되는 자금은 주로 근로소득에 의존한다.

    기업 입장에서도 향후 경기 상승이 예상되어 생산을 늘리려면 고용을 늘려야 한다. 실업률이 감소한다는 것은 기업들이 향후 경제를 긍정적으로 보고 있다는 증거라고 할 수 있다. 고용이 늘어나면 근로자들은 근로소득을 통해 소비함으로써 궁극적으로는 기업의 수익력이 개선되고 기업의 주가는 상승하게 될 것이다. 실업률과 같이 분석하면 좋은 지표는 생산공장의 최대 생산능력에 대한 실제 생산규모의 비율인 가동률(capacity utilization rate)이다.

이자율과 주가

거시경제변수 중 이자율은 투자분석에서 가장 중요시되는 변수이다. 이자율은 보통 명목이자율을 말하며, 이는 실질금리와 기대 인플레이션의 합으로 구성된다.

일반적으로 이자율과 주가는 반대로 움직이는 것으로 알려져 있다. 그 원인은 첫째, 이자율이 상승하면 여유자금이 소비와 투자로 이어지지 않고 예금으로 흘러가기 때문이다. 이로 인해 기업의 수익력은 저하되고, 부채비율이 높은 기업들은 이자비용 부담으로 인해 재무구조가 부실해진다. 둘째, 상대적으로 채권과 예금의 기대수익이 높아지면 주식시장에 대한 매력이 감소되기 때문이다.

이러한 요인들은 결국 주식가치 평가 시 분모에 해당하는 요구수익률을 상승시켜 주식의 가치를 하락시키는데, 특히 예상치 못한 이자율의 상승은 주식시장의 하락과 연결된다. 따라서 이자율 예측을 잘하면 투자수익을 얻을 수 있지만, 미래 이자율을 예측하는 것은 매우 어렵다. 이자율 예측 시 다음 요소들을 고려해야 한다.

❶ 가계의 예금공급이 늘어나면 명목이자율은 하락한다.
❷ 설비투자 등에 의한 기업의 자금수요가 늘어나면 명목이자율은 상승한다.
❸ 중앙은행이 통화공급을 늘리면 이자율은 하락한다.
❹ 기대 인플레이션율이 높아지면 명목이자율은 상승한다.

개념점검 1

은행의 정기예금 금리가 5%이고 기대 인플레이션이 6%면 실질금리는 얼마인가?

물가와 주가

물가상승이 완만하면 단기적으로 기업수익이 늘어나 주식시장에 호재가 되지만, 장기적으로는 임금상승, 원자재 가격인상 등으로 제조원가를 높인다. 또한 소비자들의 실질소득을 감

모범답안 1

명목이자율 = 실질이자율 + 기대 인플레이션
$5\% = X + 6\%$이므로, $X = -1\%$

투자론

소시켜 구매력을 약화하며, 소비감소는 기업수익을 낮춰 주식의 가치를 떨어뜨린다. 그 밖에 물가가 상승하면 부동산, 귀금속 등 실물자산의 선호도가 높아져 실물자산으로 자금이 이동하기 때문에 주가는 하락 압력을 받는다.

또한 물가가 상승하면 기업 보유자산의 명목가치가 높아져 자산 재평가를 통한 재무구조 개선효과를 기대할 수 있지만, 일반적으로 구매력 감소로 인한 주가하락 요인을 충분히 보상하지는 못한다.

환율 및 무역수지와 주가

자국 통화에 대한 타국 통화의 교환비율을 환율이라고 하며, 환율이 변동하면 국가경제와 기업의 수익도 영향을 크게 받는다. 환율은 직접적으로 외환시장에서의 수요·공급에 의해 결정되지만, 원천적으로는 무역수지, 금리 등에 의해서 결정된다.

일반적으로 자국 통화의 평가절하는 자국 기업이 생산하는 제품의 가격하락 효과로 나타나 수출을 통한 판매량 증가를 기대할 수 있지만, 외국 수입품의 비용이 증가하게 되므로 수입을 감소시킨다. 하지만 우리나라와 같이 생산원가 비중에서 수입원자재 비중이 높은 경우는 상반된 효과가 동시에 나타난다. 환율은 다양한 측면에서 기업의 수익성에 직접적인 영향을 미치기 때문에 여러 가지 상황을 고려해야 한다. 특히, 판매대금을 어느 통화로 받는지가 중요하다. 예를 들어, A기업이 미국에 수출하여 판매대금으로 백만 달러를 달러화로 받기로 했다고 가정하자. 이때 원화가 평가절상되면(1\$당 1,000원에서 900원으로 하락), 실제로 A기업에 들어오는 돈은 10억 원이 아닌 9억 원이므로 환율변동 이전보다 매출액의 10%를 손해 보게 된다. 이로 인해 기업의 수익력이 약화되고 주가가 하락하게 된다. 판매대금이 원화로 지급될 경우에는 반대의 효과가 나타난다.

개념점검 2

국내 통화의 평가절하가 일어나면 외국 자금의 직접투자가 활발해지는 이유는 무엇인가?

모범답안 2　현재 기업가치가 10억 원인 A기업이 있다고 가정하자. 외국기업이 A기업을 인수하려면 100만 달러가 필요하다. 그러나 1개월 뒤 환율이 \$1당 1,000원에서 2,000원으로 상승하면, 그 기업을 인수하는 데 50만 달러만 투자하면 되므로 투자 매력이 증가한다.

정부의 경제정책

정부의 경제정책은 자율시장경제에서도 국내 경기에 큰 영향을 미친다. 특히, 개발도상국에 가까울수록 정부의 경제정책이 국내 거시환경에 미치는 효과가 크다. 정부의 경제정책을 재정정책과 통화정책으로 나누어 살펴보자.

❶ 재정정책

정부의 재정정책(fiscal policy)은 크게 정부지출과 조세정책으로 나누어진다. 정부의 재정정책은 수요 측면에 영향을 주어 경기 활성화를 촉진하거나 경기 과열을 진정시키는 데 사용하는 가장 직접적인 수단이다.

정부는 경기 침체가 예상되면 대규모로 사회간접자본에 대한 투자 지출을 늘리고, 세율을 인하하여 가처분소득을 증가시킴으로써 소비를 진작하려고 한다. 반대로 경기 과열이 예상되면 정부는 지출을 줄이고 세수를 늘리는 흑자재정정책을 시행한다.

재정정책은 효과가 확실하고 파급력이 크지만, 행정부와 입법부 간에 합의하는 데 오랜 시간이 걸리는 현실적인 문제들이 단점으로 지적된다.

❷ 통화정책

통화정책(monetary policy)은 통화 공급량을 조절하여 경제에 영향을 주는 정책으로, 주로 금리를 매개체로 삼는다. 통화량의 증대는 단기적으로 이자율을 하락시켜 궁극적으로 투자와 소비를 진작한다. 그러나 경제학자들은 통화량의 증대가 장기적으로 물가수준을 상승시키기 때문에 실질 경제를 활성화하는 데 도움이 되지 않는다고 주장한다.

재정정책은 경기를 진작하는 데 신속하며 직접적으로 영향을 미치지만 집행이 어렵다. 반면, 통화정책은 집행은 쉬우나 효과가 확실하지 않다. 가장 일반적인 방법으로는 중앙은행이 국채를 매매하여 통화량을 조절하는 공개시장운영(open market operation)이 있다. 이 외에도 시중은행이 단기자금 대출에 부과하는 이자율을 조절하는 정책인 재할인율정책(discount rate policy)과 은행이 예금 일부를 중앙은행에 예치하거나 현금으로 보유하도록 하는 지급준비율(reserve requirement) 제도를 통해 정책을 수행할 수 있다.

(3) 경기순환과 경제지표

정부의 각종 정책에도 불구하고 경제는 일정하게 유지되기보다는 주기적으로 상승과 하락을 반복하는 형태를 보인다. 따라서 증권을 분석할 때는 이러한 거시경제의 상승·하락 패턴에 대한 시장의 일반적인 견해와 그와는 상반된 독립된 예측이 투자전략의 핵심을 이룬다.

경제는 장기적으로는 성장을 지향하면서 경기의 상승과 하락이라는 순환적 변동을 끊임없이 반복하고 있다. 이는 투자의 변동을 중심으로 생산, 고용, 가격의 변동이라는 형태로 나타난다. 그 변동은 일단 한 방향으로 탄력이 붙어 움직이기 시작하면 같은 방향으로 누적적으로 발전하지만, 어느 지점에 도달하면 기동력이 떨어지며, 마침내 반대 방향으로 전환하는 경향을 보인다. 이처럼 경기는 '회복기'를 거쳐 '활황기'라는 호황 국면에 이르다가, 한계에 도달하면 '후퇴기'에 접어들고, 결국 '침체기'라는 불황 국면에 이르게 된다. 이러한 경기의 반복현상을 경기순환(business cycle)이라고 한다.

그림 11.4 는 경기순환의 국면을 보여준다. 이러한 경기순환을 예측하기 위해 사용되는 것이 경기종합지수이다. 경기종합지수(composite indices of business indicators)는 경기와 연관이 높다고 판단한 여러 가지 경제지표를 모아서 만든 지수로, 동행지수, 선행지수, 후행지수로 구성되어 있다.

경기동행지수(coincident indicators)란 현실의 경기를 가장 잘 반영하는 요소들로 구성된 만든 지수이다. 예를 들어, 생산이나 공장의 가동률은 현재의 경기를 가장 잘 반영하는 것으로, 산업생산지수나 제조업 가동률지수 등을 통해서 측정된다. 그 밖에도 경기동행지수에 포함되는 것에는 생산자 출하지수, 도소매 판매액지수, 비내구 소비재 출하지수, 수입액, 시멘트 소비량, 비농가 취업자 수 등이 있다.

경기선행지수(leading indicator)란 현실의 경기보다 앞서 나타나는 요소들로 구성된 지수이다. 예를 들어, 건축을 하려면 몇 달 전에 건축허가를 받아야 하는데, 건축허가 면적을 통해 미래의 건축경기를 예측할 수 있다. 마찬가지로, 기업들은 수출할 때 신용장(L/C)을 받

그림 11.4 **경기순환 국면**

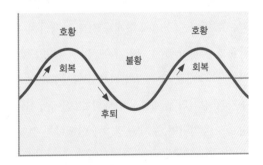

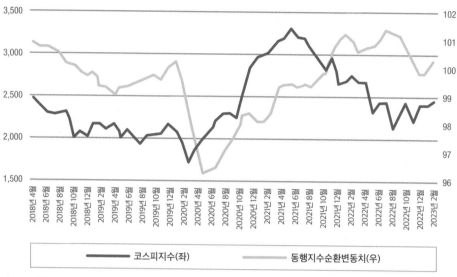

그림 11.5 우리나라에서의 주가지수와 경기순환의 관계(2018~2023년)

범례: ── 코스피지수(좌)　　── 동행지수순환변동치(우)

자료: 통계청

아야 안심하고 진행하는데, 우리나라에 들어온 신용장의 수를 보면 미래의 수출경기를 예측할 수 있다. 그 밖에도 경기선행지수에 포함되는 것에는 건설용 중간재 생산지수, 기계수주액, 수입허가서 발급액, 총유동성 등이 있다.

경기후행지수(lagging indicator)란 현실의 경기보다 늦게 나타나는 요소들로 구성된 지수이다. 예를 들어, 경기가 수축 국면에 접어들면 창고에 재고가 남게 되며, 실업자가 늘어나므로 실업률이나 재고지수 등을 통해서 경기를 판단할 수 있다. 경기후행지수는 경기예측과는 상관없이 사후적으로 경기의 위치를 판단하는 데 사용된다.

주가는 미래 기업의 수익성을 바탕으로 형성되기 때문에 경기선행지수에 해당한다. 일반적으로 주가는 경기에 수개월 정도 선행하여 이를 반영한다고 한다. 즉, 증시가 정점에서 하락하기 시작한 후 수개월 뒤에 경기 후퇴가 발생하고, 반대로 증시가 저점에서 상승하기 시작한 후 수개월 뒤에 경기 회복이 발생한다는 실증적 증거가 많다. **그림 11.5**는 우리나라에서 주가와 경기의 관계를 나타낸다. 그림에서 볼 수 있듯이 일반적으로 주가와 경기는 같은 방향으로 움직이며, 주가는 경기에 선행하는 경향을 보인다.

　　　　　　　　　　　　　　　　　　　　　　　　　　　　　　　　　　투자론

표 11.1 주가에 영향을 미치는 요인

구분	주가에 대한 영향	비고
경기변동 (경기순환)	주가는 경기에 선행 • 회복기: 주가↑, 활황기: 주가↗ • 후퇴기: 주가↓, 침체기: 주가↘	경기동행지수 순환변동치가 중요
GDP 성장률	GDP 성장률↑ → 주가↑	성장의 내용파악이 중요
통화량	완만한 통화 증가 → 주가↑	채권시장의 이자율 조정을 통해 간접영향
물가	물가안정 → 주가↑ (스태그플레이션 시기: 주가↓ 디플레이션 시기: 주가↑)	주식은 인플레이션 헤지기능이 약한 자산
금리	금리↑ → 주가↓	기업실적을 통해, 주식과 채권의 대체관계를 통해
환율	완만한 평가절상 → 주가↑ (안정적인 환율인하는 경제안정, 국제수지 흑 자에 기인)	규모 및 추세가 중요

3 산업분석

증권을 분석할 때 경제분석의 다음 단계로 행하는 것이 산업분석이다. 산업분석은 개별 산업의 투자성과에 영향을 미치는 요인을 분석하여 개별 산업의 성장성, 수익성 등을 전망하는 것이다. 이를 통해 어느 산업이 성장성, 수익성이 높아 투자가 유망한지를 분석한다.

그림 11.6 은 2024년 11월 1일 기준, 미국의 산업별 주식수익률을 보여준다. 1년 기준으로 통신서비스 섹터의 수익률은 46.96%인 반면, 에너지 섹터는 3.71%에 그쳤다. 이는 산업 선정이 포트폴리오의 투자수익률에 얼마나 중요한지를 보여준다.

산업분석은 산업 간 분석과 산업 내 분석으로 구분된다. 산업 간 분석(inter‑industry analysis)은 여러 산업을 비교·분석하여 어느 산업이 경쟁력이 높고 유망한 업종인지를 구

그림 11.6 산업별 주식의 수익률

Sector performance
As of Nov-01-2024 | *As of Nov-01-2024 4:44 PM ET |

Sector	Today* ▲	1-month ⇕	3-month ⇕	YTD ⇕	1-year ⇕	5-year ⇕	10-year ⇕
S&P 500 Consumer Discretionary Sector	+2.40%	+0.80%	+6.70%	+14.11%	+34.07%	+70.34%	+199.70%
S&P 500 Information Technology Sector	+0.61%	-0.40%	+3.23%	+29.11%	+51.06%	+198.95%	+553.81%
S&P 500 Health Care Sector	+0.59%	-4.16%	-1.21%	+8.26%	+18.64%	+57.15%	+121.05%
S&P 500	+0.41%	-0.58%	+3.74%	+20.10%	+36.60%	+88.60%	+183.88%
S&P 500 Industrials Sector	+0.16%	-1.23%	+4.71%	+17.44%	+36.15%	+71.31%	+138.60%
S&P 500 Financials Sector	+0.11%	+2.67%	+6.43%	+23.62%	+44.01%	+62.67%	+141.06%
S&P 500 Communication Services Sector	-0.07%	+1.73%	+7.65%	+30.09%	+46.96%	+86.26%	+98.99%
S&P 500 Consumer Staples Sector	-0.07%	-3.00%	+3.21%	+12.96%	+20.04%	+37.28%	+79.07%
S&P 500 Materials Sector	-0.19%	-3.73%	+0.78%	+8.41%	+22.23%	+60.40%	+92.19%
S&P 500 Energy Sector	-0.74%	-0.04%	-5.08%	+5.65%	+3.71%	+58.49%	+5.44%
S&P 500 Real Estate Sector	-1.09%	-4.46%	+3.72%	+6.50%	+29.10%	+10.17%	--
S&P 500 Utilities Sector	-2.26%	-3.30%	+7.33%	+23.24%	+30.99%	+21.76%	+71.80%

자료: https://digital.fidelity.com/prgw/digital/research/sector

별할 수 있는 평가기준을 제공해준다. 산업 내 분석(intra-industry analysis)은 특정 산업 내에서 어떤 업체가 더욱 유망한지에 대한 평가기준을 제공해준다.

산업분석 시 가장 널리 이용되는 산업구조분석과 산업수명주기분석에 대해 알아보자.

(1) 산업구조분석

산업구조분석이란 해당 산업의 경쟁강도를 결정짓는 구조적 경쟁요인을 분석하는 것이다. 마이클 포터(Michael E. Porter)는 특정 산업의 구조적 경쟁요인으로 진입장벽, 기존 업체 간의 경쟁강도, 제품의 대체 가능성, 구매자의 교섭력, 공급자의 교섭력을 제시하였다. 그림 11.7 은 산업의 경쟁강도를 결정하는 구조적 요인을 나타낸다. 이 외에도 단기적 경기변동이나 재난, 파업, 그리고 수요의 급증과 같은 상황이 해당 산업의 수익성과 위험에 영향을 주는 단기적인 요인이 된다.

진입장벽

진입장벽(entry barriers)이란 특정 산업에 새로 진출하려는 기업의 진입을 어렵게 만드는 장벽을 말한다. 진입장벽이 낮은 산업에 있는 기업들은 항상 신규 진입자와의 경쟁위험에 노출되어 있으므로 안정적인 수익성을 기대하기 힘들다. 반면, 높은 진입장벽이란 신규 진입자가 쉽게 진입하지 못하도록 하기 때문에 해당 산업에 이미 진출하고 있는 기업의 수익성은 높고, 위험은 낮다는 것을 의미한다. 진입장벽을 구성하는 요인은 다음과 같다.

그림 11.7 산업의 경쟁강도를 결정하는 구조적 요인

❶ 규모의 경제: 생산량이 증가할수록 생산원가가 감소하는 경우 발생한다. 새로운 기업은 일반적으로 규모가 작기 때문에, 규모의 경제가 존재하는 산업에 진입하기 어렵다.

❷ 소요자본: 어떤 산업은 초기에 거액의 자금이 필요하며, 이는 진입장벽이 된다. 특히, 소요자본이 광고나 연구개발 등에 필요한 것이라면 위험부담이 크고 회수가 불가능하므로 진입장벽이 된다.

❸ 제품의 차별화: 광고 및 고객에 대한 서비스, 또는 제품의 질적 차이 등에서 경쟁업체와 구별되도록 만드는 것을 말한다. 새로운 기업이 제품 차별화가 되어 있는 산업에 진출하려면 판매촉진이나 광고비 등에서 상당한 초기 투자비용이 필요하다. 이러한 초기 투자비용은 회수할 수 없으므로 진입장벽이 된다.

❹ 교체비용: 해당 산업 제품의 구매자가 기존 제품에서 다른 제품으로 바꾸려고 할 때 부담해야 하는 비용이다. 교체비용이 크면 신규 진출 기업의 제품이 가격이나 성능 면에서 현저하게 우수하지 않으면 구매자는 기존 공급자에서 신규 공급자로 구매를 전환하지 않을 것이다.

❺ 견고한 판매망: 기존 제품의 판매망이 견고하면 진입장벽이 된다.

❻ 저렴한 제조비용: 기존 기업이 독자적인 생산기술을 보유하고, 유리한 원자재 공급선을 확보하며, 입지 조건과 정부 보조 등으로 원가상의 우위를 차지하고 있다면, 신규 진출 기업은 경쟁에서 불리한 위치에 놓이게 된다.

❼ 정부의 규제: 정부가 사업허가를 제한하거나 규제를 통해 기업의 특정 산업 진출을 제약하거나 원천적으로 봉쇄하는 경우도 진입장벽이 된다.

기존 업체 간의 경쟁

기존 업체 간의 경쟁(rivalry among existing competitors)강도의 결정요인은 다음과 같다.

❶ 경쟁자의 수: 산업 내 경쟁기업 수가 많을수록 경쟁강도가 높아진다.

❷ 산업의 성장률: 산업의 성장률이 낮을수록 경쟁기업은 시장점유율 확대에 전력을 기울이기 때문에 경쟁강도가 높아진다.

❸ 가격경쟁 및 제품 차별화 정도: 가격경쟁이 심화되면 출혈경쟁으로 이어질 가능성이

커져 경쟁강도가 높아진다. 한편, 제품 차별화가 잘되어 있는 산업에서는 비가격경쟁이 일반적이므로 출혈경쟁의 가능성이 작다.

④ 고정비의 크기와 재고비용: 총생산비에서 고정비 비중이 높은 산업은 조업도수준에 따라 단위당 생산단가가 크게 달라지기 때문에, 수요 증대를 위해 출혈적 가격 인하를 도모할 가능성이 높다. 또한 재고유지비용이 많이 드는 산업은 재고를 줄이기 위해 가격을 인하하려는 유혹이 크기 때문에 출혈경쟁의 가능성이 높아진다.

⑤ 대규모 시설 확장: 시설 확장은 일시적으로 수요와 공급의 불균형을 야기하며, 이 경우 유휴설비로 인해 가격 인하를 통한 경쟁이 유발된다.

⑥ 경쟁기업의 다양성: 산업 내 경쟁기업 간에 다른 경쟁전략을 취할 때, 경쟁 양상은 복잡해지고 경쟁강도는 치열해진다.

⑦ 전략적 이해관계: 특정 부분에서의 성공 여부가 큰 이해관계로 연결될 때, 해당 산업 내의 경쟁은 더욱 심해지는 양상을 띠게 된다.

⑧ 높은 철수장벽: 특정 산업에서 철수장벽이 높은 경우, 철수하면 막대한 희생을 감수해야 하기 때문에 투자수익률이 낮거나 결손을 보고 있어도 해당 산업에서 발을 빼지 못한다. 이로 인해 경쟁강도가 높아진다.

표 11.2 **진입장벽 및 철수장벽에 따른 수익성과 위험**

구분		철수장벽	
		낮음	높음
진입장벽	높음	수익성이 높고 안정	수익성은 높지만 위험
	낮음	수익성은 낮지만 안정	수익성이 낮고 위험

대체 제품의 압력

특정 산업의 기업은 대체 제품(substitute products)을 생산하는 다른 산업과 경쟁하고 있다. 대체 제품이 존재하면 기업은 자사 제품의 가격을 대체 제품의 가격보다 높게 책정하기 어려워진다. 따라서 대체 제품의 가격이 자사 제품의 가격 상한선으로 작용하게 되며, 이로 인해 해당 산업의 이윤잠재력이 제한된다.

구매자의 교섭력

제품 구매자의 교섭력(bargaining power)이 강할수록 해당 산업의 경쟁은 심해진다. 다음의
경우 구매자의 교섭력이 강해진다.

❶   규격화된 제품
❷   대체품으로 교체비용이 적은 제품
❸   구매자의 이윤 폭이 낮은 제품
❹   구매 집중도가 높은 제품
❺   구매자가 소비자의 구매결정에 큰 영향을 미치는 제품

공급자의 교섭력

교섭력이 강한 공급자는 공급가격의 인상, 제품 품질의 하락 등의 위험을 증가시켜 산업의
수익성을 감소시킨다. 다음의 경우 공급자의 교섭력이 강해진다.

❶   대체품이 존재하지 않는 공급 품목
❷   차별화되어 있거나 교체비용이 드는 공급 품목
❸   공급자가 과점기업인 경우
❹   해당 산업이 공급자에게 비중이 큰 고객이 아닌 경우

(2) 산업수명주기분석

산업수명주기(industry life cycle)분석이란 제품도 생명체와 동일하게 생성, 성장, 쇠퇴, 소멸과
정을 거치는 제품수명주기이론을 산업분석에 응용한 것이다. 이는 버논 등이 개발한 이론으
로, 신제품이 출현하면 쇠퇴·소멸된다는 것이다. 산업의 수명은 도입기, 성장기, 성숙기, 쇠
퇴기 등 4단계로 나뉜다. 각 단계별로 해당 산업 내의 경쟁 형태와 강도, 제품기술, 소비자 기
호, 경영관리 기능, 매출액 증가, 이익률관리 방법 등이 달라지기 때문에 해당 산업의 이윤 잠
재력이나 사업위험을 파악하여 투자에 활용해야 한다.

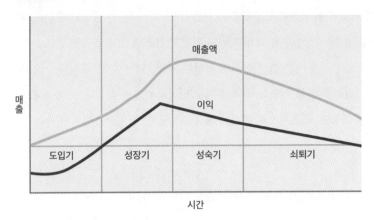

그림 11.8 산업수명주기

도입기

신제품이 처음 시장에 소개되는 단계로, 경쟁자가 거의 없어 제품가격과 이윤 폭은 높지만, 수요를 불러일으키기까지 상당한 시간이 걸리는 단계이다. 매출액증가율은 낮으며, 이익은 과도한 광고비 지출, 고정비, 시장선점경쟁 등으로 적자를 보이거나 상당히 작다. 적자를 견디지 못한 기업은 시장을 이탈하기도 한다. 이 시기에는 사업 성공 여부가 불투명하므로 뛰어난 판매능력이 필요하다.

성장기

매출액이 급증하면서 이익도 지속적으로 증가하는 단계이며, 고속 성장기와 안정 성장기로 나뉜다. 고속 성장기는 매출액과 이익이 급증하는 단계로, 도입기에서 살아남은 생존자가 늘어나는 수요에 맞추어 공급능력을 대폭 확충하면서 매출액이 급증한다. 또한 시장경쟁도 약하여 이익 증가가 매출액 증가보다 빨라 이익률이 높다.

  안정 성장기는 매출액이 시장 평균 이상의 성장을 지속하나, 점차 시장 평균으로 근접해 가는 단계이다. 또한 신규 공급자의 참여로 시장경쟁이 격화되어 이익이 늘어나더라도 이익률은 정점에 도달한 이후 점차 시장 평균으로 하락하기 시작한다.

성숙기

산업 내의 기업이 안정적인 시장점유율을 유지하면서 매출은 완만하게 늘어나는 단계이다. 이익률은 기업 간 시장점유율 확대를 위한 격심한 가격경쟁 및 판촉경쟁으로 인해 하락하고, 기업별로 경영능력에 따른 영업 실적의 차이가 크게 나타나는 단계이다. 기업은 원가절감과 철저한 생산관리를 통해 이윤율 하락 추세를 만회하려고 노력한다. 또한 제품수명주기를 연장하기 위해 힘쓰며, 근본적으로 새로운 제품 개발을 위한 연구개발비 지출을 늘려야 한다.

쇠퇴기

구매자 수요 감소, 대체품 출현 등으로 매출액증가율이 시장 평균보다 낮아지며, 이익률은 더욱 하락하고 적자기업도 발생한다. 따라서 많은 기업이 해당 산업에서 철수하거나 업종 다각화를 적극적으로 실시한다.

1　경기가 극도로 침체되어 있다면 정부는 어떠한 정책을 취해야 하는가?

2　환율은 기업의 수익에 직접적으로 영향을 미친다. 국내 통화가 평가절상되는 상황이 지속 적으로 전개될 경우 기업, 특히 수출기업에 미치는 영향을 가격경쟁력 측면과 수익력 측면 으로 나누어 설명하시오.

3　일반적으로 금리는 주가에 부정적인 영향을 미치는 것으로 알려져 있다. 금리가 주가에 미 치는 영향을 본원적 요인과 상대적 요인으로 나누어 설명하시오. 또한 금리와 주가가 동반 하락하는 현상이 나타나는 경우도 있는데, 이에 대한 이유를 설명하시오.

4　정부가 시중에 통화량을 증가시킨 후 나타나는 효과를 단기와 장기로 나누어 설명하시오.

5 다음 문장이 참이면 T, 거짓이면 F를 표기하고, 거짓이라면 그 이유를 설명하시오.

(1) 장기적으로 보면 기업의 성장률은 명목 GDP 성장률과 일치한다.

(2) 물가상승이 높은 수준으로 장기적으로 지속될 것으로 예측되면 부동산을 많이 보유하고 있는 기업의 주식에 투자하는 것이 유리할 것이다.

(3) 통화정책이 재정정책보다 경기활성화에 더 직접적인 영향을 미치고 파급효과도 크다.

(4) 주가지수는 일반적으로 경기종합지수에 선행한다.

(5) 산업수명주기상 쇠퇴기에 있으면 기업은 해당 산업에서 즉시 철수해야 한다.

6 산업분석을 할 때 경쟁구조분석을 수행한다. 이때 고려해야 하는 다섯 가지 요소를 설명하시오.

7 기업의 업계 내 경쟁적 지위를 평가할 때 고려해야 하는 요소를 설명하시오.

1   ① 재정정책: 사회간접자본에 대한 투자를 통해 지출을 늘리고 세율을 인하하여 가처분소득을 증가시
킨다. 이를 통해 수요를 늘려 경기활성화를 도모할 수 있다.

   ② 통화정책: 통화 공급량의 조절을 통해 경기 침체를 해결할 수도 있다. 통화량 증대는 단기적으로는
이자율을 하락시켜 투자와 소비를 진작하나, 장기적으로는 물가를 상승시켜 실질경제의 활성화에
도움이 되지 않으므로 신중하게 사용해야 한다. 통화량의 조절은 공개시장 정책과 재할인율 정책,
지급준비율 제도를 통해 이루어진다.

3   금리가 상승하면 자금이 소비와 투자보다는 예금으로 흘러간다. 이로 인해 기업의 수익력은 저하되고,
부채비율이 높은 기업은 이자비용 부담으로 재무구조가 부실하게 된다. 또한 상대적으로 채권과 예금
의 기대수익이 높아지면 주식시장에 대한 매력이 감소한다. 이러한 요인들은 결국 주식가치 평가 시
분모에 해당하는 요구수익률을 상승시켜 주식의 가치를 하락시키는데, 특히 예상치 못한 이자율의 상
승은 주식시장의 하락과 연결된다. 그러나 금리가 하락하더라도 경기 침체기에는 주가도 함께 하락하
는 현상이 종종 나타난다. 이는 금리뿐만 아니라 주가에 영향을 주는 다른 요인들이 주가를 하락시키
기 때문이다.

5   (1) F. 장기적으로 기업의 성장률은 실질 GDP 성장률과 일치한다.

   (2) T

   (3) F. 재정정책이 통화정책보다 경기에 더 신속하고 직접적으로 영향을 미친다. 단, 재정정책은 통화
정책보다 집행하기 어렵다는 문제가 있다.

   (4) T

   (5) F. 즉시 철수할 수 있지만, 해당 산업 내에서 업종 다각화를 실시할 수도 있다.

7   ① 진입장벽: 특정 산업에 새로 진출하려는 기업의 진입을 어렵게 만드는 장벽을 말한다. 진입장벽이
낮은 산업에 있는 기업들은 항상 신규 진입자와의 경쟁위험에 노출되어 있으므로 안정적인 수익성
을 기대하기 힘들다. 반면, 높은 진입장벽이란 신규 진입자가 쉽게 진입하지 못하도록 하기 때문에
해당 산업에 이미 진출하고 있는 기업의 수익성은 높고, 위험은 낮다는 것을 의미한다.

   ② 기존 업체 간의 경쟁: 기존 업체 간의 경쟁강도의 결정요인으로 경쟁자의 수, 산업의 성장률, 가격경
쟁 및 제품 차별화 정도, 고정비의 크기와 재고비용, 대규모 시설 확장, 경쟁기업의 다양성, 전략적
이해관계, 높은 철수장벽 등이 있다.

③ 대체제품의 압력: 특정 산업의 기업은 대체품을 생산하는 다른 산업과 경쟁하고 있다. 대체 제품이 존재하면 기업은 자사 제품의 가격을 대체 제품의 가격보다 높게 책정하기 어려워진다. 따라서 대체 제품의 가격이 자사 제품의 가격 상한선으로 작용하게 되며, 이로 인해 해당 산업의 이윤잠재력이 제한된다.

④ 구매자의 교섭력: 제품 구매자의 교섭력이 강할수록 해당 산업의 경쟁은 심해진다.

⑤ 공급자의 교섭력: 교섭력이 강한 공급자는 공급가격의 인상, 제품 품질의 하락 등의 위험을 증가시켜 산업의 수익성을 감소시킨다.

CHAPTER 12

재무제표 분석

학습목표

☑ 주요 재무제표의 종류와 특성을 이해할 수 있다.

☑ 기업의 유동성, 재무건전성, 활동성을 나타내는 지표들을 이해하고 산출할 수 있다.

☑ 기업의 성장성과 수익성을 나타내는 지표들을 이해하고 산출할 수 있다.

☑ 자기자본순이익률 분석을 통해 종합적인 관점에서 기업을 이해할 수 있다.

☑ 투자분석 시 유의해야 하는 '이익의 질'을 이해할 수 있다.

1 재무제표 분석의 이해

어떤 기업이 투자가치가 있는 종목인지를 분석하려면 해당 기업의 경영성과나 재무 상태의 건전성을 분석해야 한다. 이러한 분석을 위한 정보를 제공해주는 것이 기업에서 발표하는 재무제표이다. 재무제표는 사람의 건강 상태를 맥박, 호흡, 그리고 혈압 등으로 파악하듯이, 분석기업의 건강 상태에 대한 정보를 회계 수치로 나타낸 것이라고 할 수 있다.

재무제표 정보의 신뢰성과 유용성에 대해서는 아직까지 많은 논란이 있다. 재무제표에는 향후 실적에 대한 전망과 경영자의 경영능력과 같은 비계량적 요소는 포함되지 않기 때문에 재무제표 분석만으로 내재가치를 평가하기에는 한계가 분명히 있다. 하지만 기업의 과거와 현재의 재무 상황은 미래 전망을 가늠하는 중요한 지표가 되며, 질적 분석을 통해 재무제표의 한계를 보완할 수 있다는 점에서 그 중요성은 충분하다. 또한 재무제표는 공시자료이기 때문에 자료 획득이 용이하고 표준화된 체계적 정보를 제공해주는 장점이 있다.

재무제표 분석이란 기업의 재무제표와 관련 자료를 분석하여 그 기업의 과거 및 현재의 경영 상태를 파악하고, 미래를 예측함으로써 바람직한 의사결정을 내리는 것이다. 분석에 사용되는 주요 재무제표에는 손익계산서, 재무상태표 및 현금흐름표 등이 있다.

손익계산서

손익계산서(income statement)는 일정 기간에 대해 기업의 수익성을 요약한 표이다. 영업기간에 발생한 매출액과 비용, 그리고 매출액과 비용의 차이인 순이익을 보여준다. 비용은 크게 4종류로 구분된다.

매출원가(cost of good sold)는 기업이 제품생산에 투입한 직접적인 원가이고, 일반관리비는 간접비용(overhead cost), 급여, 광고비 등으로 생산에 직접적으로 관련되지 않은 비용을 말한다. 이자(interest expense)는 부채에 대해 채권자에게 지급되는 비용이며, 세금(tax expense)은 이익에 대해 정부에 납부하는 비용이다.

손익계산서상에 나타나는 이익은 먼저 매출에서 제품생산에 소요된 원재료비와 노무비와 같은 매출원가를 차감한 매출총이익(gross profit)이 있다. 매출총이익에서 급여와 광고비와 같은 간접비용을 차감한 이익이 영업이익(operating income)이 된다. 영업이익은 회사 본연의 영업활동 및 관련 활동에서 발생한 이익으로, 이를 이자 및 세전 이익(EBIT, earning before interest and tax)이라고도 한다. 이자 및 세전 이익은 부채 조달에 따른 이자 부담을 고려하지 않는 경우의 기업의 수익성을 평가하는 지표이다.

표 12.1 삼성전자의 손익계산서(2023년)

제55기 2023. 1. 1부터 2023. 12. 31까지
제54기 2022. 1. 1부터 2022. 12. 31까지
제53기 2021. 1. 1부터 2021. 12. 31까지

(단위: 백만 원)

	제55기	제54기	제53기
영업수익	170,374,090	211,867,483	199,744,705
매출원가	144,023,552	152,589,393	135,823,433
매출총이익	26,350,538	59,278,090	63,921,272
판매비와관리비	37,876,835	33,958,761	31,928,110
영업이익	(11,526,297)	25,319,329	31,993,162
기타이익	29,643,315	4,576,378	7,359,004
기타손실	375,723	296,344	745,978
금융수익	7,388,664	9,734,299	3,796,979
금융비용	7,598,459	9,641,742	3,698,675
법인세비용차감전순이익(손실)	17,531,500	29,691,920	38,704,492
법인세비용(수익)	(7,865,599)	4,273,142	7,733,538
계속영업이익(손실)	25,397,099	25,418,778	30,970,954
당기순이익(손실)	25,397,099	25,418,778	30,970,954
주당이익			
기본주당이익(손실) (단위: 원)	3,739.0	3,742.0	4,559.0
희석주당이익(손실) (단위: 원)	3,739.0	3,742.0	4,559.0

자료: 금융감독원 전자공시시스템

다음으로 영업이익에서 이자 수익과 비용 등과 같은 영업활동 이외의 결과로 발생하는 이익과 비용을 가감한 경상이익이 있다. 경상이익은 세전 이익(EBT, earning before tax)이라고도 한다. 여기서 법인세를 차감하면 손익계산서에서 최종적으로 얻고자 하는 당기순이익(net income)이 나온다.

재무상태표

재무상태표(statement of financial position)는 특정 시점에서 기업의 자산, 부채, 자본 등 재무 상태를 보고하는 표이다. 자산(asset)과 부채(liability)의 차이가 기업의 순자산가치(net worth)가 되며, 이를 주주의 자기자본(equity)이라고 한다.

표 12.2 는 삼성전자의 재무상태표이다. 재무상태표의 처음에는 기업이 보유한 자산이 현금화가 가능한 순서대로 기록된다. 먼저, 현금, 외상매출금, 재고 등 1년 이내에 현금화가 가능한 자산인 유동자산(current asset)이 기록되고, 그다음에 공장설비 같은 고정자산(long-term asset)이 기록된다. 이 두 자산의 합계가 기업의 총자산이 된다. 부채도 자산과 비슷한 방식으로 기록된다. 즉, 상환일이 빠른 순서대로 나열하며, 단기차입금, 외상매입금 등 1년 이내에 상환해야 하는 부채를 먼저 기록하고, 장기차입금이나 기타 채무 등을 기재한다. 자기자본은 액면가를 기준으로 납입된 자본금, 액면가를 초과하여 납입된 자본잉여금, 기업이 벌어들인 이익 중에서 배당으로 지급하지 않고 사내에 유보한 유보이익으로 구성되어 있다.

표 12.2 삼성전자의 재무상태표(2023년)

제55기 2023. 12. 31 현재
제54기 2022. 12. 31 현재
제53기 2021. 12. 31 현재

(단위: 백만 원)

	제55기	제54기	제53기
자산			
유동자산	68,548,442	59,062,658	73,553,416
현금및현금성자산	6,061,451	3,921,593	3,918,872
단기금융상품	50,071	137	15,000,576
매출채권	27,363,016	20,503,223	33,088,247
미수금	1,910,054	2,925,006	1,832,488
선급비용	1,349,755	1,047,900	817,689
재고자산	29,338,151	27,990,007	15,973,053
기타유동자산	2,475,944	2,674,792	2,922,491
비유동자산	228,308,847	201,021,092	177,558,768

(계속)

	제55기	제54기	제53기
기타포괄손익-공정가치 측정 비유동금융자산	1,854,503	1,364,325	1,662,532
당기손익-공정가치금융자산	1	283	2,135
종속기업, 관계기업 및 공동기업 투자	57,392,438	57,397,249	56,225,599
유형자산	140,579,161	123,266,986	103,667,025
무형자산	10,440,211	8,561,424	8,657,456
순확정급여자산	3,745,697	4,410,223	2,324,291
이연법인세자산	9,931,358	2,142,512	1,211,100
기타비유동자산	4,365,478	3,878,090	3,808,630
자산 총계	296,857,289	260,083,750	251,112,184
부채			
유동부채	41,775,101	46,086,047	53,067,303
매입채무	7,943,834	8,729,315	11,557,441
단기차입금	5,625,163	2,381,512	9,204,268
미지급금	15,256,046	18,554,543	13,206,753
선수금	302,589	320,689	474,731
예수금	445,470	523,354	624,585
미지급비용	6,931,991	8,359,296	8,275,410
당기법인세부채	0	2,533,481	5,599,896
유동성장기부채	228,491	135,753	139,328
충당부채	4,540,702	4,059,491	3,643,853
기타 유동부채	500,815	488,613	341,038
비유동부채	30,294,414	4,581,512	4,851,149
사채	19,064	24,912	29,048
장기차입금	22,902,035	654,979	431,915
장기미지급금	4,942,826	2,439,232	2,653,715
장기충당부채	2,413,133	1,423,165	1,659,774
기타 비유동부채	17,356	39,224	76,697
부채 총계	72,069,515	50,667,559	57,918,452
자본			
자본금	897,514	897,514	897,514
우선주자본금	119,467	119,467	119,467
보통주자본금	778,047	778,047	778,047
주식발행초과금	4,403,893	4,403,893	4,403,893
이익잉여금	219,963,351	204,388,016	188,774,335
기타자본항목	(476,984)	(273,232)	(882,010)
자본 총계	224,787,774	209,416,191	193,193,732
자본과 부채 총계	296,857,289	260,083,750	251,112,184

자료: 금융감독원 전자공시시스템

투자론

현금흐름표

현금흐름표(statement of cash flow)는 기업의 영업, 투자, 재무활동으로 인해 발생하는 현금 흐름의 유입과 유출을 기록한 표이다. 손익계산서와 재무상태표는 발생주의 회계원칙에 근거하여 수익과 비용을 인식하지만, 현금흐름표는 현금의 교환이 일어나는 거래만을 인식한다. 예를 들어, 외상매출금은 손익계산서상에는 수익으로 인식되었지만, 현금은 아직 들어오지 않은 것을 의미한다. 따라서 외상매출금의 증가는 영업활동으로 인한 현금흐름을 줄이는 결과를 가져온다.

과거 매년 손익계산서상으로 순이익을 기록했음에도 도산하는 기업들이 있었다. 그 대표적인 이유 중 하나는 현금유입과 현금유출의 일시적인 불일치를 극복하지 못했기 때문이다. 따라서 기업이 실제로 지급 가능한 현금을 얼마나 많이 보유하고 있는지에 대한 투자자들의 관심이 커졌고, 현금의 흐름을 기록하는 현금흐름표의 분석이 재무제표 분석의 중요한 내용이 되었다. 기업의 가치를 평가하고 재무 상태를 파악하는 데 발생주의와 현금주의 중 어느 것이 더 적절한지에 대한 정답은 없다. 뛰어난 분석가가 되기 위해서는 각 재무제표의 특징과 장단점을 이해하고 상황에 맞추어 분석하는 능력이 필요하다.

또한 손익계산서는 비용을 유연하게 배분하여 인식하지만, 현금흐름표는 현금흐름을 영업활동, 투자활동, 재무활동으로 인한 현금흐름으로 구분하여 각각 기록한다. 영업활동 현금흐름(cash flow from operating activities)은 기업의 영업활동으로 인한 현금의 유입과 유출을 기록한다. 여기에는 이자수익, 급여, 매출원가, 외상매출금의 증가와 감소 등이 기록된다. 투자활동 현금흐름(cash flow from investing activities)은 기업의 투자로 발생한 현금의 유입과 유출을 기록한다. 여기에는 설비자산의 구입 및 매각, 자회사의 인수 및 매각 등 투자활동으로 발생한 현금흐름이 포함된다. 그리고 재무활동 현금흐름(cash flow from financing activities)은 외부자금 조달 및 상환과 관련된 현금의 유입과 유출을 기록한다. 예를 들어, 자본금의 증자 및 상환, 차입금의 조달 및 상환, 배당금 지급 등이 이에 포함된다.

표 12.3 삼성전자의 현금흐름표(2023년)

제55기 2023. 1. 1부터 2023. 12. 31까지
제54기 2022. 1. 1부터 2022. 12. 31까지
제53기 2021. 1. 1부터 2021. 12. 31까지

(단위: 백만 원)

	제55기	제54기	제53기
영업활동현금흐름	34,455,084	44,788,749	51,250,069
영업에서 창출된 현금흐름	8,088,628	49,589,897	50,357,361
당기순이익	25,397,099	25,418,778	30,970,954
조정	(4,092,924)	31,039,388	25,168,062
영업활동으로 인한 자산 부채의 변동	(13,215,547)	(6,868,269)	(5,781,655)
이자의 수취	332,111	339,560	282,918
이자의 지급	(798,649)	(287,488)	(125,036)
배당금 수입	29,497,803	3,551,435	6,560,011
법인세 납부액	(2,664,809)	(8,404,655)	(5,825,185)
투자활동현금흐름	(47,571,537)	(28,123,886)	(24,435,207)
단기금융상품의 순감소(증가)	(49,934)	15,000,439	13,600,708
기타포괄손익-공정가치금융자산의 처분	15,538	10,976	0
기타포괄손익-공정가치측정금융자산의 취득	(15,515)	0	(234,975)
당기손익-공정가치금융자산의 처분	243	1,744	912
종속기업, 관계기업 및 공동기업 투자의 처분	144,292	165,089	605,607
종속기업, 관계기업 및 공동기업 투자의 취득	(108,300)	(1,001,723)	(138,858)
유형자산의 처분	164,415	288,684	408,560
유형자산의 취득	(45,026,206)	(39,160,176)	(36,021,504)
무형자산의 처분	12,002	6,242	5,809
무형자산의 취득	(2,639,614)	(3,298,378)	(2,459,929)
기타투자활동으로 인한 현금유출입액	(68,458)	(136,783)	(201,537)
재무활동현금흐름	15,268,902	(16,665,064)	(23,885,054)
단기차입금의 순증가(감소)	3,274,337	(6,700,826)	(3,288,858)
사채 및 장기차입금의 상환	(185,316)	(155,264)	(117,963)
사채 및 장기차입금의 차입	21,990,000	0	0
배당금의 지급	(9,810,119)	(9,808,974)	(20,478,233)
외화환산으로 인한 현금의 변동	(12,591)	2,922	19
현금 및 현금성자산의 순증감	2,139,858	2,721	2,929,827
기초현금 및 현금성자산	3,921,593	3,918,872	989,045
기말현금 및 현금성자산	6,061,451	3,921,593	3,918,872

자료: 금융감독원 전자공시시스템

2 재무비율 분석

(1) 재무비율과 경영분석

재무비율 분석(financial ratio analysis)이란 재무제표 항목들 사이의 비율을 산출하여 비교 평가의 기준이 되는 표준비율과의 비교를 통해 기업의 재무 상태와 경영성과를 분석하는 방법이다. 재무비율 분석은 산출되는 지표의 특성에 따라 크게 유동성 비율, 자본구조 비율, 활동성 비율, 수익성 비율, 성장성 비율로 구분한다.

표준비율이란 계산된 재무비율에 대해 비교 평가의 기준이 되는 비율로, 다음과 같은 기준으로 설정할 수 있다.

❶ 분석 대상 기업이 속한 동종 산업의 평균비율: 표준비율로 가장 많이 사용되며, 해당 기업의 재무비율을 산업 평균비율과 비교하여 양호한지 불량한지를 파악한다.

❷ 해당 기업의 과거 비율: 해당 기업의 각종 재무비율을 기간별로 비교하여 기업경영성과의 변동추이 이외에도 특정 비율의 변동 원인도 쉽게 파악할 수 있다.

❸ 경험적 재무비율: 오랜 기간에 걸쳐 체득한 이상적인 재무비율을 말한다. 예를 들어, 금융기관은 자금을 대출해준 기업이 파산할 경우 원리금을 회수하기 위해 유동자산을 처분하게 된다. 금융기관은 경험적으로 유동자산 처분 시 절반 정도의 값만 받는다는 사실을 알고 있으므로 기업의 유동비율이 200% 이상이 되어야 유동성이 양호하다고 평가한다. 또한 당좌비율 100% 이상, 자기자본비율 50% 이상, 고정비율 100% 이하 등도 경험을 통해 설정된 비율이라고 할 수 있다.

일반적으로 투자분석에 사용되는 재무비율을 정리하면 표 12.4 와 같다. 이러한 비율분석이 투자지표로서 보다 효율적으로 활용되려면 산업 평균비율이나 경쟁업체 비율과 비교해야 한다. 또한 해당 기업비율의 추세를 분석함으로써 해당 기업의 미래 재무비율을 예측하는 데 근거로 활용할 수 있다. 비율 산출 시 한 가지 주의해야 하는 것은, 재무상태표의 값과 손익계산서의 값을 이용해서 비율을 산출할 경우 재무상태표의 값은 전년도 값과 평잔을 내어 적용해야 한다는 것이다. 앞서 설명했듯이, 손익계산서는 1월 1일부터 12월 31일까지의 내용을 기록한 값이고, 재무상태표는 12월 31일의 값을 나타내기 때문이다.

표 12.4 주요 재무비율

	비율	산식	의미
유동성 비율	유동비율	유동자산/유동부채	기업의 단기채무지급능력 파악
	당좌비율	당좌자산/유동부채	단기채무지급능력 파악, 재고자산이 지니는 문제점 보완(현금화 속도, 청산가치의 하락)
	순운전자본구성비율	순운전자본/총자산	기업의 파산예측에 사용
자본구조 비율	부채비율	부채/자기자본	기업의 장기채무지급능력 파악
	자기자본비율	자기자본/총자본	기업의 자본건전성 파악
	고정비율	고정자산/자기자본	기업자산의 고정화 위험 측정
	이자보상비율	영업이익/이자비용	이자지급에 필요한 수익창출능력 평가
활동성 비율	총자산회전율	매출액/총자산(평잔)	수익을 창출하기 위해 자산을 얼마나 활동적으로 사용했는지 측정
	매출채권회전율	매출액/매출채권(평잔)	외상매출금잔액의 상대적 크기와 신용정책 효과의 측정
	재고자산회전율	매출액/재고자산(평잔)	재고자산의 상대적 크기와 신용정책 효과의 측정
수익성 비율	총자산순이익률	순이익/총자산(평잔)	기업 전체의 입장에서 수익성 측정
	자기자본순이익률	순이익/자기자본(평잔)	주주의 투자에 대한 수익성 측정
	매출액순이익률	순이익/매출액	기업의 경영성과를 총괄적으로 측정
성장성 비율	총자산증가율	(기말총자산-기초총자산)/기초총자산	기업의 전체적인 성장규모 측정
	매출액증가율	(당기매출액-전기매출액)/전기매출액	기업의 외형적인 성장세를 나타냄
	순이익증가율	(당기순이익-전기순이익)/전기순이익	실질적인 성장을 나타냄

(2) 자기자본순이익률(ROE) 분석

앞서 수익성 비율 중 하나인 자기자본순이익률(ROE, return on equity)에 대해 설명하였다. 자기자본순이익률은 이익의 성장률을 결정하는 요소이며, 여러 가지 비율을 함축적으로 포함하고 있으므로 재무비율 분석에서 투자자에게 가장 유용한 지표로 이용되고 있다.

분석가들은 종종 과거 ROE가 미래에도 지속될 것이라고 가정한다. 그러나 과거에 매우 높은 ROE를 기록한 기업이라도 미래에도 반드시 ROE가 높을 것이라고 보기 어렵다. 과거의 자료는 미래 예측치를 추정하는 데 활용될 수 있으나, 이를 기업의 내재가치 평가에 이용해서는 안 된다.

ROE의 분해

ROE에 영향을 주는 요소를 분석하기 위해 ROE의 구성요소를 살펴보자.

$$ROE = \overset{①}{\frac{당기순이익}{납세\ 전\ 이익}} \times \overset{②}{\frac{납세\ 전\ 이익}{EBIT}} \times \overset{③}{\frac{EBIT}{매출액}} \times \overset{④}{\frac{매출액}{자산}} \times \overset{⑤}{\frac{자산}{자기자본}}$$

항목 ①은 조세부담률이다. 이는 정부의 조세정책과 기업의 납세율에 따라 결정된다. 항목 ②는 EBIT에 대한 납세 전 이익의 비율이며, 납세 전 이익은 지급이자가 없을 때 가장 높아진다. 다른 표현으로는 다음과 같다.

$$\frac{\text{납세 전 이익}}{EBIT} = \frac{EBIT - \text{지급이자}}{EBIT}$$

이 비율을 이자부담률이라고도 부르며, 재무레버리지(financial leverage)가 높을수록 이 비율은 낮아진다. 항목 ③은 매출액영업이익률이며, 항목 ④는 자산회전율이다. 자산회전율은 자산을 얼마나 효율적으로 활용했는지를 나타내며, 자산 1원이 연간 얼마의 매출액을 생성하는지 보여준다. 항목 ⑤는 재무레버리지를 나타내며, 이는 (1 + 부채/자기자본)과 같다. 위의 식에서 ROA는 ③ × ④이고, ② × ⑤는 레버리지 요인이므로 ROE를 다음과 같이 표현할 수 있다.

$$ROE = \text{조세부담률} \times ROA \times \text{레버리지 요인}$$

ROE를 분석할 때 기업과 산업의 특성에 따라 각 구성요인을 분석한 후 이들이 ROE에 미치는 영향 등을 살펴봐야 한다.

재무레버리지와 ROE

어느 기업의 과거 ROE를 분석하거나 미래 ROE를 추정할 때 기업의 부채비율과 부채비용에 많은 관심이 집중되는 경우가 있다. 예를 들어, N사는 모두 자기자본으로만 운영되는 회사이며, 총자산가치가 1억 원이고 40%의 법인세를 납부하고 있다. S사는 N사와 동일하나, 자산 1억 원 중 4,000만 원이 8%의 부채에 의해 매입되었다. 표 12.5에 경제 상태에 따른 두 회사의 매출액, EBIT, NI, ROE가 계산되어 있다. 매출액, EBIT, ROA(EBIT/자산) 등은 N사와 S사가 모두 같지만, 경기 상태가 보통 이상이면 S사의 ROE가 N사보다 높은 것을 확인할 수 있다. ROE, ROA와 재무레버리지 관계를 다음 식으로 표현할 수 있다.

$$ROE = (1 - T)[ROA + (ROA - i)\frac{D}{S}] \tag{12.1}$$

여기서, T: 법인세율
      i: 부채비용
      D: 부채의 가치
      S: 자기자본의 가치

식 (12.1)에서 기업이 부채가 없거나 기업의 ROA가 부채비용과 같을 경우, 기업의 ROE 는 $(1 - T) \times ROA$와 같음을 알 수 있다. 그러나 'ROA > 부채비용'일 경우에는 부채비율이 높아질수록 ROE가 상승한다. 이 식을 앞의 예에 적용하여 S사의 ROE를 구해보자. 경기가 보통인 경우, N사의 ROA는 10%이므로 ROE는 6%가 된다. 그리고 S사는 8%의 이자율로 자금을 차입하였고, 부채비율이 2/3이므로 ROE는 6.8%가 된다.

$$ROE = (1 - 0.4)[10 + (10 - 8) \times (2/3)] = 6.8\%$$

재무레버리지는 주주들의 위험도 증가시킨다. 표 12.5 에서 보면 경기가 나쁜 경우 S사의 ROE가 N사의 ROE보다 더 낮은 것을 알 수 있다. 반대로, 경기가 좋으면 S사는 N사보다 더 높은 ROE를 기록한다. 그러므로 부채를 사용하는 기업은 경기변동에 더 민감하게 된다. 재 무레버리지는 N사보다 S사의 ROE를 상대적으로 더 증가시키지만, 이는 S사의 가치가 증가 하는 것을 의미하지는 않는다. ROE를 증가시키는 동시에 위험도 증가시키기 때문이다.

표 12.5 재무레버리지와 ROE

(단위: 백만 원)

경제 상태	매출액	EBIT	N사		S사	
			NI	ROE(%)	NI	ROE(%)
불황	80	5	3	3	1.08	1.8
보통	100	10	6	6	4.08	6.8
호황	120	15	9	9	7.08	11.8

3 이익의 질과 회계 관행

일반적으로 기업은 재무제표를 기업에 유리한 쪽으로만 만들어주는 회계처리방법을 선택한다. 기업이 회계처리방법을 선택할 수 있다는 것은 회계처리방법의 선택에 따라 이익이 변동될 수 있다는 것을 의미한다. 이는 투자자들이 기업이 발표하는 재무제표를 신뢰하지 못하게 하며, 각 기업 간의 비교 가능성의 문제를 초래한다. 따라서 현명한 투자자는 기업이 발표한 재무제표상의 이익을 그대로 받아들이기보다는 이익의 질(quality of earnings)을 평가해야 한다. 이익의 질을 평가한다는 것은 보수적인 관점에서, 보고된 이익이 단순히 회계처리방법의 선택에 따른 일시적 이익인지, 아니면 지속적으로 발생 가능한 수준의 이익인지를 판단하는 것이다. 이익의 질에 영향을 미치는 회계처리방법의 예는 다음과 같다.

❶ 대손충당금(allowance for bad debt): 기업이 신용으로 물건을 판매한 경우, 회수가 불가능한 악성 부채에 대한 충당금을 쌓아두어야 하는데, 미래 회수율과 관련된 잠재적 문제점의 증거로 회수기간이 늘어나는지를 살펴야 한다.

❷ 비반복적인 항목(nonrecurring items): 기업이 특정 연도에 주가상승에 따른 보유증권 매각을 통해 막대한 이익을 올린 것은 당해 연도의 이익에는 반영되지만, 이러한 이익이 반복적으로 매년 발생할 것이라고 기대하기는 어렵다. 이것은 질이 낮은 이익의 구성요소이다.

❸ 스톡옵션(stock option): 성장기에 있는 신생기업에서는 종업원이나 최고경영자에게 많은 양의 스톡옵션을 부여한다. 스톡옵션은 현금으로 지급되어야 할 급여를 대체하는 효과가 있기 때문에 옵션의 가치는 인건비로 간주되어야 한다. 또한 스톡옵션은 기업이익의 질을 떨어뜨리기도 한다.

❹ 수익의 인식(revenue recognition): 기업이 판매계약을 체결했어도 일정 기간까지 고객이 제품을 반송할 권리를 가지는 경우, 매출을 언제 인식하는지, 그리고 얼마만큼 인식

하는지의 문제가 발생한다. 매출을 즉시 인식한다면 당해 연도의 이익은 큰 폭으로 증가하지만, 다음 연도에 반품이 많이 들어올 경우 큰 폭으로 감소할 수 있다. 이는 이익의 질을 저하시킬 수 있다.

⑤ 부외자산과 부외부채(off-balance-sheet asset and liability): 현재 기업이 다른 기업의 부채에 대한 보증을 섰거나, 고객에게 큰 금액의 소송을 당한 경우, 우발채무(contingent liability) 로 공시되지만, 재무제표 내의 부채항목으로는 기록되지 않는다.

1 A기업은 산업 평균보다 높은 매출액순이익률을 보이지만, ROA는 산업 평균과 동일하다. 반면, B기업은 산업 평균보다 낮은 매출액순이익률을 보이지만, ROA는 산업 평균보다 높다. 이를 어떻게 설명할 수 있을까?

2 C기업과 D기업은 동일한 ROA를 보이지만, ROE는 C기업이 더 높다. 이를 어떻게 설명할 수 있을까?

3 다음 자료를 이용하여 E기업의 ROE를 구하시오.
- 레버리지비율: 2.5
- 총자산회전율: 1.8
- 매출액순이익률: 6%
- 배당지급률: 30%

1   매출액 순이익률 $= \dfrac{\text{순이익}}{\text{매출액}} \times 100$

$ROA = \dfrac{\text{순이익}}{\text{총자산}} \times 100$

A기업의 매출액순이익률과 ROA를 산업 평균과 비교했을 때, ROA는 동일하나 매출액순이익률이 높다는 것은 상대적으로 매출액이 더 적고 총자산이 많다는 것을 의미한다. 즉, 수익을 창출하는 데 자산을 그다지 효율적으로 사용하지 않았다는 것을 뜻하며, 이를 나타내는 척도인 '총자산회전율 = 매출액/평균총자산'은 낮을 것이다. 반면, B기업은 반대의 경우를 보여주므로 수익을 창출하기 위해 자산을 효율적으로 사용했을 것이며, 총자산회전율도 A기업보다 상대적으로 높을 것이다.

3 $ROE = \dfrac{\text{당기순이익}}{\text{납세 전 이익}} \times \dfrac{\text{납세 전 이익}}{EBIT} \times \dfrac{EBIT}{\text{매출액}} \times \dfrac{\text{매출액}}{\text{자산}} \times \dfrac{\text{자산}}{\text{자기자본}}$

   $= \text{조세부담률} \times ROA \times \text{레버리지 요인}$

   $\therefore ROE = 0.06 \times (1 - 0.3) \times 1.8 \times 2.5 \times 100 = 18.9$

CHAPTER 13

투자관리와 성과평가

학습목표

☑ 투자관리절차를 이해할 수 있다.

☑ 투자성과평가의 기준을 이해할 수 있다.

☑ 샤프지수, 트레이너지수, 젠센의 알파를 계산하고 그 의미를 이해할 수 있다.

☑ 시장 타이밍과 예측력 평가를 이해할 수 있다.

1 투자관리과정

투자과정

개략적인 투자과정을 살펴보면 **그림 13.1**과 같다. 의사결정관리과정은 대부분 계획(plan)-실행(do)-평가(see)의 단계로 이루어진다. 앞서 자산배분에 대한 투자모형을 살펴보았고, 주식과 채권을 중심으로 한 산업분석과 투자기법 등을 학습하였다. 투자계획 단계에서는 이를 기초로 자산 클래스를 대분류한 후, 적극적 투자관리 또는 소극적 투자관리를 할 것인지에 대한 정책적 의사결정을 한다. 그다음 이러한 정책에 따라 구체적으로 어떠한 종목들로 포트폴리오를 구성할 것인지에 대한 종목선정이 이루어진다. 이 단계에서 위험관리부서는 조직의 전체적인 위험한도를 결정하고 선정된 포트폴리오의 위험 총량을 계산한 후 위험에 대한 한도관리를 수행한다. 그리고 포트폴리오에 영향을 주는 위험요소(risk factor)가 무엇

그림 13.1 일반적인 투자관리절차

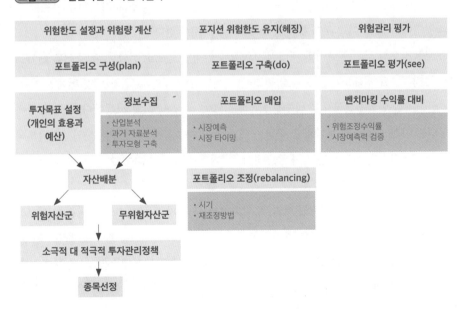

인지를 판별해야 한다.

다음으로 실행 단계에서는 매입 시점이나 매도 시점을 결정하는 작업을 수행한다. 앞서 설명한 기술적 분석을 매수 시점이나 매도 시점을 결정하는 데 활용할 수 있을 것이다. 또한 이 단계에서는 포트폴리오 재조정이 이루어지는데, 재조정 주기나 방법은 사전에 결정되어야 할 중요한 사항이다. 한편, 위험관리부서는 변경된 포트폴리오의 위험 총량을 지속적으로 관찰하면서 한도관리에 문제점이 없는지를 분석한다. 이 과정에서 한도관리를 위해 앞서 다룬 파생상품 등을 이용하여 헤징기법을 사용하거나 내부적 관리기법을 활용하기도 한다.

마지막으로 포트폴리오 성과측정 단계에서는, 벤치마크로 정한 포트폴리오(예: 시장 포트폴리오)와 구축된 포트폴리오의 성과를 비교하거나, 부서 간 포트폴리오 운영실적 등을 비교할 수 있다.

포트폴리오 구성(자산배분과 종목선택)

그림 13.1에서 보듯이 투자과정의 첫 번째 단계는 투자목표(investment objectives)를 설정하는 것이다. 투자목표를 올바르게 설정하기 위해서는 먼저 제약조건이 무엇인지를 검토해야 한다. 제약조건이란 투자시계(time horizon), 허용되는 위험수준, 공매도 가능성 등 제도적인 문제점, 거래세 등 거래비용, 세금 문제 등이 있다. 다음으로 어떠한 투자모형을 사용할 것인지를 결정해야 하며, 이는 투자계획 단계에서 이루어져야 한다.

포트폴리오의 구성은 이러한 개념적 모형을 수리적 모형으로 전환한 후, 주어진 제약조건에서 투자목표를 최대화하는 문제로 귀결된다. 이러한 문제의 해를 찾는 첫 번째 단계는 위험자산군과 무위험자산군으로 나누는 자산배분(asset allocation)의 시행이다. 이때 모형에서 요구되는 자산 클래스의 통계량을 구하기 위해 과거 자료를 수집하거나, 산업 · 경제분석을 통해 요구수익률을 설정하는 것이 중요하다. 이 과정에서 앞서 다루었던 자본자산가격결정모형, 시장모형, 차익거래가격결정모형 등이 활용될 수 있다.

결과적으로 자산배분은 주식, 채권, 무위험자산 등의 자산 클래스 투자비율을 설정하는 것이다. 물론 자산 클래스 전체를 주식으로만 구성할 경우 대형주, 중형주, 소형주 등으로 세분화된 위험자산군으로 분류할 수도 있다. 즉, 부서마다 해당 목표에 따라 자산 클래스를 다르게 설정하여, 마치 대분류, 중분류, 소분류로 나누듯이 클래스를 나누어 자산배분을 시행

투자론

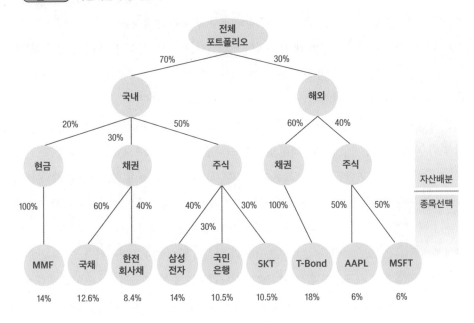

그림 13.2 자산배분과 종목선택

한다. 이후 저평가된 종목을 발굴하여 매입하는 적극적 투자관리정책을 채택할 경우, 종목분석을 통해 종목을 선정하는 과정으로 이어진다. 그림 13.2 는 자산배분과 종목선택에 따라 설정된 포트폴리오를 나타낸다.

포트폴리오 구축(포트폴리오 재구성)

자산배분과 종목선택으로 결정된 포트폴리오를 구축하는 단계이다. 이 단계에서는 포트폴리오의 매입 시점과 시간 경과에 따른 포트폴리오 변경 여부가 결정된다. 포트폴리오 매입시점은 이미 기술적 분석에서 다루었으므로, 여기에서는 포트폴리오 재구성에 대해서만 설명한다. 물론 기술적 분석을 포함하여 장중에 매입할 것인지 아니면 장종료 후에 종가매매로할 것인지를 결정하는 것도 중요한 문제이다. 장중매입을 할 경우, 주문 형태와 호가전략 등은 단기적인 포트폴리오 운영에서 상당히 중요하기 때문이다.

포트폴리오 재구성(portfolio rebalancing)은 포트폴리오 구축 후 일정 시간이 지난 후에 포트폴리오를 변경하는 것을 의미한다. 시간이 지나면서 자산군의 가치가 달라지기 때문에, 사전에 정해진 투자비율이 유지되지 않을 수 있다. 이때 사전에 정해진 비율을 유지할 것인지, 아니면 변화된 비율을 사용할 것인지를 결정해야 한다. 이러한 과정은 투자기간 내내 지속적으로 이루어지므로 시장 상황에 대한 분석이 선행된다. 즉, 투자분석 단계(plan)에서 이루어지는 일이 포트폴리오 구축 및 실행(do) 단계에서도 지속적으로 유지되어야 한다. 재구성 여부의 결정은 근본적으로 현재의 시장 상황이 과거 분석 단계에서 인지된 분포에 비롯된 것인지를 판단하는 것과 같다. 따라서 기업 수익성의 변화, 위험의 변화, 증권시장 및 전반적인 경기 변화 등으로 인해 재구성 시점에서 실현된 수익률이 포트폴리오 분석 단계의 분포로부터 상당히 벗어났다고 판단된다면 포트폴리오의 투자비율을 변경해야 한다. 그림 13.3 은 엑셀 시트를 활용하여 재구성할 때와 재구성 없이 과거비율을 유지할 때의 차이를 나타낸 것이다.

사전에 주식과 채권에 투자비율을 각각 50%씩 설정하고, 투자기간은 2기간으로 분리하자. 1기에 주식은 20%의 이익이, 채권은 10%의 손실이 발생했다고 가정하자. 이 상황에서 1기 말에 포트폴리오 재구성이 필요할까? 2기 시나리오는 주식, 채권의 2기 수익률에 대해 발생 가능한 네 가지의 상황을 나타낸 것이다. 포트폴리오 재구성이 없다면 그 결과는 '1. No rebalancing'에 나타나 있다. 즉, 1기의 주식가치 상승으로 인해 1기 말의 포트폴리오의 구성 비율은 주식이 57%, 채권이 43%로 변경되었다. 포트폴리오 재구성이 없다면 재구성 없이 그대로 이 비율을 유지하게 된다.

반면, 포트폴리오 재구성을 시행할 경우는 1기 말에 주식의 가치는 60, 채권의 가치는 45

그림 13.3 포트폴리오 재구성(투자론.xlsx 의 '13 - 1 rebalancing' sheet)

	A	B	C	D	E	F	G
1	투자 설정						
2	주식	0.5					
3	채권	0.5					
4	투자금액	100					
5							
6		주식수익률	채권수익률				
7	1기	0.2	-0.1				
8	2기 시나리오 1	-0.2	0.1				
9	2기 시나리오 2	0.2	0.1				
10	2기 시나리오 3	-0.2	-0.1				
11	2기 시나리오 4	0.2	-0.1				
12							
13	1. No rebalancing	주식 금액	채권금액	합계	주식비율	채권비율	포트폴리오 수익률
14	1기	60.00	45.00	105.00	57.14%	42.86%	5.00%
15	2기 시나리오 1	48.00	49.50	97.50	49.23%	50.77%	-7.14%
16	2기 시나리오 2	72.00	49.50	121.50	59.26%	40.74%	15.71%
17	2기 시나리오 3	48.00	40.50	88.50	54.24%	45.76%	-15.71%
18	2기 시나리오 4	72.00	40.50	112.50	64.00%	36.00%	7.14%
19							
20	2. 고정비율 Rebalancing	주식금액	채권금액	합계	조정된 주식	조정된 채권	포트폴리오 수익률
21	1기	60.00	45.00	105.00	52.50	52.50	5.00%
22	2기 시나리오 1	42.00	57.75	99.75	49.88	49.88	-5.00%
23	2기 시나리오 2	63.00	57.75	120.75	60.38	60.38	15.00%
24	2기 시나리오 3	42.00	47.25	89.25	44.63	44.63	-15.00%
25	2기 시나리오 4	63.00	47.25	110.25	55.13	55.13	5.00%

가 되기 때문에 포트폴리오 총가치는 105로 5만큼 증가하였다. 이때 과거비율 50%를 그대로 적용하는 고정비율 재구성을 시행할 경우, 1기 말에 투자되는 주식은 52.50으로, 주식을 7.50만큼 매도하고 채권을 7.50만큼 매입함으로써 비율을 50%로 유지하게 된다. 직관적으로 1기 말의 결과에 따라 1기 말에 상승한 자산이 2기에도 계속 상승할 경우(그림에서 시나리오 2와 시나리오 4), 포트폴리오 재구성이 없는 경우가 유리하다.

결과적으로 포트폴리오 재구성은 앞서 설명했듯이 1기 말의 결과가 사전에 인지한 분포에서 어느 정도 벗어난 것인지에 대한 투자자의 직관에서 출발한다. 만약 1기 말의 결과가 사전에 인지된 분포로부터 상당히 벗어난 결과라면 투자비율을 재구성해야 한다. 또한 종목의 교체도 함께 고려되어야 한다. 이러한 과정을 특별히 포트폴리오 업그레이딩(portfolio upgrading)이라고 부른다. 그러나 1기 말의 결과가 사전에 인지된 분포에서 충분히 나올 수 있는 결과라면, 비율 조정 없이 사전에 평가된 투자비율로 조정하여 다음 기의 위험–수익 관계를 사전에 결정된 위험–수익 관계로 회복할 필요가 있다.

이와 더불어 포트폴리오를 재구성할 경우 고려할 점은 재구성 시기에 대한 부분이다. 거래비용과 시장 상황에 대한 대응효과는 상충관계에 있다. 매시간 포트폴리오를 조정하면 시장의 대폭락과 같은 시장 상황에 즉각적으로 대응할 수 있지만, 거래비용이 너무 많이 발생하게 된다. 따라서 일정 수준의 위험허용한도를 정해 놓고 이 범위 내의 가치변동에 대해서는 포트폴리오를 조정하지 않고 유지하다가, 범위를 넘어서면 포트폴리오를 재구성하는 방법을 사용해야 한다. 대표적인 재구성 조건은 다음과 같다.

❶ 매일, 매주 또는 매월과 같이 일정 기간마다 재구성하는 방법

❷ 위험자산의 시장가격이 일정 비율 변했을 때 재구성하는 방법

❸ 포트폴리오 자산의 구성 비중이 모형에서 요구하는 값으로부터 일정 수준 이상 벗어나면 재구성하는 방법

2 위험조정 성과평가

지금부터는 투자관리의 마지막 단계인 포트폴리오 성과평가에 대해 다루도록 하겠다. 경영에서 성과평가는 보수에 대한 기준이 되며, 다음 기에서 이루어질 경영행동과 관련한 중요한 지표를 제공해준다. 투자에서도 마찬가지로 포트폴리오 관리자의 성과를 분석하여 포트폴리오 관리자의 보수가 결정된다. 또한 다음 기의 해당 포트폴리오 관리자에게 주어지는 포지션 한도와 조직의 벤치마크도 이에 따라 달라진다.

(1) 투자수익률

단일 기간 동안 이루어지는 투자에서 투자수익률은 매우 단순한 개념으로, 최초 투자한 자금에 대한 투자수익의 비율을 나타한다. 투자수익은 주식의 경우 배당수입과 매매차익이 되고, 채권의 경우 이자수입과 매매차익으로 구성된다. 예를 들어, 현재 5,000원에 거래되는 주식이 1년에 200원의 현금배당을 실시하고 연말에 5,300원에 팔 수 있다고 가정하면, 투자수익률은 10%가 된다.

$$투자수익률 = \frac{투자수익}{투자금액} = \frac{200 + 300}{5,000} = 0.10(10\%)$$

그러나 여러 기간 동안 투자가 이루어지는 경우, 주로 이용되는 투자수익률 계산방법은 현금할인방법에 의한 것이다. 투자로부터 회수될 현금유입의 현가와 투자금액의 현가를 같게 만드는 수익률을 R이라고 한다. 위의 예를 통해 이를 계산해보자.

$$5,000 = \frac{200 + 5,300}{1 + R}$$

$$\therefore R = 0.10(10\%)$$

금액가중수익률과 시간가중수익률

투자가 여러 기간에 걸쳐 이루어지는 경우 투자수익률 계산은 더 복잡해진다. 매년 200원의 현금배당을 실시하는 주식을 현재 5,000원에 매입하고, 1년 후에 5,300원에 또 한 주를 매입한 다음, 다시 1년 후 두 주식을 모두 5,400원에 매각한다고 가정해보자. 기간별 투자금액은 다음과 같다.

시간	투자금액
0	5,000
1	5,300

또한 기간별 투자수익은 다음과 같다.

시간	투자금액
1	200원(첫 번째 매입한 주식으로부터의 배당)
2	400원(두 주식으로부터의 배당금), 10,800원(두 주식의 매각대금)

이 상황에서 금액가중수익률과 시간가중수익률을 엑셀에서 구현한 결과는 그림 13.4와 같다.

그림 13.4 금액가중수익률과 시간가중수익률(투자론.xlsx 의 '13 - 2 가중수익률' sheet)

	A	B	C	D
1	투자 결과			
2				
3	1. 금액가중			
4	기간	투자금액	투자수익	순현금흐름
5	0	5000	0	-5000
6	1	5300	200	-5100
7	2	0	11200	11200
8				
9	IRR(금액가중)	7.117%	=IRR(D6:D8)	
10				
11	2. 시간가중			
12	기간	기초주가	배당금	평가수익
13	0	5000		
14	1	5300	200	10.00%
15	2	5400	200	5.66%
16				
17	시간가중수익률	7.830%	=(D17+D18)/2	

$$5{,}000 + \frac{5{,}300}{1+R} = \frac{200}{1+R} + \frac{11{,}200}{(1+R)^2}$$

$$\therefore R = 0.07117(7.117\%)$$

즉, 현금흐름할인법에 의해 투자수익률을 계산하면 7.117%가 된다. 이 값은 내부수익률 (IRR, internal rate of return) 또는 금액가중수익률(dollar-weighted return)이라고 불린다. 금액가중수익률이라고 불리는 이유는 주식 2주를 보유하고 있을 때인 2차 연도의 주식의 성과가 1주만을 가지고 있을 때인 1차 연도보다 평균수익률에 더 큰 영향을 미치기 때문이다. 엑셀에서는 IRR 함수를 사용하면 이를 계산할 수 있다.

시간가중수익률(time-weighted return)은 각 기간의 보유주식 수를 계산하지 않는다. 위의 예에서 1차 연도 수익률은 10%[(5300 + 200 − 5000)/5,000]이다. 2차 연도 초의 주가는 5,300원이고 연말에 200원의 배당을 받고 5,400원에 팔리므로, 수익률은 300원을 5,300원으로 나누어서 계산한 5.66%이다. 시간가중수익률은 10%와 5.66%의 평균인 7.83%이다. 시간가중수익률은 각 기간의 투자금액을 고려하지 않고, 매 기간의 주당 수익률만을 고려한다. 어느 계산방법이 더 타당할까? 금액가중수익률 방법이 더 적합하다고 생각된다. 따라서 성과가 좋을 때 주식에 더 많이 투자하면 더 높은 수익을 올릴 수 있다.

산술평균과 기하평균

앞의 예에서 시간가중수익률을 구할 때 산술평균방법이 이용되었다. 이번에는 기하평균수익률(R_G)을 구해보자.

$$1 + R_G = (1.1 \times 1.0566)^{1/2} = 1.0781$$

$$\therefore R_G = 7.81\%$$

이를 엑셀에서 구현하면 그림 13.5 와 같다.

복리계산원리에 충실하려면 기하평균방법을 이용해야 한다. 배당이 재투자되는 경우, 주식투자의 가치는 첫해에는 1.10배, 다음 해에는 1.0566배로 성장하게 된다. 일반적으로 n년 동안 투자한 경우 기하평균수익률은 다음과 같이 구할 수 있다.

그림 13.5 산술평균과 기하평균(투자론.xlsx 의 '13 - 3 산술평균기하평균' sheet)

	A	B	C	D
1	투자수익률 결과			
2				
3	기간	수익률	1+R	
4	1	10.00%	1.1	
5	2	5.66%	1.0566	
6				
7	산술평균	7.83%	=AVERAGE(B4:B5)	
8	기하평균	7.81%	=GEOMEAN(C4:C5)-1	

$$1 + R_G = [(1 + R_1)(1 + R_2)\cdots(1 + R_3)]^{1/n}$$

여기서, R_t: t기의 수익률

앞의 예에서 기하평균수익률 7.81%가 산술평균수익률 7.83%보다 낮음을 알 수 있다. 기하평균수익률은 항상 산술평균수익률보다 낮으며, 매기의 수익률변동이 클수록 두 수익률 간의 차이는 더 커진다. 산술평균수익률과 기하평균수익률 중 어느 것이 투자수익률 측정에 더 적합할까? 투자성과를 측정할 때는 기하평균수익률이 더 적합하다. 기하평균수익률은 과거 투자기간 동안 실제 성과를 나타내는 데 필요한 일정한 수익률을 나타내기 때문이다. 그러나 미래 기대수익률을 논의할 경우에는 산술평균수익률이 더 중요하다. 산술평균수익률은 포트폴리오 기대수익률에 대한 적절한 추정치이기 때문이다. 기하평균수익률이 항상 산술평균수익률보다 낮기 때문에 기하평균수익률은 주식의 미래 기대수익률을 과소평가하는 경향이 있다. 이 개념을 설명하기 위해 주가가 일정 기간 동안 두 배로 상승하거나 반으로 하락하는 경우를 생각해보자.

투자 결과	1원에 대한 투자가치	1년간의 투자수익률
2배	2원	100%
1/2배	0.5원	−50%

주가가 2년 동안 첫해에 두 배로 상승했다가, 둘째 해에 다시 반으로 하락하는 확률분포를 가진다고 가정해보자. 2년 후에 주가는 처음 매입 당시 가격이 되어 기하평균수익률은 0이 된다.

$$1 + R_G = [(1 + R_1)(1 + R_2)]^{1/2} = [(1 + 1)(1 - 0.5)]^{1/2} = 1$$

$$\therefore R_G = 0$$

그러나 주식의 미래 기대수익률은 0이 아니라, 산술평균수익률인 25%가 된다. 이것을 입증하기 위해 1원을 투자하여 1원의 이익이 생기거나 0.5원의 손실을 볼 확률이 각각 50%인 투자안이 있다고 가정하자. 기대이익은 0.25원이고, 투자수익률은 25%이다. 상황이 좋을 때 이익의 크기가 상황이 나쁠 때 손실의 크기보다 크기 때문에, 산술평균수익률이 투자의 미래 기대수익률을 계산하는 데는 더 적합하다.

개념점검 1

A사는 매년 500원의 배당금을 지속적으로 지급하고 있다. 투자자 김 씨는 2년 전, 한 주에 10,000원씩 10주를 매입하고, 1년 후 5주를 주당 12,000원에 매도하였다. 그리고 현재 나머지 5주를 주당 9,000원에 매도하였다. 2년에 걸친 이 투자에 대한 시간가중평균수익률과 금액가중평균수익률을 구하시오. 또한 이 경우 어느 수익률의 개념으로 평가하는 것이 적절하겠는가?

(2) 위험조정수익률

지금까지 과거 성과를 수익률로 측정하는 여러 가지 방법에 대해 논의하였다. 그러나 이러한 성과분석은 투자의 중요한 두 개념 중 하나인 위험을 고려하지 않고 있다. 이제부터는 위험을 고려한 성과평가방법에는 어떤 것들이 있는지 살펴보자.

모범답안 1

· 금액가중: $100{,}000 = \dfrac{65{,}000}{1+r} + \dfrac{47{,}500}{(1+r)^2}$, $r = 8.699\%$

· 시간가중: 1기 수익률 $= \dfrac{500 + 12{,}000 - 10{,}000}{10{,}000} = 0.25$

2기 수익률 $= \dfrac{500 + 9{,}000 - 12{,}000}{12{,}000} = -0.2083$

∴ 시간가중 단순평균수익률 $= \dfrac{0.25 - 0.2083}{2} = 0.02083 = 2.083\%$

투자금액을 고려한 금액가중평균수익률이 더 적절하다.

샤프지수

샤프(William F. Sharpe, 1966)는 자본시장이론을 이용하여 투자보수 대 변동성 비율 (reward to variability ratio)로 포트폴리오의 성과를 측정하였다. 자본시장이론에서 이미 설명했듯이, 효율적 포트폴리오의 기대수익률은 다음과 같이 결정된다.

$$E(R_p) = R_f + \frac{E(R_m) - R_f}{\sigma_m} \sigma_p \tag{13.1}$$

여기서, $E(R_p)$: 효율적 포트폴리오의 기대수익률
$\quad R_f$: 무위험이자율
$\quad E(R_m)$: 시장 포트폴리오의 기대수익률
$\quad \sigma_m$: 시장 포트폴리오 수익률의 표준편차
$\quad \sigma_p$: 효율적 포트폴리오 수익률의 표준편차

만약 자본시장이 기대수익률과 실현수익률의 차이가 0이 되도록 움직인다면 효율적 포트폴리오의 위험과 수익률에 관한 사후적 관계를 다음과 같이 정리할 수 있다.

$$\overline{R}_p = \overline{R}_f + \frac{\overline{R}_m - \overline{R}_f}{S_m} S_p \tag{13.2}$$

여기서, $\overline{R}_p$: 포트폴리오 P의 보유기간 평균수익률
$\quad \overline{R}_f$: 평균무위험이자율
$\quad \overline{R}_m$: 시장 포트폴리오의 평균수익률
$\quad S_m$: 시장 포트폴리오 실현수익률의 표준편차
$\quad S_p$: 효율적 포트폴리오 실현수익률의 표준편차

식 (13.2)의 양변에서 R_f를 차감한 후 양변을 S_p로 나누면 다음과 같은 결과를 얻을 수 있다.

$$\left(\frac{\overline{R}_p - \overline{R}_f}{S_p} \right) = \left(\frac{\overline{R}_m - \overline{R}_f}{S_m} \right) \tag{13.3}$$

자본시장선의 사후적 관계식인 식 (13.3)의 좌변에서 $\overline{R}_p - \overline{R}_f$는 포트폴리오 P로부터 실현된 위험프리미엄(risk premium)이다. 따라서 좌변은 포트폴리오 P를 보유함으로써 실제로 부담한 총위험 1단위당 실현된 위험프리미엄으로 해석된다. 마찬가지로, 우변은 시장 포트폴리오의 총위험 1단위당 실현된 위험프리미엄을 나타낸다. 증권시장이 균형 상태인 경우

잘 분산된 포트폴리오의 총위험 1단위당 실현된 위험프리미엄은 시장 포트폴리오의 총위험 1단위당 실현된 위험프리미엄인 자본시장선의 기울기와 같게 된다.

샤프는 $\left(\dfrac{\overline{R}_p - \overline{R}_f}{S_p}\right)$를 투자성과 측정치의 기준으로 이용할 수 있다고 주장하였다. 이 비율은 한 투자기간 동안 위험 1단위당 무위험이자율을 초과한 포트폴리오 수익률의 정도를 나타낸다. 따라서 이 비율이 높을수록 위험조정 후 성과가 좋고, 비율이 낮을수록 성과가 나쁘다.

〈표 13.1〉에서는 가상의 포트폴리오를 구성한 예를 들어 설명한다. 우선 5개 포트폴리오의 평균수익률을 보면, 포트폴리오 C가 가장 높고, E가 가장 낮다. 평균수익률에 의해 성과를 측정하면, C가 가장 좋은 성과를 실현하였고, E의 성과가 가장 나쁘다는 결론을 내리게 된다. 그러나 샤프지수에 의해 성과분석을 하면 아주 다른 결과가 나온다. 이를 알아보기 위해 분기별 무위험이자율이 1%라고 가정하면 포트폴리오 B가 평균수익률은 C보다 낮지만 샤프지수(Sharpe's index)는 더 높아 가장 우수한 포트폴리오라고 할 수 있다.

〈표 13.1〉 실현수익률과 샤프지수

포트 폴리오	실현수익률(%)										평균 수익률	수익률의 표준편차	샤프 지수
	1	2	3	4	5	6	7	8	9	10			
A	3	4	2	8	−2	0	10	5	2	−3	2.9	4.1	0.46
B	−1	−2	0	3	3	7	2	1	6	7	2.6	3.2	0.50
C	4	12	−5	−8	0	3	8	18	2	1	3.5	7.7	0.32
D	0	4	8	3	12	−6	−8	2	10	5	3.0	6.4	0.31
E	2	3	4	2	4	−8	7	−10	2	9	1.5	6.0	0.08

〈그림 13.6〉을 통해 샤프지수를 설명하면 더욱 분명해진다. 각 포트폴리오의 평균수익률(y축)과 수익률의 표준편차(x축)를 나타내는 점에서 수직축의 무위험이자율을 잇는 직선의 기울기가 샤프지수이며, 이 기울기가 클수록 샤프지수가 크고 성과가 좋은 것이다. 무위험이자율에서 B를 통과한 직선은 포트폴리오 B와 무위험자산과의 결합 포트폴리오의 평균수익률과 위험을 나타낸다. 이 직선은 다른 포트폴리오와 비교했을 때 동일한 수준의 위험에서 평균수익률이 항상 더 높다는 것을 의미한다. 예를 들어, 점 X와 같이 포트폴리오 A의 위험수준에서 무위험이자율로 차입하여 원래 가지고 있던 돈과 합해 포트폴리오 B를 매입하면 평균수익률이 3.05%가 되는 것을 알 수 있다. 동일한 방법으로 포트폴리오 E와 위험수준이 같

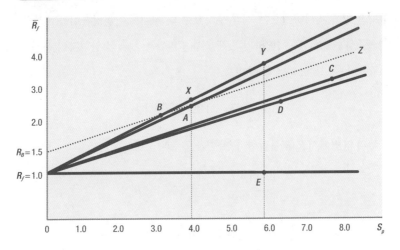

으면서 더 높은 수익률을 올릴 수 있는 포트폴리오 Y도 가능하다.

물론 무위험이자율로 차입이 불가능하다면 분석 결과는 달라진다. 예를 들어, 차입이자율이 1.5%면 R_f = 1.0%로부터 출발한 직선 중에서 점 A, B, C, D, E를 초과한 부분은 아무 의미가 없어진다. 그리고 적절한 포트폴리오는 R_f = 1.0%에서 출발한 직선이 각 점까지 도달하는 부분과 그다음부터는 R_B = 1.5%에서 출발한 직선이 각 점을 초과한 부분으로 구성된다. 따라서 선 $R_f BZ$가 된다. 그러나 이 경우에도 B의 성과가 가장 우수한 사실은 변함없다. 특정 포트폴리오 하나의 성과만을 보고자 할 때는 그 포트폴리오의 샤프지수와 자본시장선의 기울기를 비교하여 자본시장선의 기울기보다 높으면 평균 이상의 성과를 올렸다고 결론을 내릴 수 있다. 여러 개의 포트폴리오 성과를 서로 비교할 때는 R_f로부터 출발한 직선의 기울기 크기에 의해 성과가 평가된다.

트레이너지수

트레이너(Treynor, 1954)는 총위험 대신 체계적 위험을 사용한 지수를 제시하였다. 이는 포트폴리오의 성과 측정 시 적절한 위험으로 총위험이 아니라, 체계적 위험을 고려해야 한다는 생각에서 기인한 것이다. 즉, 포트폴리오가 잘 분산되어 있다면 투자자가 부담하는 위험은 체계적 위험이며, 비체계적 위험은 대부분 분산되어 없어진다는 것이다. 트레이너는 샤프지수가 제시된 비슷한 시기에 체계적 위험 1단위당 실현된 위험프리미엄으로 포트폴리오 성과를 측정하는 방법을 제시하였으며, 이를 투자보수 대 체계적 위험비율이라고 부른다. 이 트레이너지수(Treynor's index)를 이해하기 위해 기대수익률과 체계적 위험과의 사전적 관계식이 CAPM으로부터 유도되는 과정을 살펴보자.

$$E(R_p) = R_f + [E(R_m) - R_f] \times \beta_p \tag{13.4}$$

식 (13.4)의 양변에서 R_f를 차감한 후 양변을 β_p로 나눈다.

$$\frac{E(R_p) - R_f}{\beta_p} = E(R_m) - R_f \tag{13.5}$$

$\beta_m = 1.0$이기 때문에 식 (13.5)는 다음과 같이 표시해도 무방하다.

$$\frac{E(R_p) - R_f}{\beta_p} = \frac{E(R_m) - R_f}{\beta_m} \tag{13.6}$$

이 식에 의하면 CAPM의 균형 상태에서 어떤 포트폴리오의 체계적 위험 1단위당 위험프리미엄은 시장 포트폴리오의 체계적 위험 1단위당 위험프리미엄과 같아진다. 평균적으로 투자자의 기대가 충족되면, 즉 기대수익률과 실현수익률 차이의 평균이 0이 되면 식 (13.6)의 사전적 관계식 대신 다음과 같은 사후적 관계식을 유도해낼 수 있다.

$$\frac{\overline{R}_p - \overline{R}_f}{\hat{\beta}_p} = \frac{\overline{R}_m - \overline{R}_f}{\hat{\beta}_m} \tag{13.7}$$

이로써 성과지수로서 체계적 위험 단위당 실현된 위험프리미엄을 사용할 수 있게 되었다. 샤프지수와 마찬가지로 트레이너지수도 값이 높을수록 성과가 좋고, 낮을수록 성과가 나쁘다고 판정한다. 표 13.1에 제시된 5개 포트폴리오의 예를 들어 트레이너지수가 어떻게 활용되는지 확인해보자. 우선 포트폴리오의 체계적 위험인 β_p는 시장모형을 이용하여 추정된다.

$$R_{pt} = \alpha_p + \beta_p R_{mt} + e_{pt}$$

$$\hat{\beta}_p = \frac{\sum_{t=1}^{T}(R_{pt} - \overline{R}_p)(R_{mt} - \overline{R}_m)}{\sum_{t=1}^{T}(R_{mt} - \overline{R}_m)^2} \tag{13.8}$$

투자론

또는 각 개별 증권의 $\hat{\beta}_i$를 구한 다음에 $\hat{\beta}_p = \sum_{i=1}^{n} w_i \hat{\beta}_i$(여기서, w_i: 투자비율)를 이용하여 구하기도 한다. 식 (13.8)을 이용하여 각각의 포트폴리오의 $\hat{\beta}$을 구했을 때, $\hat{\beta}_A = 0.32, \hat{\beta}_B = 0.57,$ $\hat{\beta}_C = 1.03, \hat{\beta}_D = 0.78, \hat{\beta}_E = 0.55$가 되었다고 하자. 이를 이용하여 트레이너지수를 구하면 다음과 같다.

포트폴리오	트레이너지수
A	5.94
B	2.81
C	2.43
D	2.56
E	0.91

이를 그림으로 나타내면 그림 13.7 과 같다. 샤프지수와 달리 포트폴리오 A가 가장 성과가 좋은 것으로 나타났다. 샤프지수와 마찬가지로 어떤 특정 포트폴리오 하나의 성과를 측정할 때 그 포트폴리오의 트레이너지수를 시장 포트폴리오 트레이너지수와 비교한다. 그리고 여러 포트폴리오의 상대적 성과를 측정할 때는 무위험이자율에서 출발하는 직선의 기울기 크기에 따라 순위를 정하면 된다.

샤프지수와 트레이너지수의 결과는 반드시 일치하지 않는데, 그 이유는 투자자가 사용한 위험의 척도가 다르기 때문이다. 투자자들이 총위험에 관심이 있다면 샤프지수가 더 적합하고, 투자자들이 체계적 위험에만 관심이 있다면 트레이너지수가 더 적합하다고 할 수 있다. 이때 한 가지 주의할 것은 사후적 자료에 의해 구한 자본시장선의 기울기가 음(−)인 경우에는 샤프지수가 아무 의미를 가지지 못한다는 점이다.

그림 13.7 트레이너지수

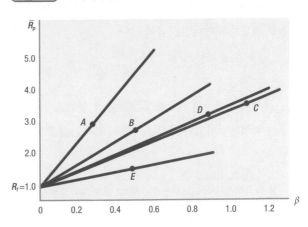

젠센의 알파(α)

젠센(Michael C. Jensen, 1968)의 성과측정방법은 CAPM의 위험프리미엄 형태에서 출발한다.[1] CAPM은 다음과 같이 변형해서 표기할 수 있다.

$$E(R_p) - R_f = [E(R_m) - R_f]\beta_p \tag{13.9}$$

물론 투자자의 기대가 평균적으로 충족된다면 식 (13.9)의 사전적 관계는 다음과 같이 표기할 수 있다.

$$R_{pt} - R_{ft} = \beta_p [R_{mt} - R_{ft}] + e_{pt} \tag{13.10}$$

여기서, e_{pt}: 오차항으로서 기댓값이 0

식 (13.9), 식 (13.10)은 포트폴리오의 위험프리미엄이 체계적 위험과 비례관계가 성립된다는 기본적 논리는 동일하다. 젠센의 논리는 포트폴리오를 기반으로 실제 실현된 위험프리미엄과 예상했던 위험프리미엄의 차이를 비교함으로써 포트폴리오의 우열을 가릴 수 있다는 것이다. 더욱 구체적으로 이야기하면 다음 식에서 성과는 수직 절편 α_p에 의해 결정된다는 것이다.

$$R_{pt} - R_{ft} = \alpha_p + \beta_p[R_{mt} - R_{ft}] + e_{pt} \tag{13.11}$$

CAPM에 의하면 균형 상태에서는 α_p가 0이 되어야 하기 때문에, α_p가 양(+)의 값이면 성과가 좋다고 판정하고, 음(−)의 값이면 성과가 나쁘다고 판정한다. 따라서 젠센의 성과측정치를 식으로 표현하면 다음과 같다.

$$\hat{\alpha}_p = (\overline{R}_p - \overline{R}_f) - \hat{\beta}_p(\overline{R}_m - \overline{R}_f) \tag{13.12}$$

젠센의 성과측정 내용을 그림 13.8 을 통해 살펴보자. 각 점은 특정 시점에서 각 포트폴리오의 위험프리미엄과 시장 포트폴리오의 위험프리미엄을 나타내며, 각 선은 시장 포트폴리

---

[1] M. C. Jensen(1968), "The Performance of Mutual Funds in the Period 1945-1964", Journal of Finance, 23, pp. 389-415.

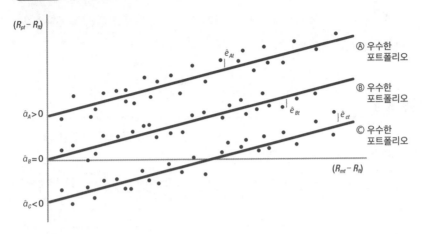

그림 13.8 젠센의 성과측정

오 위험프리미엄과 특정 포트폴리오 위험프리미엄과의 회귀선을 나타낸다. 이때 각 선이 평행하기 때문에 세 가지 포트폴리오의 $\hat{\beta}$는 동일하나, 포트폴리오 A의 수직 절편은 0보다 크고, C는 0보다 작다. 따라서 젠센의 논리에 따르면 A의 성과가 가장 좋고, C의 성과가 가장 나쁘다.

식 (13.12)를 변형하여 젠센의 방법과 트레이너지수 간의 관계를 찾기 위해 식 (13.12)의 양변을 $\hat{\beta}_p$로 나눈다.

$$\frac{\hat{\alpha}_p}{\hat{\beta}_p} = \frac{(\overline{R}_p - \overline{R}_f)}{\hat{\beta}_p} - (\overline{R}_m - \overline{R}_f) \tag{13.13}$$

식 (13.13) 우변의 첫째 항은 트레이너지수이고, 둘째 항은 시장 포트폴리오 위험프리미엄이다. 즉, 젠센의 성과측정치를 $\hat{\beta}_p$로 나눈 값이 트레이너지수에 일정한 값을 뺀 수치와 일치하게 된다. 결국, 두 방법은 같은 현상을 서로 다른 방식으로 분석한 것이다. 이 중 젠센의 방법은 트레이너지수와는 달리 성과척도와 $\hat{\beta}_p$을 동시에 계산할 수 있다는 장점을 가진다. 젠센의 결과가 트레이너지수와 항상 동일하려면 젠센의 α(즉, $\hat{\alpha}$)를 $\hat{\beta}$으로 나눈 위험조정 α를 이용해야 하며, 그렇지 않은 경우 두 방법 간에 다른 결과가 도출될 수 있다.

식 (13.12)에서 포트폴리오 P의 가격이 적당하다면 $\hat{\alpha}_p = 0$이 된다. 만약 P의 가격이 적절하지 않으면 $\hat{\alpha}_p$는 0이 아니며, 이 크기가 초과수익률이 된다. $\sigma(e_p)$는 분산 가능한 비체계적 위험을 나타낸다. 따라서 포트폴리오 P를 보유함으로써 비체계적 위험 1단위당 초과수익률의 비율인 $\frac{\hat{\alpha}_p}{\sigma(e_p)}$를 평가비율(appraisal ratio)이라고 하며, 이는 포트폴리오 성과측정기법 중 하나로 이용되고 있다.

개념점검 2

다음은 펀드매니저 A와 B가 연초에 구성한 포트폴리오 내역이다. 경기순응주와 경기방어주의 상관계수는 0.2이며, 경기순응주와 경기역행주의 상관계수는 −0.3이다.

구분	경기순응주	경기방어주	경기역행주
A	1억 5천만 원	0	1억 원
B	1억 원	5천만 원	0
표준편차(1년 단위)	0.4	0.05	0.2
베타	1.2	0.3	−0.4

또한 지난 1년 동안 펀드매니저 A와 B의 운영실적자료는 다음과 같다. 무위험수익률은 6%이고 시장 포트폴리오의 표준편차는 0.25이다. 이때 A와 B의 포트폴리오에 대해 샤프지수, 트레이너지수, 젠센의 α를 구하시오. 그리고 각 지수를 바탕으로 A와 B의 포트폴리오 운영성과를 평가하시오.

구분	A	B	시장
실현수익률	15%	17%	13%

모범답안 2

$\sigma_A = 0.2291$, $\sigma_B = 0.2705$

$\beta_A = 0.56$, $\beta_B = 0.9$

$$SR_A = \frac{0.15 - 0.06}{0.2291} = 0.3929$$

$$SR_B = \frac{0.17 - 0.06}{0.2705} = 0.4067$$

$$TR_A = \frac{0.15 - 0.06}{0.56} = 0.1607$$

$$TR_B = \frac{0.17 - 0.06}{0.9} = 0.1222$$

$\therefore \sigma_A = 0.15 - (0.06 + 0.56(0.13 - 0.06)) = 0.0508$

$\sigma_B = 0.17 - (0.06 + 0.9(0.13 - 0.06)) = 0.047$

포트폴리오 실현수익률은 B가 우수하다. 그러나 샤프지수는 대체로 비슷한 수준이지만, 체계적 위험을 비용으로 간주하는 트레이너지수와 젠센의 α 성과로 볼 때 A가 더 우수하다고 평가할 수 있다.

❸ 시장 타이밍과 예측력

머튼(Merton, 1981)[2]은 완벽한 시장 타이머의 수익률 패턴이 주식 포트폴리오에 대해 콜옵션을 보유한 투자자의 수익률과 유사하다고 주장하였다. 이는 직관적으로 명백하다. 주식시장이 약세일 경우(시장수익률이 무위험수익률보다 낮을 경우) 모든 투자금액을 안전한 무위험자산에 투자할 것이며, 주식시장이 강세일 경우(시장수익률이 무위험수익률보다 높을 경우) 높은 수익률을 제공하는 주식 포트폴리오를 선택할 것이기 때문이다. 이는 그림 13.9에 나타나 있다.

그러나 현실적으로 완벽한 시장 타이밍과 예측력은 존재하기 힘들다. 그림 13.10은 포트폴리오의 증권특성선을 나타낸다. 완벽한 시장 타이밍과 예측력이 있다면 그림 13.9와 같이 콜옵션과 같은 수익구조를 나타낼 것이다. 그러나 현실적으로 이러한 상황을 가정하는 것은 어렵기 때문에, 증권특성선의 기울기를 살펴봄으로써 포트폴리오 관리자의 시장 타이밍과 예측력을 비교할 수 있을 것이다.

그림 13.10은 시장 타이밍을 하지 않은 경우의 증권특성선과 시장 타이밍이 적절히 이루어진 경우의 증권특성선을 나타낸다. (a)는 시장 타이밍을 하지 않은 경우이며, 여기서 베타는 일정하게 유지된다. 반면, (b)는 적절한 시장 타이밍이 이루어진 경우인데, 시장상황에 따라 주식 포트폴리오의 비중을 증가시키면서 베타를 점점 크게 만

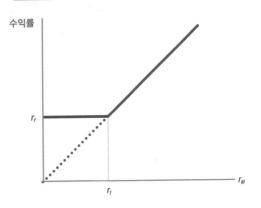

그림 13.9 완벽한 시장 타이밍의 수익률

---

2 R. C. Merton(1981), "On Market Timing and Investment Performance: An Equilibrium Theory of Value for Market Forecasts", The Journal of Business, 54, pp. 363-406.

들고 있기 때문이다. 결국, 포트폴리오 수익률과 시장수익률의 산포도(scatter plot)를 통해 증권특성선의 기울기를 살펴봄으로써 시장 타이밍과 예측력을 평가할 수 있을 것이다.

그림 13.10 시장 타이밍과 증권특성선

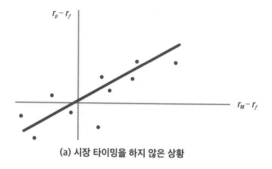

(a) 시장 타이밍을 하지 않은 상황

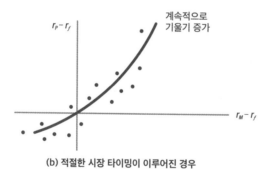

(b) 적절한 시장 타이밍이 이루어진 경우

연습문제

1 다음은 X와 Y 두 주식의 수익률 자료이다. 이를 이용하여 다음 물음에 답하시오.

연도	X	Y
1	0.20	0.30
2	0.10	0.10
3	0.14	0.18
4	0.05	0.00
5	0.01	0.08

(1) 표본기간 동안 두 주식 수익률의 산술평균을 구하시오.

(2) 두 수익률의 표준편차를 구하시오.

(3) 두 수익률의 기하평균수익률을 구하시오. 또한 이를 문항 (1)의 결과와 비교하시오.

(4) 위에서 예시한 X 수익률의 발생가능성이 동일한 경우 기대수익률은 얼마인가? 또한 Y
의 경우는 얼마인가?

2 다음 자료를 이용하여 물음에 답하시오.

	A	B	M(시장 포트폴리오)	R_f
$\bar{R}$	0.11	0.14	0.12	0.06
$\hat{\beta}$	0.08	1.50	1.00	
σ	0.10	0.31	0.20	

(1) 현재 지수 포트폴리오를 보유하고 있는데 포트폴리오 A와 B 중 하나를 추가해야 한다
면, 어떤 포트폴리오를 선택하겠는가?

(2) 투자자금을 무위험자산과 포트폴리오 A와 B 중 하나에 투자해야 한다면, 어느 포트폴
리오를 선택하겠는가?

3 다음은 초과수익률을 이용한 두 개 포트폴리오의 회귀분석 결과이다. 다음 물음에 답하시오. (단, 무위험이자율은 일정하게 0.06이며, 시장 포트폴리오의 평균수익률은 0.14이다.)

- 포트폴리오 A

$$R_A - R_f = 0.01 + 1.2(R_m - R_f)$$

$$R^2 = 0.576$$

$$\sigma(e_A) = 1.3\%$$

$(R_A - R_f)$의 표준편차 = 0.261

- 포트폴리오 B

$$R_B - R_f = 0.02 + 0.8(R_m - R_f)$$

$$R^2 = 0.436$$

$$\sigma(e_A) = 19.\%$$

$(R_B - R_f)$의 표준편차 = 0.249

(1) 각 포트폴리오에 대해 다음의 값을 구하시오.

① 젠센의 α

② 평가비율

③ 샤프지수

④ 트레이너지수

(2) 다음의 경우 어느 포트폴리오가 우수한지 평가하시오.

① 투자자가 포트폴리오 A와 B 중에서 오직 하나만 보유할 경우

② 투자자가 현재 지수 포트폴리오를 보유하고 있고, 여기에 포트폴리오 A와 B를 추가할 경우

③ 포트폴리오 A와 B가 투자자가 보유하려는 여러 포트폴리오 중 하나인 경우

4 지난 10년간의 A펀드와 종합주가지수의 성과는 다음과 같다.

구분	A펀드	주가지수
평균분기별 초과수익률	0.6%	0.5%
분기별 초과수익률의 표준편차	9.9%	6.6%
베타	1.10	1.0

B씨는 A펀드와 종합주가지수의 성과와 비슷한 펀드 중 하나를 선택하여 투자하려고 한다. 만약 여러분이 재무분석가라면 어느 펀드를 추천하겠는가? 또한 그 이유는 무엇인가?

5 2021 공인회계사 1차 다음 표는 자산 A, B, C, D의 젠센(Jensen)지수를 나타낸다. 공매도가 허용된다고 가정할 때, 다음 중 가능한 경우만을 모두 선택한 것은?

자산	A	B	C	D
젠센지수(%)	−2	−1	1	2

a. 자산 A와 자산 B로만 구성된 포트폴리오의 젠센지수가 1%인 경우
b. 자산 C의 샤프(Sharpe)지수가 자산 D의 샤프지수보다 큰 경우
c. 자산 C의 트레이너(Treynor)지수가 자산 D의 트레이너지수보다 큰 경우

① a   ② c   ③ a, b   ④ a, c   ⑤ a, b, c

1 (1) X에 대한 산술평균: 0.1

Y에 대한 산술평균: 0.132

(2) X의 표준편차: 0.00555

Y의 표준편차: 0.01292

(3) $(1 + G_x) = [(1 + 0.2)(1 + 0.1)(1 + 0.14)(1 + 0.05)(1 + 0.01)]^{\frac{1}{5}}$

$\therefore G_x = 0.097989$

$(1 + G_y) = [(1 + 0.3)(1 + 0.1)(1 + 0.18)(1 + 0.00)(1 + 0.08)]^{\frac{1}{5}}$

$\therefore G_y = 0.127531$

문항 (1)과 비교했을 때 기하평균이 산술평균보다 작다는 것을 알 수 있다.

(4) $E(x) = \frac{1}{5}(0.20) + \frac{1}{5}(0.10) + \frac{1}{5}(0.14) + \frac{1}{5}(0.05) + \frac{1}{5}(0.01) = 0.1\%$

$E(y) = \frac{1}{5}(0.30) + \frac{1}{5}(0.10) + \frac{1}{5}(0.18) + \frac{1}{5}(0.0) + \frac{1}{5}(0.08) = 0.132\%$

3 (1)

성과측정방법	포트폴리오 A	포트폴리오 B
① 젠센의 α	0.01	0.02
② 평가비율	$\dfrac{0.01}{0.013} = 0.769231$	$\dfrac{0.02}{0.191} = 0.104712$
③ 샤프지수	$\dfrac{0.01 + (1.2)(0.14 - 0.06)}{0.261}$ $= \dfrac{0.106}{0.261} = 0.40613$	$\dfrac{0.02 + (0.8)(0.14 - 0.06)}{0.249}$ $= \dfrac{0.084}{0.249} = 0.337349$
④ 트레이너지수	$\dfrac{0.106}{1.2} = 0.088333$	$\dfrac{0.084}{0.8} = 0.105$

(2) ① 기존에 보유하고 있는 포트폴리오가 없으며, 적절한 위험은 수익률의 표준편차이므로 샤프지수가 적절하다. 따라서 포트폴리오 A를 선택해야 한다.

② 기존에 지수 포트폴리오를 보유하고 있으므로 이는 잘 분산된 포트폴리오를 보유한 것이다. 이경우 젠센의 α가 적절하므로 포트폴리오 B를 선택해야 한다.

③ 기존에 여러 포트폴리오를 보유하고 있으므로 어느 정도 잘 분산된 포트폴리오라고 볼 수 있다. 이 경우 젠센의 α 또는 트레이너지수가 적절하므로, 포트폴리오 B를 선택해야 한다.

5 ⑤

CHAPTER 14

투자위험관리

학습목표

☑ 표준편차가 지닌 문제를 파악하고, 이를 대체하는 위험관리지표를 이해
  할 수 있다.

☑ 위험관리절차를 이해할 수 있다.

☑ Value at Risk(VaR) 개념을 이해하고, 이를 이용하여 위험한도를 계산
  할 수 있다.

1 위험관리지표

앞에서 위험(risk)은 불확실성의 정도를 나타내는 변동성으로 정의되었으며, 위험의 크기와 투자자의 위험에 대한 태도에 따라 포트폴리오 구성이 달라지는 것을 살펴볼 수 있었다. 그리고 중요한 것은 자산의 가치를 결정할 때 사용하는 균형 기대수익률은 전통적인 위험의 개념으로 설명되었다. 시장이 효율적이라면 소극적 투자전략, 즉 시장 포트폴리오를 보유하는 전략이 가장 효율적인 의사결정이었다.

그런데 왜 다시 위험에 대해 문제를 제기하는가? 적극적인 투자관리가 대두되면서 전통적인 위험의 개념에 대해 다시 생각하게 된 것은, 그동안 위험의 대리변수로 여겨 온 표준편차를 비판하는 데서 시작되었다. 그 이전에 먼저 시장의 효율성을 의심할지도 모른다. 소극적인 투자관리가 효율적이려면 시장의 효율성이라는 가정이 존재해야 하기 때문이다. 그러나 이러한 답변이 타당하더라도 시장의 효율성에 대한 믿음을 버리는 것은 재무이론의 많은 부분을 희생하는 결과를 초래한다.

전통적으로 위험의 대리변수로 생각해 온 표준편차에 대해 생각해보자. 먼저, 표준편차가 위험의 대리변수가 될 수 있었던 이론적 타당성에 대해 살펴보자.

첫째, 투자자의 효용함수가 2차 함수이거나 평균-분산 효용함수를 가져야 한다는 점이다. 투자자가 의사결정을 하기 위해 평균-분산 효용함수를 사용한다면 표준편차는 위험의 대리변수로 사용될 수밖에 없다. 그리고 2차 함수도 결국 기대효용함수를 사용하게 되면 2차 적률(second moment)로 설명되기 때문에 역시 표준편차는 위험의 대리변수로 사용된다. 투자자의 효용함수에 대한 제약은 현실에서 발생하는 투자 문제에서는 상당히 제한적이다. 그러나 이러한 효용함수의 이론적 기여도는 근대 투자론과 재무론의 핵심이기 때문에 현실적인 문제를 논하기에는 다소 무리가 있다. 표준편차가 문제가 되는 이유는 이러한 효용함수에서 기인하기보다는 효용함수에서 사용되는 2차 적률이나 분산 자체(결국 표준편차)의 현실적인 문제가 크기 때문이다.

둘째, 자산수익률이 정규분포를 따라야 한다는 것이다. 정규분포는 평균과 표준편차를 모수로 사용하기 때문이다. 즉, 두 가지 모수만 정해지면 그 자산의 특징은 정규분포로 정확히 묘사될 수 있다. 따라서 표준편차에 대한 첫 번째 비판은 자산수익률이 정규분포를 따르지 않는다는 점에서 시작된다. 물론 그림 14.1은 분포에 대한 여러 가지 적합도 검증을 통과할 수 있지만, 대부분의 국가에서는 횡단면적으로 기각되기도 한다. 그림을 통해 알 수 있듯이, 자산의 수익률이 정규분포와 비슷한 모양을 가지고 있지만, 실제로는 꼬리가 두꺼운 분포(fat-tailed distribution) 또는 렙토커틱(leptokurtotic) 분포를 따른다는 것이다.

그림 14.1에 나타난 분포가 정규분포라고 가정하면, 주식 폭락이 발생할 가능성은 이론적으로 매우 낮다. 그러나 실제 분포를 살펴보면 이러한 사건이 발생한 확률은 이론적인 값보다 훨씬 크다. 반대로 주식시장의 폭등이 발생할 가능성은 이론적인 정규분포에서의 확률보다 크다. 이러한 차이는 투자에 대한 변동성 측면에서 중요한 오류를 초래할 수 있으며, 변동성을 과소평가하게 만든다는 것이다.

장기 투자 시 표준편차가 해당 기간의 위험이 되기 위한 중요한 가정은, 그 분포의 독립성 (independent)과 단일성(identical)에 있다. 그러나 실제 데이터를 사용하면 이러한 가정이 쉽게 무너질 수 있다는 것을 알 수 있다. 6장에서 이러한 현상 중 자기상관에 대해 살펴본 바 있다. 자산의 수익률이 자기상관을 가진다는 것은 지난 기의 수익률이 이번 기의 수익률에

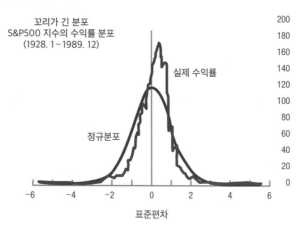

그림 14.1 주식수익률과 정규분포

자료: The Economist(1993. 10. 9.), The survey of the frontiers of finance.

영향을 주며, 분포의 독립성이 성립하지 않는다는 것을 의미한다. 만약 수익률이 양(+)의 자기상관을 가지면 실제 예상했던 위험의 크기보다 더 크게 되어 과소평가하게 되고, 수익률이 음(−)의 자기상관을 가지면 과대평가하게 된다.

한편, 주가 시계열을 포함한 금융 시계열을 살펴보면, 계량경제학적으로 이분산성 (heteroskedasticity)을 나타내는 것을 알 수 있다. 이분산성은 매기의 분포를 결정하는 분산이 같지 않고 시간에 따라 달라지는 것을 의미한다. 즉, 표준편차가 일정하지 않고 시간에 따라 변한다는 것이다. 따라서 의사결정 단계에서 판단된 위험의 크기는 실제 투자를 시행하면서 변하기 때문에 문제가 된다.

개념점검 1

주가수익률의 분포가 정규분포가 아니라면 표준편차가 위험이 될 수 없는 이유를 설명하시오.

계량경제학적 기법의 발전으로 이분산성과 정규분포의 문제는 부분적으로 해결되기 시작하였다. 직관적으로 이분산성은 시간에 따라 위험의 크기가 달라진다는 것을 의미하지만, 현재 위험의 크기는 과거 위험 크기의 특별한 함수로 표현될 수 있음을 나타내기도 한다. 비교적 최초의 시장위험관리시스템인 리스크메트릭스(RiskMetrics)는 이러한 점을 고려하여 표준편차를 수정하였다. 지금까지의 계량경제학 모형은 표준편차가 위험이 되기 위한 가정 중 독립성과 이분산성 문제에 초점을 맞추고 이를 해결하기 위해 발전하였다. 과거에는 추정하기 어려웠지만, 최근 금융공학의 발전으로 추정 문제는 해결된 것 같다. 그러나 이러한 모형을 이해하려면 계량경제학적 지식이 필요하므로, 경영진이나 일반 투자자가 이해하기는 어려울 수 있다. 또한 지금까지의 모든 변동성 모형은 가격변동 위험을 다루었기 때문에 비체계적 위험인 신용사건 등의 위험을 다루기에는 부적절한 부분이 있다.

모범답안 1　　　정규분포는 평균과 표준편차를 모수로 사용한다. 만약 주가수익률이 정규분포를 진정으로 따른다면, 미래 주가수익률의 분포를 파악하기 위해서는 평균과 표준편차만 필요할 것이다. 여기서 평균은 미래 주가수익률에 대한 최적 기댓값이며, 표준편차는 그 예측이 평균적으로 어느 정도 틀릴 수 있는지에 대한 최적 통계량이다. 따라서 평균은 기대수익률을, 표준편차는 위험을 의미한다고 볼 수 있다. 그러나 주가수익률이 정규분포를 따르지 않는다면, 미래 주가수익률을 묘사할 때 평균과 표준편차 이외에 다른 개념이 필요할 수 있다. 또한 실제로 꼬리가 긴 분포에서는 표준편차로 측정한 위험이 과소평가되어 있다.

이에 따라 이론적 측면보다는 실무적인 측면에서 먼저 나온 개념이 Value at Risk(VaR)이다. 이 개념은 실무적으로 먼저 등장하여 지금까지 각종 금융규제, 위험관리시스템 등 많은 부분에 영향을 주고 있다. VaR의 가장 큰 장점은 우선 개념이 이해하기 쉽다는 점이다. 투자자 입장에서는 변동성의 개념보다는 '얼마나 손실을 입을까?'라는 다소 원초적이고 직관적인 해답을 원할 것이다. 물론 VaR의 계산은 복잡하고 알고리즘을 이해하기도 쉽지 않지만, 수치화된 결과는 직관적으로 경영진이나 투자자의 의사결정에 도움이 된다. 여기에서는 VaR의 모든 것을 다루기보다는 투자론의 관점에서 가격변동을 중심으로 설명할 것이다.

2 위험관리 절차

일반적인 위험관리 단계는 그림 14.2 와 같다. 먼저, 위험관리의 목표로서 한도를 설정한다. 여기서 한도란 조직이 감당할 수 있는 위험량을 의미한다. 이와 관련해 두 가지 의문이 생긴다. 왜 한도가 위험관리의 목표가 되어야 하며, 위험량을 어떻게 측정하여 목표로 설정할 것인가이다.

앞에서 설명한 VaR는 이 질문에 훌륭한 답변이 된다. 일반적으로 전통적인 재무 목표는 투자자의 효용함수에 의존하였으나, 효용함수는 현실적으로 수행하기 쉽지 않은 추상적 개념이다. VaR는 일정 기간에 일정 확률로 발생하는 최대 손실액이라는 측면에서 실무자들이 이해하기 쉬운 현실적인 개념이다. 즉, 조직의 위험관리 목표는 조직이 현재 보유한 자원(자본구조 또는 수익성, 유동성)에서 특정 수준 이상의 손실이 발생하지 않고 대처할 수 있어야 한다는 점이다. 또한 VaR의 계산과정은 매우 복잡하지만, 발전된 소프트웨어로 쉽게 계산할 수 있어, 한도관리의 수단으로 활용될 수 있다.

조직의 위험한도가 결정되면 현재 조직이 가지고 있는 포트폴리오의 위험량을 측정하는

그림 14.2 **위험관리의 단계**

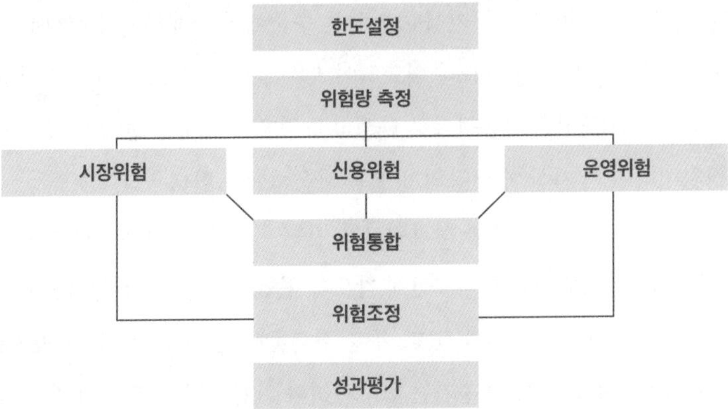

단계로 넘어간다. 측정 단계에서 중요한 것은 위험에 대한 분류(카테고리)를 명확하게 나누는 것이다. 시장위험(market risk)은 시장가격의 변화로 인해 발생할 수 있는 손실 가능성을 의미한다. 신용위험(credit risk)은 채무자의 신용 상태 변화나 채무불이행으로 인해 발생할 수 있는 손실 가능성을 의미하며, 운영위험(operational risk)은 조직의 내부 또는 외부 환경 변화로 인해 조직 운영에서 발생할 수 있는 손실 가능성을 의미한다. 이 외에도 위험에는 유동성위험(liquidity risk), 정치적 위험(political risk), 법적 위험(legal risk) 등이 있다. 그러나 이러한 개념은 운영위험이나 신용 또는 시장위험으로 분류될 수 있다. 현재까지는 바젤(Basel)에서 제기한 운영위험을 포함하여 위험을 세 가지로 구분하는 것이 일반적이다.

위험을 측정하는 방법으로는 VaR가 가장 많이 사용된다. VaR 측정 시 시장위험과 신용위험은 발전된 소프트웨어를 이용하여 비교적 쉽게 계산할 수 있지만, 운영위험은 그렇지 않다. 또한 사용되는 소프트웨어에 따라 계산 결과가 달라질 수도 있다. 따라서 위험관리자는 조직의 특성에 맞는 도구를 잘 선택해야 한다.

위험량 계산과정에서 중요한 문제는 바로 위험통합(risk integration)이다. 위험이 세 가지 유형으로 구분되어 계산되더라도 조직 전체에서는 이를 통합하여 관리해야 한다. 그러나 이 세 가지 유형의 위험을 통합하는 문제는 쉽지 않다. 우선, 위험통합 시 발생하는 문제는 상관관계이다. 시장이 좋지 않을 경우 일반적으로 시장위험과 신용위험은 같이 움직이는 경향이 있다. 이러한 상관관계를 반영하는 것은 쉽지 않다. 소프트웨어마다 독특한 계산방식과 알고리즘이 존재하기 때문에 이를 종합적으로 고려할 수 있는 체계적인 접근방법이 아직 마련되지 않았다. 그러나 위험관리의 전문가를 통해 이 문제에 대한 현실적이고 이론적인 답변은 얻을 수 있다. 따라서 이 책에서는 문제를 제기하는 수준에서 이해하기를 바란다.

위험량이 계산되었다면 이를 한도와 비교하여 부서별, 자산별로 계산된 위험량의 수준을 조정해야 한다. 위험의 조정은 전통적으로 파생상품 등을 이용하는 방법이 있고, 내부적으로 매칭, 조기 상환이나 조기 자산 매각 등의 방법을 사용하기도 한다.

마지막으로 위험관리부서에 대한 성과평가가 이루어진다. 이 단계에서는 위험한도의 설정과 조정방법이 적절했는지, 위험량 계산에 착오가 없었는지 등을 평가한다. 위험관리의 결과에 따라 목표를 달성하지 못할 수도 있다. 투자 결과물은 본질적으로 임의적(random)이기 때문이다. 따라서 위험관리에 대한 평가는 한도관리와 위험조정 및 측정이 각 시점에서 적절하게 이루어졌는지에 초점을 맞춰야 한다.

❸ Value at Risk(VaR)

이 책은 투자론의 관점에서 위험관리를 살펴보기 때문에 시장위험에 초점을 맞춰 기술하기로 한다. 우선 VaR의 개념을 다시 한 번 정확히 설명하겠다. VaR는 단순히 주어진 기간 동안 얼마만큼의 손실을 입을지에 대한 답변이 아니다. VaR에 대한 정확한 질문은 다음과 같다.

"What is the maximum loss over a given time period such that there is a low probability, say a 1 percent probability, that the actual loss over the given period will be larger?"

시장 VaR의 개념을 그림 14.3 을 통해 살펴보자. 그림은 포트폴리오의 가치 변화분(ΔV)에 대한 분포를 나타낸다. 이러한 분포에서 특정한 유의수준을 선택할 수 있을 것이다. 1% 또는 5%의 유의수준을 선택했을 때, 그 수준에 해당하는 포트폴리오의 가치 변화분과 기대수익 또는 0으로부터의 거리를 VaR라고 한다. 특별히 0(현재 포트폴리오의 가치)으로부터의 거리를 절대 VaR(absolute VaR)라고 부른다. 수익률의 시계열이 독립적일 경우 다음의 관계식이 성립한다.

$$T - \text{day } 99\% \text{ VaR} = 1 - \text{day } 99\% \text{ VaR} \times \sqrt{T} \tag{14.1}$$

이렇게 분포로부터 유도된 VaR는 포트폴리오 전체의 위험량을 통합적으로 측정해준다는 측면에서 상당히 유용하다고 볼 수 있다. 그러나 VaR가 모든 것을 해결해주지는 못한다. 정확한 알고리즘과 특별한 분포를 사용하지 않았다면 결국 표준편차의 개념이 반복되어 사용될 것이며, 표준편차가 가지고 있는 문제 역시 VaR에서 해결되지 못한다. 그리고 1%, 5% 등의 유의수준은 실제로 그 위험이 발생할 경우 종종 과소평가되는 경향이 있다. 따라서 VaR를 단독으로 사용하기보다는 위기분석(stress test) 등을 함께 수행하는 것이 올바른 방법이

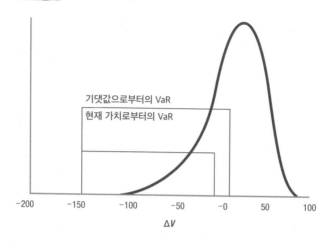

그림 14.3 시장 VaR의 개념

기댓값으로부터의 VaR

현재 가치로부터의 VaR

라고 할 수 있다.

시장 VaR를 계산하려면, 우선 위험요소(risk factor)에 대한 정의가 필요하다. 시장위험은 시장가격 변동에 의해 발생하기 때문에, 시장가격 변동에 영향을 주는 요인을 위험요소라고 부른다. 그림 14.4는 현재 시점의 포트폴리오 가치 변화를 발생시키는 위험요소와 이에 따른 포트폴리오 가치 변화분을 나타낸 것이다.

위험요소는 간단히 해당 자산의 가격으로 정의할 수 있다. 그러나 이는 자산의 수가 적을 때만 해당된다. 자산의 종류가 많을 경우 위험요소가 증가하게 되며, VaR 계산의 효율성과 탄력성에 부정적인 영향을 미칠 수 있다. 조직이 보유하고 있는 포트폴리오는 시장 상황에 따라 항상 변할 수 있기 때문이다. 따라서 소수의 위험요소를 정의하여 이를 통해 포트폴리오의 가치 변화분을 살펴보는 것이 바람직하다고 할 수 있다. 즉, 위험요소를 정의할 경우 포트폴리오는 다음과 같은 함수로 구성된다고 가정할 수 있다.

$$V = V(P_1, P_2, ..., P_k) \qquad (14.2)$$

여기서, P_i: i번째 위험요소

예를 들어, V를 주식 포트폴리오라고 가정하자. 포트폴리오 V에 영향을 주는 것은 시장수익률, 국채수익률, 환율 등으로 구성될 수 있다. 이러한 요인을 위험요소라고 한다.

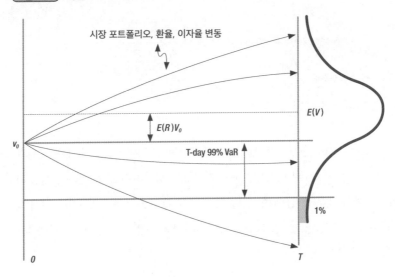

그림 14.4 위험요소와 VaR

시장 포트폴리오, 환율, 이자율 변동

$E(V)$

$E(R)V_0$

T-day 99% VaR

V_0

1%

0 T

개념점검 2

주식옵션의 위험요소에는 어떤 것이 있는지 설명하시오.

포트폴리오의 가치 변화는 식 (14.2)를 테일러 전개하여 나타낼 수 있다.

$$V(P + \Delta P) \approx V(P) + \sum \frac{\delta V}{\delta P(i)} \Delta P^{(i)} \tag{14.3}$$

여기서, P: 위험요소 벡터

$P^{(i)}$: i번째 위험요소

모범답안 2

블랙-숄즈 모형에 의하면 콜옵션의 가격은 다음과 같이 계산된다.

$c = SN(d_1) - Xe^{-rT}N(d_2)$, $d_1 = \dfrac{\ln(S/X) + (r + \sigma^2/2)T}{\sigma\sqrt{T}}$, $d_2 = d_1 - \sigma\sqrt{T}$

이를 기준으로 위험요소를 추출하면, 기초자산과 무위험이자율이 위험요소가 될 수 있다. 무위험이자율은 개념적으로는 위험요소가 될 수 없지만, 현실에서는 변동될 수 있기 때문에 위험요소로 분류해야 한다. 예를 들어, 국채수익률, 인플레이션율 등이 위험요소가 될 수 있다.

식 (14.3)을 다시 정리하면 다음과 같이 나타낼 수 있다.

$$\Delta V = V(P + \Delta P) - V(P) \approx \sum \frac{\delta V}{\delta P^{(i)}} \frac{\Delta P^{(i)}}{P^{(i)}} \Delta P^{(i)} = \sum \delta_i r_i \qquad (14.4)$$

여기서, $\delta_i = \dfrac{\delta V}{\delta P^{(i)}}$ (델타)

$r_i = \dfrac{\Delta P(i)}{P^{(i)}}$ (위험요소의 수익률)

결과적으로 식 (14.4)는 포트폴리오의 가치 변화분을 위험요소에 대한 선형식으로 표현한 것이다. 간단히 말해, 위험요소를 해당 자산으로 정의하면 모든 델타는 해당 자산의 포트폴리오에 대한 구성 비중(금액)이 된다. 즉, 식 (14.4)는 포트폴리오 수익률의 정의와 유사하다. ΔV의 분포는 각 위험요소를 정규분포로 가정하면 다음과 같이 나타낼 수 있다.

$$\Delta V \sim N(0, \delta^T \textstyle\sum \delta)$$

여기서, $\sum$: 위험요소수익률 r_i의 공분산행렬

그림 14.3 과 같이 정의된 VaR는 다음과 같다.

$$\Pr[\Delta V \leq \text{VaR}] \leq k \qquad (14.5)$$

여기서, k: 유의수준

만약 위험요소 수익률이 일별로 측정되었다면, 정규분포의 특성에 의해 VaR는 다음과 같이 계산된다.

$$1 - \text{day VaR} = -z_k \sqrt{\delta^T \textstyle\sum \delta} \qquad (14.6)$$

그리고 투자기간 N일에 해당하는 VaR는 $1 - \text{day VaR} \times \sqrt{N}$으로 계산된다. 간단한 사례를 통해 시장 VaR를 계산해보자. 예를 들어, 총투자금액 1억 원 중 7천만 원을 A 주식에, 3천만 원을 B 주식에 투자한 포트폴리오는 다음과 같이 나타낼 수 있다.

$$V = V_A + V_B (V_A = 7{,}000, V_B = 3{,}000)$$

투자론

위험요소를 A주식, B주식의 가격으로 정의하고, 식 (14.4)와 같이 나타내면 다음과 같다.

$$\Delta V = \Delta V_A + \Delta V_B = 7{,}000 \times 1 \times r_A + 3{,}000 \times 1 \times r_B$$

여기서, $\delta_A = 7{,}000 \times 1, \delta_B = 3{,}000 \times 1$

이렇게 정의된 ΔV는 정규분포 특성에 의해 1일 VaR는 다음과 같이 계산된다.

$$1 - \text{day } 99\% \text{ VaR} = 2.33 \times \sqrt{7{,}000^2 \sigma_A^2 + 3{,}000^2 \sigma_B^2 + 2 \times 7{,}000 \times 3{,}000 \rho_{AB} \sigma_A \sigma_B}$$

$\sigma_A = 0.02$, $\sigma_B = 0.03$, $\rho_{AB} = 0.7$이라고 하면, 위의 결과는 496만 원이다. 그리고 투자기간이 1개월이라고 하면, 99% 유의수준의 1개월 VaR는 2,717만 원이다. 자산이 두 개인 경우는 위와 같이 간단히 수식으로 정의된 VaR를 구할 수 있다. 이를 해석하면, 1개월 후 99%의 신뢰수준으로 발생할 가능성이 있는 최대 손실액은 약 2,700만 원이라는 의미이다. 다시 말해, 1개월 후 손실액이 2,700만 원을 초과할 가능성은 1%라고 볼 수 있다.

이렇게 측정된 최대 손실액이 사전적으로 정해진 한도를 초과했다면, 헤징이나 투자비율 조정을 통해 한도수준과 일치시켜야 한다. 헤징은 파생상품을 사용할 수 있다. 이러한 측면에서 파생상품에서 다루었던 최적 헤징에 대한 고려는 위험관리 측면에서 강화되어야 한다.

위험관리의 목표는 위험을 완전히 제거하는 것이 아니라, 조직이 감당할 수 있는 손실액 내에서 투자관리를 하는 것이다. 앞서 설명한 위험-수익의 관계를 충분히 이해하고 있다면, 위험을 완전히 제거했을 때 얻게 될 기대수익률은 무위험이자율 수준이라는 것을 알 수 있다. 조직이 감당할 수 있는 위험량을 목표로 설정하고, 위험-수익 관계에서 해당 위험으로 달성 가능한 기대수익률을 추구하는 것이 결국 위험관리의 최종 목표이다. 다시 앞의 사례를 살펴보면, 한도가 5,000만 원이라고 가정할 경우 현재 포트폴리오의 위험수준이 한도 내에 있으므로 조금 더 위험 추구적인 행위를 통해 기대수익률을 상승시키는 것이 더 나은 전략이 될 수 있다.

시장 포트폴리오로 1억 원을 보유한 투자자의 1년 99% VaR를 계산하고 해석하시오. (단, 시장 포트폴리오의 월 수익률의 표준편차는 8%라고 가정한다.)

모범답안 3

1년 99% VaR = 2.33 × 0.08 × $\sqrt{1}$ × 100,000,000 = 64,570,854원

1년 후 신뢰수준 99%로 발생 가능한 최대 손실액은 64,570,854원이다. 또는 1년 후 손실액이 64,570,854원을 초과할 확률은 1%이다.

1 표준편차가 위험의 대용치로 사용될 때 나타나는 문제점을 설명하시오.

2 가나다(주) 투자 1팀은 현재 주식과 비교적 안전한 채권에 각각 10억 원씩 투자해 총 20억 원의 포트폴리오를 보유하고 있다. 가나다(주)는 전략적으로 주식 편입비율을 50% 이상 유지하는 것을 목표로 하고 있다. 주식의 월 수익률 변동성은 10%, 채권 포트폴리오의 월 수익률 변동성은 1% 수준이다. 그리고 두 포트폴리오 간의 상관계수는 0.2이다. 그러나 가나다(주)의 고객들은 자산가치가 20% 이상 하락하는 것을 원하지 않는다.

(1) 투자 1팀은 위험관리 목적상 한도를 어느 정도로 설정하는 것이 바람직한가?

(2) 투자 1팀이 보유한 포트폴리오의 1년 99% VaR를 구하시오.

(3) 문항 (1)에서 설정한 한도와 문항 (2)에서 도출된 VaR를 비교하여 투자 1팀이 취해야 할 조치와 파생상품 거래의 필요성을 설명하시오. 또한 파생상품 거래가 필요한 경우 투자 1팀에 적합한 거래규모를 설명하시오.

3 가나다(주)는 현재 S사 주식과 B사 주식을 각각 1억 원을 보유하고 있다. S사 주식의 월별 변동성은 11%, B사 주식의 월별 변동성은 8% 수준이다. 그리고 두 주식 간의 상관계수는 0.2이다. 이 정보를 활용하여 각 주식에 대해 1년 99% VaR를 구하고, 포트폴리오의 1년 99% VaR를 산출하여 분산투자효과를 설명하시오.

4 2023 공인회계사 1차 주식 A와 주식 B의 월간 수익률 표준편차는 각각 5%와 8%이며, 두 주식 수익률 간의 상관계수는 0.4이다. 주식 A와 주식 B에 각각 500만 원과 300만 원씩 투자하여 1개월간 보유할 경우, 95% 신뢰수준에서 포트폴리오의 평균기준 VaR(value at risk)와 가장 가까운 것은? [단, Prob($\mu \pm 1.65 \times \sigma$) = 90%이고, 두 주식의 월간 기대수익률은 0%로 가정한다.]

① 67.65만 원   ② 70.58만 원   ③ 81.62만 원   ④ 92.44만 원   ⑤ 101.28만 원

1 표준편차가 위험의 대용치로 사용되려면 몇 가지 가정이 필요하다. 투자자의 효용함수가 2차 함수 또는 평균 – 분산 효용함수이어야 하며, 자산수익률은 정규분포를 따라야 한다. 또한 장기 투자에서 표준편차가 해당 기간의 위험의 대용치가 되려면 독립성과 단일성을 가져야 한다. 그러나 실제 데이터를 살펴보면 이를 만족하지 못하는 경우가 많으며, 앞에서 언급한 효용함수의 모양이나 분포 또한 이를 충족하지 못하는 경우가 있다.

3 • S사 주식의 $VAR_S = 2.33 \times 100{,}000{,}000 \times 0.11 = 25{,}630{,}000$

   • B사 주식의 $VAR_B = 2.33 \times 100{,}000{,}000 \times 0.08 = 18{,}640{,}000$

   • $VAR_P = \sqrt{25{,}630{,}000^2 + 18{,}640{,}000^2 + 2 \times 0.2 \times 25{,}630{,}000 \times 18{,}640{,}000}$

   $= 34{,}575{,}190.24$원

총 2억 원을 S사와 B사 주식에 나누어 투자한 경우, 총위험의 VaR는 각각의 VaR를 합한 44,270,000원이다. 그러나 이는 포트폴리오의 VaR인 34,575,190.24원보다 크므로 분산투자효과를 볼 수 있다.

찾아보기

투자론

저자 소개

최운열

서울대학교 경영학과를 졸업한 후, 미국 The University of Georgia에서 재무관리 전공으로 경영학 석사와 박사 학위를 취득하였다. 이후 서강대학교 경영대학 교수로 재직하며 경영대학장, 경영전문대학원장, 부총장을 역임하였다.

주요 경력으로는 한국증권학회 회장, 한국금융학회 회장, 한국FP학회 회장, 한국증권연구원(현 자본시장연구원) 초대 원장, 금융통화위원회 위원, 제20대 국회의원을 역임하였으며, 현재 한국공인회계사회 회장이며, 서강대학교 명예교수로 재직 중이다.

박영석

서울대학교 경영학과를 졸업한 후, 미국 Wharton School, University of Pennsylvania에서 재무관리 전공으로 경영학 석사와 경영학 박사 학위를 취득하였다. 이후 일본 International University of Japan과 Rikkyo University에서 강의하였으며, 동국대학교 부교수를 역임하였다.

주요 경력으로는 자본시장연구원 원장, 공적자금관리위원회 민간위원장, 서강대학교 경영대학장 및 경영전문대학원장, 국민경제자문회의 거시금융분과 위원을 역임하였으며, 현재 서강대학교 경영대학 교수로 재직 중이다.

김도성

서강대학교 경영학과를 졸업한 후, 동 대학원 경영학과에서 재무 전공으로 경영학 석사 학위를 취득하였으며, 미국 Drexel University에서 재무 전공으로 경영학 석사 및 경영학 박사 학위를 받았다. 이후 미국의 University of Akron 경영대학에서 정년 보장 부교수를 역임하였다.

주요 경력으로는 중소벤처기업정책학회 회장, 한국FP학회 회장, FPR 편집위원장, 중소벤처기업진흥공단 자산운용위원회 위원, 한국지방재정공제회 리스크 및 성과평가위원회 위원장, 별정우체국연금관리단 비상임이사, 금융감독원 금융투자업인가 외부평가위원회 위원, 한국거래소 기업심사위원회 위원 등을 역임하였으며, 현재 서강대학교 경영대학장 겸 경영전문대학원장으로 재직 중이다.

이진호

서강대학교 화학과를 졸업한 후, 동 대학원 경영학과에서 재무관리 전공으로 경영학 석사 및 경영학 박사를 취득하였다.

주요 경력으로는 자본시장연구원, 예금보험공사에서 근무하였으며, 한국증권학회 이사 및 편집위원, 한국재무학회 이사, 한국재무관리학회 편집위원, 한국FP학회 이사, 부회장 및 FPR 편집위원장, 예금보험공사 금융안정연구 편집위원, 한국철도공사 금융자산운용위원회 위원 등을 역임하였다. 현재 한남대학교 경영학과 교수로 재직 중이다.

주요 연구 분야인 금융기관론, 예금보험 등에서 다수의 연구 논문과 저술을 집필하였다. 최근에는 중소기업금융, 벤처캐피털, 개인 재무 등의 분야에 관심을 두고 활발하게 연구를 진행하고 있다.

백 강

서강대학교 전자공학과에서 학부 및 석사 과정을 마친 후, 독일 Siemens Automotive에서 SW Engineer로 근무하였다. 이후 서강대학교 경영학과에서 재무관리 전공으로 경영학 석사 및 경영학 박사 학위를 취득하였다.

주요 경력으로는 한국자산관리공사, 중소벤처기업연구원에서 근무하였으며, 한국증권학회, 한국재무학회, 한국FP학회, 한국경영교육학회 등 학회 회원으로 활동하였다. 또한 환경부, 주택도시보증공사, 대전시·세종시 등에서 자산운용위원 및 리스크관리위원을 역임하였으며, 현재 국립한밭대학교 융합경영학과 교수로 재직 중이다.

투자론 분야에서 국내 간접투자시장 관련된 다수의 연구를 수행해 왔으며, 이 외에도 ESG, 공급망금융, 벤처캐피털, 창업 등의 분야에 관심을 두고 활발하게 연구를 진행하고 있다.